爱上乐高

LEGO:
creation on your time

乐高机器人 EV3程序设计艺术

THE ART OF
LEGO® MINDSTORMS®
EV3 PROGRAMMING

[美] Terry Griffin 著

韦皓文 龚褘 译

人 民 邮 电 出 版 社
北 京

图书在版编目（CIP）数据

乐高机器人EV3程序设计艺术 / （美）格里芬
(Griffin, T.) 著；韦皓文，龚褕译. -- 北京 ：人民邮
电出版社，2016.6（2023.5重印）
（爱上乐高）
ISBN 978-7-115-41812-8

Ⅰ. ①乐… Ⅱ. ①格… ②韦… ③龚… Ⅲ. ①智力游
戏 Ⅳ. ①G898.2

中国版本图书馆CIP数据核字（2016）第041600号

版权声明

内 容 提 要

  乐高MINDSTORMS EV3编程语言有着丰富多彩的、模块化的编程界面，任何人都可以使用它为智能机器人编程，但是其强大的功能，在开始的时候还是会让初学者感觉很难。《乐高机器人EV3程序设计艺术》对初学者来说，是非常友好的学习向导。读者将学习把模块、数据线、文件和变量等EV3的核心编程元素结合起来，创建一个复杂的程序。读者还将学习到良好的编程习惯，如内存管理和有用的调试策略。本书对所有乐高机器人EV3爱好者都非常有用。

- ◆ 著 ［美］Terry Griffin
   译 韦皓文 龚褕
   责任编辑 紫 镜
   执行编辑 魏勇俊
   责任印制 周昇亮
- ◆ 人民邮电出版社出版发行 北京市丰台区成寿寺路 11 号
   邮编 100164 电子邮件 315@ptpress.com.cn
   网址 http://www.ptpress.com.cn
   固安县铭成印刷有限公司印刷
- ◆ 开本：889×1194 1/20
   印张：14   2016 年 6 月第 1 版
   字数：455 千字   2023 年 5 月河北第 17 次印刷
   著作权合同登记号 图字：01-2015-2163 号

          定价：109.80 元
读者服务热线：（010）81055493 印装质量热线：（010）81055316
    反盗版热线：（010）81055315
  广告经营许可证：京东市监广登字20170147号

献给我的家庭，你们让所有的付出变得有价值

献给贝拉，你给了我一个早起的理由

关于作者

特里·格里芬（Terry Griffin）是一位有着 20 多年工作经验的软件工程师，他把大部分时间都花在创建控制各种类型机器的软件上。他获得了美国马萨诸塞大学（俗称麻省大学）计算机科学硕士学位，曾在大学和成人教育中教授编程。作为一个终身乐高爱好者，他曾编写过《乐高机器人 EV3 程序设计艺术》一书，帮助自己教授中学科学和数学的妻子，在教室中应用不可思议的机器人。目前，他就职于卡尔蔡司的离子显微镜创新中心部门，为带电粒子显微镜编写控制软件。

关于技术审稿人

丹尼尔·本尼（Daniale Benedettelli）戴特利用乐高制作的机器人举世闻名，其中包括解鲁比克魔方机器人和人形机器人。他是乐高头脑风暴社区合作伙伴成员（MCP）之一，帮助乐高公司测试和开发新的机器人产品。他在意大利锡耶纳大学获得了机器人学和自动化硕士学位。他在全世界范围内举办机器人、信息和通信技术的教育演讲和研讨会，教授适合高中生水平的机器人技术，并作为自由职业者为乐高教育设计乐高机器人模型。他是《乐高 EV3 创意实验室》一书的作者。

罗布·特洛克（Rob Torok）是澳大利亚塔斯马尼亚的一名教师，早在 2001 年就与学生一起开始使用乐高机器人了，曾指导过 RCJ 与 FRC 的参赛队伍，并创建了一个名叫 SmartBots 的在线机器人教室。2010 年，罗布·特洛克在波士顿的塔夫茨工程教育和推广中心（CEEO）工作了 6 个月，并继续与该中心保持紧密合作。目前他是 http://legoengineering.com 和 http://legoeducation.com.au/ 两大网站的内容编辑。

致谢

感谢我的家人，他们在我写这本书的时候付出了极大的耐心。尤其要感谢我的妻子丽兹，她花费了很多时间审查本书的文本，并容忍机器人占据了餐厅的桌子。

没有比尔·波洛克和 No Starch 出版公司工作人员的帮助，本书是不可能完成的。与赛弗·克莱默、劳雷尔·邱恩和珍妮佛·格里菲思－德尔加多一起工作，令人感到愉快，他们的知识和专业技能在完成本项目时起到了作用。

我同样要感谢我的技术审稿人，丹尼尔·本尼戴特利和罗布·特洛克。他们在保证本书技术内容正确性的方面提供了很大的帮助。

译者简介

韦皓文

电子工程师，酷爱机器人与乐高。2008 年创建中文乐高论坛（http://bbs.cmnxt.com），撰写和翻译了大量与乐高机器人有关的文章，该论坛目前已成为国内乐高机器人的技术交流中心。译有《乐高创意指南》系列和《乐高机器人 EV3 创意搭建指南》等乐高书籍。

龚禕

毕业于上海交通大学机械工程专业，现供职于某外企软件工程师。直接从乐高 EV3 入坑，致力于将软件工程引入乐高机器人开发。他是 python ev3（https://github.com/topikachu/python-ev3）的项目发起人和维护人 。现在的一大爱好是和儿子一起用乐高自由搭建各种模型。

译者序

从 2008 年创建中文乐高论坛开始，我接触过大量讨论乐高机器人的外文资料，也阅读过不少英文版的乐高机器人书籍，仅从讲解编程的角度看，本书结构清晰、逻辑性强，易于查找学习要点，是一本难得的好书。

本书的重点是介绍 EV3 机器人的编程而不是结构，仅用一个测试机器人就能完成本书的所有程序。作者由浅入深，从编程软件的使用开始，逐步讲解了模块、数据线、文件和变量等软件的核心部分和高级控制算法。跟随本书，你能从入门级别的"菜鸟"成为 EV3 编程高手。

在阅读本书之前，我希望读者能先了解以下内容：

1. 在翻译本书时，考虑到国内读者使用中文软件的习惯，我将原文中的英文版软件界面全部转换为中文版界面，你完全不必担心语言的障碍。

2. EV3 机器人有家庭版套装和教育版套装的区别，不同版本的套装零件是有不同的，本书的作者很贴心地给出了在阅读本书时如何使用不同版本的套装，因此你无需担心自己购买的套装是否和本书相配合。

3. 我同样考虑了初级学习者的需要，在翻译某些技术术语时，注意采用了中文版软件中的词汇，而没有使用更为普遍的用法。如：将自定义模块按照软件中的用法翻译为"我的模块"，将数组翻译为"阵列"。对于有编程基础的人士来说，不管这些词叫什么都不会影响到他们的理解，但对于刚刚接触编程的人来说，我不希望大家面对软件界面时，找不到书中提到的那个词语。

4. 本书的作者在讲解编程知识时，还告诉我们大量的编程技巧和习惯，告诉我们哪些习惯是好的、哪些习惯是不好的。请重视作者的这番苦心，好的编程习惯会让你受益匪浅。

5. 按顺序阅读是学习本书最好的方式。作者采用了由易到难、循序进阶的讲解方式，越到后面难度越大，且每一章节中包含了很多小技巧，跳跃式的读书方式很可能让你漏掉重要的内容。

6. 如果你在阅读本书时想跟随作者一起编写程序，并尝试调试，请一定严格按照书中给出的名字命名程序、文件和自定义模块，因为在后面的章节中很可能会再次使用到它们，使用书中给出的名称，你就能很快找到。

最后，祝广大机器人爱好者们像我一样，从本书中获得乐趣和知识！

韦皓文

2016 年 1 月　柳州

内容一览

目　录

简介

本书是介绍如何为乐高Mindstorms EV3机器人编写程序的。EV3软件功能强大，本书将教你使用该软件的基本技能和编程技巧。

这本书是为谁写的

无论是年轻的机器人爱好者、教授儿童学习机器人的成年人、家长、FLL的教练，还是在课堂上使用EV3教学的老师，任何想要为EV3机器人编写程序的人都可以使用本书。我写本书的目标之一就是当年轻的初学者想进行深度学习时，能在本书中找到足够的学习资料，这些学习资料能帮助学生和老师理解什么是EV3程序以及如何使用它。

阅读本书的前提

你需要搭建一个通用的机器人对程序进行测试，可使用EV3家庭版或教育版完成。这两个版本的软件有几个不同点，我会在适当的时候指出这些不同点。本书中列出的所有零件几乎对两个版本都适用。EV3软件功能强大，但简单易用，是新手程序员很好的入门学习工具。

从本书中能获得什么

本书的重点是EV3机器人的编程，而非机器人的机械结构。用一个通用机器人或仅仅使用EV3程序块，即可运行本书中的所有程序。你将学习到EV3软件的核心部分，如模块、数据线、文件和变量，学习这些部分是如何组合在一起工作的。你还将学到一些好的编程习惯、学习如何避免不好的编程习惯，学习那些能帮助你获得编程乐趣、减少繁琐的调试策略。

本书首先介绍了EV3套装、用以创建程序的软件，

和测试机器人的搭建结构。接下来的几章讲解了EV3软件的基础知识，并在第7章以迷宫机器人作为这个部分的结束。其后的几章里，讲解了更高级的语言功能，完成了一个使用PID控制器的复杂巡线机器人。以下是每章学习内容的概述。

第1章 乐高与机器人：一个伟大的组合

在第1章里，介绍了乐高Mindstorms EV3软件，给出了家庭版和教育版之间的一些重要区别，以及它们对本书的影响。

第2章 EV3编程环境

本章介绍了EV3软件各部分的功能，用两个简单的程序演示了如何创建程序和在EV3程序块上运行程序。本章还涉及了修改模块参数、添加注释和使用端口视图等基本知识。

第3章 Tribot：测试机器人

在这一章里，我们要搭建一个测试机器人——Tribot。在本书的其余部分，我们将用这个通用机器人来测试程序。

第4章 运动

这一章的内容是关于EV3电机和电机控制模块的，你将编写一些程序来学习这些模块的使用，本章还会指出一些常见的编程问题。

第5章 传感器

本章介绍了EV3的传感器：触动传感器、颜色传感器、超声波传感器、红外线传感器、陀螺仪和电机旋转传感器。你将为每个传感器编写一个示例程序，学习在程序运行时如何使用端口视图来监视某个传感器的值。

第6章 程序流程

本章重点研究的是切换模块（该模块让程序做出选择）和循环模块（该模块使得程序重复某些动作）。你将使用这些程序流程模块编写一个简单的巡线程序。

第7章 程序Wall Follower（贴墙行走）：走迷宫的程序

在学习了EV3软件的所有基本功能之后，现在你可以开始解决更复杂的问题了。在本章中，你将学习如何设计、编写和调试一个大型的贴墙行走的程序，让你的机器人能够走出迷宫。

第8章 数据线

数据线是EV3编程中最强大的功能之一。本章解释了数据线是什么，以及如何有效地使用它们。示例程序展示了如何使用数据线从传感器获取信息，以及如何使用传感器来控制电机。

第9章 数据线和切换模块

本章中包括开关模块使用数据线时的高级功能，你还将学习如何使用数据线将数据传递到切换模块中。

第10章 数据线和循环模块

在本章中，你将学习在循环模块中如何使用数据线。你将编写一个程序，让机器人在一个矩形螺旋路径进行搜索，在这个程序中要使用循环计数器和控制循环结束条件等新的技术。

第11章 变量

本章讲述了变量和常量模块。你将学习如何添加和管理变量来存储和更新数值。

第12章 我的模块

我的模块（自定义模块）是将其他模块组合在一起而创建的一个新的模块。在本章中，你将学习如何创建我的模块，如何在程序中使用我的模块，如何在不同的项目之间共享我的模块。

第13章 数学与逻辑

本章讲解了处理数学与逻辑的模块：数学模块、逻辑模块、范围模块、舍入模块和随机模块。当你为前几章的程序增强功能时，你将会学习到这些模块的高级用途。

第14章 EV3状态灯、按钮和屏幕

在这一章，你将学习如何使用EV3程序块按钮模块来控制程序，如何使用程序块状态灯模块来控制EV3程序块上面的彩色灯光。你还将学习如何使用显示模块，可以用它来设计一个简单的绘图程序。

第15章 阵列

本章讲述了阵列（数组）和如何在EV3程序中使用阵列。你可以编写一个程序，给TriBot创建一个完成指令的列表。

第16章 文件

本章介绍如何使用文件读写模块来存储EV3程序块中的信息，学习如何管理EV3程序块的内存，和如何在EV3程序块和计算机之间传输文件。你还将创建一个程序，使用文件读写功能来保存和恢复程序设置。

第17章 数据记录

这一章中的程序展示了如何使用EV3程序块作为数据记录器，讲解了收集和分析数据的基础知识。你将使用数据记录功能更深入地了解移动转向模块是如何工作的。

第18章 多任务处理

EV3程序块可以执行多个并行的模块组，实现多任务处理。你将学习如何有效地使用多个序列，以及如何避免一些常见的问题。

第19章 使用PID控制器的巡线程序

最后一章中采用高级的EV3编程功能创建一个复杂的程序。你将学习如何使用比例–积分–微分（PID）控制器

来创建一个快速和准确的巡线机器人。

附录A　NXT和EV3的兼容性

本附录讨论如何在新的EV3套装中使用老的NXT产品。

附录B　EV3在线资源

本附录列出了一份能提供EV3编程信息的网站清单。

如何更好地使用这本书

阅读本书时，你应该在计算机上一步一步地完成你阅读的例程，这样才能发挥本书的最大作用。编程是一项做中学的活动，编写和实验程序比只阅读它们能获得更多的学习经验。

按顺序阅读本书时，在编写程序的同时找同伴讨论一下，会非常有意义。当你学习了更多的EV3编程知识后，在后面的章节中会对某些在前面章节中给出的例程做出扩展。当你读完了这本书，你就具备了成为EV3编程专家的知识和技能。

第1章　乐高和机器人：一个伟大的组合

1

欢迎来到机器人世界。不久之前，你只能在不错的科幻故事里找到机器人，现在机器人已广泛应用在多种重要工作中，如探索外太空行星、调查深海火山、进行汽车装配以及完成手术。图1-1展现的是好奇号火星探测器。你甚至可以在商店买个扫地机器人，在你睡觉的时候让它帮忙扫地！

图1-1　火星探测器（美国国家航空航天局/喷气推进实验室-加州理工授权）

乐高MINDSTORMS EV3

用乐高MINDSTORMS EV3 套装就能搭建自己的机器人。实际上，你可以搭建多种机器人。图 1-2显示了一个简单的机器人，这个机器人可以用来侦查客厅。

图1-2　客厅漫游者

EV3 套装非常好玩。它不单单是一个玩具，中学教师可以用它教授科学和工程知识。乐高集团有个叫作乐高教育的部门，该部门专门为教师在教室里使用乐高产品提供各种资源。

在诸如FIRST LEGO League（FLL）、世界机器人奥林匹克竞赛和机器人青少年世界杯之类的教育竞赛中，世界各地的学生都会用MINDSTORMS套装搭建机器人解决比赛中的挑战项目。

EV3 套装有两个版本：家庭版和教育版，在商店里出售的乐高31313家庭版套装是针对普通公众的，乐高教育出售的乐高45544教育版套装是针对学校、教育部门以及 FLL 团队的。这两个版本中的乐高零件和传感器稍有不同。另外，教育版在软件上有一些额外的功能，可以用 EV3 进行科学实验。不过在本书中，这些零件上的差别不会造成什么麻烦；你可以使用任意版本的套装来搭建机器人，搭建出机器人可能不完全相同（比如轮胎大小不一样），不过这不是什么大问题。

EV3 是乐高 MINDSTORMS 的第三代产品。前一版本 NXT 的许多零件也能用在 EV3 上。详情请看附录 A。

乐高 MINDSTORMS EV3 套装

EV3 套装包括用来搭建机器人的乐高零件、EV3 程序块、3 个电机、几个传感器和一份告诉你怎么下载 EV3 软件的说明。前面曾提到过，不同的 EV3 版本包含不同的零件和传感器。

搭建零件包括乐高科技系列中的齿轮、轴、销和梁，如图 1-3 所示。这些零件坚固又轻便，互相连接就可以拼出复杂的可移动部件，非常适用于搭建机器人。你还可以用科技系列、生化战士系列和其他乐高玩具系列的零件来增强自己的机器人作品。

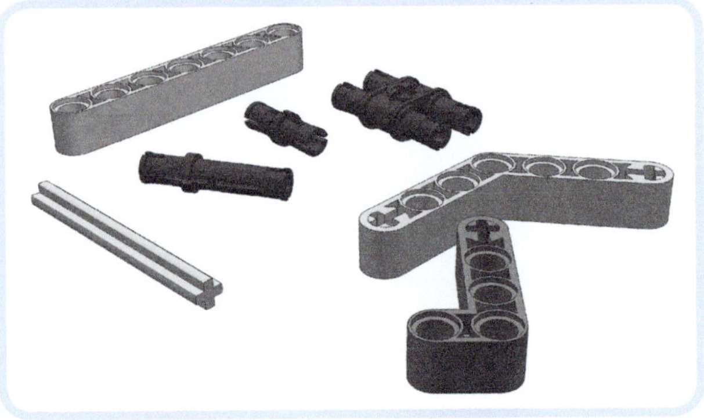

图 1-3　梁和销

EV3 智能程序块（一般简称为"EV3"或"程序块"）是机器人的大脑。事实上，EV3 是一个可编程的小型计算机，能让作品动起来。虽然没有全尺寸的显示器和键盘，它还是拥有一个小屏幕和一组按钮，可以连接电机和传感器。你可以直接使用自带的编程功能给 EV3 编写程序，也可以用 Windows 或 OS X 系统上 EV3 软件编写程序，然后下载到 EV3 上。程序运行的时候，EV3 会根据程序中的指令从传感器收集数据，或者控制电机转动。

使用 EV3 电机，你可以把普通的乐高模型变成能移动的机器人。你很容易就能用两个大型电机拼出轮式或者履带式机器人，也可以用这些大型电机或者另一个稍小的电机拼装出机械臂、起重机、弹射器和其他什么东西。很多机器人用两个大型电机来实现移动，用第三个电机干些其他事情，不过也有些机器人根本就不移动，那三个电机都是用来完成移动以外的其他功能的。

EV3 传感器可以让机器人根据你的命令对所处的环境做出反应。EV3 传感器包括超声波、红外、触动、颜色、陀螺仪传感器和电机旋转传感器。旋转传感器内置于每个 EV3 电机中；其他传感器是独立的。这里介绍一下各传感器的功能：

超声波传感器　测量到一个物品或障碍的距离，还可以检测另一个超声波传感器的存在。

红外传感器　测量到一个物品或障碍的距离，还可以测量到红外遥控器的距离和方向，或者检测遥控器上的按钮状态。

触动传感器　检测传感器上的按钮是否按下。它可以用来检测机器人运动时是否遇到了障碍。

颜色传感器　检测物品的颜色。这种传感器还可以测量正面光源的亮度。另外颜色传感器自带一盏小灯，既可测量反射光的亮度，也可测量环境光的亮度。

陀螺仪　测量旋转运动。它可以测量机器人转动的角速度或者角度。

电机旋转传感器　测量电机移动的距离，每个 EV3 电动机都有内置的旋转传感器。

家庭版套装中有触动传感器、颜色传感器、红外传感器和遥控器，教育版套装中有两个触动传感器、颜色传感器、超声波传感器和陀螺仪。这就是说，你要么有个超声波传感器，要么有个红外传感器，这两个都可以用来测距。在本书的大多数示例程序中，超声波传感器和红外传感器是可以互换的。

乐高集团也生产温度传感器（单独出售）。另外，其他公司也会生产其他 EV3 传感器，如HiTechnic、Vernier、 Dexter Industrie和 mindsensors.com的产品，包括指南针传感器、加速度传感器及气压传感器。

乐高MINDSTORMS EV3 软件

EV3软件是图形化的编程环境，其中包含创建一个 EV3 机器人程序需要的所有工具。这种类型的应用程序被称为*集成的开发环境*（或简称为 IDE）。因为使用一些被称为*模块*的彩色图标来创建程序，因此EV3 IDE 被认为是一个*图形化*的编程环境。这些模块有的是用来控制电机的，有的是采集传感器数据的，还有一些是有其他用途的。编程的过程就是在屏幕上拖曳模块，把它们互相连接起来，再更改模块的设置。

EV3 软件在易用性和编程能力之间有很好的平衡。使用EV3软件既能轻松编写简单的程序，也可以创建非常复杂的程序。一些高级功能可能一开始很难弄懂，不过只要经过一些小小的练习就能搞清楚了。

软件、固件和硬件

控制机器人需要三个部分互相配合，程序是其中一部分。程序被称为*软件*，这是一组计算机能够执行的指令，而EV3程序块就是计算机。软件这个词中的"软"意味着很容易进行修改，这种特性可以让你只使用EV3、三个电机和几个传感器就能创建无穷多的程序。

在虚拟画布上排列拖曳程序模块，用这样的方法编写程序是件很容易的事，不过要在EV3上把程序运行起来就有些不同了。你的程序被称为*源代码*，要让EV3运行，就要转成一组 EV3 可以执行的指令，再把这些指令从计算机复制到程序块上。程序转换并下载后就能运行了。

在程序块上直接运行的程序叫作*固件*。固件很少发生变化，可以认为是设备的一部分。EV3 固件功能很像计算机或智能手机上的操作系统，比如 Windows、iOS、Linux，或者 android 系统。固件会在打开EV3时发出声音、也可以控制显示屏、响应 EV3 上的按钮。把EV3连到计算机时，MINDSTORMS开发环境会和EV3固件互相通信。

> **注意**　乐高偶尔发布更新的 EV3 固件来添加新功能或修复问题。如果你的计算机连接到 Internet，MINDSTORMS 应用程序会检查更新，并在必要的时候提示你下载。

EV3 程序块是运行程序的硬件。硬件指的是一台计算机的物理组件，包括程序块、电机、传感器和乐高搭建零件。硬件不能改变；但可以重新组合，甚至用得与众不同，但每一个零件的功能是不能改变的。

艺术与工程

对我来说，创建机器人最迷人的地方就是写个程序让它动起来。计算机程序设计是艺术与工程的结合，我们使用工程原理，遵循一定的逻辑步骤，解决一个实际问题。当你阅读本书时——特别是在阅读一个比较长的程序而且快看完的时候——可以通过学习工程原理和编程实践来帮你写出更好的程序（并且避免一些常见的编程坏习惯）。不过，通常编写一个程序来解决特定问题的基本过程是艺术多于工程的。创建一个程序并不总是一个循序渐进的过程。这个过程往往需要大量的创造力和智慧。在我看来，这种利用创造性思维的过程会使编程富有趣味。

但是，有时事情并不会按照设想的工作，这时候编程会令人感到沮丧。当一个软件程序不工作了，原因会像个谜团。在这本书中，我将展示如何诊断和修复程序问题。请记住，解开一个谜团应该是很有意思的！

好程序的品质

写程序的时候，会做出很多决定，这些决定取决于个人的品味和编程风格。解决问题的正确方法往往不止一种，不过你可以用三条规则来判断程序的质量。一个程序应该遵从以下几点：

1. 完成既定功能
2. 容易修改
3. 懂这种编程语言的其他人也能看懂你的程序

第一条规则似乎显而易见，不过有时候未必如此。在你断定程序完工之前，首先需要知道该程序的要求 —— 也就是一个程序应该做些什么的完整描述。如果你正在创建一个学校项目或 FLL 挑战赛的程序，可能会在开始之前就收到要求。如果你只是因为好玩而搭建一个机器人，可以边做边想，逐步明确要求。任何一种情况下，在证明你已经成功完工之前，都需要知道机器人要做成什么样子。

第二条规则是因为在开始编程以后，要求也会经常改变。有时候，你会发现一开始解决问题的方式不可行，或者你可能决定需要扩展要求来解决一个更难的问题。如果你可以轻松地更改程序，就能非常好的适应新的要求。容易修改的程序也更容易被重新用于解决类似问题，利用现有的程序会比从零开始写新的程序更加节省时间。

第三个规则是让程序尽可能简单易懂。过于复杂的程序更容易出错，也更难重新使用。有时候可以使用注释来说明程序是如何工作的，让程序更容易理解。清楚添加的注释是一种能让程序对其他程序员有用的简单方法。

你从本书中能学到什么

成为一名成功程序员的秘诀是知识与实践。在这本书中，我会着重讲述三个方面的知识，这些知识对于成为成功的EV3程序员来说，非常重要：

每个编程模块的功能。在程序中使用编程模块，首先要学习它的工作原理。尽管有那么多编程模块，每个模块又有多个选项，但学会每一个模块并不是很难。EV3 帮助文件给出了每个编程模块的完整描述，写一个测试小程序看看每个模块能做什么，这很容易做到（也很有趣）。

将几个编程模块组成可运行的程序。要做到这一点，就需要了解程序流程、数据线和变量。从这开始就有点复杂了，有很多用户在编写稍微复杂点儿的程序时，会遇到问题。学习一些EV3程序工作方式的细节可以帮你避免遇到同样问题。

编程习惯。之前所列的三个规则就是第一个例子。在我们继续往下学习时，我将介绍更多的编程概念。无论你使用哪种编程语言，编写哪种类型程序，这些概念都是很有用的。

编程要边学边做，要不停的实践。许多概念只有在实际应用中才能真正理解。写的程序越多，就会觉得越开心。

乐高 MINDSTORMS在线社区

乐高机器人有一个蓬勃发展的在线社区，其中包括有数百个创新机器人设计的网站。其中的一个网站，mindBOARDS（http://www.mindboards.net/），就非常有名。用户可以在它的信息论坛交流想法，找到问题的答案。如果你不清楚为什么自己的机器人不工作，这里也有很好的资源，你可以在论坛里快速搜索寻找答案。如果你找不到现成的解决方案，可以发贴描述具体问题。附录 B 中列出了MINDSTORMS相关的网站。

接下来做什么

在下一章中，我会介绍 EV3 编程环境，然后提出一些简单的编程概念，并演示如何使用该软件编写简单的示例程序。以下各章会通过逐渐复杂的程序来介绍更多的编程模块和编程概念。

第 2 章　EV3 编程环境

2

这一章我们将浏览EV3的编程环境，并学习几个简单的示例程序。这里只使用EV3程序块，从最基本的部分开始，不涉及电机和传感器。第4章会涉及使用电机的编程，第5章会介绍如何使用传感器。

MINDSTORMS软件各部分功能

启动MINDSTORMS EV3 软件，首先出现的是"大厅"界面。家庭版和教育版的大厅界面有所不同，但是用法类似。在大厅里，可以创建或打开一个项目、访问用户指南和帮助文件，查看机器人的搭建步骤说明。家庭版的大厅如图2-1所示，教育版的大厅如图2-2 所示。

在编写我们的第一个程序之前，先让我们看看MINDSTORMS EV3 开发环境的主要区域。选择**文件▸新建项目**（在教育版中是，**文件▸新建项目▸程序**）创建一个新项目。界面如图2-3所示。

> **注意**　本书中的图片是从Windows 7上运行的EV3家庭版上截屏的。

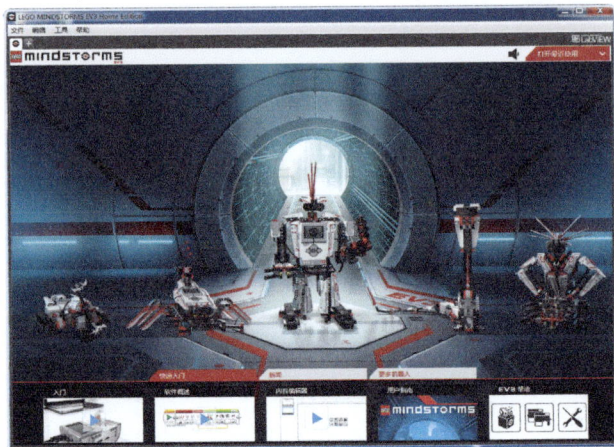

图 2-1　EV3家庭版软件大厅界面

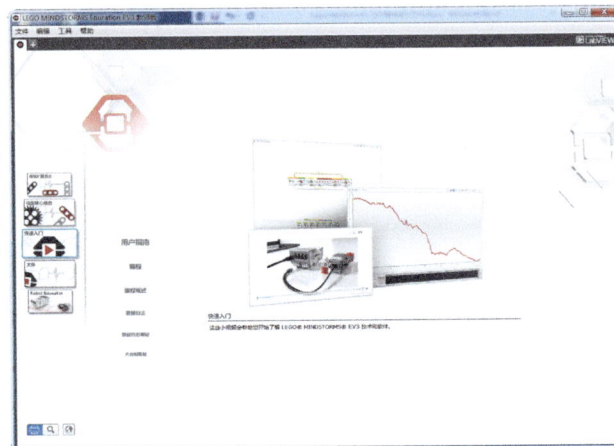

图 2-2　EV3教育版软件大厅界面

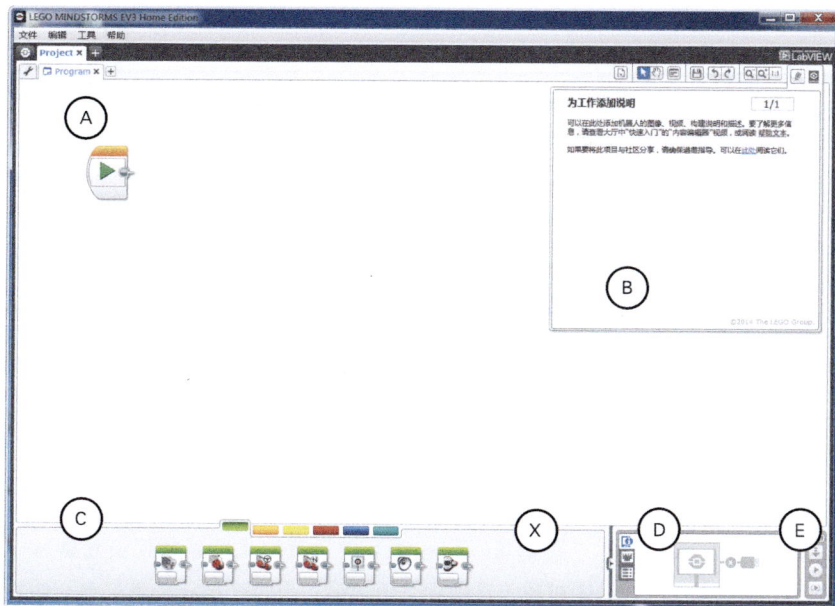

图2-3　MINDSTORMS EV3 开发环境

A：程序画布

屏幕的主要部分是*编程画布*。可以使用窗口顶部的选项卡在打开的项目之间切换。图2-3显示了一个已经打开的项目，叫作Project。Project选项卡的左侧有一个小的MINDSTORMS图标，点击这个图标可以返回大厅界面。

一个项目可以包含多个程序。在项目选项卡下面的是程序选项卡，可以用它选择一个程序。图2-3显示了一个已经打开的程序，叫作Program。在本章后面的部分，我们会谈到如何重命名程序和项目。另外，我们稍后也会介绍小扳手图标的作用。

B：内容编辑器

*内容编辑器*可以创建包含文本、图像和视频的演示文稿来记录你的项目。你可以添加一段机器人如何运行的文字、搭建机器人的步骤或者机器人工作的视频，这个演示文档和项目一起保存，无需保存为单独的文件。

不使用内容编辑器时，可以单击右上角的MINDSTORMS图标关掉它。这样编程画布上就有更大的空间用于编程。

C：编程面板

编程画布的底部是*编程面板*，可以用其中的编程模块来创建程序。为了使用方便，编程模块被分在六个不同颜色的面板中。你可以在不同颜色的面板选项卡之间进行切换，从左到右，这六组面板分别是：动作（绿色）、流程控制（橙色）、传感器（黄色）、数据操作（红色）、高级（蓝色）和我的模块（蓝绿色）。

D：硬件页面

*硬件页面*显示有关 EV3程序块的信息。这些信息分成三个部分，用左侧的选项卡来切换（图 2-4）。最上面的选项卡显示程序块的信息、电池电量、固件版本和EV3已使用的内存；中间的选项卡是端口查看，会显示与程序块

连接的传感器和电机；最下面的选项卡是可用程序块，用以将程序块连到 EV3 软件上。

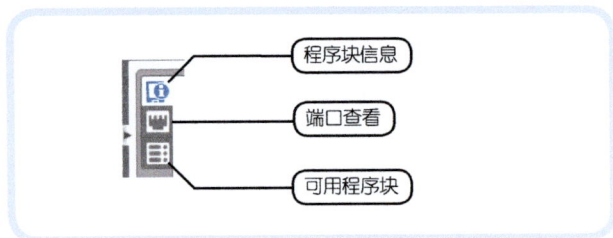

图2-4 硬件页面选项卡

E：下载和运行按钮

你可以用*下载和运行按钮*（图2-5）把程序从计算机传送到 EV3程序块上，并让它运行起来。将程序传输到程序块的过程叫作*下载*。中间的按钮，"下载和运行"，可以下载程序并立即运行。最上面的按钮，"下载"，只把程序下载到程序块上，并不运行程序。你可以用程序砖上自带的按钮自行启动程序。当你需要先移动机器人或在程序运行前断开连接，这个功能就非常有用了。最下面的按钮，"下载并运行所选模块"，这个功能可以帮你发现和修复程序里的问题。

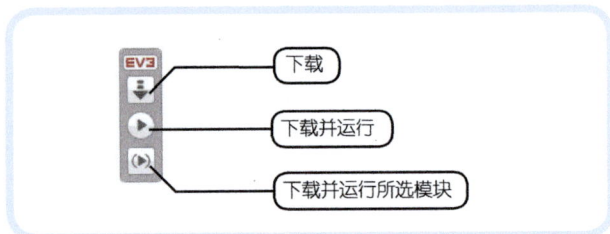

图2-5 下载和运行按钮

编写一个EV3程序

创建一个新项目时，编程画布上会有一个开始模块

（图2-6）。编写程序时，从编程面板中把模块拖曳到画布上，从这个开始模块开始，将各个模块逐个连接起来。每个编程模块有许多不同的选项，而不同的选项设置将产生不同的行为。程序运行时，EV3会依次从左到右执行每个模块。一般情况下，同一时刻只会运行一个模块，也就是说，直到一个模块执行完毕才会执行下一个。不过也有例外，有时候也会看到多个模块同时运行。执行完最后一个模块后，程序就结束了。

图2-6 开始模块

编程模块的一般布局

在写第一个程序之前，我们先看看如何设置编程模块中被称为参数的各个选项。在每个模块的底部有一组控件，这组控件可以控制模块的行为。每个模块的参数都是独特的，但是配置项的外观及风格是一致的，这会让 EV3 很容易使用。

我们看一下声音模块，这是一个相当典型的模块，在这里讨论的所有概念都可以用到其他大多数模块上。图2-7显示了声音模块参数的初始外观，当把声音模块添加到程序中，没做任何修改的时候，声音模块就是这个样子的。

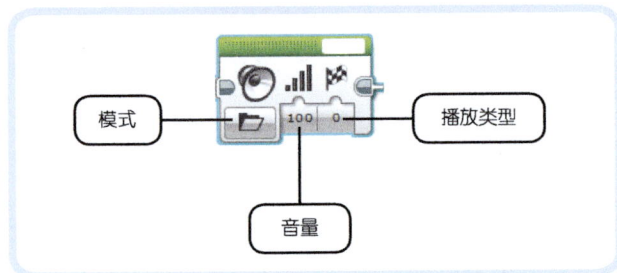

图2-7 声音模块的参数

最左侧是编程模块的*模式选择*，模块的主要功能是由所选择的模式确定的。声音模块有四种模式：播放文件、播放音调、播放音符和停止。当你选择不同的模式时，其他选项将跟着模式自动变化。图2-7显示的是在声音模块上选择播放文件的模式。在此模式下，你可以设置音量和播放类型。播放类型告诉程序如何播放声音文件：可以播放一次，程序等待声音播放结束后再继续执行；或者播放一次，而程序立即继续执行；也可以让声音连续重复播放，直到程序结束或者遇到停止播放命令才停下来。

其他的模式会有不同的选项。图2-8显示了声音模块的播放音调模式。在此模式下，你可以设置音调的频率和持续时间。

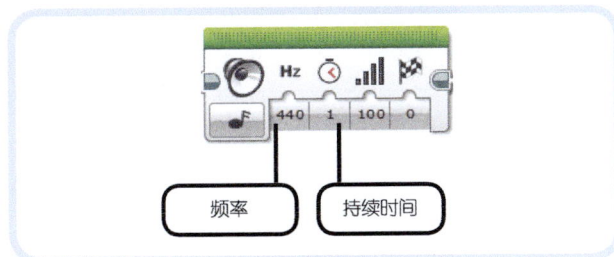

图2-8　播放音调模式下的声音模块

在当前值上单击可以更改模式或进行设置。不同的选项类型有不同的输入方式，某些参数只要输入一个数字，其他的选项会用到列表或者滑块来选一个值。在播放音符的模式中，可以用小琴键来选择音符，如图2-9所示。

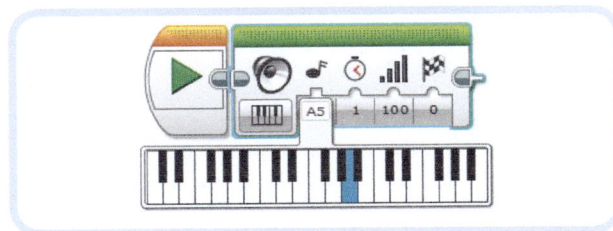

图2-9　声音模块上选择音符

你的第一个程序

在第一个程序里，我们要用声音模块让EV3说"Hello"。首先，启动MINDSTORMS EV3软件并创建一个新的项目。不需要用内容编辑器，所以可以关掉它，给编程画布留出更多的空间。跟随下面的步骤把声音模块添加到你的新程序里：

1. 在动作面板中选择声音模块，如下所示：

2. 将模块拖到编程画布上。放到画布上已有的开始模块的右边。

你的程序应该是这个样子的：

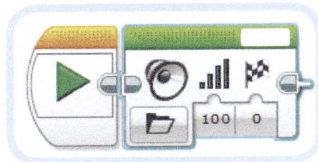

如果你不小心放错了模块或者模块放错了地方，选择**编辑►撤销**，然后再做一次。

声音模块的大多数设置可以不做改动，保留默认值就可以了。你要做的就是选择想要让模块播放的声音文件。EV3软件自带一大堆的声音文件，分类放置在与电脑硬盘驱动器相似的文件夹结构中。

3. 单击声音模块右上角的白色对话框，会弹出有声音文件列表的对话框。

4. 单击**LEGO声音文件**文件夹将其打开，选择**通讯文件**夹，向下滚动并选择"Hello"文件。在声音模块右上角的白色对话框里显示出单词Hello。

保存程序

在继续向下进行之前，给程序起个名字，保存一下项目。在这本书中，一般每个章节会有一个项目，依次命名为Chapter2，Chapter3……。每个项目包含了这一章中编写的所有程序。让我们将这个程序的名称更改为Hello，将项目另存为Chapter2。

要更改程序的名字，可双击程序名称选项卡。在高亮

做好备份

有时你会修改程序。本想写的更好点，结果却弄得一团糟，而且还不能退回到之前的样子。你可能不记得程序还能运行的时候是什么样子的了。

为了避免这样的问题，专业软件开发人员会用些很酷的*源码控制系统*来保存他们工作的不同版本。不过，你也可以用其他的方法，只要在各个版本上都存一个备份就可以了。万一遇到问题，就用其中的一个备份。最好一旦有个功能做好了，接下去要做一些比较大的变更的时候就存一个备份。比如说你要写一个四个任务的程序，在第一步完成后，保存为Task1。在第二步完成后，保存为 Task1_Task2。这样做，你总是可以在必要的时候退回去。

文本中，输入新名称Hello。选项卡如下所示：

选择**文件▸保存项目**，保存该项目。当第一次保存项目时，会出现一个对话框，让你选择保存项目的路径和项目名称。键入Chapter2，单击**保存**，创建Chapter2.ev3文件。这个文件包含了你的程序的所有信息，包括编程模块的排列和参数的配置。.ev3格式是MINDSTORMS环境专用的，其他软件无法打开。

> **注意** 要经常保存你的工作。在把程序下载到程序块之前一定要保存。比如接电话或者出去遛个狗之前也最好保存一下。如果因为忘记保存而要重新编写几个小时的程序，这是很麻烦的！

运行程序

保存程序后就可以测试程序了。第一步是确保EV3已打开并连接到计算机上，可以用USB数据线、蓝牙或Wi-Fi来连接。最容易设置的是USB数据线连接的方式（在EV3和计算机之间连上数据线就行了），但只能让EV3程序块与计算机距离很近。蓝牙或Wi-Fi连接方式会有点难，但可以让机器人自由活动。帮助文件（点击**帮助▸显示EV3帮助**打开）会告诉你怎么把程序块连到计算机上。

点击中间位置的**下载和运行**按钮，把程序下载到EV3上并运行起来。EV3会作出响应，说出"Hello"。

程序属性

一个EV3项目可以包含多个程序，每个程序可以使用多个声音或图像文件。*项目属性页面*可提供项目概况，管

理所使用的资源。单击程序名称左侧的小扳手图标，打开项目属性页面。图2-10 显示了Chapter 2项目的项目属性。

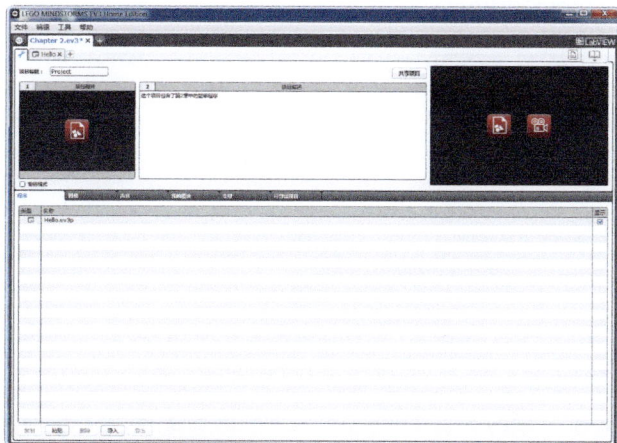

图2-10　项目属性页面

在项目属性页面中，可以给你的项目取标题、写说明，还可以查看项目包含的所有程序、图片、声音文件和我的模块。本书后面的章节中，我会告诉你如何用这个窗口导入、导出程序和我的模块，在项目之间实现共享。

第二个程序

第二个程序，HelloDisplay，类似于 程序Hello，只是要使用显示模块替代声音模块在EV3屏幕上写出"Hello"。一开始，这个程序是不能正常工作的，这是为了让你看到程序不按预期方式运行是怎样的，并学习如何修复。按以下步骤创建程序的初始版本：

1. 选择**文件▶新建程序**。这会向项目中添加一个新的程序。

2. 把程序名称改成HelloDisplay。编程画布上方的选项卡应如下图所示：

3. 把显示模块从动作面板中拖出来，像下面这样

4. 把显示模块放到开始模块旁边。你的程序应如下图所示：

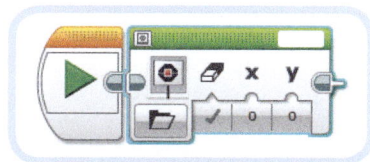

下一步是要对显示模块进行设置，输出文本"Hello"。显示模块有好几个选项，将会在第15章详细介绍。默认情况下，显示模块会画一张图片，所以你要做的第一件事是将它配置为显示文本。

5. 单击模块左下角的文件夹图标。然后选择**文本▶网格**，如下图所示：

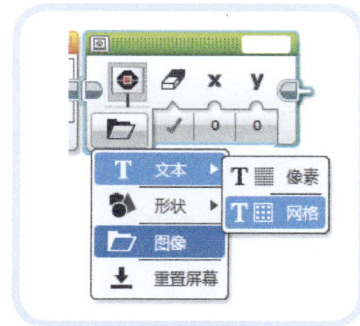

默认显示的文本是"MINDSTORMS"，所以下一步就是将文本改为"Hello"。

6. 单击模块右上角的白色对话框，把MINDSTORMS改成*Hello*。

完整的程序应该如图 2-11 所示：

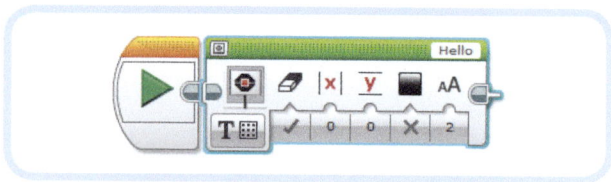

图2-11 程序HelloDisplay

现在下载并运行程序。EV3 应该发出了声音，让你知道它已下载了程序。但显示屏上没有出现Hello。这是怎么了？

简单地说，这个程序有一个bug。*bug* 就是程序错误。*除错（Debugging）* 就是查找和修复错误的过程。像所有的程序员一样，你需要花费大量的时间来除错。实际上，几乎不可能程序一写好就是正确的。运行一下程序，找找哪儿出错了，再把问题修正，这是编程过程最正常不过的了。修复bug 可能令人沮丧，但也非常有意义，把它想成是在解谜，就会觉得很有趣了！

修复本程序的一个办法是在显示模块后面添加一个等待模块，等待模块会告诉程序暂停5秒钟，这样就有足够的时间来看一下显示的结果了。

等待模块是在流程控制面板里，单击编程面板上方的橙色选项卡可以打开流程控制面板。图2-12显示了流程控制模块，等待模块上画了个圈。

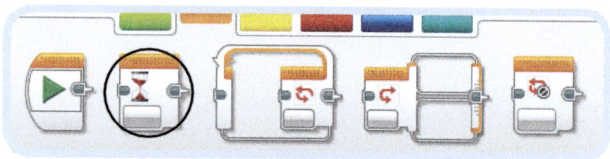

图2-12 流程控制面板上的等待模块

按照以下步骤来解决该问题：

1. 在显示模块的右侧放置一个等待模块。你的程序应该如图2-13所示。

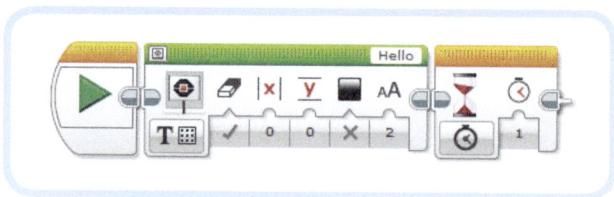

图2-13 添加了等待模块的程序

2. 默认情况下，等待模块的等待时间为1秒。因为我们需要更多一点时间来查看显示屏，所以把小钟图标下的值从 1 更改为 5，这就会让程序等待 5 秒后再结束。图2-14显示了修改后的等待模块。

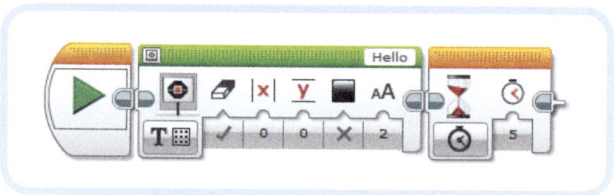

图 2-14 等待模块设置为 5 秒

现在下载并运行该程序，屏幕上显示"Hello"5秒，然后清屏。这就是你所要的效果，添加等待模块是成功解决这个bug的方法之一。

> **注意** 为什么第一个程序没有同样的问题呢？与显示模块不同，声音模块的默认选项是**等待完成**（图2-15）。这样程序就会一直等到声音播放完毕才继续执行下一步。如果你选择的选项是**播放一次**而不是**等待完成**，第一个程序就会像第二个一样，无法运行。

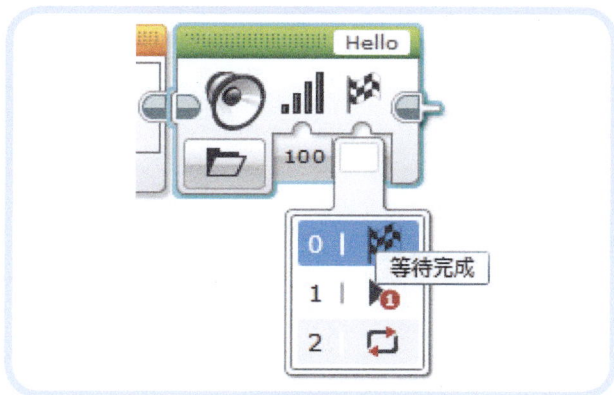

◎　图2-15　声音模块等待完成选项

注释

　　程序员使用注释在程序中添加描述性文本：有说明这个程序如何工作的，有说明他们编程时为什么做这种决定的。比如，你可以对前面的程序添加注释，说明为什么要添加等待模块。

　　在前面的章节中，我提到一个好的程序应该是易于修改并让其他程序员容易理解，好的注释对达到这两个目标非常重要。如果只是单看每个模块的设置，很难弄清楚程序是如何工作的，用一段看懂的文字，简短说明一下，让程序更容易理解。想一想怎么向朋友解释你的程序，你不会只是告诉他用了多少编程模块；相反，你会整体描述一下程序，在一些比较复杂的地方做个详细的解释。注释还能帮你记住为什么用这种方式编写程序，以后也能更容易地重新使用自己的程序。

　　注释不影响程序的运行，EV3 会完全忽略它。EV3需要知道的只是程序里模块的排列顺序和参数的配置。

增加注释

　　试着在程序中HelloDisplay增加注释，说明为什么添

　　加等待模块。合理注释可以是"在结束该程序之前等待 5 秒，给用户更多的时间查看屏幕"。可以使用工具栏中的注释工具（▤）将注释添加到程序中。

　　请按照以下步骤添加注释：

　　1. 单击等待模块上方的编程画布。选择注释工具时，新注释就会显示在这里。

　　2. 单击工具栏上的**注释**工具。一个小小的注释框会出现在上一步点击的地方。如图2-16所示。

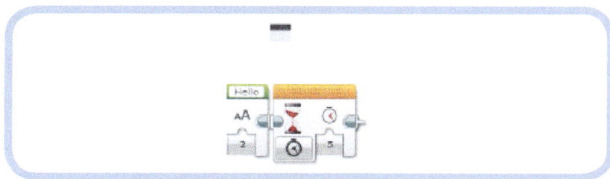

◎　图2-16　新的注释框

　　3. 单击注释框的中心，选中注释框。

　　4. 开始输入注释，**"在结束该程序之前等待 5 秒，给用户更多的时间查看屏幕"**。当输入文字显示宽度太大时，按回车切换到下一行。

　　图2-17显示了已添加注释的程序。现在，看这个程序的人都会知道为什么程序总会有个等待模块。

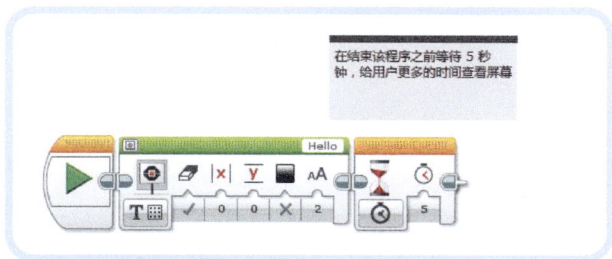

◎　图2-17　解释等待模块

使用注释的一些技巧

　　增加注释时，记住下面这些技巧：

　　*输入注释时按回车键换行。

*单击注释框选中注释。

*选中注释后，单击其中的文字可以进行修改。

*按 DELETE 键可删除选中的注释。

*拖动注释框上的小点可以调整注释框的尺寸。把鼠标移到注释框上，这些小点就会出现。

*用鼠标拖动注释框，即可移动它的位置。

上下文帮助

有了这么多的编程模块、这么多的选项，我们足以搭建出各种各样的机器人。然而，学会所有这些模块和选项是个很艰巨的任务。EV3软件有一个很好用的功能：上下文帮助。若要访问它，请点击**帮助▸显示上下文帮助**，一个小窗口会弹出来，其中显示着刚才光标所在地方的概要信息，这非常有用。如果你需要了解更多内容，每个主题还包含一个跳转到**更多信息**的链接。想要更快地掌握编程吗，那就经常打开这个小窗口吧。图2-18显示了声音模块音符模式的帮助信息。

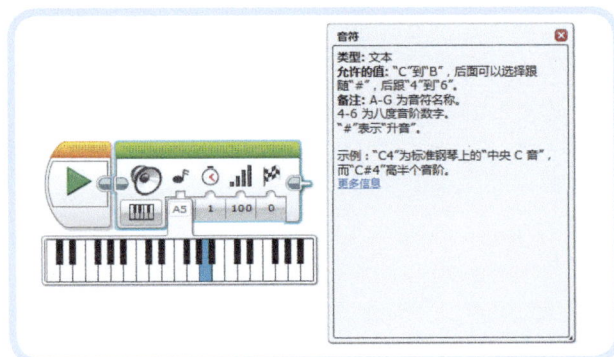

图2-18　选中音符模式时的上下文帮助

结束语

MINDSTORMS开发环境的基本教程到此结束。接下来，你会搭建一个简单的机器人，它叫TriBot，在以后的章节中要用它测试程序。然后我会介绍 EV3 软件中的各种编程模块，并且向你展示如何组合这些模块让TriBot完成各种任务。

第 3 章　TriBot：测试机器人

3

本章将说明如何搭建一个简单的三轮机器人，TriBot（图3-1）。这个机器人会用到所有EV3传感器。你可以用TriBot运行本书其余部分的示例程序，以后也可以用它测试自己的程序。在本章中，我们还要搭建一个简单的升降臂，用来测试EV3的中型电机。

Tribot组件

EV3教育版或家庭版都能用来搭建TriBot。大多数情况下，本章中的图片采用的是家庭版的零件。在我们开始搭建之前，先看一下两个版本之间的差别。家庭版的车轮要小于教育版的（图3-2）。

家庭版套装中包括红外传感器和红外遥控器，而教育版套装中包括超声波传感器和陀螺仪传感器。如果你使用的是家庭版套装，请忽略陀螺仪传感器的部分；如果你使用的是教育版套装，可以用超声波传感器替代红外传感器。

两个版本套装中的零件颜色略有不同。例如，某些梁在家庭版套装中是黑色的，但在教育版中是灰的。除非在搭建步骤里有特别说明，你可以忽略零件颜色的差异；只需确保使用的零件尺寸和形状正确就可以了。图3-3和图3-4分别显示了用家庭版套装和教育版套装搭建TriBot时分别要用到的零件。

图3-1　左侧的是用EV3家庭版搭建的TriBot；右侧的是用教育版搭建的TriBot

图3-2 教育版套装中的车轮（左图）和家庭版套装中的车轮（右图）

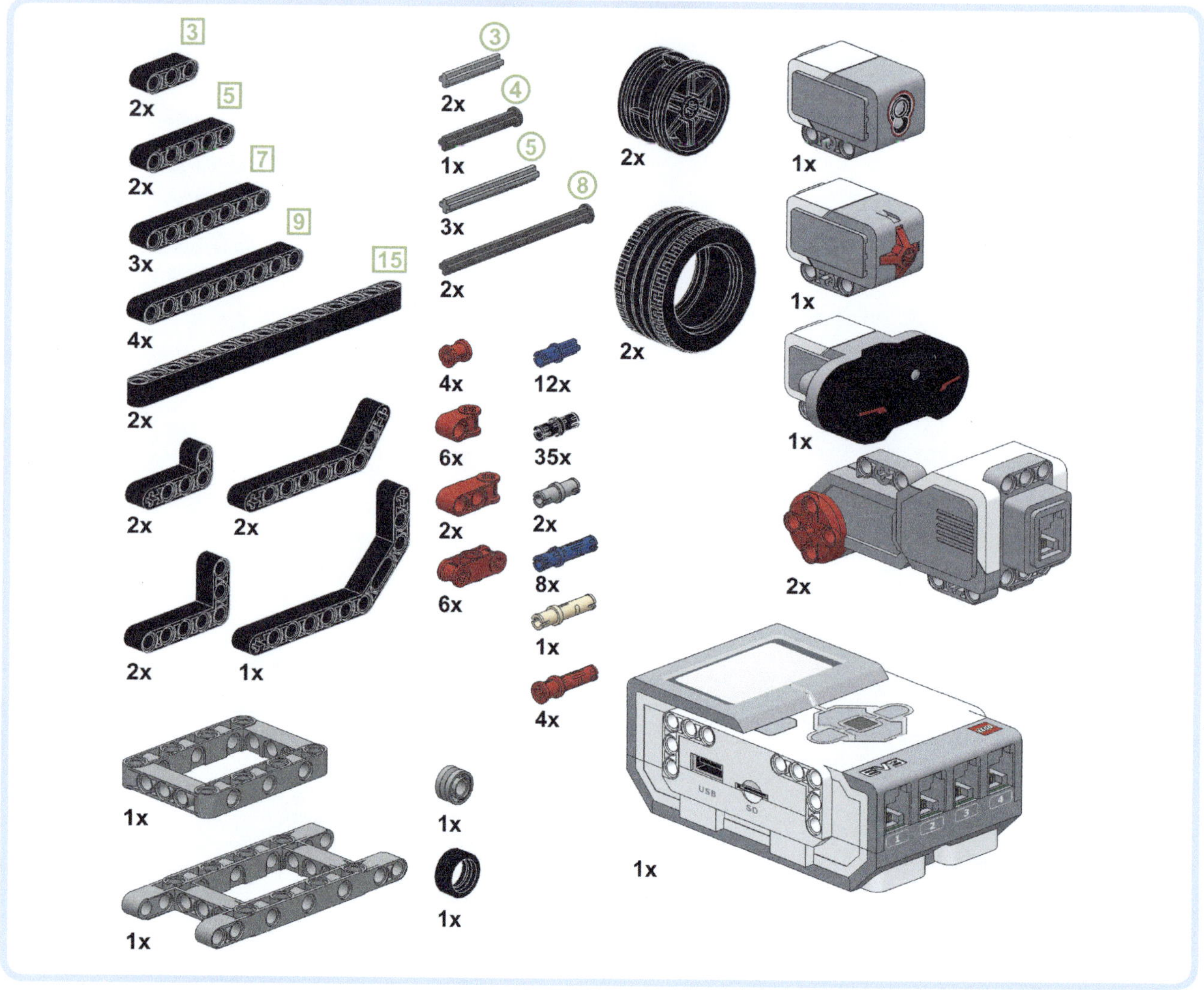

图3-3 使用EV3家庭版（31313）套装搭建TriBot所需零件列表

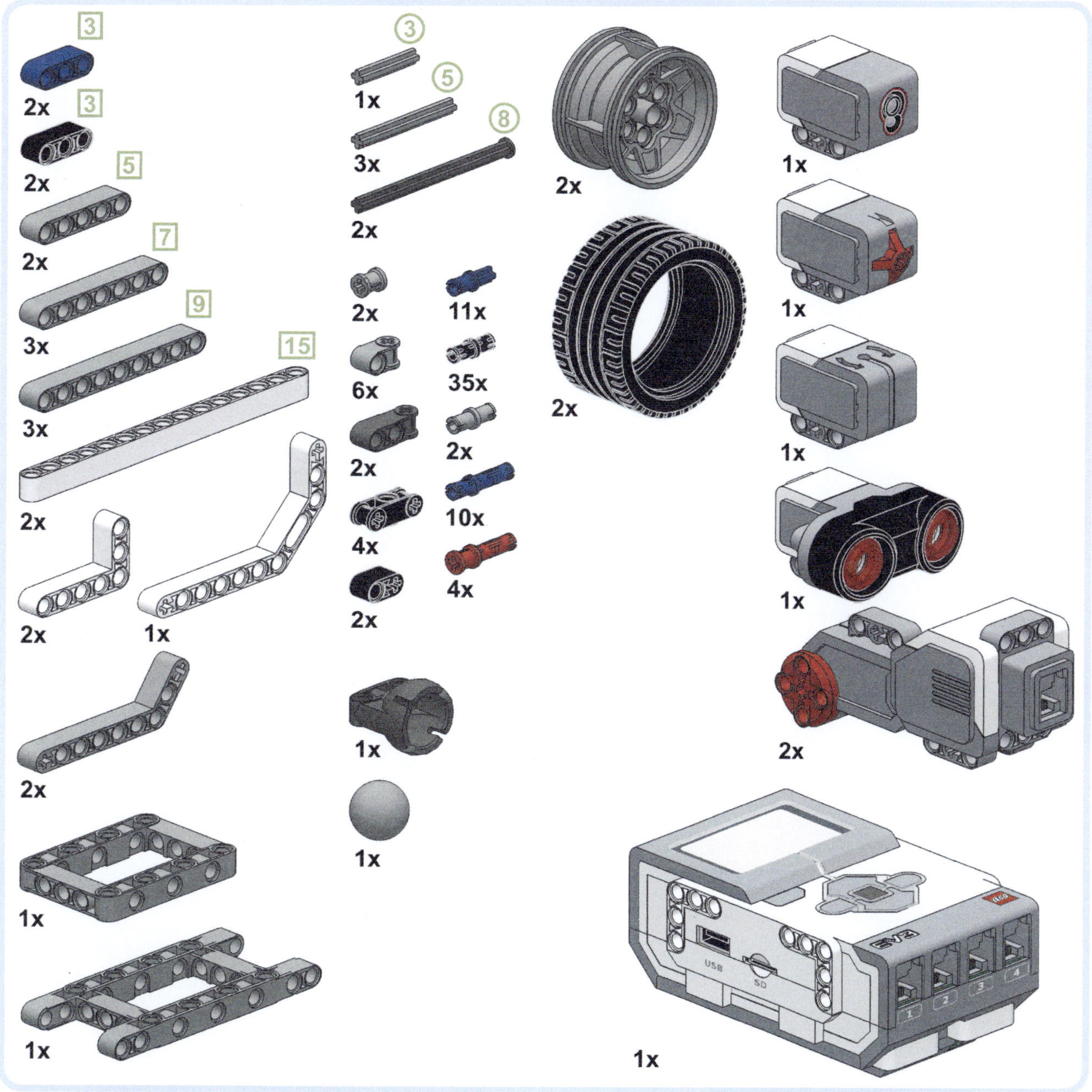

3 2x

3 2x

5 2x

7 2x

9 3x

3x

15 2x

2x 1x

2x

1x

1x

3 1x

5 3x

8 2x

2x

11x

6x

35x

2x

2x

10x

4x

4x

2x

1x

1x

2x

2x

1x

1x

1x

1x

2x

1x

图3-4 使用EV3教育版（45544）套装搭建TriBot所需零件列表

搭建电机和车轮

首先，搭建电机和车轮。

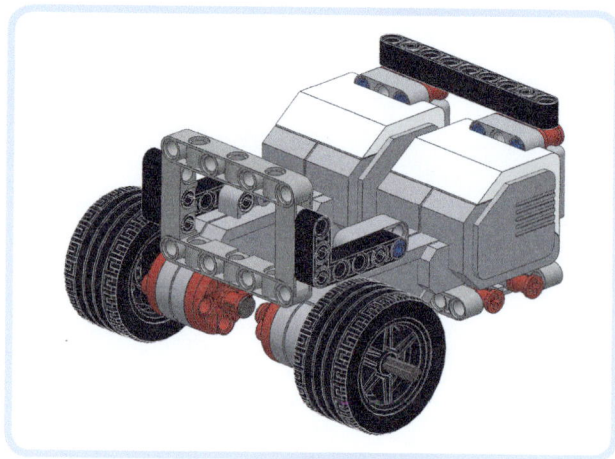

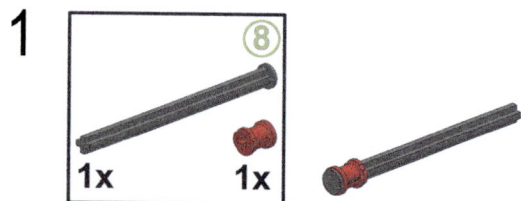

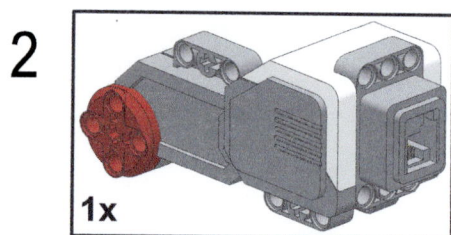

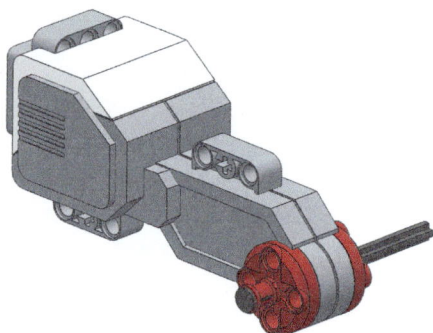

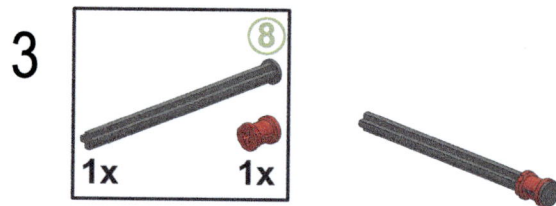

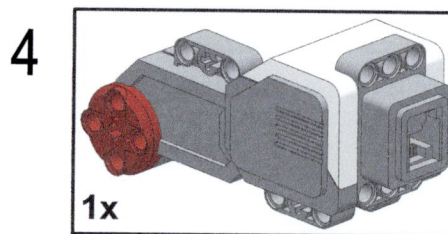

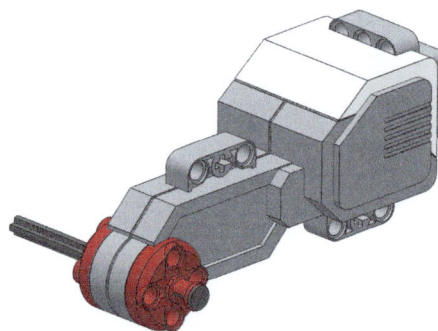

1

⑧

1x   1x

2

1x

3

⑧

1x   1x

4

1x

5

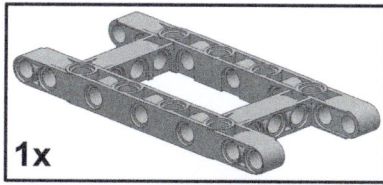

1x

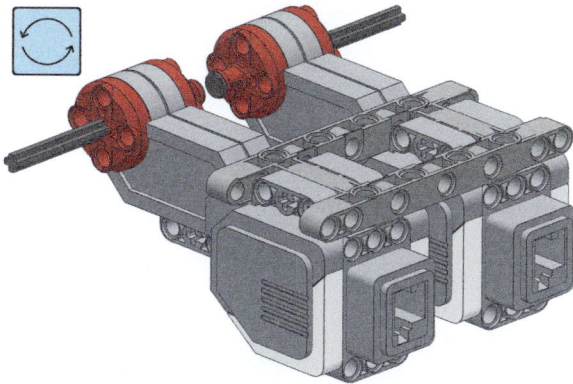

把两个电机翻过来，并排摆放。再安装H型框架

6

4x

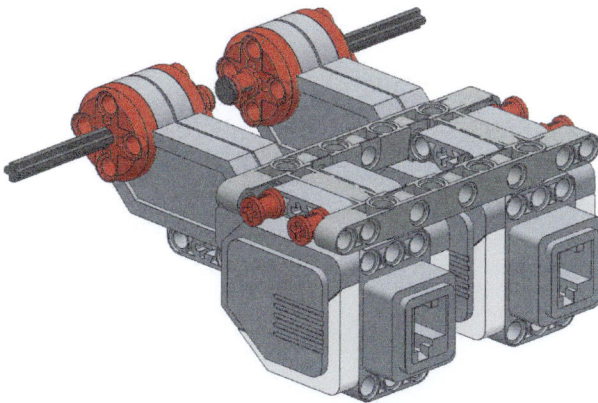

用四个红色长销把电机和H型框架连接起来

7

1x

1x

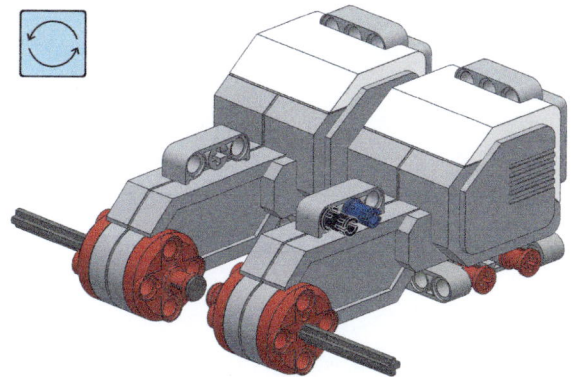

8

1x

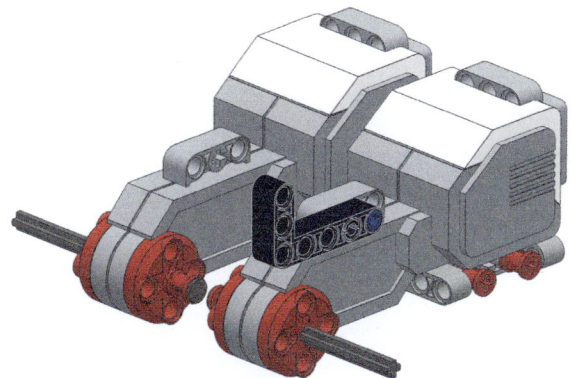

9

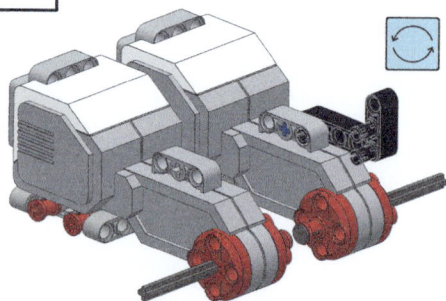

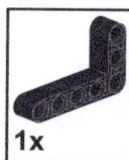

在第8步中安装的黑色L型梁上安装两个销

10

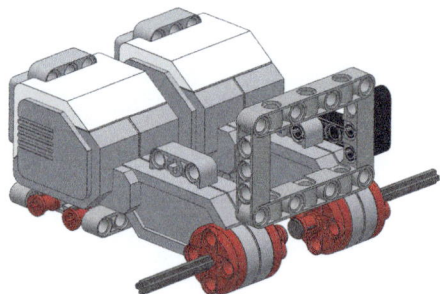

11

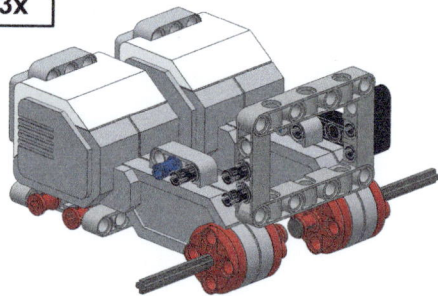

12

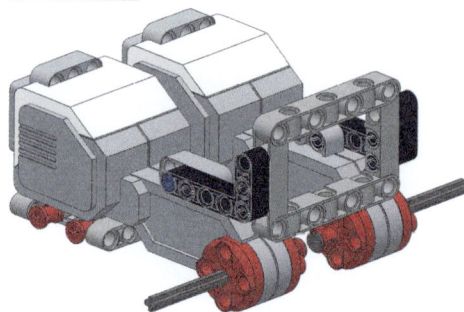

13

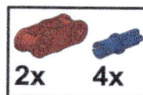

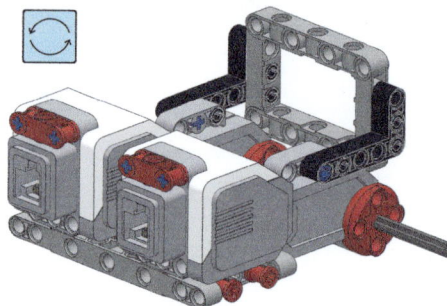

14

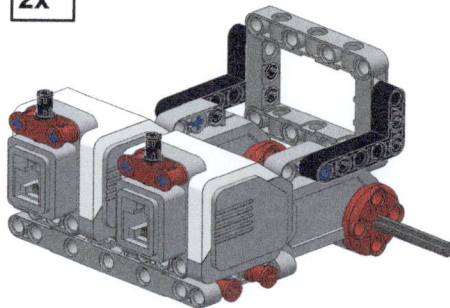

15

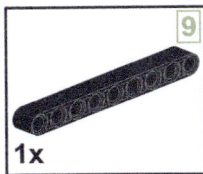

16

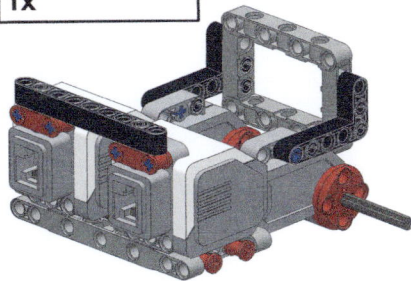

现在，在每个电机上安装一根3M梁，并装上车轮

17

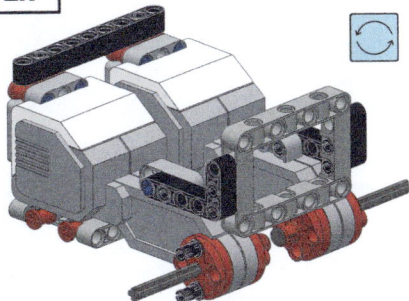

18

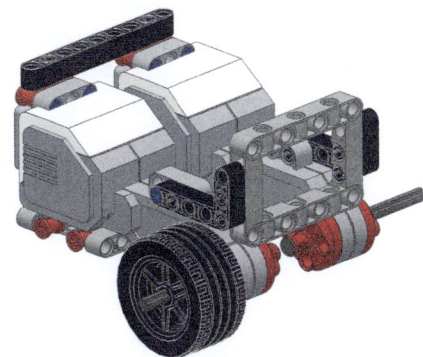

确保车轮紧贴着电机上的3M梁。这根3M梁可以避免轮胎
和机器人的其他零件之间发生摩擦

19

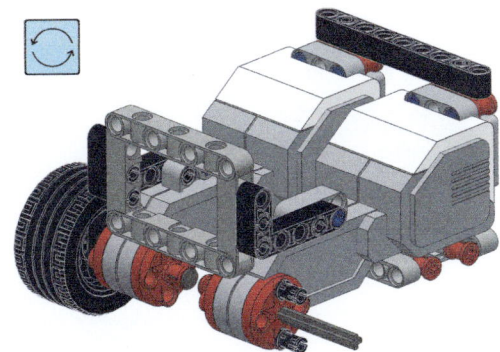

20

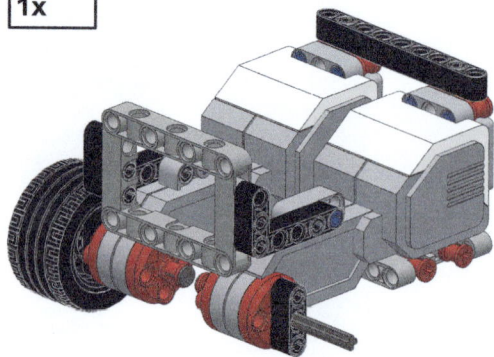

21

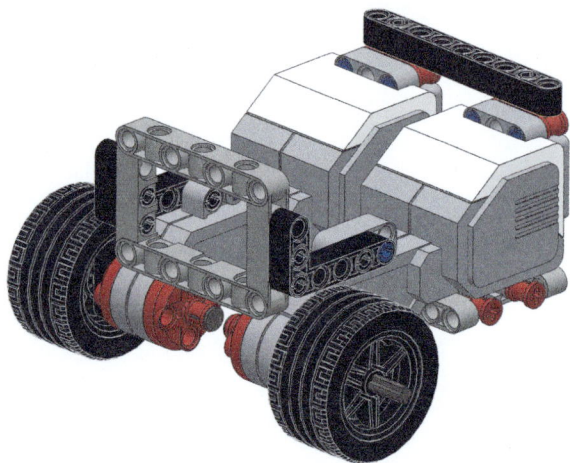

搭建万向轮

本节说明了如何搭建安装在TriBot底部的万向轮。这里包含了家庭版套装和教育版套装两个搭建指南。选择你需要的那个进行搭建。

用家庭版套装搭建万向轮

1

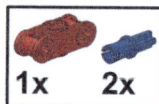 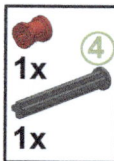 

2

3

4

5

6

1x

这里要用米黄色的光滑销。这种销摩擦较小，可以让车轮自由旋转

7

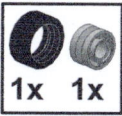

1x　**1x**

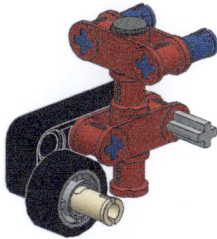

8

1x

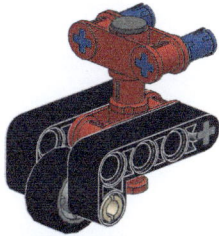

9

2x
2x

10

9

1x

11

5

1x

12

用教育版套装搭建万向轮

教育版套装中包含一个特殊的万向轮零件，我们只使用很少的零件就能搭建一个万向轮。

1

2x

2

5

1x

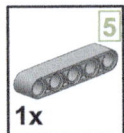

3

2x

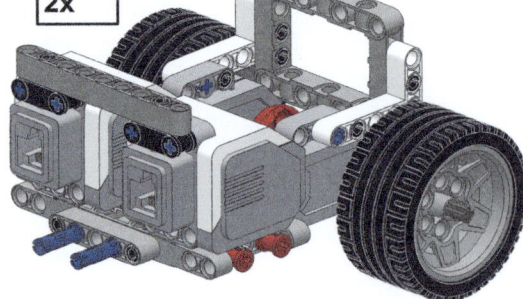

4

3

1x

5

1x **1x**

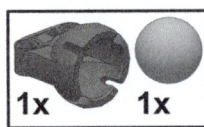

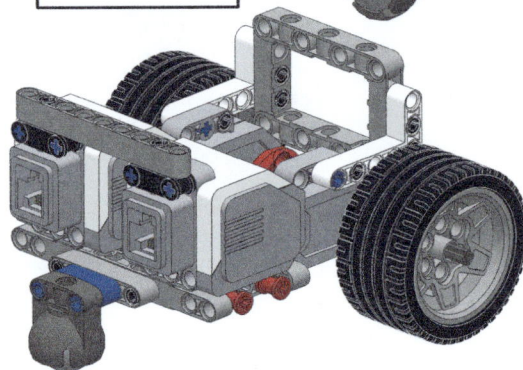

安装 EV3 程序块

现在，在电机组件上安装四个销。然后安装EV3程序块。

1　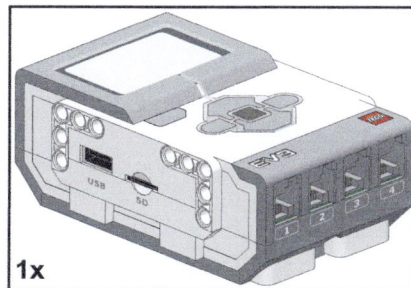

1　**4x**

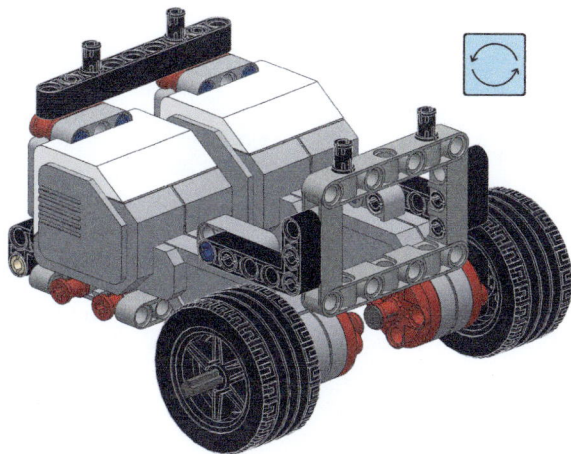

安装红外传感器或超声波传感器

现在安装红外传感器。

1　**2x**

本节图示是使用家庭版套装红外传感器的例子。如果使用的是教育版套装，可以用超声波传感器进行替换

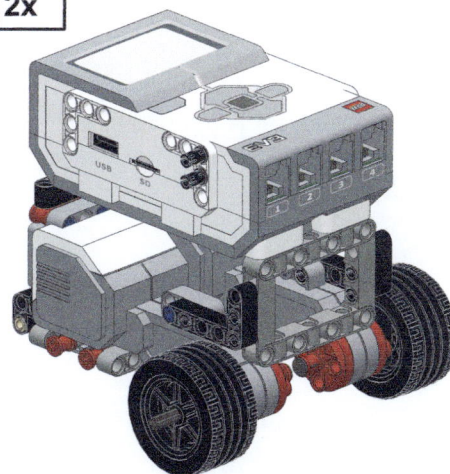

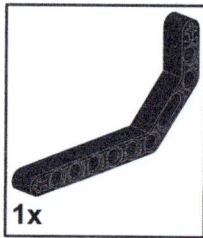

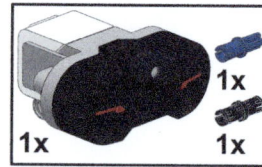

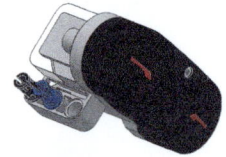

3

安装颜色传感器

现在我们安装颜色传感器。首先，我们制作一个支架。

1

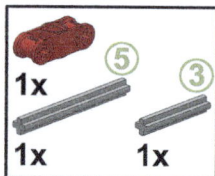

2

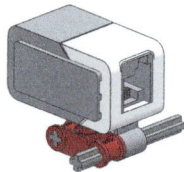

3

4

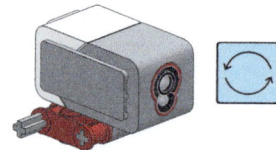

5

1x

1x

6

2x

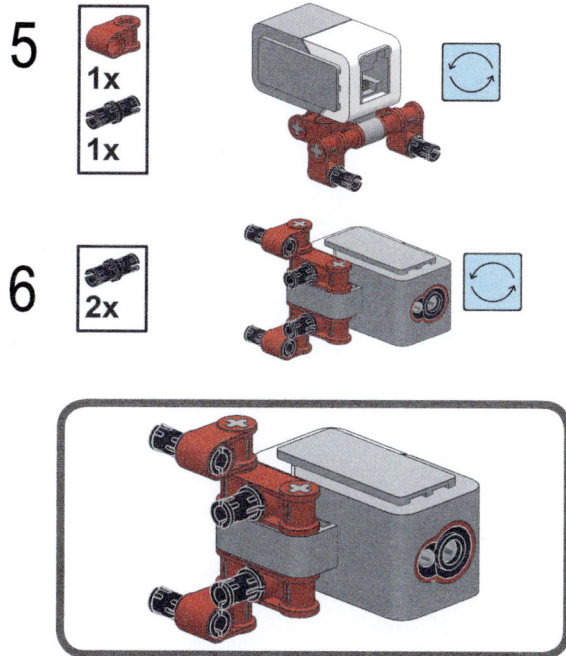

在机器人的侧面安装一根梁，用于安装传感器

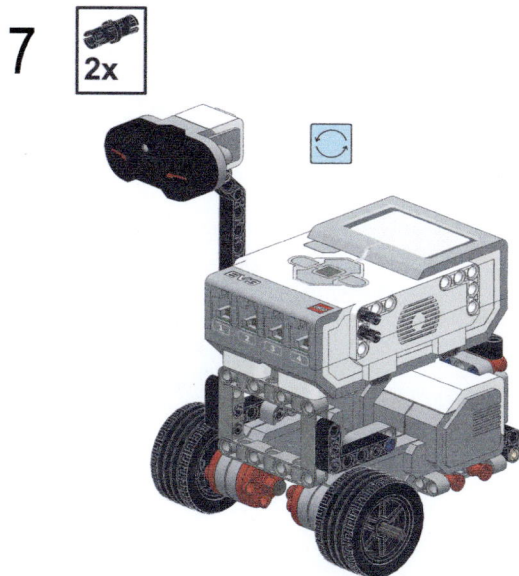

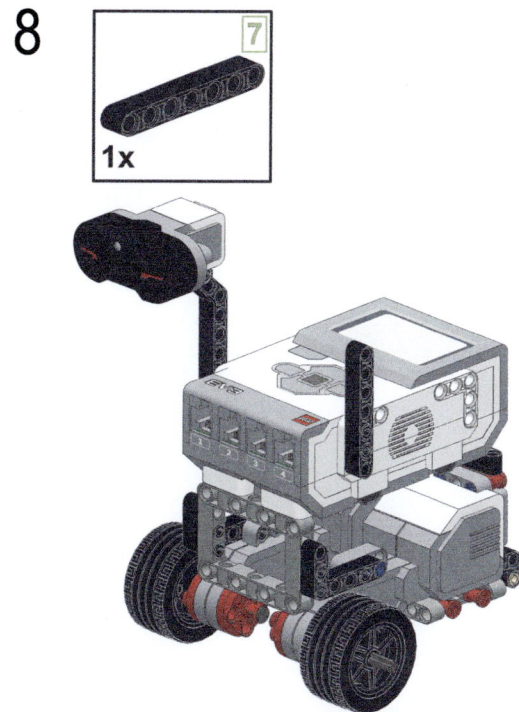

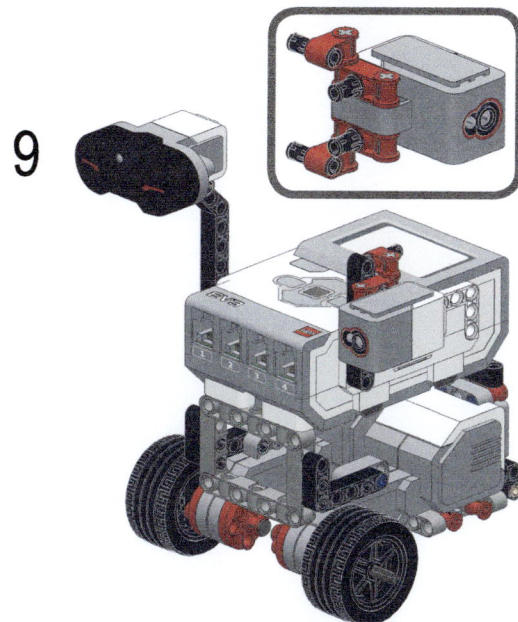

7

2x

8

7

1x

9

安装陀螺仪传感器（只适用于教育版）

如果你有教育版套装，那么在安装了超声波传感器的一侧再安装一个陀螺仪传感器（如果使用的是家庭版套装，请忽略这段）。

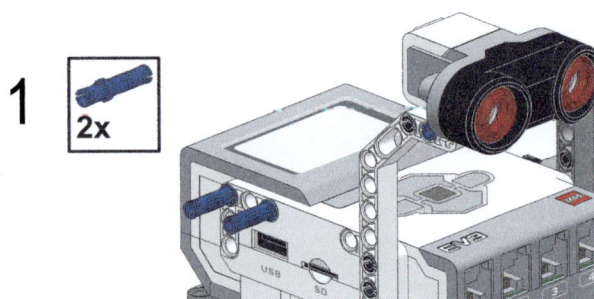

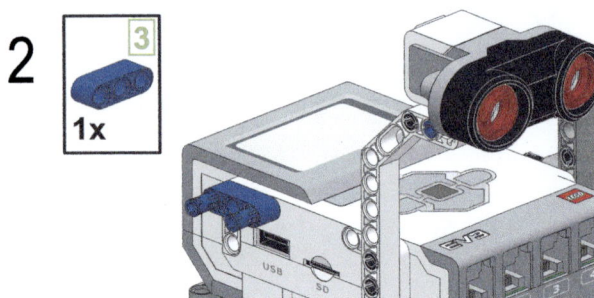

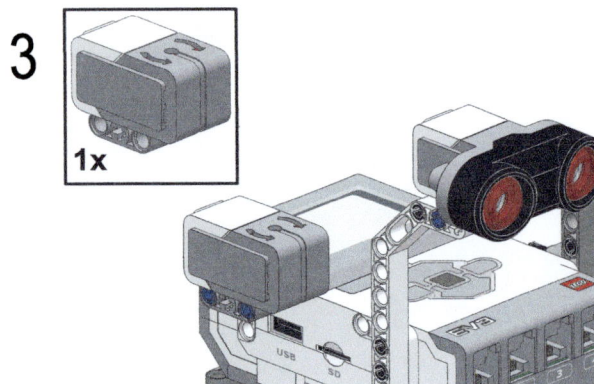

1 2x

2 3 1x

3 1x

搭建触动传感器保险杠

现在搭建一个触动传感器保险杠。我们从悬挂在触动传感器前方的手臂开始搭建。

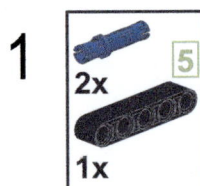

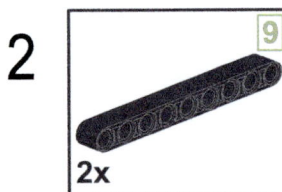

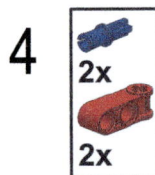

1 2x 5 1x

2 9 2x

3 4x

4 2x 2x

5

6

> 这里使用的是灰色的光滑销，而不是黑色的销。灰色的光滑销摩擦较小，可以让手臂自由摆动

搭建保险杠的剩余部分

7

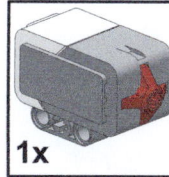

8

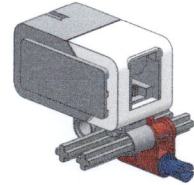

9

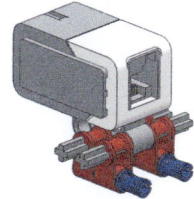

10

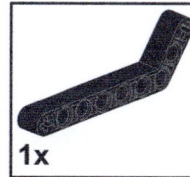

11

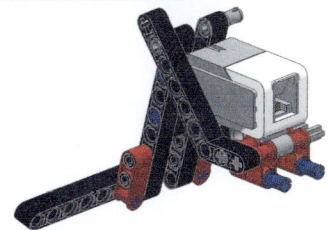

12

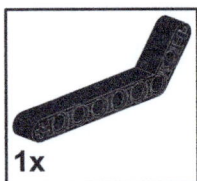

1x

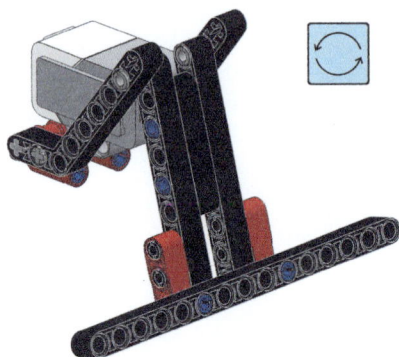

在安装保险杠之前，需要先在机器人
前面安装一根梁

13

2x
2x

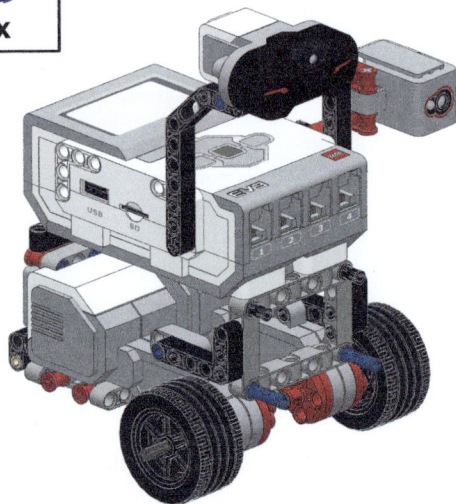

14

15

1x   7

1x

15

7

1x

现在，我们要先在触动传感器上
插上缆线，然后再安装保险杠

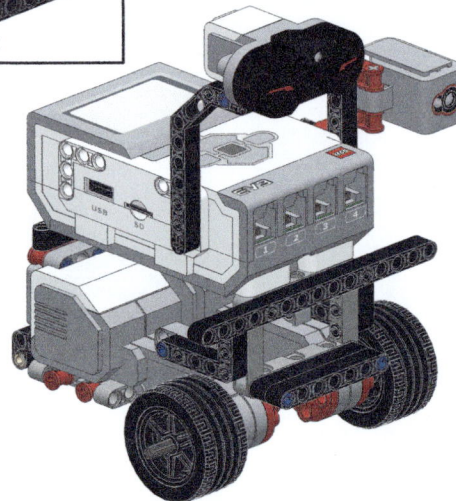

连接线缆

在安装保险杠之前，最好先连接好缆线，这样安装起来更方便。表3-1给出了连接各电机和传感器的缆线规格。

表 3-1　缆线连接规格

电机 / 传感器	端口	缆线长度
触动传感器	1	25 厘米
陀螺仪传感器	2	35 厘米
颜色传感器	3	25 厘米
红外或者超声波传感器	4	35 厘米
红外或者超声波传感器一侧的电机	C	25 厘米
颜色传感器一侧的电机	B	25 厘米

电机使用端口B和端口C，这样就能和软件里的"移动转向模块"和"移动槽模块"的默认设置保持一致。同理，表格中列出的传感器端口也与模块的默认设置相同。电机或传感器连到任一个端口都能工作（例如，触摸传感器连接到端口4和端口2都能工作）。但是用默认端口写程序更加简单，而且不容易出错，这是因为不需要更改端口设置。本书其余部分的程序假设你是按照表3-1来连接电机或者传感器的。

以下步骤展示如何连接缆线。为清楚起见，正在连接的缆线在图片中是绿色的。不过真实EV3缆线都是黑色的。

连接触动传感器

将一条25厘米的缆线从机器人的前面穿过，从侧面穿出。

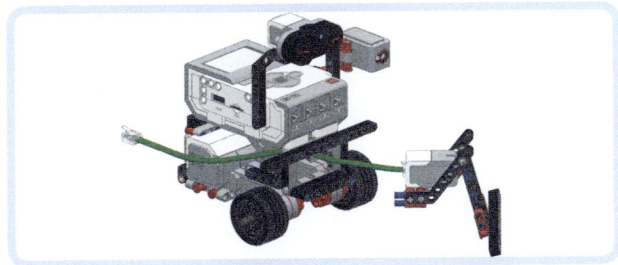

将保险杠安装在机器人前面，再把缆线的另一端连到端口1。

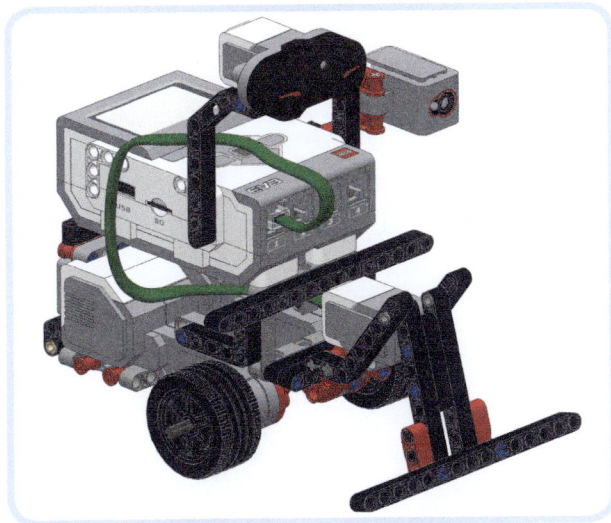

连接红外或者超声波传感器

用一条35厘米的线缆把红外或者超声波传感器连到端口4。

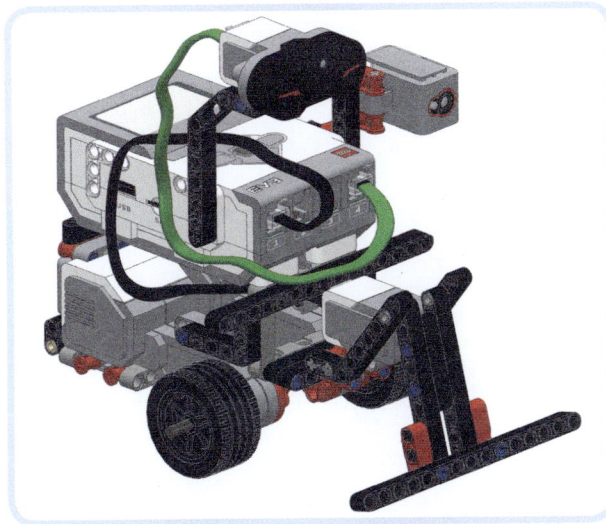

连接颜色传感器

用一条25厘米的线缆把颜色传感器连到端口3。

连接陀螺仪传感器（只适用于教育版）

如果你用的是教育版套装，可用一条35厘米的线缆把陀螺仪传感器连到端口2。

连接电机

用两条25厘米的线缆把电机连到端口B和端口C。为了让书中的程序正常工作，线缆要交叉连接。从机器人的后方看，右侧的电机连到端口C，左侧的连到端口B。

颜色传感器的备选位置

在某些程序中，要把触动传感器拆掉，将颜色传感器安装到TriBot的前面。这时，颜色传感器的安装方法如右图所示。

为了实现巡线功能，颜色传感器有时要朝下安装。使用家庭版套装时，传感器可以直接安装在TriBot的正面，高度正好合适。使用教育版套装时，因为轮胎要高一点，这时需要你再加

装一些零件，否则传感器与地面的距离就太远了。

使用家庭版套装时，就像下面这样安装颜色传感器。

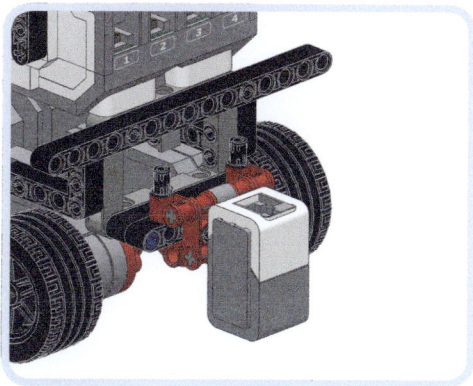

使用教育版套装时，要按照下面的步骤安装颜色传感器。

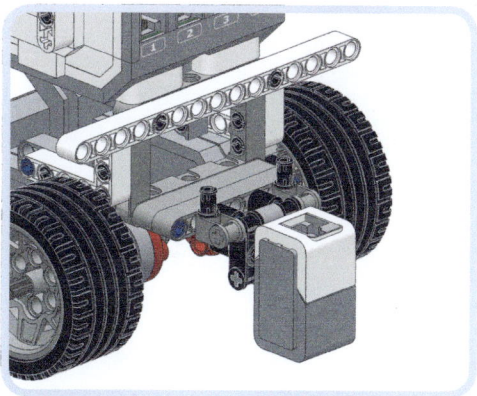

超声波或者红外传感器的备选位置

有些程序要求超声波或者红外传感器面向机器人的侧面。这需要在TriBot前方的长梁上安装两个销，再把传感器安装在这里。

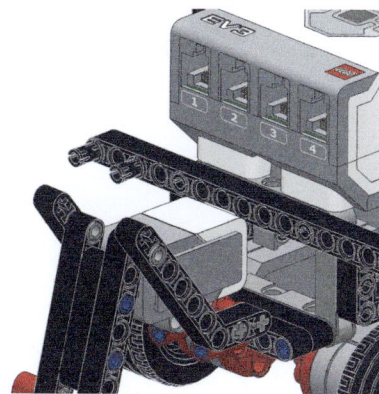

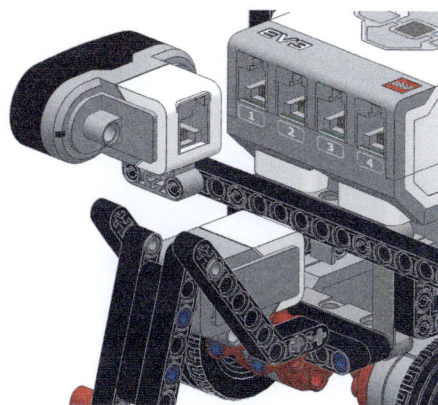

搭建抬升臂

现在我们用中型电机搭建一个抬升臂。如下图所示：

这是用于搭建抬升臂的零件列表：

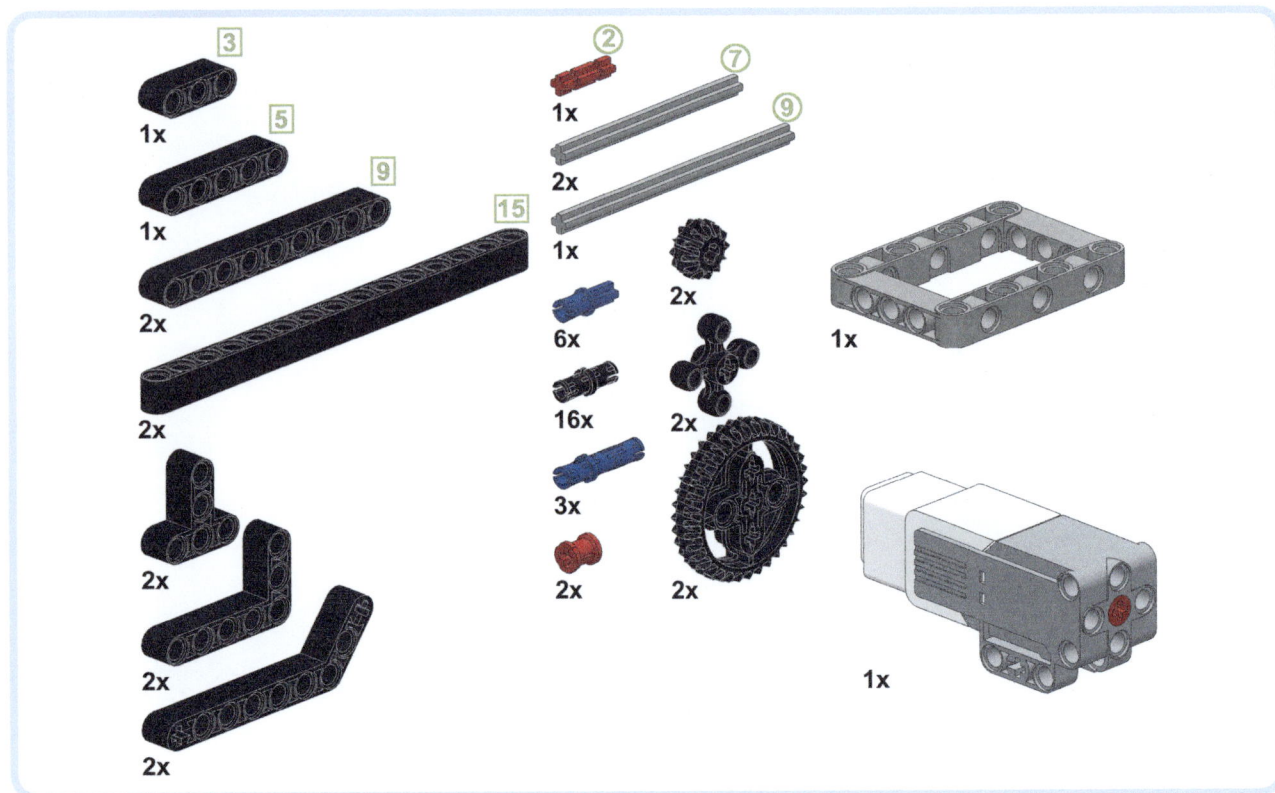

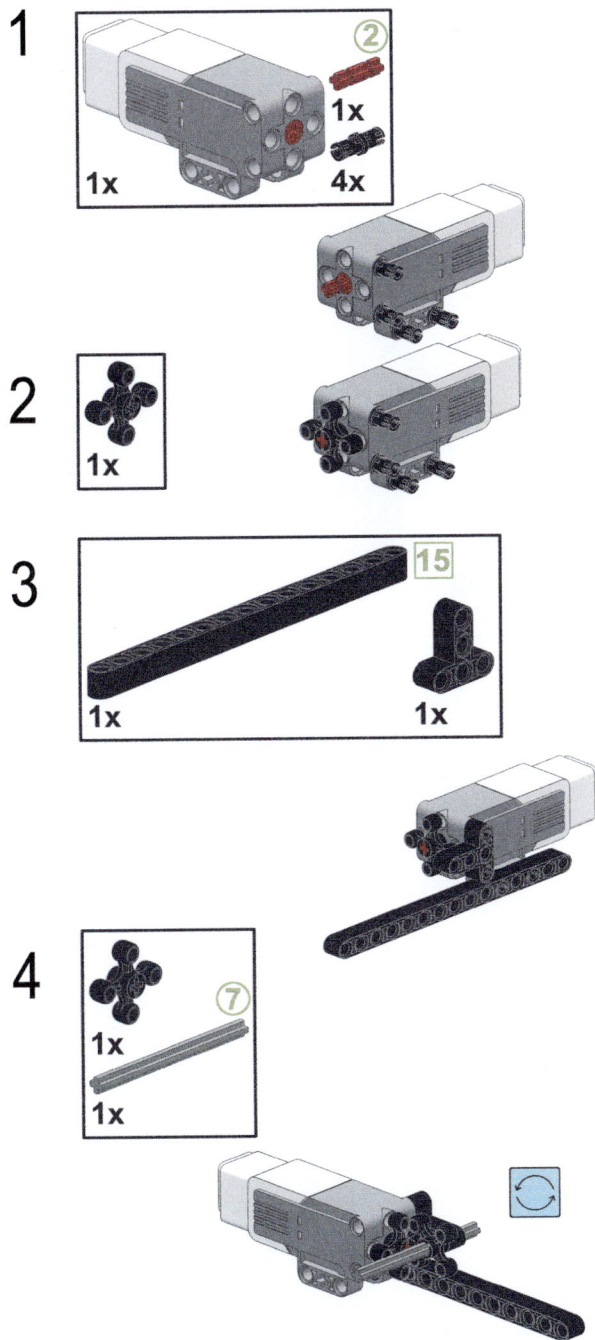

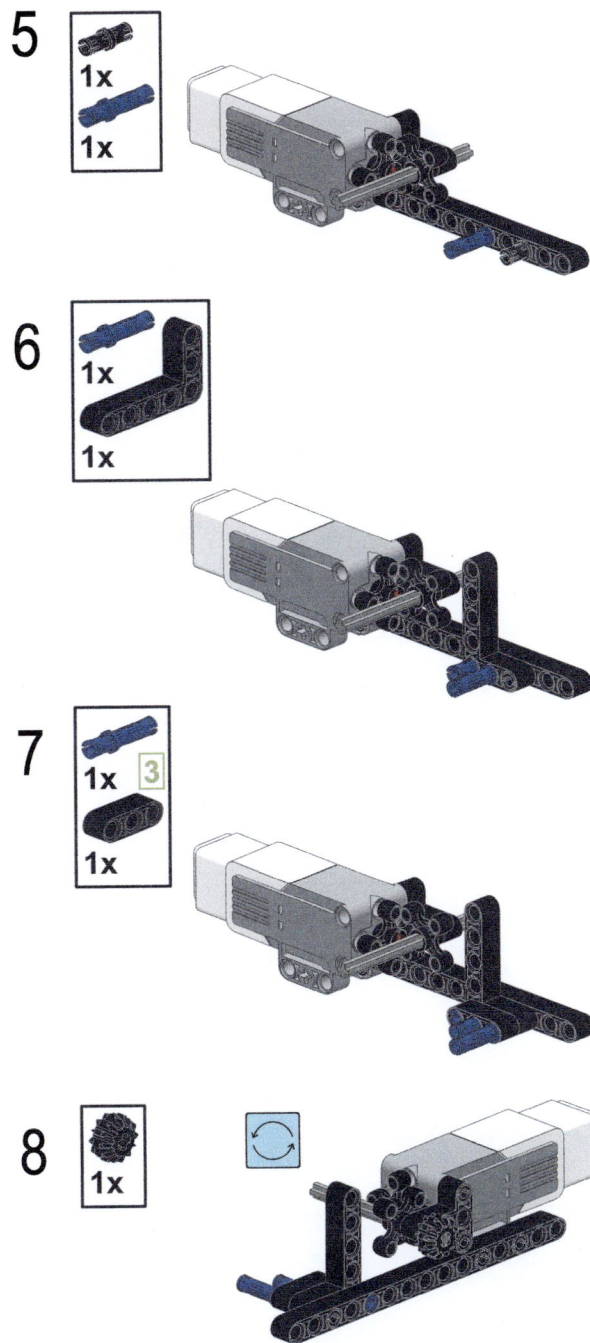

1

2 1x

4x 1x

2 1x

3 15 1x 1x

4 7 1x 1x

5 1x 1x

6 1x 1x

7 1x 3 1x

8 1x

9

1x
1x ⑦

10

1x

在下一个安装步骤中，安装齿轮时要确保大齿轮的安装方向正确。如右图所示，两个十字孔要水平放置

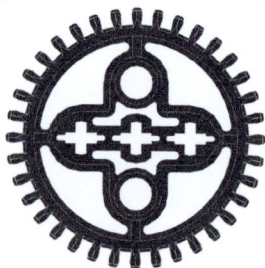

11

12

5
1x

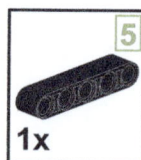

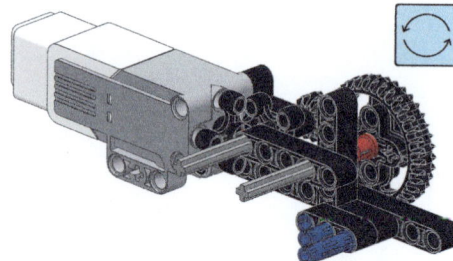

13

1x

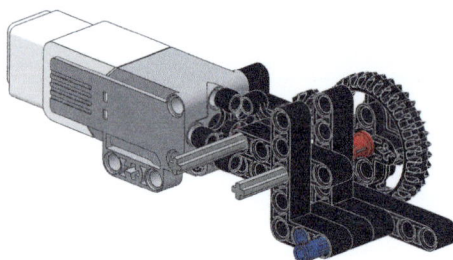

14

3x

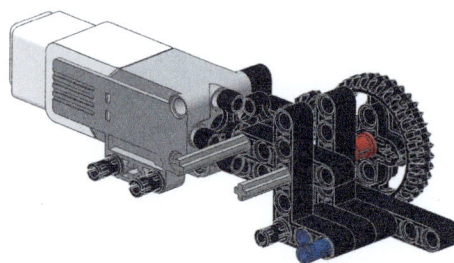

15

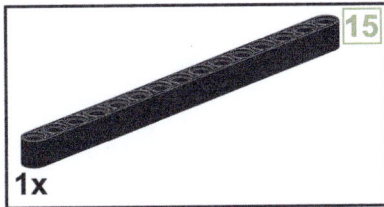

1x

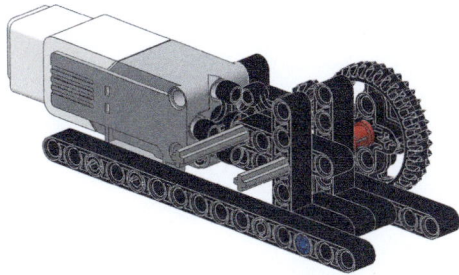

16

2x

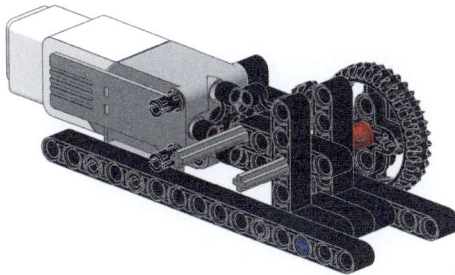

17

1x

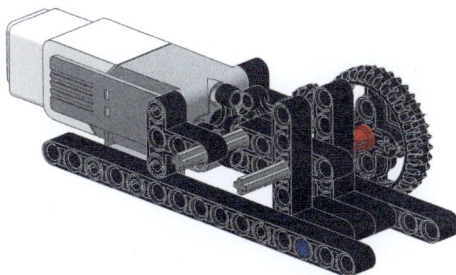

18

1x

19

1x

20

1x

21

2x

最后，把抬升臂与两个大齿轮连接起来

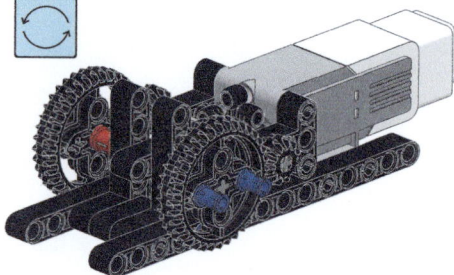

22

9

1x

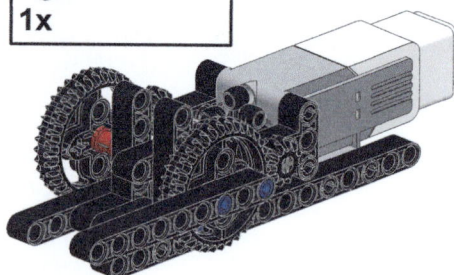

23

1x

1x

24

1x

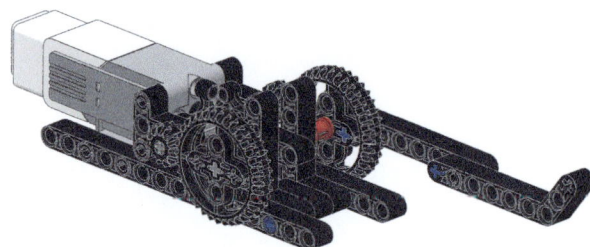

25

2x

26

1x

27

2x

28

1x

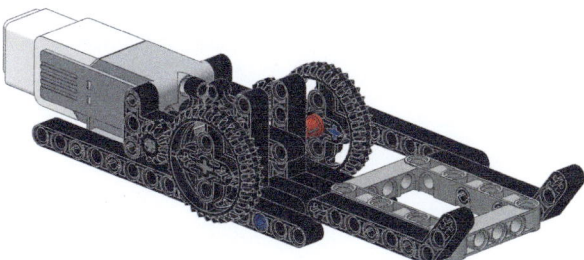

29

3x

1x

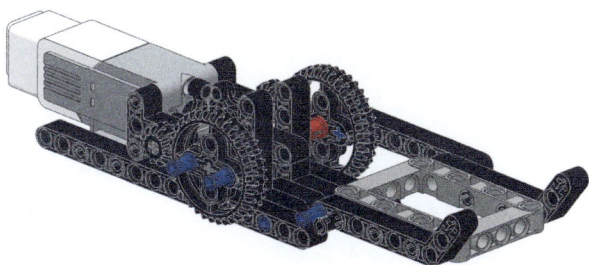

30

9

1x

31

9

1x

结束语

现在，你拥有了一个可以工作的TriBot和一个抬升臂，本书其余部分的示例程序将会用到它们。接下去的第一个程序要使用的TriBot是正面装有触动传感器那种。需要把传感器安装到备选位置时，我会在书中做出说明。

第 4 章　运动

4

制作机器人时最令人激动和着迷的就是看着自己的作品动了起来。用EV3套装，可以搭建汽车、机器人手臂和夹具、中世纪的攻城武器和许多其他的移动装置。把EV3套装和其他的乐高套装结合起来，能创造出无数的自动控制或遥控模型。

EV3电机让各种机构动起来，在本章中，我们要学习电机和控制电机的编程模块，先从简单的内容开始，并逐步深入到比较复杂的程序。

EV3电机

用大型伺服电机（图4-1）能够轻松地搭建出会动的机器人。它的形状很特别，这是因为在它的内部除了电机之外，还包含了一套齿轮，这些齿轮的作用是降低转速并提升扭矩。你可以把车轮直接连接到电机上，不需要加装额外的齿轮。

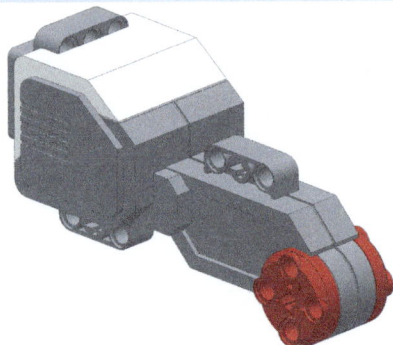

图4-1　大型伺服电机

中型伺服电机（图4-2）体型稍小，外观普通，更易于安装在机器人中，中型伺服电机的转速比大型伺服电机快，适合制作夹具或机械臂，另一方面，它不如大型伺服电机有力量，用它为移动的机器人提供动力，效果不佳。

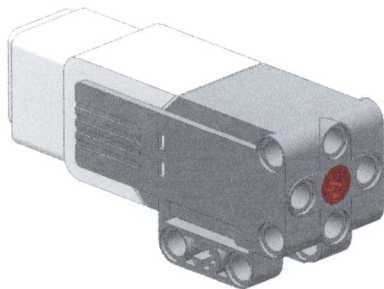

图4-2　中型伺服电机

EV3电机包含一个内置旋转传感器，用于测量电机的旋转。旋转传感器是电机的组成部分，使用时无需与传感器端口相连接，控制电机的模块（以后会讨论到）能自动使用这个传感器对电机的运动做精确控制，你可以使用这个传感器控制机器人的移动（在第5章讨论的传感器中，就包括这个旋转传感器）。

移动转向模块

移动转向模块（图4-3）控制2个大型EV3伺服电机，它是控制机器人移动的典型模块。

移动转向模块不断调整每个电机的动作，自动保持2

个电机同步，它运用电机的旋转传感器保证机器人沿直线移动，还可通过模块的转向控制功能控制机器人的转向（这将在本章的后面进行讨论）。

图4-3　移动转向模块

例如，我们用下面的简单程序让TriBot向前移动一小段距离。

1. 创建一个新的项目，命名为Chapter4。

2. 将程序的名称更改为SimpleMove。

3. 从动作面板上拖曳一个移动转向模块到编程画布，保留模块所有的默认设置。你完成的程序应如图4-4所示。

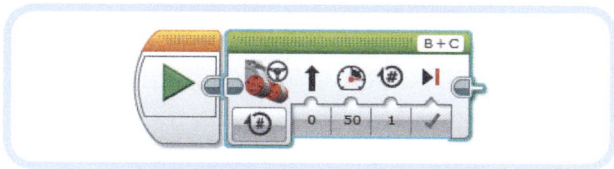

图4-4　程序SimpleMove

4. 保存该项目。

5. 下载并运行程序。机器人会向前移动几厘米的距离。

以上是使用移动转向模块默认设置的简单程序，你可以改变模块顶部和底部的参数对程序自行定义。这些设置要取决于机器人的结构和你想让机器人做些什么。

> **注意**　从这里开始，我不会在每一步程序完成后告诉你要保持项目，但你仍然应该经常保持程序，特别是在你对程序做出重大改变和下载、运行程序之前。

模式

使用模式选择器（图4-5）可以告诉机器人你想让它做什么。在模式选择器中，有三个开启模式可以在程序运行下一个模块之前分别让电机运行指定的圈数、指定的角度或指定的秒数。而开启模式让电机开启运行，并立即运行程序中的下一个模块，此时电机会保持继续运行状态，直到程序结束或其他模块关闭电机的运行。关闭模式会关闭电机。

图4-5　移动转向模块的模式选择器

选定模式后，模块会显示出与该模式相关的选项。下面的章节中，讨论了移动转向模块的各个选项，并给出了一些测试程序。我们并不需要为每个测试都创建一个新的程序，只需使用一个程序来完成测试。

1. 创建一个新的程序，命名为Tester。

2. 在程序中添加一个移动转向模块。

此时，程序Tester应与图4-4显示的程序SimpleMove一样。

转向

转向参数（图4-6）控制机器人运行的方向。转向输入接受介于 –100～100 之间的数字，可用在对话框内输入数字或调整滑块的方式对参数进行设置。

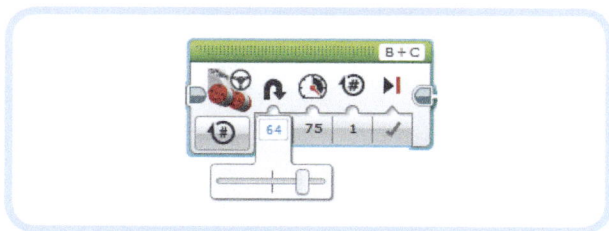

图4-6　转向参数

将滑块放置在中间或在对话框中输入0，可以让机器人直行。当然，EV3会不断对电机做出一些小的调整，保持两个电机以相同的速度转动，尽力让机器人沿直线行走。影响机器人运动的因素很多，程序只能控制每个电机的速度，如果机器人不对称，就意味着机器人一侧的重量更大一些，机器人运动时就会向一侧漂移。

> **注意** 机器人运行的地面、所使用的车轮和脚轮（第三个车轮）的形式都会影响机器人的运动。让机器人走出完美的直线，几乎是不可能做到的。但在大多数情况下，可以在短距离下让机器人走出直线。

将滑块放置在两端，或在对话框中输入−100或100，两个电机会在同样速度下以相反的方向转动，此时机器人会原地转圈。两个车轮之间的距离决定了机器人转出一个完整圆圈要用多长的时间。

如果将转向滑块放置在中点到末端之间的位置上，机器人的转动半径就会加大，这个参数值越接近−100或100，机器人的转弯半径越小。机器人转弯较大时，EV3降低其中一个电机的转速或停止它的转动。机器人急转弯时，EV3会让其中一个电机的转动方向与机器人的运动方向相反。当选择开启指定角度或开启指定圈数模式时，设定的参数会作用于转速更快的那个电机，也就是位于圆弧外侧的电机。

在尝试不同的转向参数时，如果电机只转动一圈，则机器人移动的距离很小，完全看不出转向的效果，因此我们将圈数参数设置为5圈。

1. 将圈数参数设置为5。
2. 将转向参数设置为100。此时程序应如下图所示。

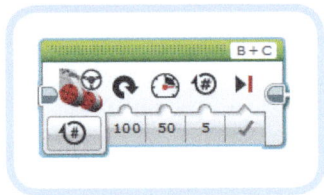

下载并运行程序。TriBot以圆周方式运动。尝试对程序设置不同的转向参数，看一看它对机器人的运动有何影响。

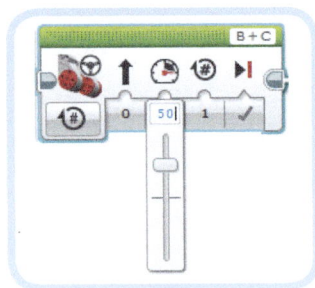

图4-7 功率参数

功率

功率参数（图4-7）控制电机的转动速度，可使用滑块或在对话框中输入−100～100的数值进行设置。正值使电机向前转动，负值使电机向后转动。数值为±100时，电机以最快的速度转动，数值为0时，电机停止转动。

下面的设置将让TriBot以最快的速度做直线运动。

1. 将转向参数设置为0。
2. 将功率参数设置为100。

下载并运行这个程序，看看机器人可以跑得多快，然后继续保持转向参数为0，尝试下不同的功率参数下的机器人运行效果。接下来，同时调整转向参数和功率参数。你会注意到，当以非常快的速度急转弯，机器人运行起来会有点不稳定。

持续时间

使用开启模式时，你需要以指定圈数、角度或秒数的方式确定电机的*持续时间参数*。图4-8显示了开启指定秒数模式，持续时间设置为1秒。留意一下持续时间数值上方的小图标，它随着模式的改变而发生变化。例如，在开启指定秒数模式下，这个小图标显示为小时钟。

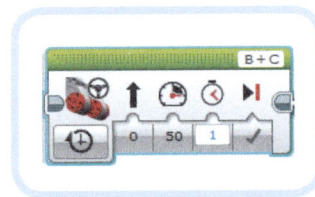

图4-8 指定秒数模式下的持续时间参数

圈数和角度之间的关系十分简单：电机旋转360度就是一圈。机器人移动距离长时使用圈数，移动距离短时使用角度，这样机器人工作起来更加容易。

当使用圈数或角度时，负值可以让电机向后转动（EV3不支持将秒数设置为负值）。

结束时制动

结束时制动参数（图4-9）告诉模块如何停止电机的转动以及电机停止转动之后要做些什么。第一个选项（设置为"√"）迅速停止电机转动并锁住电机，第二个选项（设置为"X"）让电机自由转动直到它自己完全停止。这两个选项通常被分别称为"制动"和"惯性滑行"。

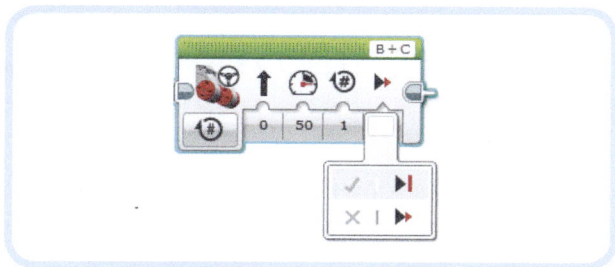

图4-9　结束时制动参数

前面创建的程序Tester没有显示出制动设置的全部效果。机器人向前移动、模块停止电机转动、程序结束，此时EV3不再锁住电机，而TriBot依然有足够的动力继续向前移动一小段距离。如果要看到这个设置的实际效果，我们可以在程序的后面添加一个时间等待模块，让程序在运行移动转向模块之后暂停2秒，这样在程序结束之前有足够的时间完成制动的全过程。

*在**开启指定圈数模式**和**开启指定角度模式**下使用"制动"设置，可以让机器人精确停止，电机停止的位置非常接近你设置的持续时间数值。如果使用"惯性滑行"设置，电机转动到设置的持续时间数值后缓慢停止，因此机器人会

越过设定的目标值后停下来。

* 使用制动设置，在模块结束运行后可以锁住电机。例如，用电机控制一个夹持器，使用制动设置时，夹住物体后电机会锁住，防止物体打滑。

* 锁住电机会消耗额外的电池电量，因此应只在需要的时候使用制动设置。

端口

你可以使用端口参数（图4-10）告诉EV3应该控制哪两个电机。点击电机端口的左侧或右侧（在图4-10中显示为B和C），会显示出一个选择端口的菜单。菜单最上面的选项，显示为一个小黑块，是在使用数据线时要用到的，将在第8章进行讨论。

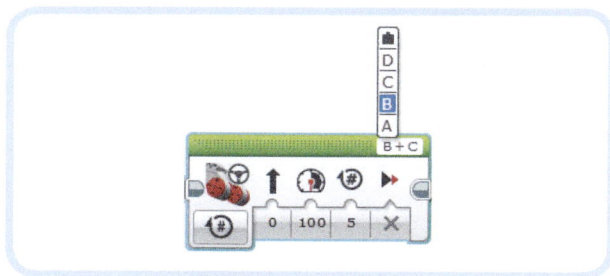

图4-10　端口参数

在默认情况下，移动转向模块为左侧电机选择端口B，为右侧电机选择端口C。如果你没有选择正确的端口，而是交换了左、右电机，转向参数与机器人的实际转向就是相反的。

EV3软件具有自动识别功能，被称为Anto-ID，可以让EV3软件知道程序块连接了哪些电机和传感器。例如，当你在程序中添加中型电机模块时，模块通常会将电机设置为端口A。如果你将中型电机与另一个端口相连接，当你向程序中添加中型电机模块时，只要程序砖与EV3软件连接起来，模块就会使用连接了中型电机的端口作为默认端口。

端口查看

使用移动转向模块的开启指定圈数模式或开启指定角度模式时，设置延续时间并调试出正确的数值是很耗费时间的。*端口查看*（图4-11）可在这方面提供很大的帮助，它可以显示出每个电机转动了多少。点击硬件页面中间的选项卡可显示端口查看（必须将EV3与头脑风暴编程软件相连接，这个窗口才能显示有用的信息）。

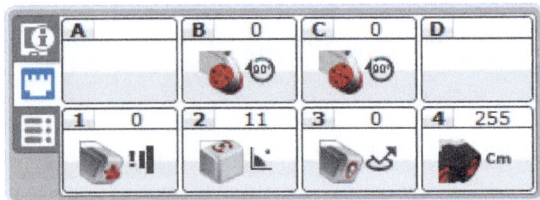

图4-11 端口查看

端口查看可显示出EV3哪个端口连接了电机和传感器，并能显示出电机和传感器的类型。电机上方的数值来自于电机的旋转传感器，它表示电机转动的角度值总和。举个例子，如果你让电机向前转动360度，然后再向后转动360度，这时显示的数值是0。默认情况下，电机端口显示的是角度值，点击选项卡中的电机，将显示出一个菜单，可从中选择显示圈数（在第5章讨论传感器类型时，我们将对端口查看做进行更详细的讨论）。

在EV3停止运行程序时，你可以用手转动电机，观察端口查看中所显示角度值的变化。在确定手臂或夹持器的电机移动距离时，这是一个特别有用的方法，你可以用手将电机旋转到你想要它停止的位置，然后将显示的数值输入到对应的移动模块中。点击表示端口的字母（A、B、C或D），可以将显示值重置为0。

在EV3运行程序时，程序一启动，这个数值会重置为0，并随着程序的运行而更新。如果你想查看各个阶段的数值，可以在程序中添加等待模块。

EV3程序块上的查看菜单

端口查看有两个缺点：需要将EV3连接到计算机上，你还需要坐在计算机前看这些数据。其实你可以只用EV3程序砖上的菜单来查看电机的转动数值。在EV3程序砖上，选择第3个主标签（显示在顶部），然后选择Port View.（端口查看），选择其中一个电机端口，当转动连接到这个端口的电机时，EV3就会显示电机转动的数值。

程序ThereAndBack（往返）

现在让我们用移动转向模块编制几个程序。程序ThereAndBack（往返）让TriBot向前移动3英尺，调转方向，然后返回出发点。在编写程序时，我们需要做一些测量工作。如果你使用的是米尺，可以将移动的距离由3英尺改成1米。

这个程序需要使用3个移动转向模块：1个让机器人向前移动，1个用于机器人的转动，另外1个让机器人返回起点。

向前移动

第1个模块要让机器人向前移动3英尺，但英尺并不是持续时间的选项。如何计算出3英尺是多少角度或圈数呢？我们需要考虑一下如何进行转换。

一种方法是编写一个程序让机器人移动一个较长的距离，如10圈，在运行程序之前，在机器人的出发点做一个标记（可以放置一小段磁带），运行程序，测量机器人的移动距离是多少英寸，用距离除以圈数，得出每一圈对应了多少英寸。如我的机器人电机转动10圈，机器人移动了51英寸，即每圈移动5.1英寸。要让机器人移动36英寸，我用36除以5.1就得到了持续时间的设置参数。从这个数值开始，不断调整参数，直到机器人的运行结果让你满意为止。

需要提醒的是，这个参数值会因机器人运行地面的不同、车轮的不同和电机功率的不同而有轻微的变化。在电机功率为50时，我使用的参数值为6.8圈。

> **注意** 因为教育版套装中的轮胎要大一些，周长比较长。当使用这种轮胎时，机器人移动36英寸的参数应设置为5.4圈。

知道了持续时间，你就可以开始编写程序了。以下是程序这个部分的编写步骤：

1. 创建一个新程序，命名为ThereAndBack。

2. 在开始模块后面添加一个移动转向模块，默认设置为**开启指定圈数模式**。

3. 将圈数参数设置为计算出的那个数值。

图4-12显示了此时的程序。

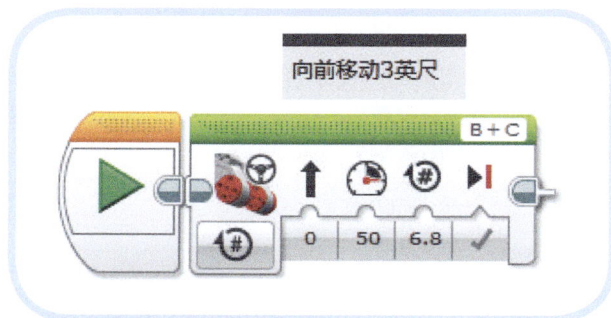

向前移动3英尺

图4-12　程序ThereAndBack的第一部分

让程序运行几次，量一量机器人移动的距离，对这些参数做出测试。机器人每次停止的位置应非常靠近同一个点，如果不是这样，尝试降低电机的功率参数。如果机器人停止在同一个点，但停止的距离不正确，就要重新调整持续时间参数。

调转方向

第2个移动转向模块让机器人调头转向回程。将转向滑块拉到一端（方向并不重要，可以选择任意一端），让TriBot原地转圈。

我们要再次挑战配置这个模块的持续时间参数。经过一些测试，我发现将持续时间参数设置为425度时，机器人的运行效果良好（使用教育版套装的轮胎时，这个值是325度）。我将功率参数调整到40，转弯效果比功率参数为50的时候更加良好、稳定。这是一个典型的速度和精度之间的权衡。

以下是程序这个部分的编写步骤：

4. 在程序中再添加一个移动转向模块。

5. 将模式设置为**开启指定角度**。

6. 将转向滑块完全拉到一端。

7. 将角度参数设置为**425**，将功率参数设置为**40**。这些数值是初始值，在测试中可以对它们进行调整。

图4-13显示了添加新的模块之后的程序。

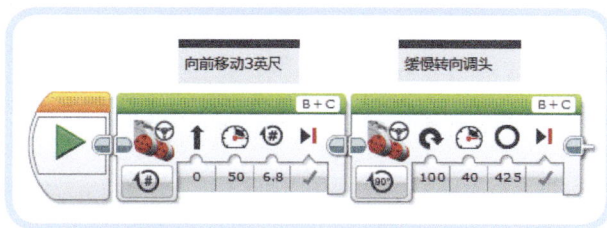

向前移动3英尺　　缓慢转向调头

图4-13　添加了第二个模块的程序ThereAndBack

测试单独的模块

精细调整角度和功率参数时，单独运行这个模块进行测试，比运行全部程序等待机器人向前运动3英尺再看转弯效果是否正确要容易些。"运行选择模块"按钮（图4-14）可以只运行一个模块或一组模块。如果选择第2个移动转向模块，然后点击"运行选择模块"，机器人只完成转弯的动作（转弯之前不会移动3英尺）。调整角度值和功率参数，直到机器人能够转弯调头。

返回起点

让TriBot返回起点，在程序中添加第3个移动转向模块，参数设置与第1个模块相同。程序的最后一部分的编写步骤如下：

8. 添加一个移动转向模块。

9. 设置圈数和功率，数值与第1个模块中的相同。

图4-15显示了最终的程序。

测试完整程序。添加机器人返回3英尺的部分后，第二个模块的转向可能会出现轻微的误差，需要继续调整第2个模块的功率和角度值。机器人运行良好后，尝试提高速度，找到程序运行结果开始变差的那个点，你会发现机器人的速度变快，转向开始加大，无法回到起点。机器人速度提高以后，轮胎打滑现象加大，而诸如机器人不平衡的问题，也都会引起更明显的误差出现。

程序AroundTheBlock（沿正方形路径行走）

程序AroundTheBlock让机器人TriBot沿着正方形路径运动，最后回到起点。在这个例子中，我把正方形路径的每个边长设置为电机转动3圈，在转角处机器人沿着柔和的曲线平滑转弯，而不是原地转动。

要走出正方形路径，机器人要沿着一条边前进、转过转角，再沿着另一条边前进、转过转角，如此重复4次。

第一条边和转角

程序的第一个部分，要使用2个移动转向模块让机器人TriBot直行并转弯。在机器人直行的模块中，将持续时间参数设置为3圈；为了让转弯的曲线更柔和，将转向参数设置为25。

下一步就是要找出机器人准确转弯时的持续时间参数值。我发现将这个参数设置为2.4圈时，转弯效果较好（使用教育版套装的轮胎时，这个参数设置为1.8圈）。由于机器人运行的表面和转向参数的不同，你的设置可能会有所不同。以下是程序这个部分的编写步骤：

1. 创建一个新的程序，命名为AroundTheBlock。

2. 在开始模块后面添加一个移动转向模块。

3. 将圈数参数设置为3。

4. 在程序中添加第二个移动转向模块。

5. 将圈数参数设置为2.4。

6. 将转向参数设施为25。

图4-16显示了此时的程序。

图4-14 运行选择模块按钮

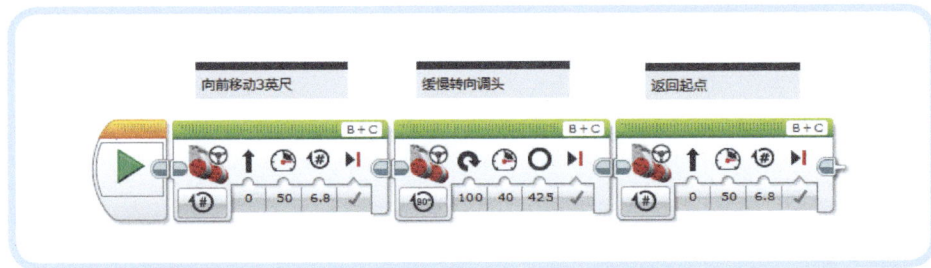

图4-15 最终的ThereAndBack程序

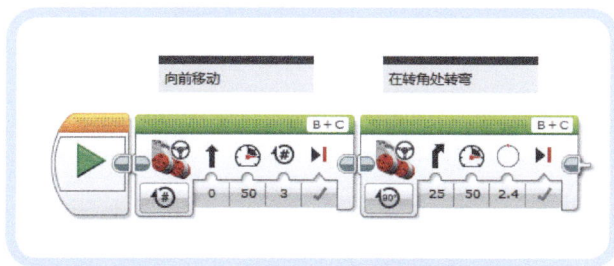

图4-16　程序AroundTheBlock向前移动3圈并在转角处转弯

其他三条边和转角

　　现在把这个程序扩展到整个方形路径。你可以添加6个移动转向模块，以相同的方式设置其他三个边和转角，但这么做肯定很乏味。想象一下，如果你想绕行这个方形10次，那就要添加78个模块！简单的方法就是使用循环模块。

　　循环模块（图4-17）可以多次运行一组模块，在流程控制面板上可以找到循环模块，它紧挨着等待模块。你可以把两个移动模块放置在循环模块中运行4次（每次完成方形的一条边）。我们将在第6章中详细讨论循环模块。

图4-17　循环模块

　　7. 拖曳一个循环模块放置在程序末端。现在程序如下图所示：

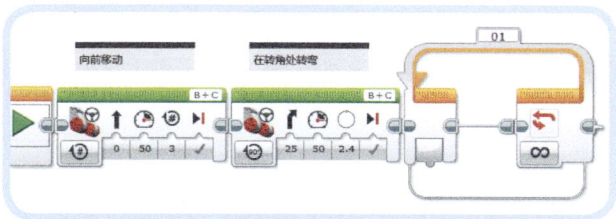

　　8. 将两个移动模块拖曳到循环模块中，循环模块会扩展开来。现在程序如下图所示：

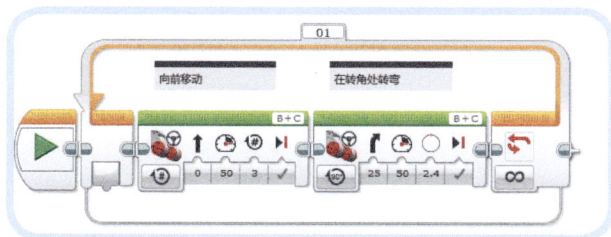

　　注意　如果你在两个移动转向模块上添加了注释，一定要一起移动它们，让它们停留在所描述的模块上面。注释不会跟随模块自动移动，因此另一个选择是养成在编辑程序之后再添加注释的习惯。

　　循环模块有很多不同的模式，对每个类型的传感器都有一种或多种模式。第一次在程序中添加循环模块时，它应该是**无限制**模式，在模块右侧的底部有一个无穷大符号（图4-18）。对于这个程序，需要将模式更改为**计数**模式，以便将模块的循环次数设置为4次。

　　按照下列步骤，让循环执行4次：

　　9. 点击模式选择器，选择**计数**。在模式选择器的右侧将出现一个对话框，在此输入循环的次数。

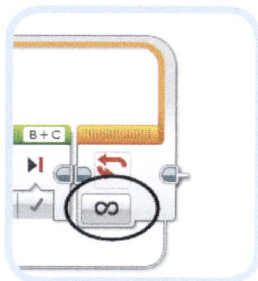

图4-18　循环模块的模式选择器

　　10. 输入4作为计数参数。

　　图4-19显示了完整的程序。

测试程序

　　运行这个程序时，机器人TriBot应走出一个完整的正方形。如果它没有返回起点，就要对第二个移动转向模块的持续时间参数进行调整。这个"转向"模块运行了4次，在机器人沿着正方形路径行走时，误差会累加起来。

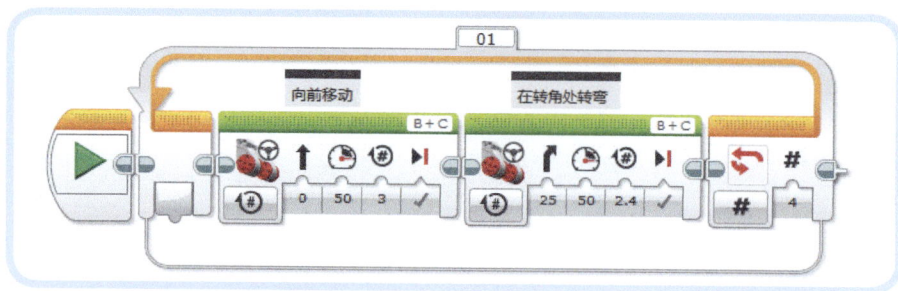

图4-19 完整的AroundTheBlock程序

我们的目标是让误差值小到对程序的运行结果几乎没有影响，对于这个程序来说就意味着非常靠近起始的位置。

移动槽模块

移动槽模块（图4-20）与移动转向模块相似，但每个电机都有一个功率参数。

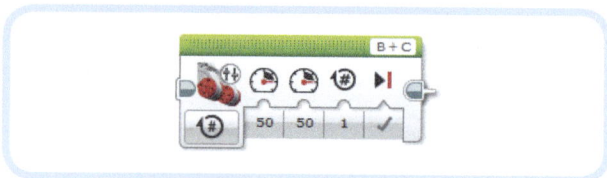

图4-20 移动槽模块

机器人的运动方向取决于如何设置2个电机的功率参数。如果两者具有相同的值，机器人将直线前进；如果两个值不同，机器人会转弯，转弯半径的大小取决于两个功率值有多大的差异。如果它们数值相反（一个正值，一个负值），机器人就会原地旋转。

正如你看到的，使用移动槽模块可以得到与移动转向模块相似的控制结果，但如果明确设置每个电机的功率水平，移动槽模块可以给出更多的控制。例如，当你使用移动转向模块控制转弯时，将功率参数设置为50，外侧电机以功率50转动，而另一个电机的功率将降低。而使用移动槽模块控制转弯时，你可以提高曲线外侧电机的速度，也可以降低另一侧电机的速度。

> **注意** 移动转向模块的驱动方式与汽车相同，功率参数好比是油门，转向参数就好比是方向盘。移动槽模块的驱动方式与坦克或推土机相同。当用履带代替车轮时，在程序中使用移动槽模块会显得更自然一些。

大型电机模块和中型电机模块

控制单个电机时，要使用*大型电机模块*或*中型电机模块*（图4-21和图4-22）。这两个模块的区别在于控制电机的类型和默认端口设置的不同。大型电机模块的默认端口为D，中型电机模块的默认端口为A。这两个模块的模式和其他参数与移动转向模块相同，因为这两个模块只控制一个电机，所以它们没有转向控制。

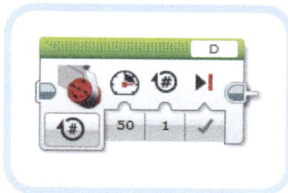

图4-21 大型电机模块

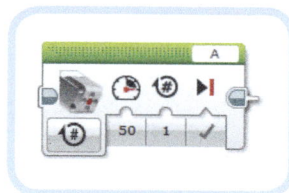

图4-22 中型电机模块

抬升臂

让我们用抬升臂（图4-23）试验一下中型电机模块。抬升臂可以让机器人举起梁或砖块，或者可以把它反过来安装，抓住一个球。稍微调整一下齿轮，还可以把它做成一个小小的弹射器。

图4-23　抬升臂

先将这个手臂如图4-23所示的一样水平放置，用手移动手臂，轻轻将齿轮链接到电机上。如果你试着直接移动手臂，电机的阻力会导致零件分开或齿轮打滑。

让我们先看看中型电机模块的默认设置。

1. 创建一个新的程序，命名为LiftArm。
2. 用长缆线（50厘米）将中型电机连接到EV3端口A。
3. 在程序中添加一个中型电机模块，程序如下图所示：

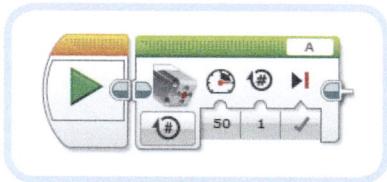

运行这个程序，你会发现连接到齿轮上的手臂弯曲部分向下移动，压住它下面的地面，把电机和机构的其他部分顶了起来。从这个测试中，你可以发现：正的功率值让手臂向下动作。手动将手臂还原到水平位置，然后用一个

负的功率值再次尝试一下这个程序，看看发生了什么？

4. 将功率参数更改为−50。此时程序如下图所示：

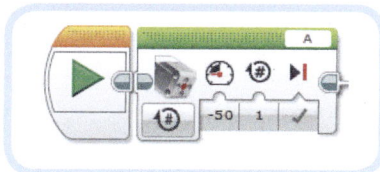

现在运行程序。抬升臂向上抬升，然后停下来。手臂应转动大约1/3圆周，或者说转动120度。

模块设置了电机旋转360度，为什么手臂只旋转了1/3的距离呢？这是因为小齿轮有12个齿，而大齿轮有36个齿，小齿轮转动3圈，大齿轮才能转动1圈。这就使得你可以在中型电机模块中用一个较小功率水平让手臂平稳移动。

将手臂移回水平位置，尝试用低功率值控制手臂。

5. 将功率参数更改为−10，圈数更改为0.75。程序应如下图所示：

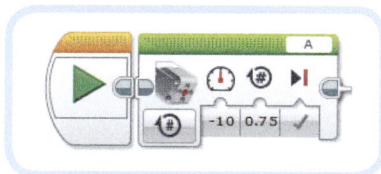

运行这个程序，你会发现手臂的移动非常平稳。

反转电机模块

抬升臂的运动方向与电机转动方向相反，这是由安装在电机上和轴上的两个四齿齿轮的安装方式所决定的。当然，我们也可采用更积极的方式让电机正转时手臂向上抬起。你可以重新搭建手臂，把连接在轴上的四齿齿轮换到电机的另一侧，但为什么不用一个模块来解决这个问题呢？在高级面板中的*反转电机模块*（图4-24）就可以做到这一点。

乐高机器人 EV3 程序设计艺术

图4-24 反转电机模块

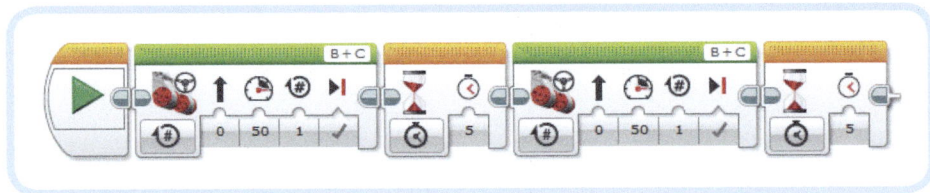
图4-25 程序CoastTest第一步

反转电机模块可将连接到所选端口的电机功率参数变为相反值。

6. 在开始模块和中型电机模块之间添加一个反转电机模块。默认端口参数为A，因此不需要再进行额外的设置。

7. 将中型电机模块的功率参数更改为10。最终的程序如下图所示：

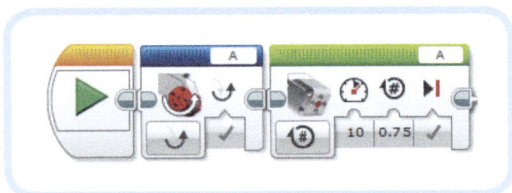

运行这个程序，运行效果与前一版本程序完全一致，但现在的功率参数是正值。

惯性滑行的问题

前面我们已经知道了，所有电机控制模块在结束时制动参数中都有制动和惯性滑行两个选项。当惯性滑行选项与开启指定圈数模式或开启指定角度模式相结合时，这些模块的控制结果可能有些出乎意料：滑行停止后，下一个动作的运行时间似乎比指定的要短一些或长一些。

当运行这样设置的模块时，固件一直在追踪电机实际的旋转角度（固件是在EV3上运行的程序，它负责执行你编写的程序）。因为电机是滑行停止的，因此会比指定的

持续时间多转动一点点，下一个运动模块在运行时会对这些额外的距离做出调整。

在下一个程序CoastTest中，我们将对此做出测试。你将使用一对移动转向模块运行电机，使用端口查看来观察电机的运行状况。最后，如果这种现象对程序运行有影响，我将告诉你如何避免它。

1. 创建一个新的程序，命名为CoastTest。

2. 添加一个移动转向模块，保持所有默认设置。

3. 在移动转向模块后面添加一个等待模块，将等待时间设置为5秒。

4. 在程序的尾端添加另一个移动转向模块。

5. 在程序尾端继续添加另一个等待模块，将等待时间设置为5秒。

此时程序如图4-25所示。

现在两个移动转向模块的结束时制动参数都被设置为制动。运行程序并用端口查看功能观察电机的转动角度。图4-26显示了第一个移动转向模块运行后的结果，图4-27显示了第二个移动转向模块运行后的结果。注意一下，两个模块的运行结果和预期的一样：每个模块让电机旋转的角度几乎都是360度。

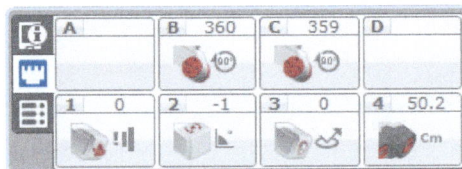
图4-26 第一个移动转向模块运行后的结果

50

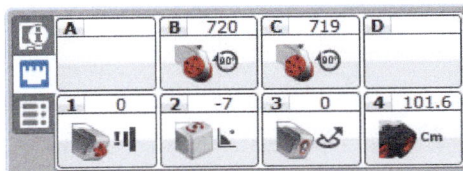

图4-27　第二个移动转向模块运行后的结果

> **注意**　程序运行时，一个闪动的白色斜纹条会出现在正在执行模块顶部的彩条上。

现在修改程序，将第一个移动转向模块设置为惯性滑行停止。

6. 将第一个移动转向模块的结束时停止参数修改为**False**。这个模块现在如下图所示：

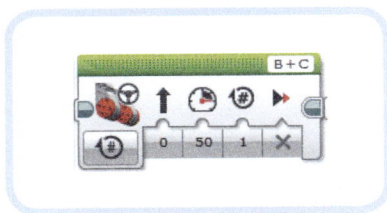

运行程序，用端口查看功能进行观察。图4-28和图4-29分别显示了第一个和第二个移动转向模块运行后的结果。

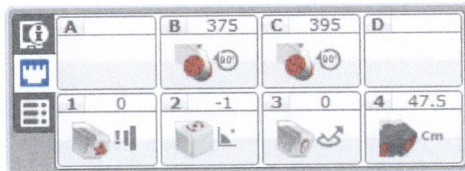

图4-28　第一个移动转向模块惯性滑行停止后的结果

图4-29　第二个移动转向模块制动停止后的结果

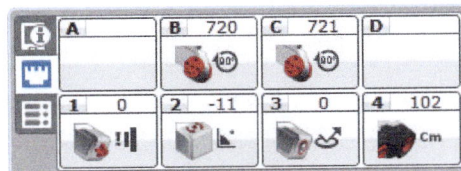

第一个移动转向模块让电机旋转1圈，惯性滑行停止时，电机多转动了一点（在这个案例中，是多转动了15度到35度）。接下来，第二个移动转向模块并没有转动360度，它转动的角度与第一个模块转动的角度相加是2圈，也就是720度（误差在1度以内）。这种运行结果是否"正确"，取决于你想让程序做些什么。如果想让机器人移动距离的总和是720度，这个程序的运行结果就是"正确"的。但如果希望无论机器人总共移动了多远，在第二个运动模块中都要移动360度，又该怎么办呢？

我们需要解决的问题是：固件会在电机移动完成之后跟踪它惯性滑行了多少角度，并把这个信息用于下一个移动控制中。我们可以用一个关闭模式且结束时停止参数为制动的移动转向模块来消除这个偏移量。

在程序CoastTest的第二个移动转向模块之前添加这个模块。因为在程序的这一点，TriBot还没有开始移动，这个新模块仅仅是消除了由前一个惯性滑行引起的偏移量。

7. 在第一个等待模块和第二个移动转向模块之间添加一个新的移动转向模块。

8. 将新模块的模式设置为**关闭**。

现在，程序如图4-30所示。运行程序，使用端口查看观察运行结果。

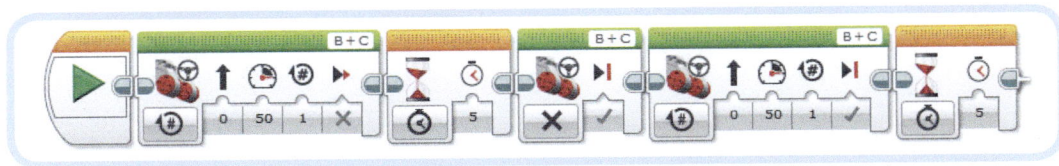

图4-30　最终的程序CoastTest

图4-31和图4-32分别显示了第一个和第二个移动转向模块运行后的结果。这一次，第一个移动转向模块让电机旋转360度，然后电机惯性滑行了一小段距离。第二个移动转向模块让电机旋转了另一个360度。新添加的模块改变了控制结果，因此最后一个移动转向模块走完了一圈。

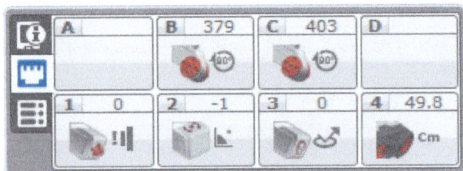

图4-31　第一个移动转向模块运行后的结果

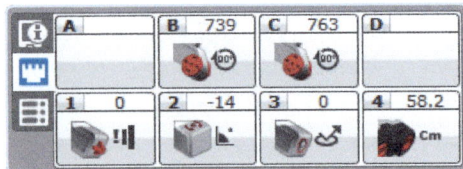

图4-32　第二个移动转向模块运行后的结果

进一步探索

用本章介绍的模块尝试更多的挑战：

1.在程序ThereAndBack中使用惯性滑行选项。看到移动之间的转换有什么变化吗？这种变化对TriBot返回起点有什么影响？

2.在程序AroundTheBlock中用移动槽模块代替移动转向模块。首先尝试复制原有的转向运动，然后尝试两个电机不同的功率参数组合。

3. 用程序AroundTheBlock的方法编写一个新程序，让机器人走出三角形轨迹。

4. 设置一个简单的有障碍的路线，用一系列移动转向模块或移动槽模块为TriBot编写程序，让它通过障碍。你会注意到，因为需要添加更多的步骤，TriBot重复同样模式变得更加困难了。

结束语

EV3套装中有三个电机，可以很容易地搭建出各种各样的机器人。EV3软件提供了多种控制电机的模块，给机器人的动作带来了很大的灵活性。移动转向模块是最常用的，它使用简单、能让两个电机同步，易于为两轮机器人编程。移动槽模块为每个电机提供了更多的控制。大型电机模块和中型电机模块能让你单独控制一个电机。

示例程序为你展示了这些模块的不同使用方式，这其中就包括让TriBot走出正方形轨迹的示例程序。现在，将运动模块组合起来，你可以编写程序让机器人完成任何运动路线。在后面的章节中，你会看到更多使用电机的练习。

第 5 章　传感器

5

在这一章中，你将学习如何用EV3传感器让机器人对周围环境做出反应。人类用五种感官（触觉、视觉、听觉、嗅觉和味觉）了解周围的世界，机器人也用类似的方法从周围环境中收集信息。使用EV3传感器，可以编写程序让机器人做很多事情，如避开障碍物、沿着地板上的线行走、对光做出反应和根据颜色识别物体等。

大多数情况下，你的程序将使用传感器的数据决定下一步该做什么，它也可以用传感器收集实验数据。本章介绍如何操作传感器、如何用它们决定机器人的下一步动作。

> **注意**　EV3教育版软件支持两种类型的项目：程序和实验。实验项目专门用于收集和显示数据。虽然在课堂教学中这是一个很好的工具，但本书并没有涉及这个内容。当我使用"实验"这个词的时候，我指的是一般意义上的实验，而不是指EV3教育版软件中的实验项目。

使用传感器

有三个编程模块支持使用传感器：等待模块、循环模块和切换模块。你可以在程序中用这些模块等待某个事件的发生、反复运行一组模块或基于传感器的读数选择运行某些模块。在本章中，你将使用到这三个模块。

图5-1显示了等待模块的模式选择器，其中包括了所有EV3传感器模式，某些传感器还有一种以上的模式。如颜色传感器既可以测量光值也可以检测物体的颜色。本章的第一个程序（BumperBot）就使用了触动等待模块，你

可以看到它是怎么工作的。

图5-1　等待模块的模式选择器

> **注意**　EV3家庭版软件不包括陀螺仪传感器和超声波传感器的选项，如果你单独购买了这两个传感器，可从http://www.lego.com/下载程序模块。

触动传感器

触动传感器（图5-2）前面有一个小按钮。等待模块、循环模块和切换模块使用该传感器的输入值来判断按钮是否被按压、松开或碰撞（按压后再松开）。触动传感器通常用于控制程序运行或检测机器人在运行中碰到了什

么东西。例如你可以让机器人等待你按下触动传感器后再开始移动。

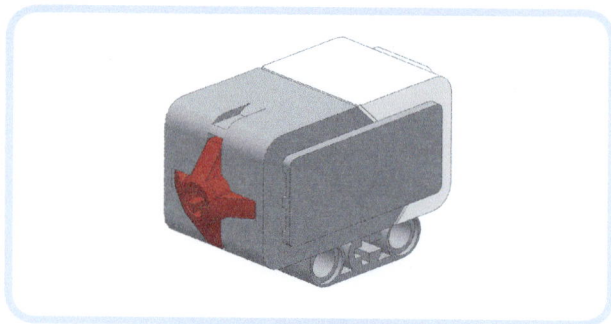

图5-2　触动传感器

在等待模块中有两种使用触动传感器的模式。在比较模式下，可以确定一个状态（按压、松开或碰撞），在触动传感器与所确定的状态相匹配之前，等待模块暂停程序的运行。在更改模式下，执行等待模块时，先检测传感器的状态，然后等待这个状态发生更改，即从按下状态更改为松开状态，或从松开状态更改为按下状态。图5-3显示了等待模块中模式选择器中的两个模式。

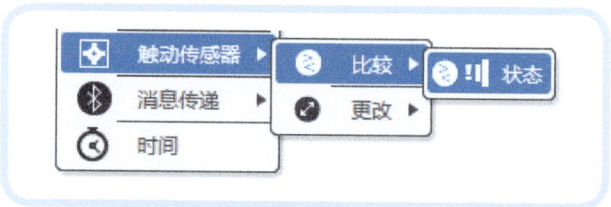

图5-3　等待模块的触动传感器模式

图5-4显示了等待模块触碰比较模式和端口设置选项。

每种传感器都有一个默认端口。当EV3连接到软件时，自动识别功能会提示你所选端口与传感器连接的端口不一致，软件会在模块上显示一个警告标志，如图5-5所示。在可能的情况下，使用默认端口是比较安全的。

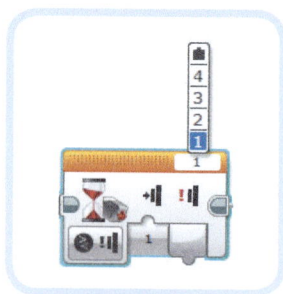

图5-4　端口的选择

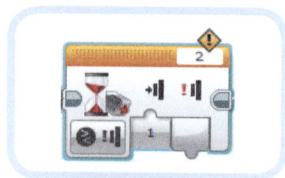

图5-5　自动识别功能提示你选择了错误的端口

等待模块中的状态可由其他配置项设置：松开、按下或碰撞。如图5-6所示。

在使用数据线的时候，可以用每个状态左侧的数字做状态设置（0代表松开，1代表按下，2代表碰撞）。

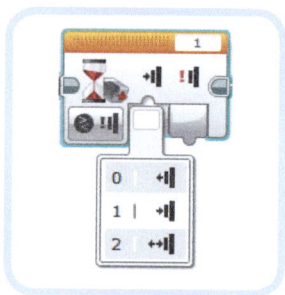

图5-6　选择状态

程序BumperBot（碰撞车）

在这一部分中，你要用TriBot前保险杆上的触动传感器编写一个程序BumperBot，让机器人在房间中巡游；当机器人遇到物体时，触动传感器被按下，程序会让TriBot后退、转弯，然后再次前进。按下EV3程序块上的退出键之前，这个程序会一直运行。

向前移动

程序的第一部分让机器人在碰到物体之前保持直线前进。用设置为开启模式的移动转向模块控制机器人前进，用触碰模式的等待模块告诉机器人何时碰到了物体。当触动传感器被按下时，程序会停止电机转动，让TriBot后退一点，转向另一个方向，然后继续前进直到碰到另一个障碍物。我们将整个程序放置在循环模块中，在你停止程序之前，TriBot会一直运行下去。按照下列步骤完成程序的第一部分。

1. 创建一个新的项目，命名为Chapter5。

2. 创建一个新的程序，命名为BumperBot。

3. 从流程控制面板中拖曳一个循环模块添加到程序中，这个模块会让程序重复运行直到停止它（循环模块的默认设置是**无限制**模式，因此不需要做任何更改）。

4. 向程序中拖曳一个移动转向模块，放置在循环模块内部。循环模块会自动扩展，为移动模块留出空间。

5. 将模式设置为**开启**，将功率参数设置为**25**。

在完成全部程序之前，我们先将功率参数设置为中等速度的25（当然，稍后我们会提高速度）。

图5-7显示了将移动转向模块添加到循环模块中。

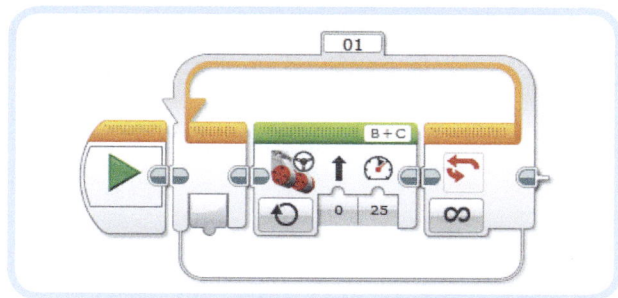

图5-7　程序BumperBot，将移动转向模块添加到循环模块中

检测障碍物

程序的下一个部分是当TriBot撞到物体时，使用触动传感器的输入值停止电机转动（图5-8）。

6. 拖曳一个等待模块，放入循环模块，放置在移动转向模块的右侧。

7. 点击模式选择器选择**触动传感器-比较**模式，默认情况下，状态设置为**按下**。保持这个设置。

8. 拖曳另一个移动转向模块，放入循环模块。将模式设置为**关闭**。

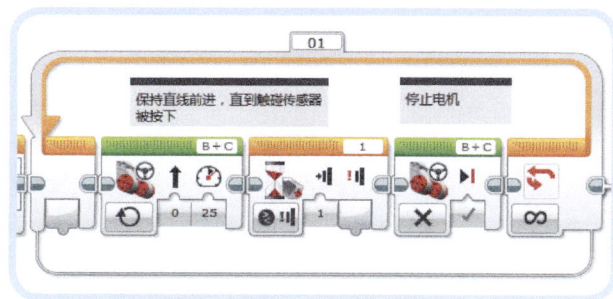

图5-8　等待触动传感器被按下，然后停止

后退并转向

现在我们让TriBot后退并转向另一个方向（图5-9）。

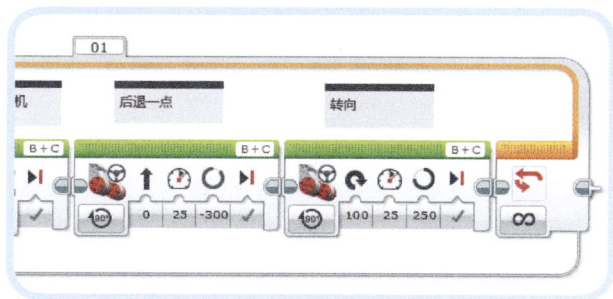

图5-9　后退并转向

9. 向循环模块中添加另一个移动转向模块。将模式设置为**开启指定角度**。

10. 将功率参数设置为25。

11. 将持续时间参数设置为-300，让TriBot后退。

12. 在循环模块中再添加一个移动转向模块，将转向滑块移到最右端，或将转向参数设置为100，让TriBot原地旋转。

13. 将模式设置为**开启指定角度**，将功率参数设置为**25**。

14. 将持续时间参数设置为250。你可以尝试不同的值，看看程序运行的结果（我发现如果想让TriBot不用重复多次才离开一堵墙，机器人至少需要转过1/4圈）。

一个线条检测程序，查看颜色传感器的实际工作状况。

颜色模式

在*颜色模式*中，颜色传感器可以检测放在前面的物体颜色，可以检测出黑色、蓝色、绿色、黄色、红色、白色和棕色。如果它不能确定前面的颜色，会用无颜色或最接近的颜色来表示。例如，把一个橙色物体放在传感器前面时，传感器可能读出红色、黄色或没有颜色，这取决于橙色上面的阴影状况。要得到准确的颜色读数，物体应非常接近传感器（但不要直接接触）以减少其他光源的影响。

图5-10　颜色传感器

如图5-11所示，等待模块可使用颜色传感器的比较模式和更改模式。在更改模式中，模块在开始运行时检测前方物体的颜色，然后等待颜色发生变化。

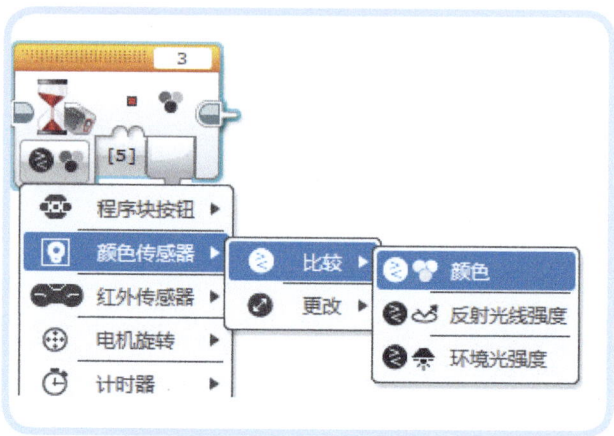

图5-11　颜色传感器模式选择

在比较模式中，模块等待传感器检测到列表中选择的颜色，如图5-12所示。中间带有红线的白色方块表示没有颜色。颜色菜单上面的小方块显示了传感器等待检测到的

挑战 5-1

尝试着提高移动转向模块的功率参数。看看在速度有多快时，TriBot的运行变得不稳定了？

在哪个速度下机器人的转向开始失控？这可能与机器人运行的地面有关。

挑战 5-2

修改BumperBot程序，让TriBot玩抛球游戏。

拿一个小小的、柔软的球滚向保险杠。这个程序应等待保险杠被压下，然后迅速向前移动一小段距离，把球推回给你，TriBot退回原地，等待你的下一次抛球。你使用的球应大到可以压下触动传感器，还要足够柔软，不会伤到EV3（乒乓球太小了，棒球太硬了，网球正好合适）。

测试

接下来，将程序下载到EV3进行测试。记住，当程序运行时，TriBot应直线前进，遇到障碍物时停止前进，然后后退、转向，再重复这一过程。在你按下EV3上的停止按钮之前，TriBot会一直运行这个程序。实验最后两个移动转向模块的持续时间参数，找到机器人后退和转向的最好组合方式。

颜色传感器

颜色传感器（图5-10）测量颜色和由传感器前部小窗口进入的光线亮度。该传感器可用于三种不同的模式：颜色模式、反射光线强度模式和环境光强度模式。学习每一种模式的工作方式后，我们将编写一个颜色检测程序和

颜色。如图5-13中显示的模块在等待传感器检测到绿色、蓝色或红色（在本章后面的部分，我们将使用传感器的这个模式创建程序IsItBlue）。

读取的数值变为65以上（含65）或45以下（含45）。

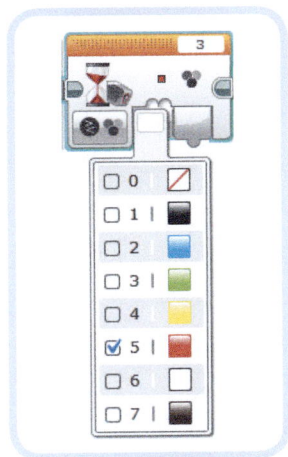

图5-12　选择等待检测到的一个或几个颜色

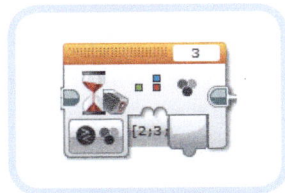

图5-13　等待检测到绿色、蓝色或红色

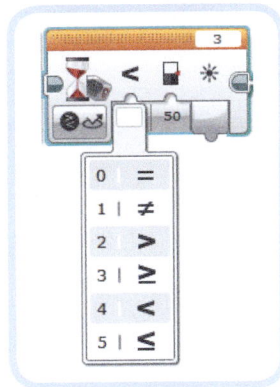

图5-14　比较类型的选择

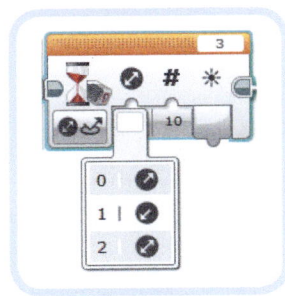

图5-15　变化方向的设置

> **注意**　每种传感器似乎都有相当多的设置要做，但其中一些传感器（尤其是测量数值的那些）的配置方式是完全一样的。

反射光强度模式

在*反射光强度模式*下（图5-14），传感器打开红色LED灯，测量由物体反射回来的光线总量。测量值范围为0到100，0表示非常暗，100表示非常亮。这个模式在巡线时非常有用。与颜色模式相同，传感器的位置要尽量靠近物体以避免其他光源干扰数据读取。在该模式中需要配置的项目是比较类型和阈值。比较类型告诉模块如何对传感器的读值和阈值（能够触发某一行为的值）做出比较，选项从上至下分别为等于、不等于、大于、大于等于、小于和小于等于。图5-14中显示了等待传感器读数小于50的设置。

在更改–反射光强度模式中，可对等待数值变化的总量和变化的方向进行配置，你可以等待数值增加、减少或在某个范围内变化，例如图5-15显示的模块，等待光线强度值增加或减少10。如果这个等待模块开始运行时传感器读取的数值是55，程序会暂停继续向下运行，直到传感器

环境光强度模式

使用颜色传感器的第三个方式是测量*环境光*，即机器人所处环境的光线。图5-16显示的就是颜色传感器等待模块的比较—环境光强度模式。测量环境光时，传感器提供了比较模式和更改模式，其配置选项与我们前面看到的相同。

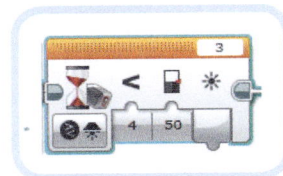

图5-16　颜色传感器–比较–环境光强度模式

> **注意**　颜色传感器可以用前端的LED灯告诉你它处在哪个模式下。在颜色模式下，你能看到明亮的五彩光芒；在反射光强度模式下，你能看到明亮的红色光；在环境光强度模式下，你能看到淡蓝色光。模式选择错误是很常见的，注意传感器的灯光能帮助你快速识别这一错误。

端口查看

端口查看功能可以显示传感器任何模式下的读数。单击端口查看窗口中的传感器选择一个模式。图5-17显示了点击颜色传感器时出现的菜单。

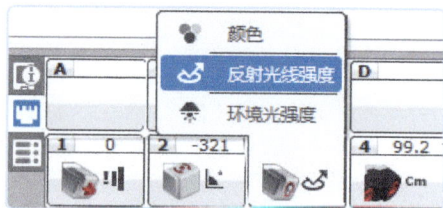

图5-17　选择颜色传感器的模式

颜色传感器的读值以数字的形式显示出来，这在反射光模式下非常方便，但对于颜色模式来说，缺乏用户友好性。图5-18显示了B颜色模式下的端口查看端口，可以看到传感器数值被显示为6，而不是"white（白色）"。你可以在等待模块的颜色选择清单中查找每个数值对应的颜色（如图5-12所示）。

图5-18　颜色模式下的端口查看

程序IsItBlue（谁是蓝色的）

在这个部分中，你将编写一个用颜色传感器检测蓝色物体的程序IsItBlue。程序运行时，机器人检测放置在传感器前面的物体颜色，根据检测结果说出"Yes"或"No"。

挑战 5-3

用端口查看对不同的颜色传感器模式进行实验。试着找出物体表面的颜色深度和光滑度对读取反射光值的影响，使用颜色模式查看传感器易于识别哪些颜色和有哪些麻烦。

切换模块

我们使用切换模块让程序根据颜色传感器的输入值决定说什么，这个模块在传感器看到蓝色时告诉程序执行一组模块，反之则执行另一组模块。

按下面的步骤创建这个程序：

1. 创建一个新程序，命名为IsItBlue。

2. 拖曳一个切换模块到画布上。切换模块位于流程控制面板内。

3. 选择**颜色传感器–测量–颜色**模式。

此时切换模块如图5-19所示。模块顶部黑色的方块表示当颜色传感器读取到黑色时，将运行切换模块上部的这部分程序模块。中间带一条红线的白色方块表示当颜色传感器读取值是无颜色时，将运行切换模块下部的这部分程序模块。如果颜色传感器读取值既不是黑色也不是无颜色，将运行切换模块的默认执行部分，该部分用小黑点标记（在本例中就是切换模块上部的部分）。

4. 点击模块下部上面的小方块，并选择**蓝色**。如图5-20所示。

5. 拖曳一个声音模块放入切换模块上部区域内。

6. 在声音文件列表内选择No。

7. 拖曳另一个声音模块放入切换模块下部区域内。

8. 为这个模块在声音文件列表内选择Yes。程序此时如图5-21所示。

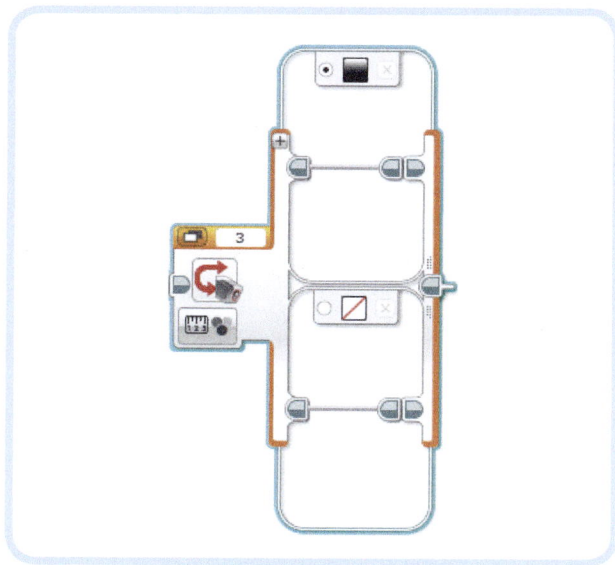

图5-19　颜色传感器–测量–颜色模式

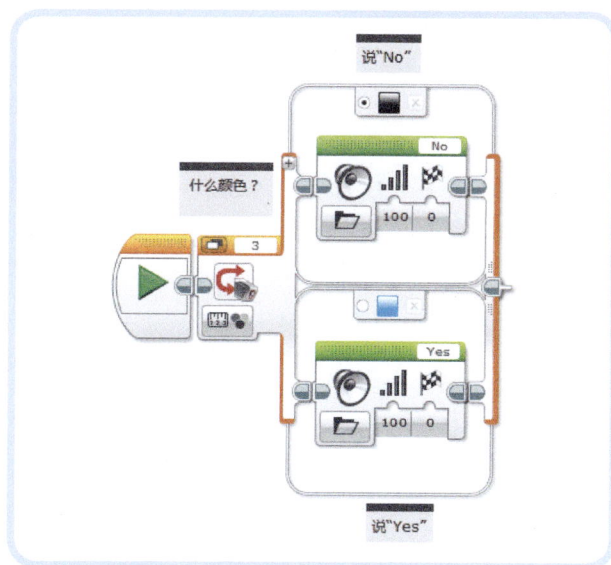

图5-21　完整的IsItBlue程序

运行程序之前，在颜色传感器的前方放置一个物体。但运行程序时，机器人会告诉你这个物体是不是蓝色的，说完"Yes"或"No"之后程序就会结束。要想测试另一个物体，需要再次运行程序。

改进程序

程序IsItBlue以现在的方式运行起来有点不太方便。你可以用其他方式告诉机器人需要识别的物体已经放好了，也可以让程序持续运行直到你停止程序运行。

使用触动传感器

首先，我们添加一个使用触动传感器的模块，让程序知道你已经准备好使用颜色传感器了。

1. 拖曳一个等待模块，放在切换模块的左侧。

2. 将模式设置为**触动传感器–比较–状态**。

3. 将状态设置为**碰撞**，如图5–22所示。

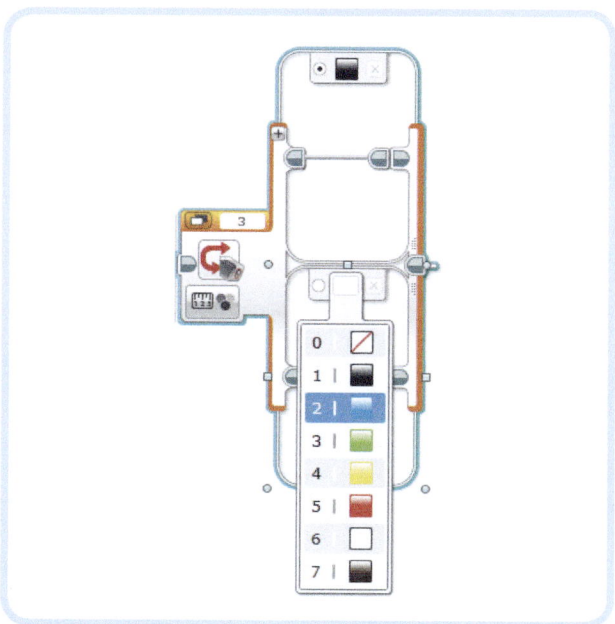

图5-20　选择颜色

现在的程序如图5-23所示。运行程序时，在说出"Yes"或"No"之前，它等待你按下并释放触动传感器的按钮，检测物体的颜色之后程序停止运行。

添加循环

添加一个循环模块，把程序原有的模块放到循环模块中，让程序保持一直运行。

4. 在程序的尾端添加一个循环模块。

5. 选中触碰等待模块、切换模块，拖曳到循环模块中。

图5-24显示了这个程序的新版本。运行时，等你碰撞触动传感器后，说"Yes"或"No"，然后再回到等待状态。按下EV3的退出按钮才能结束程序。

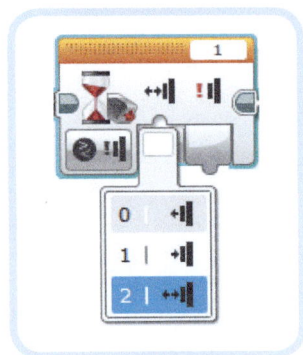

图5-22 选择状态

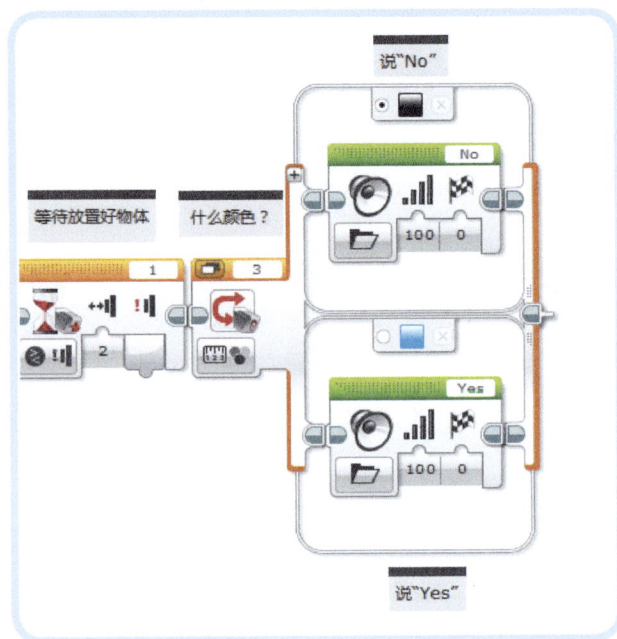

图5-23 等待物体放置好

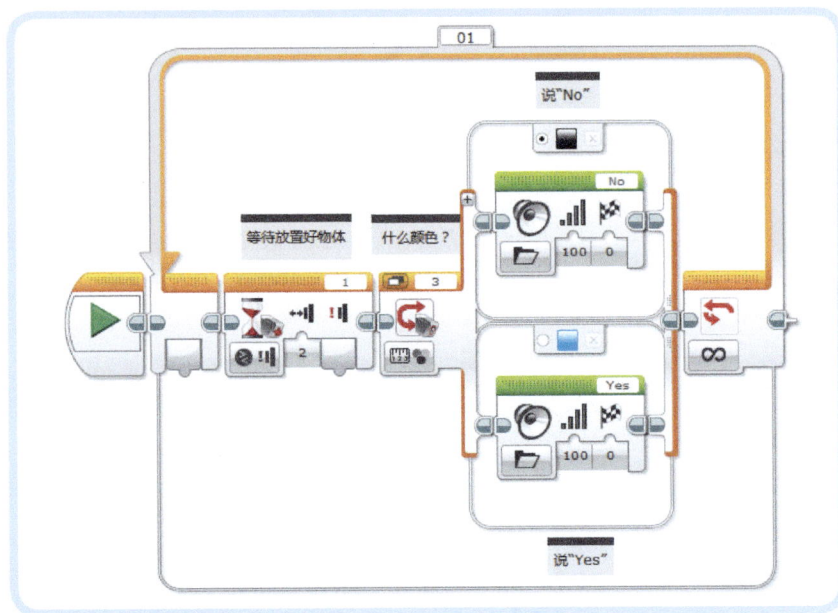

图5-24 程序IsItBlue的改进版

程序LineFinder（找线）

在这一部分中，要编写一个程序，让TriBot一直向前移动，直到用颜色传感器的反射光强度模式在地板上找到一条线后停下来。程序LineFinder启动，TriBot向前移动，在颜色传感器检测到黑线后停止。但首先，我们要从TriBot的前部拆下有触动传感器的保险杠，换上指向下方的颜色传感器，如图5-25所示。

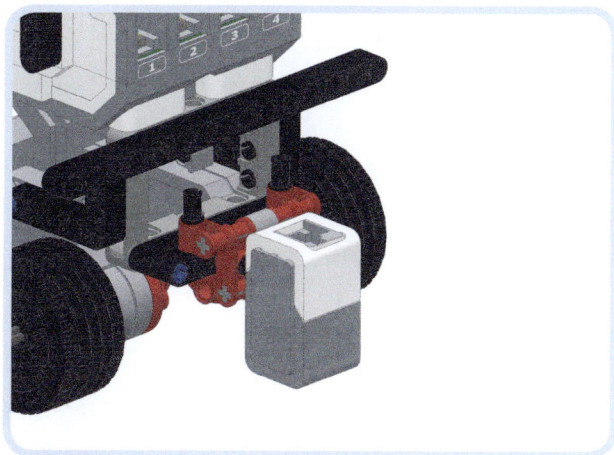

图5-25　用于程序LineFinder的传感器位置

> **注意**　测试这个程序时，需要有一个浅色的地面和一条深色的线条。你可以使用白色的海报板，用魔术贴或一条黑色的磁带做出线条。

本程序的基本思路与程序BumperBot的第一部分相似。一个设置为开启模式的移动转向模块让TriBot开始前进，另一个设置为关闭模式的移动转向模块让TriBot停止。在这两个模块之间，有一个设置为反射光强度模式的颜色传感器等待模块。唯一的新挑战是找到等待模块的阈值。

使用端口查看找到阈值

使用端口查看（图5-26）找到让机器人停止的合理阈值。将EV3与软件相连接，在端口查看窗口把颜色传感器设置为反射光强度模式。在图5-26中，是在端口3显示数值。将TriBot放在白色的区域，注意传感器读取的数值。再将机器人的传感器移动到黑线上，再次注意传感器读取的数值。我看到的数值分别是74和6。

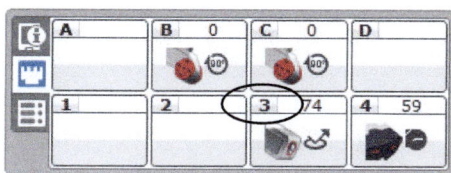

图5-26　颜色传感器读取的浅色表面反射光值

挑战 5-4

在第4章中，我们编写了程序AroundTheBlock让机器人走出一个边长为3圈的正方形。把循环模块的循环次数由4次改为40次（机器人会沿着正方形轨迹走10圈），机器人运行时越来越偏离方向，这是因为机器人的任何动作都有误差，如轮子打滑、转向稍有不足或转过了头，这些小误差积累到一定程度就会引起你的注意了。解决这个问题的方法之一是在AroundTheBlock程序中添加上LineFinder程序的模块，让TriBot前进，找到黑线时停止，然后转弯。用四条黑线设置一个实验区域，每条黑线是正方形的一条边。这个程序让TriBot向前移动，看到第一条黑线后转弯90度，再继续移动到第二条黑线处，等等。这并不会让机器人的每一步移动变得更准确，却可以减少误差的累积。

挑战 5-5

将程序AroundTheBlock、LineFinder和IsItBlue的部分片段组合起来创建一个简单路径跟踪程序，用一系列的彩色线条告诉机器人如何从第一条线移动到下一条线。用程序LineFinder中的模块控制机器人向前移动，直到找到一条线。然后修改程序IsItBlue中的切换模块，让机器人根据线条的颜色决定左转或右转，使用程序AroundTheBlock中的移动转向模块和转向参数完成转弯。

如果传感器正好跨在线和白色区域之间，它的读值会介于两者之间（也就是6和74之间）。我们如何设定让机器人停下来的阈值呢？如果将阈值设定为6，传感器完全在黑线区域内的时候，机器人才会停止。但我们希望TriBot到达黑线就能停止下来，因此阈值应该大于6。

取白色和黑色光值的中间值作为阈值是个简单而直接的方法。采用这个方法，机器人会在检测到黑线后很快停下来，不会等到传感器完全处于黑线里面才会停止。74和6相加，再除以2，得出的数值是40，在程序中我们就把阈值设置为40（一定要根据你的颜色传感器读值计算出自己的阈值）。

如图5-27所示，我们来编写这个程序。

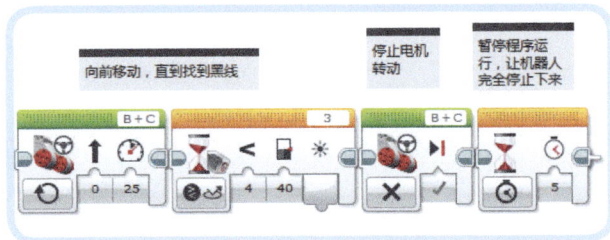

图5-27　程序LineFinder

1. 创建一个新的程序，命名为LineFinder。

2. 添加移动转向模块，设置为**开启**模式。

3. 设置功率参数为25。

4. 添加等待模块，设置模式为**颜色传感器–比较–反射光强度**模式。

5. 比较类型已经设置为**小于**。按照你确定的目标值设定阈值。

6. 在等待模块后面添加移动转向模块，设置为**关闭**模式。

7. 添加等待模块，等待时间设置为5秒。

第二个移动转向模块和等待模块的作用是让机器人在程序结束时完全停下来，不会因机器人的惯性越过黑线。运行程序，如果有必要调整一下第一个等待模块中的阈值。尝试提高第一个移动转向模块的速度，看看它在多快的速度下还能在黑线处准确停下来。

红外传感器和遥控器

图5-28显示了红外传感器和红外遥控器。*红外传感器*可用于测量传感器到物体的距离，或测量到遥控器的距离和方向（教育版套装中不包含红外传感器）。在测量距离时，它可以替代超声波传感器。

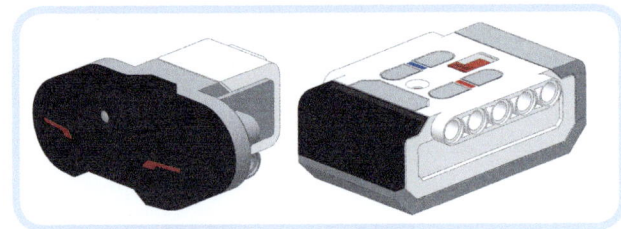

图5-28　红外传感器和遥控器

近程模式

使用*近程模式*可以测量放置在传感器前方的物体的距

离。在这种模式下，传感器发出红外信号，测量返回信号的强度，给出传感器距离最近物体的粗略指示。传感器的读值范围为0（近）到100（远或没有检测到物体）。影响物体反射红外信号的因素很多，如颜色和硬度。在同样的距离下，一个柔软的球形物体（如网球）反射红外信号的强度要高于坚硬的平坦物体（如一本书）。

图5-29显示了红外等待模块的比较–近程模式，它让程序等待近程达到指定值后再继续运行。更改–近程模式让程序等待近程的变化量达到指定值后再继续运行。

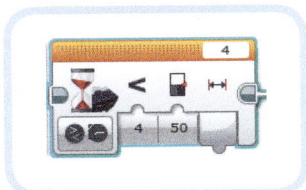

图5-29 红外等待模块-比较-近程模式

信标和信标近程模式

在信标和信标近程模式中，红外传感器可指示出到红外遥控器的距离和方向。需要按下遥控器顶部的"Beacon（信标模式）"按钮（图5-30），方可使用这些模式。

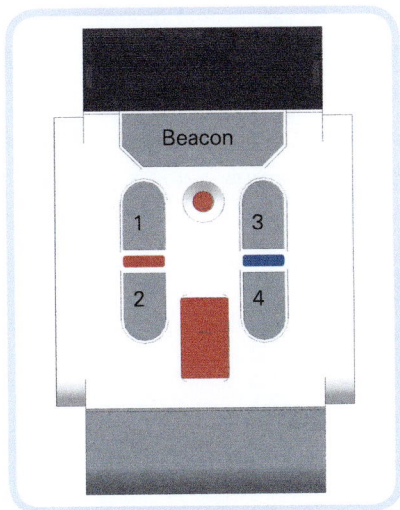

图5-30 红外遥控器按钮，其中包括"Beacon（信标模式）"按钮

挑战 5-6

用端口查看功能同时显示信标和信标近程数值，查看信标模式下遥控器的工作方式。在传感器周围移动信标，让信标靠近传感器、远离传感器。你会注意到，只有当信标离传感器几英尺远的距离内，读数才是稳定的。

图5-31显示的是比较–信标模式的等待模块。红外遥控器上有四个信道，可使用有轻微不同的红外信号与传感器进行通信，默认情况下，信道设置为1，但你可能需要选择其他的信道，以避免电视、音响或其他EV3红外遥控的影响，如果你的机器人对EV3的遥控没有反应，却对电视遥控器有反应，这就需要调整一下EV3遥控器上面的红色滑块，并将程序模块中的信道设置参数更改到对应的信道上。

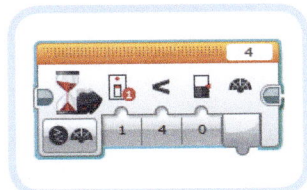

图5-31 红外等待模块-比较-信标模式

在信标模式下，红外传感器的读值范围是-25到25。读数为0时，意味着信标在传感器的正前方，正值意味着信标在机器人的右侧，负值意味着信标在机器人的左侧（你不会得到精确的测量角度）。在信标接近模式下，传感器测量出到信标的相对距离值，以0（近）到100（远）表示。

> **注意** 传感器和遥控器间使用的红外信号是一种"视线"信号，这就是说，需获得测量值，在传感器和遥控器之间的直线距离上，不能有障碍物存在。

远程模式

在*远程模式*下,可以用遥控器上的按钮控制程序,在程序中选择遥控信道和等待被按下的一个或几个按钮,如图5-32所示。(远程模式,是中文版EV3软件中使用的词语。其英文各词为 Remote mode,意为"遥控模式。"——译者注)

可以选择一个按钮、一组按钮或没有任何按钮被按下,可以同时选择由五个按钮组合出的多个状态选项。如果你选择了列表中的多个选项,该模块将在选定选项的任何一个满足时,停止等待,继续向下运行程序(在下一章节中,我们将用这个模块控制BumperBot程序)。

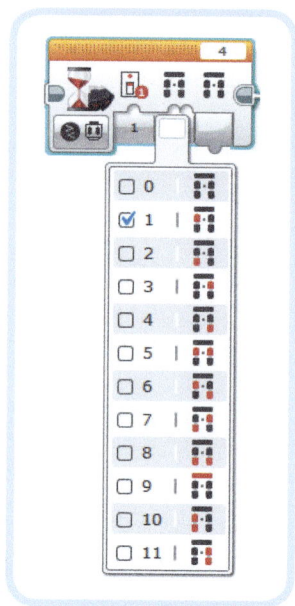

图5-32 红外等待模块-比较-远程模式

程序BumperBot – WithButtons (按钮启动的碰撞车)

在这一章节中,我们要给程序BumperBot加上红外传感器和遥控器,所以它会等到红外遥控按钮发出指令才开始移动(如果你使用的是没有红外传感器的教育版套装,

你可以跳过这一段)。按以下步骤进行:

1. 打开程序BumperBot。
2. 在程序的开始模块和循环模块之间添加一个等待模块。
3. 将等待模块的模式设置为**红外传感器-比较-远程**。

运行这个程序(图5-33)时,TriBot要在你按下遥控器的按钮1后才会向前移动(遥控器必须要在机器人的前方并对准传感器)。

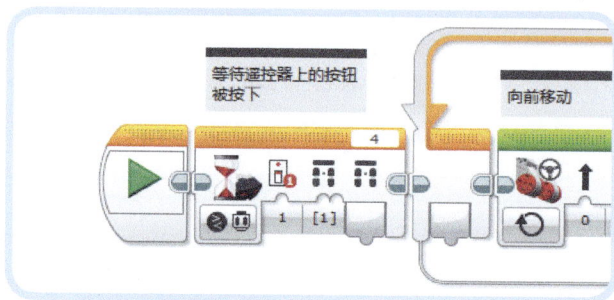

图5-33 等待遥控器上的按钮被按下

超声波传感器

超声波传感器(图5-34)是一种声纳,可以测量与前方物体之间的距离,它发送出高频声波并测量声波从目标物体反射回传感器所需的时间(这个传感器仅在教育版套装中提供,大多数使用超声波传感器测量距离的程序都可用近程模式的红外传感器来代替)。

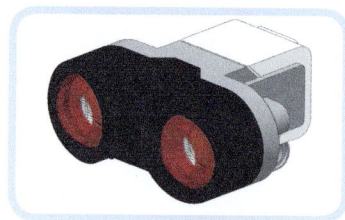

图5-34 超声波传感器

一个物体的形状和质地对超声波传感器的检测结果有极大的影响,某些表面对声波的反射效果好于其他表面,因

此更容易被检测到。平坦、坚硬的表面将大多数声波反射回去，是最容易被发现的；而弯曲的表面反射了一部分声波，同时又分散掉一部分声波；柔软的表面更容易吸收声波，而不是反射它们。因此在较长的距离下，超声波传感器更容易检测到坚硬平坦的物体。

距离 - 英寸和距离 - 厘米模式

距离（英寸）模式和距离（厘米）模式都是经常被用到的，两者除了测量单位不同之外，其他均完全相同。图5-35显示了设置为超声波-比较-距离（英寸）模式的等待模块。

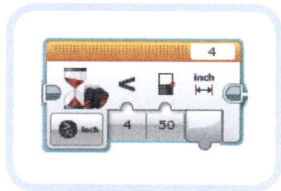

图5-35　设置为超声波传感器-比较-距离（英寸）模式的等待模块

该模块的参数配置项目与颜色传感器基本相同，只是阈值是距离而不是光值。接下来，我们将使用超声波模块创建DoorChime程序。

当前 / 监听模式

超声波传感器可以检测到另一个设置为当前/接听模式的超声波传感器的存在，这对涉及多个机器人的游戏或挑战是非常有用的。在等待模块的超声波传感器-比较-当前/监听模式中，唯一需要设置的是连接传感器的端口（图5-36）。这个模块会等待另一个超声波传感器被检测到。

图5-36　等待模块，设置为超声波传感器-比较-当前/监听模式

程序DoorChime（门铃）

现在我们来做一个简单的门铃，将安装有超声波传感器或红外传感器的TriBot放置在门旁边，与开门的方向垂直（图5-37），当有人走入时，它会发出悦耳的声音。我们将程序DoorChime的主要部分放入循环中，这样程序会自动重新开始，为下一位来客做好准备。

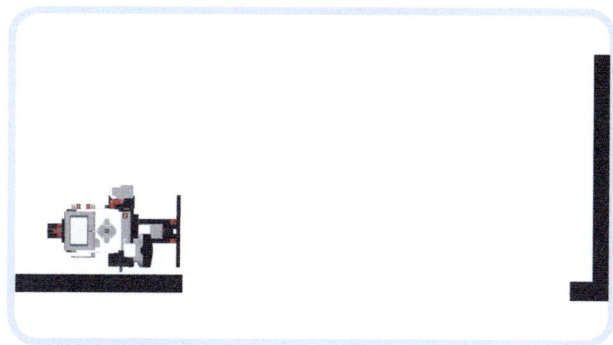

图5-37　程序DoorChime中TriBot放置在门边的位置

检测来人

超声波传感器和红外传感器都可以测量到物体的距离，在这个能检测人走过的机器人程序中，两个传感器都可以使用。在运行程序之前，要先用传感器测量门的宽度，人经过传感器时，传感器读取的是人与机器人之间的距离，这个距离小于门的宽度。使用端口查看功能读取机器人放置在门口时传感器的读值以确定触发阈值（我实验的情况是，门的宽度是32英寸，红外传感器在近程模式下的读数是61）。当人通过门时，更靠近机器人，因此我为红外传感器使用了阈值55，为超声波传感器使用了阈值30。按以下步骤创建程序：

1. 创建一个新程序，命名为DoorChime。

2. 在程序中添加一个循环模块，使用无限制的默认设置，无需做更改。

3. 在循环模块中添加一个等待模块。

4. 根据你使用的传感器，将模式设置为**超声波传感器–比较–距离（英寸）**或**红外传感器–比较–近程**。

5. 根据门的宽度设置阈值。

图5-38显示的使用红外传感器的程序。

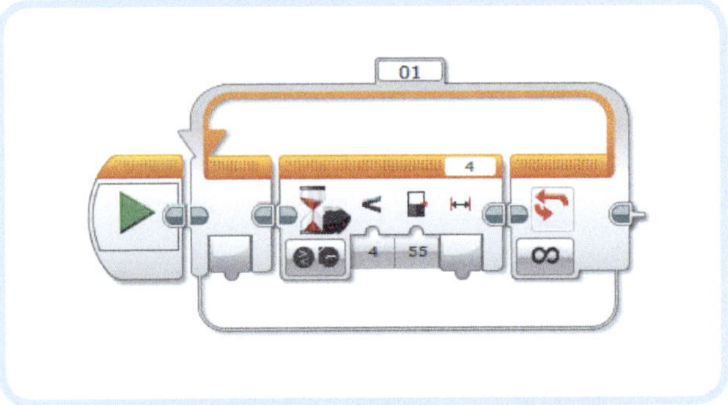

图5-38 等待来人，使用了红外传感器

播放门铃声

可以用两个模式为**播放音符**的声音模块播放任意两个音符，发出门铃的声音。尝试不同的音符组合，如果你愿意，还可以添加更多的音符。

6. 在循环模块中添加声音模块。

7. 将模式设置为**播放音符**。

8. 点击音符配置项，从显示的键盘中选择一个音符。

9. 在循环模块中添加另一个声音模块。

10. 将模式设置为播放音符，并选择一个不同的音符。

图5-39显示了添加到程序中的两个声音模块。下载并运行程序，用不同的距离对程序进行测试，找到最佳的阈值。在声音模块上尝试不同的持续时间和音量，看看你能创造出什么样的门铃声。

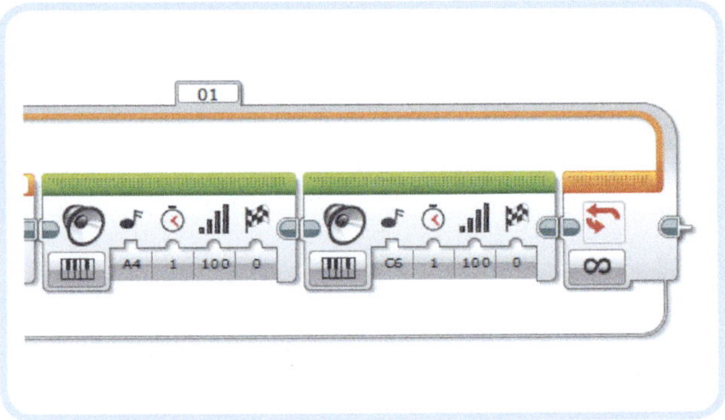

图5-39 播放门铃声

停止门铃声

在目前的程序中，当人经过大门时，TriBot开始播放门铃，直到人完全离开大门，门铃声才会停止，这有可能是非常烦人的！有没有办法让门铃声在每个人通过大门时只响一次？

为了解决这个问题，我们在两个声音模块后面再添加一个等待模块暂停程序的运行，直到人离开门口之后，超声波传感器或红外传感器的读值大于原先设定的触发值，程序才会继续运行。

11. 向循环模块中拖曳一个等待模块，放置在声音模块的右侧。

12. 根据你使用的传感器，将模式设置为**超声波传感器–比较–距离（英寸）**或**红外传感器–比较–近程**。

13. 设置阈值，这个阈值要比第一个等待模块中使用的阈值大一些。

14. 将比较类型更改为**大于**。

图5-40显示了使用红外传感器的程序。运行程序做一下测试，尝试以不同的距离通过门口，再试试多人同时通过门口，看看程序的运行效果如何。

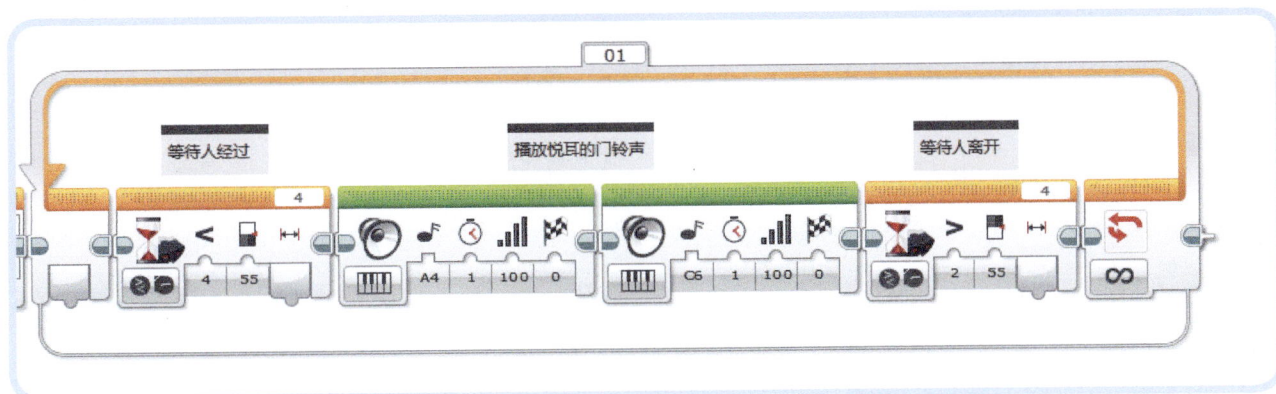

图5-40　使用红外传感器的完整程序DoorChime

陀螺仪传感器

陀螺仪传感器（仅包含于教育版套装中），如图5-41所示，用于检测旋转运动。它可以告诉程序在传感器外壳标识的两个箭头方向上的旋转速率，还可以根据传感器每秒旋转的角度值，确定出它旋转距离。

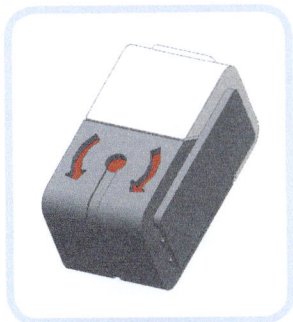

图5-41　陀螺仪传感器

图5-42　安装在TriBot上的陀螺仪传感器

陀螺仪传感器只能检测一个旋转轴的运动，所以一定要确保按正确方向安装。如图5-42所示的安装方式，传感器只能检测TriBot向左、向右的转动速度和转动距离，不能检测机器人的侧向翻滚或前后翻转。

速率模式

在*速率模式*下，陀螺仪传感器以度/秒为单位测量旋转速率。这在需要机器人以设定的速度转动时，非常有用。

图5-43显示了等待模块的陀螺仪传感器-比较-速率模式。陀螺仪顺时针旋转时，读取的数值为正值；逆时针旋转时，读取的数值为负值。

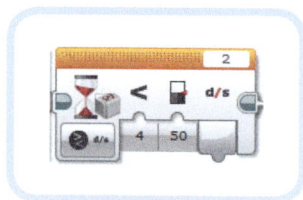

图5-43 等待模块，陀螺仪传感器-比较-速率模式

可以使用这个传感器检测旋转的变化，告诉你机器人是否正在翻倒，或进行一些运动实验。在机器人穿越障碍物或迷宫时，从传感器记录下数据，然后你可以检查数据，以了解TriBot随时间变化的运动情况。

角度模式

在*角度模式*（图5-44）下，传感器读取的是自传感器重置以来机器人旋转的距离（角度值），正值意味着传感器顺时针旋转，负值意味着传感器逆时针旋转。

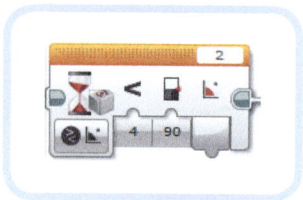

图5-44 等待模块，陀螺仪传感器-比较-角度模式

更改模式可以让机器人完成从任意起点开始旋转90度的动作。这在机器人转弯时非常有用。

> **注意** 陀螺仪传感器测量运动的速率，并通过运动速度和经过的时间得到角度值，如果传感器移动速度太快，可能会破坏这个过程。还要注意的是，测量角度时，往往会随着时间的推移而出现漂移，而产生测量误差。将陀螺仪传感器与EV3相连接时，保持传感器静止几秒种以校准传感器（我发现当机器人静止的时候，把传感器接线拔出来，等待几秒后再插回机器人，它就能工作得很好）。

重置角度

程序启动运行时，使用陀螺仪模块的重置模式将陀螺仪传感器的角度值重置为0，见图5-45（这个模块在传感器面板上）。

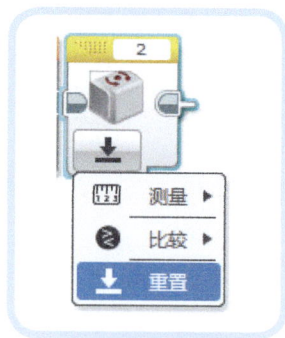

图5-45 重置陀螺仪传感器

程序GyroTurn（用陀螺仪控制转弯）

陀螺仪传感器在控制TriBot精确转弯方面特别有用。

程序GyroTurn的目标是控制机器人完成一个90度转弯，利用陀螺仪传感器来决定何时停止电机。创建步骤如下：

1. 创建一个新的程序，命名为GyroTurn。

2. 在程序中添加一个移动转向模块。

3. 将模式设置为**开启**，将功率参数设置为30。

4. 将转向参数设置为**25**。

5. 在程序中添加一个等待模块，将模式设置为**陀螺仪传感器-更改-角度**。

6. 将阈值设置为90。

7. 在程序的末端添加一个移动转向模块，将模式设置为**关闭**。

8. 添加一个等待模块，将等待时间设置为5秒。

图5-46显示了完整程序。第一个等待模块将等待陀螺仪传感器的角度测量值变化达到90度，第二个等待模块确保机器人在程序结束前完全停止移动。5秒足以让机器人停止移动（我通常使用5秒，我想1秒可能不够）。

运行程序，同时在端口查看窗口观察机器人最终的转动角度与90度有多大差距。在移动转向模块的功率参数为

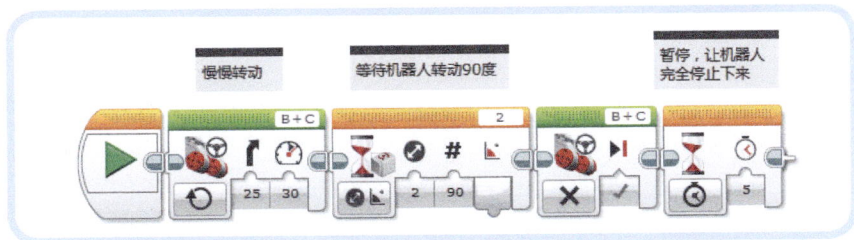

慢慢转动　　　　　等待机器人转动90度　　　　暂停，让机器人
完全停止下来

图5-46　程序GyroTurn

30时，这个转弯非常精确，误差在1度之内。现在试试将功率参数提高到50、70和90。随着机器人移动速度的加快，转弯精度越来越差，机器人经常出现很大偏差。这是因为当程序识别传感器读值达到阈值和电机停止之间有一个小小的延迟。当电机速度很快时，TriBot停止移动时会超过目标值几度。在你学到更多的EV3编程技术之后，我将在第13章中告诉你如何处理这个问题。

电机旋转传感器

每个EV3电机都有内置的*电机旋转传感器*，用于测量电机旋转的角度或圈数。可以用这个传感器控制机器人的移动距离、读取电机当前的功率参数，这在实验移动转向模块和移动槽模块或测量电机被外力转动（如风车或跑步机）的速度时非常有用。图5-47显示的是模式设置为电机旋转传感器–比较–角度的等待模块。

挑战 5-7

修改程序AroundTheBlock，用程序GyroTurn中的模块让机器人在每个转弯处完成90度转弯。以不同的速度、在不同的地面测试这两个版本的程序。当运行条件发生变化时，使用陀螺仪传感器能提高转弯的准确性。

你可以在任何时候读取传感器数值，或使用电机旋转传感器的重置模式进行复位，如图5-48所示（读取数值和重置是旋转传感器模块经常使用的两种模式）。

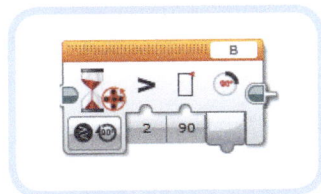

图5-47　等待模块，模式为电机旋转传感器–比较–角度

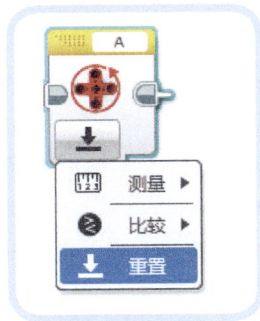

图5-48　将旋转角度重置为0

程序 BumperBot2（第 2 版碰撞车）

在原来的BumperBot程序中，有一个移动转向模块的持续时间参数被设置为–300度，这是让TriBot撞到物体时后退（图5-49）。能不能让机器人像校车或大卡车一样，一边后退一边发出"哔哔"的声音？

你已经知道了如何使用声音模块让机器人发出"哔哔"声，现在要让机器人在后退的同时发出"哔哔"声，并要确保机器人后退了足够的距离。其中一个方法就是用设置为开启模式的移动转向模块让机器人开始移动，然后用循环模块控制机器人在移动了–300度后停止下来。在循环模块

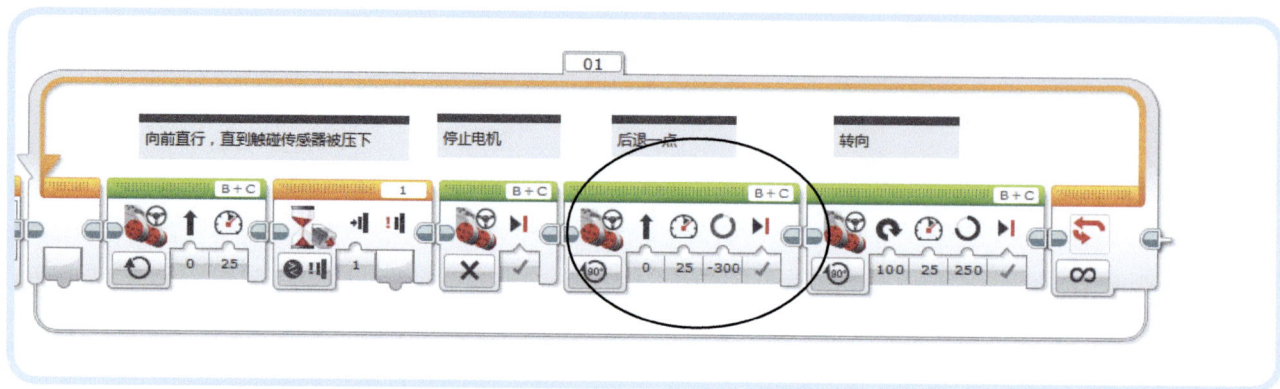

图5-49　控制机器人后退的移动转向模块

中，使用声音模块让机器人发出"哔哔"声。我们将程序 BumperBot复制粘贴，建立一个副本，在程序列表中点击这个程序，命名为BumperBot2，打开并编辑这个新程序。在下面的步骤中，我们要重新替换图5-49中用圆圈标注出的移动转向模块，重置旋转传感器、开始移动TriBot、发出"哔哔"声，直到旋转传感器的读数小于−300度。

　　1. 在图5-49中标出的移动转向模块的左侧添加一个电机旋转模块。

　　2. 将模式设置为**重置**，端口选择为**B**。

　　3. 将图5-49中标出的移动转向模块设置为**开启模式**，功率参数设置为**−15**。这个模块让TriBo慢慢后退，直到你将它停止。

　　如图5-50所示，这个模块中没有持续时间的选项，我们将功率设置为负值，让TriBot后退。

　　4. 在移动转向模块（就是刚刚更改为**开启模式**的那个）的右侧添加循环模块。

　　5. 将循环模块的模式设置为**电机旋转-比较-度数**。

　　6. 将比较类型设置为小于，阈值为**−300**。

　　7. 向循环模块中拖拽一个声音模块，将模式设置为**播放音调**。

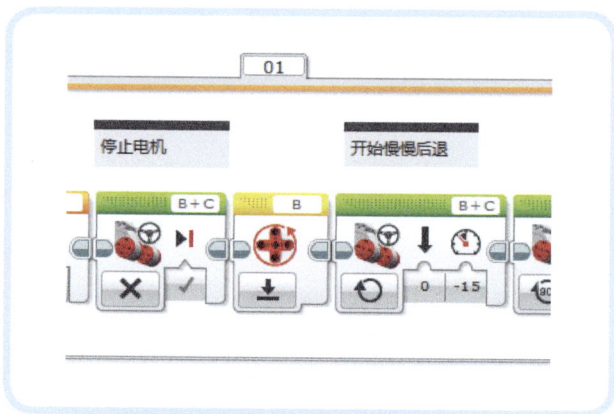

图5-50　重置电机旋转传感器，让机器人慢慢后退

　　8. 将声音模块的持续时间参数设置为0.5。

　　9. 在循环模块中拖曳一个等待模块，放置在声音模块的右侧。将两次"哔哔"声之间的时间间隔设置为等待0.25秒。

　　这个循环模块现在如图5-51所示。运行程序，当TriBot撞到某个物体时，它会后退并同时发出"哔哔"声。因为程序是在播放声音并等待0.25秒后才检测旋转传感器的读值，因此机器人后退的距离要比事先设置的值稍微多一点（比-300度多一点）。这并不是一个问题，因为机器人后退的距离不是关键，它只是需要移动足够的距离，保证转向时不撞到物体。实验不同的音调和音量，找到一个你喜欢的组合。

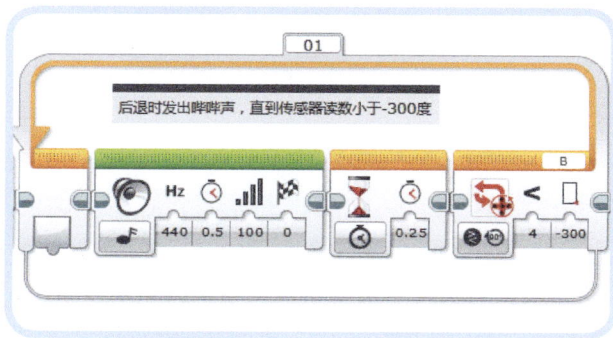

图5-51 发出"哔哔"声，并后退

进一步探索

以下有一些活动，能帮助你探索使用传感器的更多可能性。

1. 使用端口查看对传感器的模式进行实验，看看有什么效果。

a. 颜色和阴影对颜色传感器的工作有什么影响？

b. 用棒球和网球做比较，看看物体的质地对超声波传感器和红外传感器有什么影响？距离对读数的可靠性又有什么影响？

c. 陀螺仪传感器在快速旋转时，表现如何？当陀螺仪传感器出现意外的旋转时，如TriBot倾斜到一边，会发生什么情况？

d. 物体的颜色会对颜色传感器的反射光强度模式产生影响吗？到物体的距离会影响反射光强度模式的读值吗？在什么距离下，这个模式的读值变得不可靠了？思考一下这对找线和巡线程序中传感器安装的位置有什么影响？

2. 用红外遥控器的按钮控制升降臂。编写一个程序，按下某个按钮时，机械臂开始动作，再次按下这个按钮时，机械臂停止动作。电机的速度要缓慢，让你有足够的时间在机械臂动作太大之前把它停下来。然后，在程序中使用切换模块，用不同的按钮控制机械臂的上升和下降。

3. 用红外传感器或超声波传感器制作一个运动探测器。在程序中，可以使用更改模式的等待模块对靠近或远离传感器的物体做出判断。当传感器检测到有入侵者时，你可以决定机器人要做出什么样的反应。

结束语

EV3传感器让你搭建出能与周围的环境相互作用的机器人。不同的传感器（颜色、触碰、超声波、红外、陀螺仪和电机旋转）让机器人以不同的方式感知周围的环境，控制你创造的机器人做出各种有趣的动作。本章从简单的门铃程序开始到更加复杂的碰撞车程序，介绍了如何将传感器与等待模块、循环模块和切换模块组合起来，编写出有趣的EV3程序。

第 6 章　程序流程

6

程序流程控制着程序模块运行的顺序。通常情况下，程序按照从左向右的方式运行模块，但可以通过等待、重复或根据某些条件选择动作的方式控制程序的流程。等待模块、切换模块和循环模块是三个用于程序流程控制的主要模块。

你已经了解了等待模块的工作方式。在本章中，我将进一步讲解切换模块和循环模块，同时也会涉及用于控制循环的循环中断模块。

> **注意**　切换模块和循环模块有一些功能会使用到数据线，有关数据线的内容将在第9章和第10章讨论。

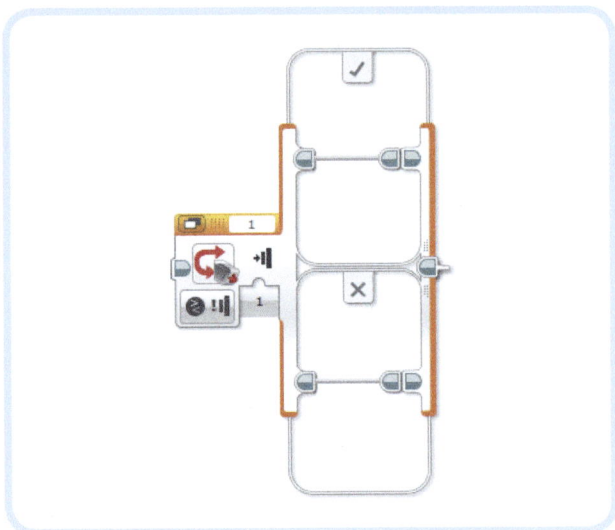

图6-1　切换模块

切换模块

切换模块（图6-1），可以让程序根据条件是否满足的结果在两个或更多的程序分支中做出选择。这些程序分支叫作"情况"，而这种根据条件是否满足选择程序流程的结构被称为*选择结构*。切换模块让程序有了做决定的能力，可以依据从传感器传回的数据做出反应。例如，第78页的程序RedOrBlue（红色还是蓝色）就是根据颜色传感器的读值决定运行哪个声音模块。

设置条件

设置切换模块的条件，首先要从模式选择器的列表中选择传感器和模式，然后输入阈值和其他附加参数，如传感器端口。

可以把设置条件看成提出问题。图6-1中的切换模块提出的问题是"触动传感器被按下？"这是一个是或否的问题，因此切换模块只有2种"情况"分支：结果为真的"情况"和结果为伪的"情况"。

其他问题会有超过2个的答案。如"颜色传感器检测到的颜色是什么？"，因为颜色传感器能检测到的结果有8种（7种颜色和无颜色值），因此这个问题有8个可能

调整模块大小

向切换模块、循环模块中拖曳其他模块时，这两个模块能自动调整大小。当你在这两个模块中删除掉某些模块、使用选项卡视图查看切换模块更多的选项或需要为注释留出空间时，你需要自己调整这两个模块的尺寸。

点击循环模块或切换模块，会出现一组尺寸调整手柄，如图6-2所示。点击并拖动这些手柄，即可改变模块的尺寸。

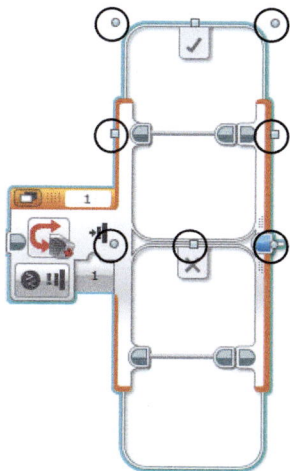

图6-2　调整手柄

的答案。对于这个问题，切换模块可以有多达8种的情况分支。

程序LineFollower（巡线）

LineFollower是一个用切换模块决定机器人前进方向

的简单巡线程序，将颜色传感器设置为反射光强度模式，根据读取的光值调整转向，让TriBot沿着线的边缘前进。

在这个程序中，你需要从TriBot的前部拆下带触动传感器的保险杠，更换为颜色传感器。颜色传感器要指向地面，如图6-3所示。

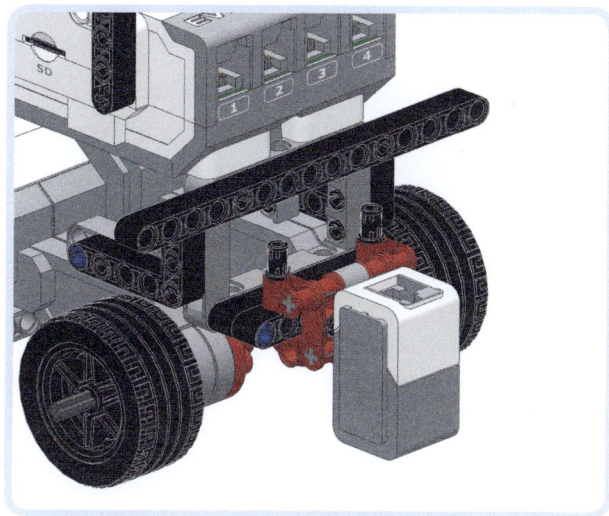

图6-3　巡线时颜色传感器的安装位置

测试这个程序时，我们需要有一条黑线，可以用黑色电工胶带或黑色记号笔在白色海报板上画出一个椭圆轨迹（图6-4），黑线的宽度应小于3厘米，要比背景的颜色更深。

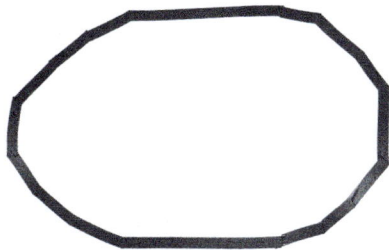

图6-4　用电工胶带和海报板制成的测试黑线

> **注意** 这个程序在圆滑曲线下运行状况良好，但在急转弯处会出现问题。第19章中给出了这个程序的最终版本，能更好地处理巡线转角。

基本程序

这个程序控制机器人不断调整方向，让颜色传感器始终留在线的边缘（图6-5）。在反射光强度模式下，颜色传感器读取的是传感器下面小的圆形区域内反射光的强度数值。传感器在白色区域时，反射光强度高，读数较大；在黑线上时，反射光强度低，读数较小；在这两种极端情况之间时，读数的变化取决于传感器"看到"了多少黑线。机器人向前移动时，用传感器的读值来判断自己与黑线边缘的位置关系。如果传感器完全在黑线上，机器人就会向左转，回到线的边缘；如果传感器在白色地面上，机器人就会向右转，也是回到线的边缘。

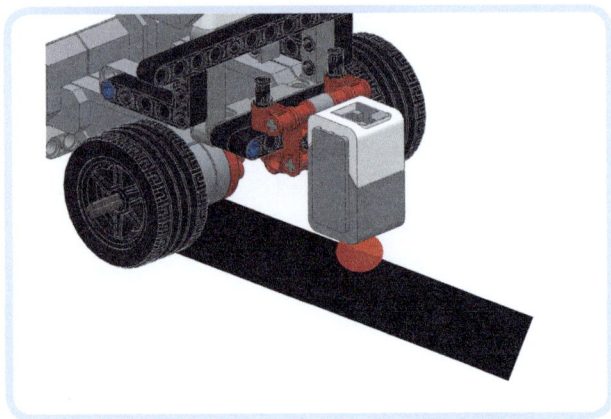

○ **图6-5** 颜色传感器在线的边缘

程序用一个切换模块在两个移动转向模块之间做出选择，其中一个移动转向模块让机器人转向左边，而另一个移动转向模块让机器人转向右边。图6-6显示了完整的

程序，整个程序在一个循环模块之中，保持程序持续运行，直到你将程序停止下来。切换模块读取颜色传感器的值，决定运行哪一个移动转向模块，上面部分的移动转向模块（为"真"的情况分支）让TriBot转向左侧，下面部分的移动转向模块（为"伪"的情况分支）让TriBot转向右侧。

现在我们来创建这个程序。

1. 创建一个新的项目，命名为Chapter6。

2. 创建一个新的程序，命名为LineFollower。

3. 在程序中添加一个循环模块。

4. 向循环模块中拖曳一个切换模块（循环模块会自动调整尺寸）。

5. 在切换模块的每种情况分支内添加一个移动转向模块。

6. 点击选中切换模块，将模式设置为**颜色传感器–比较–反射光强度**。

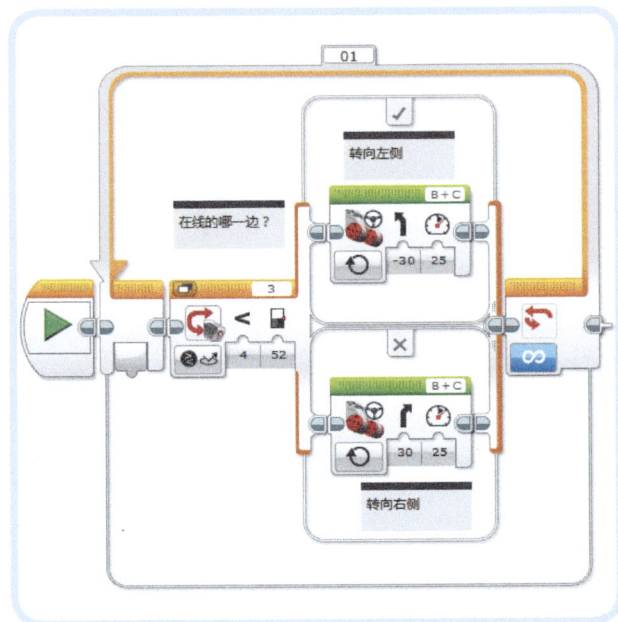

○ **图6-6** 程序LineFollower

现在你需要配置每个模块的参数，让我们讨论一下如何决定每个设置的值。

选择颜色传感器的阈值

我们应该如何确定切换模块的阈值呢？要让TriBot沿着线的边缘前进，就要找到颜色传感器在线的边缘时的读值。图6-7显示了我将TriBot从线的外面移动到线上时，在5个位置上的传感器读值。用一个简单但可靠的方法就可以得到合理的阈值，这就是计算出最大值（完全在线外）和最小值（完全在线上）的平均值。图6-6中使用的阈值是用（92+13）/2计算出来的，即52。注意，这个数值非常接近我将TriBot正好放置在线的边缘时的读值。你的程序数值可能会稍有不同，这与传感器、测试图纸和室内的光线有关。

7. 配置切换模块的阈值。这个模块现在如右图所示。

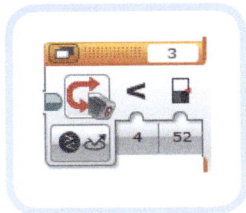

配置移动模块

两个移动转向模块的转向参数相反，其他设置均相同。电机的速度和转向参数对TriBot的巡线效果有明显的影响，如果转向参数值太小，遇到曲线时TriBot不能快速返回到线上；如果转向参数值太大，TriBot会在线的边缘做出太多的锯齿形动作，不断地在线的两侧来回移动。移动速度太快，则机器人对线的方向变化很难做出反应。让我们先把转向参数设置为±30（即30和−30），将功率参数设置为25。

8. 选择位于上面情况分支的移动转向模块。

9. 将模式设置为**开启**。

10. 将功率参数设置为**25**，将转向参数设置为**−30**。此时该模块如右所示。

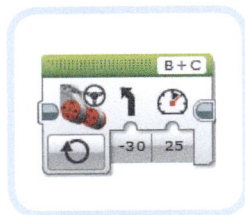

11. 选择位于下面情况分支的移动转向模块，将模式设置为**开启**。

12. 将功率参数设置为**25**，将转向参数设置为**30**。该模块如右所示。

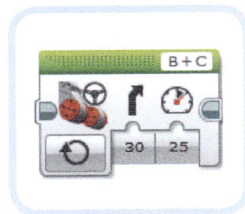

测试程序

下载并运行程序，查看程序运行效果，调整TriBot的

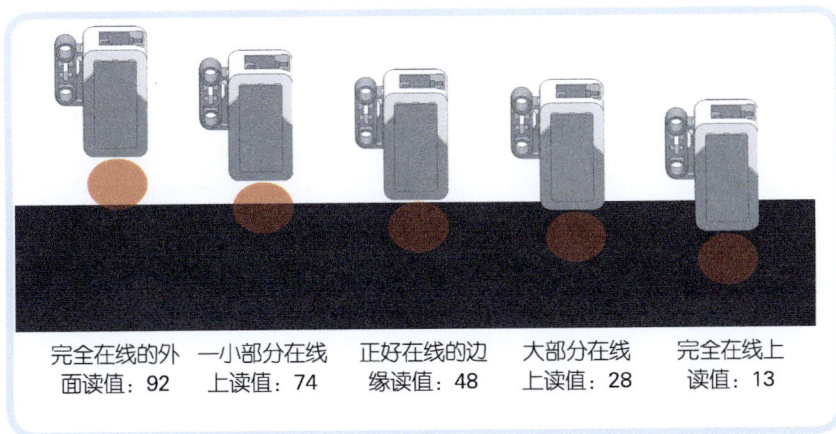

| 完全在线的外面读值：92 | 一小部分在线上读值：74 | 正好在线的边缘读值：48 | 大部分在线上读值：28 | 完全在线上读值：13 |

图6-7　在不同位置上颜色传感器的读值

移动速度和摆动幅度，调整时要对两个移动转向模块做出相同的改变。在程序正常运行之后，尝试着提高运行速度，直到开始出现飞线。

更多的选择

第一版LineFollower程序中，TriBot不断调整方向，即使在沿着直线巡线时，也会左右摆动。可以使用三个移动转向模块让机器人的运动更为平滑：一个模块控制机器人左转，一个模块控制机器人直行，另一个模块控制机器人右转。

在颜色传感器–比较–反射光强度模式下，切换模块只能依据传感器读值在两个情况分支中做出选择，要实现在三个情况分支中进行选择，需要使用2个切换模块。第一个切换模块决定机器人是否左转，第二个切换模块决定机器人是直行还是右转。在EV3编程中要做出复杂决策时，经常会用到这种结构。

对程序LineFollower做如下改变：

13. 在原有切换模块下面的情况分支中添加一个新的切换模块，放置在移动转向模块的右侧。

14. 将新的切换模块设置为**颜色传感器–比较–反射光强度**模式。

15. 将原有的移动转向模块（就是控制机器人右转的那个）拖曳到新的切换模块下面的情况分支中。

16. 在这个新切换模块的上面情况分支中放置一个新的移动转向模块。

17. 将模式设置为**开启**，功率参数设置为25。

新的切换模块如图6–8所示。

现在要为两个切换模块设置阈值，让TriBot能实现在线的边缘时向前直行、偏离线的边缘时转弯（偏离线的边缘是指在线上或离开了黑线）。

在第一版程序中，我取两种极端光值（13和92）的中

间值作为单一的阈值，即52。我们可以把中间值与极端值的中点作为两个新的阈值，这就是32和72。在图6–6中可以看出，这两个值与传感器大部分在线上和小部分在线上时的读值非常接近。我将触发值设置为32和72，当传感器读数在这两个值之间时，机器人直行，在这两个值的范围之外时，机器人左转或右转。表6–1列出来机器人的动作与颜色传感器读数之间的关系。你需要重新计算一下自己使用的数值，这些数值会因黑线的材质和光照条件不同而发生变化。

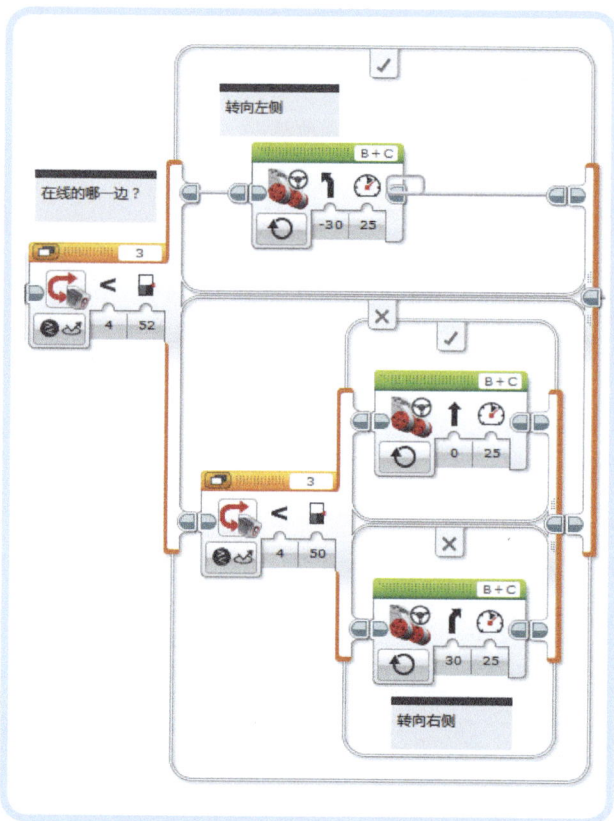

图6–8 为新添加的模块设置阈值

表6-1　颜色传感器读数范围与程序动作

颜色传感器读值	程序动作
0–31	左转
32–72	直行
73–100	右转

按下面的步骤完成程序。

18. 选中外面的切换模块，设置阈值，让机器人在传感器读值低于阈值时右转（我使用的数值是32）。

19. 选中里面的切换模块，设置阈值，让机器在传感器读数低于阈值时执行（我使用的数值是73）。

程序现在如图6-9所示。

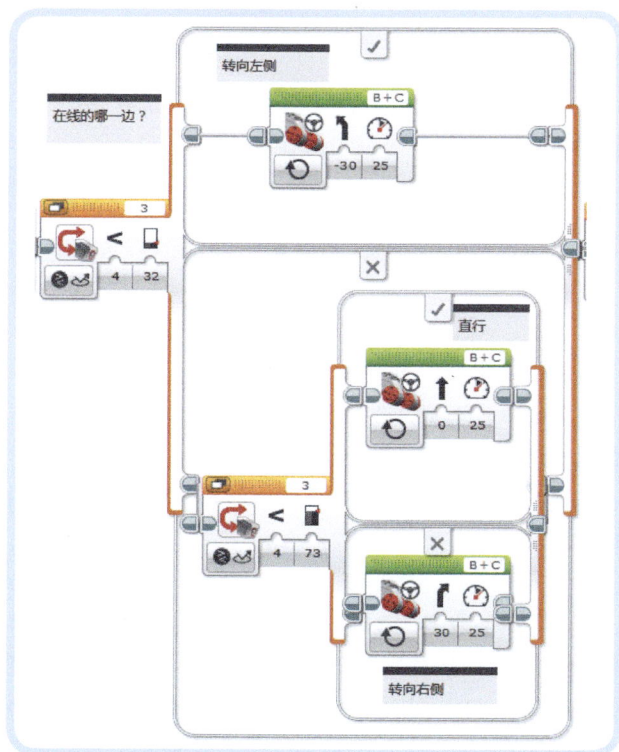

图6-9　设置阈值

> **注意**　在这个程序中，每个切换模块读取颜色传感器的数值，并依此做出决定，这意味着传感器被读取了两次，而两次的数值可能不完全相同。这并不会产生问题，因为EV3在运行这两个切换模块时，传感器的数值不会发生太大的变化。

测试这个程序

运行这个程序时，你会注意到机器人在沿着直线巡线前进时，动作变得更平滑了。用不同的阈值、功率和转向参数进行实验，看看你能让TriBot以多快的速度进行巡线而不会偏离路线。

使用选项卡视图

程序LineFollower使用了嵌套的切换模块，一个切换模块被放置在另一个切换模块里面。嵌套的切换模块往往在屏幕上占用很大的空间，很难与程序的其他部分一起操作，可以切换到选项卡视图方式（点击**平面/选项卡视图选择器**按钮）以减小切换模块的尺寸。如图6-10所示，这个程序占用了较少的屏幕空间。

挑战 6-1

第一个版本的LineFollower程序在每一次循环中从两个动作中选择一个执行：向左转或向右转。第二个版本的程序增加了第三个选项——直行，让机器人的动作更为平滑。现在增加更多的"情况分支"进一步改进程序，让机器人的动作选项变为5个：向左急转、向左稍微转弯、直行、向右稍微转弯、向右急转。你可以用切换模块替换原程序中控制左转或右转的移动转向模块，并依据颜色传感器的读数决定机器人做出急转弯动作还是稍微转弯的动作。

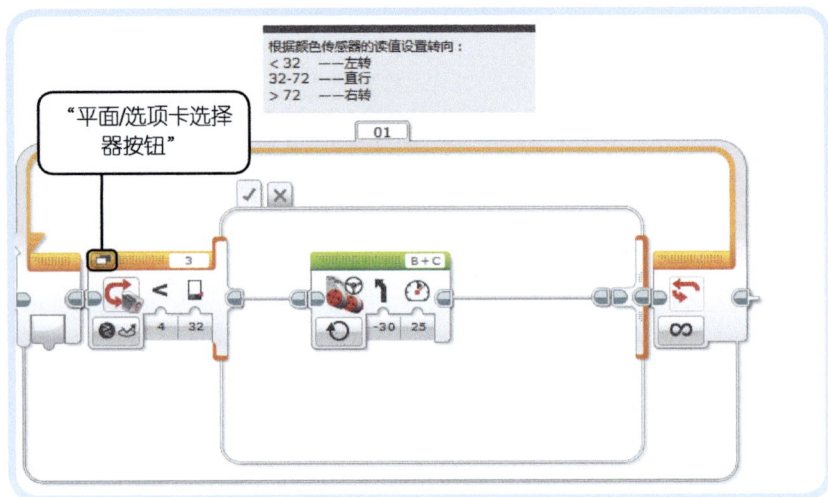

根据颜色传感器的读值设置转向：
< 32 ——左转
32-72 ——直行
> 72 ——右转

"平面/选项卡选择器按钮"

◉ 图6-10 以选项卡视图显示的切换模块

程序RedOrBlue（红色还是蓝色）

在这一章节中，我们要创建一个程序RedOrBlue（红色还是蓝色），它能识别红色和蓝色的物体。我们要用第5章中的程序IsItBlue（谁是蓝色的）作为起点（图6-11），这个程序已经可以识别蓝色的物体了，先修改程序让它能识别红色的物体，再让它对既不是蓝色也不是红色的物体做出合理的动作。

程序IsItBlue保存在项目Chapter5中，第一步要做的是将程序复制到项目Chapter6中，并重新命名。

1. 打开项目Chapter6，如果它还没有被打开。

2. 打开项目Chapter5。

3. 点击程序选项卡左侧的小扳手图标，打开项目Chapter5的项目属性页面。

4. 选择程序列表中的程序IsItBlue。

5. 点击窗口下部的**复制**按钮。

6. 选择项目Chapter6。

7. 打开项目Chapter6的项目属性页面。

8. 点击**粘贴**按钮。程序IsItBlue被添加到这个项目中。

9. 打开程序IsItBlue，并重新命名为RedOrBlue。

10. 关闭项目Chapter5。

识别红色物体

切换模块下面的情况分支已经用于识别蓝色的物体，因此我们使用上面的情况分支来识别红色的物体。

1. 点击切换模块上部的黑色方块，选择**红色**，如图6-12所示。

对于程序IsItBlue来说，"Yes（是）"或"No（否）"的回应是合适的，但对于要识别更多颜色的程序来说，就不太合适了。因此要把声音模块修改为看到红色物体时说"Red（红色）"，看到蓝色物体时说"Blue（蓝色）"。

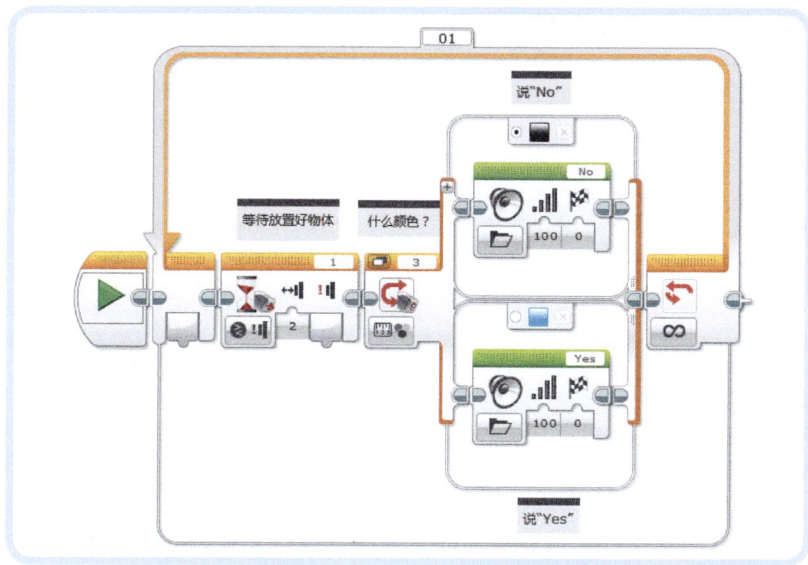

图6-11　程序RedOrBlue的起点

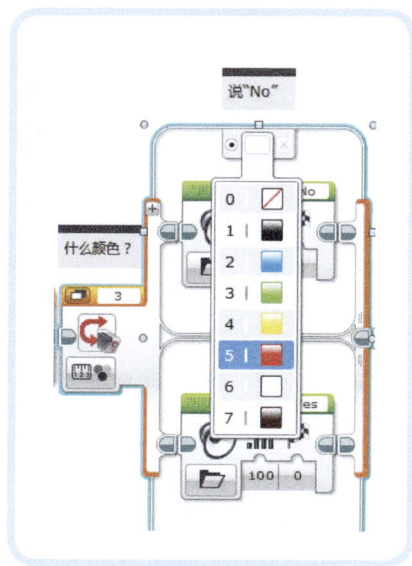

图6-12　在上部情况分支中选择红色

2. 选择上部情况分支的声音模块，将声音文件更改为Red。

3. 选择下部情况分支的声音模块，将声音文件更改为Blue。

程序现在如图6-13所示，运行这个程序，它已经可以正确识别红色和蓝色物体了。

添加一个新的"情况分支"

到目前为止，这个程序真正能识别的只有蓝色物体，任何非蓝色的物体都会被识别为红色（因为红色被标记为默认情况）。在这部分章节中，你要修改程序，正确识别红色物体，并在不能确定物体颜色时说出"Uh-oh"。现在的切换模块只有两种情况分支：一种情况分支用于识别红色物体，另一种情况分支用于识别蓝色物体。图6-14中标出了用于添加情况分支的按钮，点击这个按钮可以为切换模块添加新的情况分支。要删除已经添加的情况分支，需要点击删除情况分支按钮，这个按钮位于各情况分支顶部标签框的右侧，显示为小"X"。

> **注意**　添加情况按钮只会显示在有可能具有两种以上情况分支的切换模块中。

现在我们回到程序中：

4. 点击**添加情况分支**按钮，切换模块如图6-14所示。

5. 点击新的情况分支顶部标签框中的红色问号标记，选择**无颜色**选项。

6. 在无颜色情况分支中添加一个声音模块。

7. 点击**声音文件**对话框，选择Uh-oh文件，你可以在表情文件夹中找到这个文件。程序现在如图6-15所示。

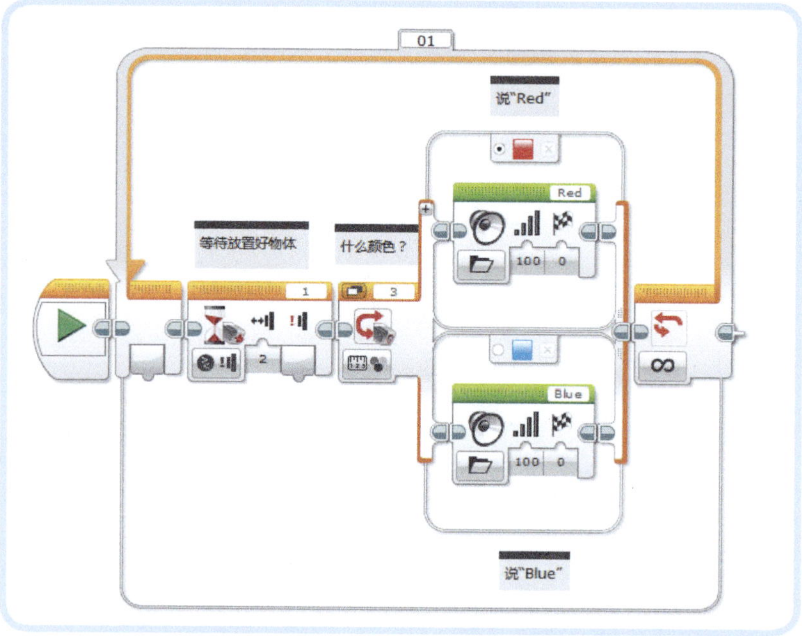

图6-13 识别红色或蓝色物体

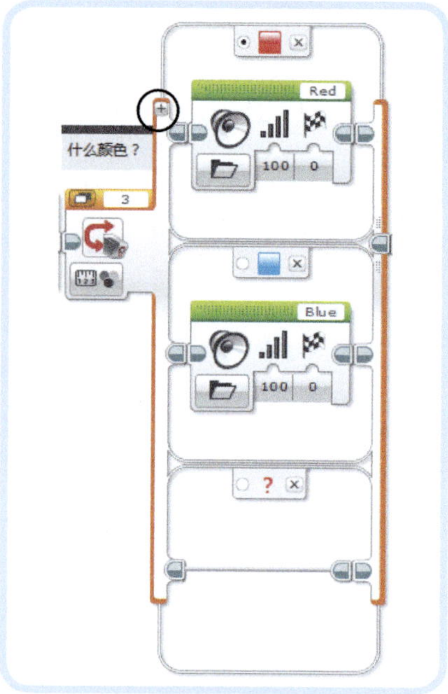

图6-14 添加一个新的情况分支

默认情况

现在，在程序中红色的情况分支为默认情况。这意味着所有的情况分支都不满足时，程序会运行红色情况的模块，当颜色传感器读取到红色、蓝色或无颜色以外的颜色时（如黄色或绿色），机器人会说"Red"。因此，我们应把无颜色的情况设置为默认，这样当程序没有检测到红色或蓝色时，会说"Uh-oh"。

8. 在无颜色情况分支上点击**默认情况分支**按钮。图6-16显示了切换模块最终的配置。

挑战 6-2

拓展RedOrBlue程序，让它能够识别颜色传感器可以检测的全部7种颜色。

循环模块

*循环模块*可以不断重复运行一组模块。在循环模块内部的模块被称为*循环体*。你可以设置循环体重复的次数和决定何时跳出循环模块的条件。

循环模块除了有和切换模块一样的传感器模式外，还有4种额外的模式，如图6-17所示。

无限制 循环不断重复，直到程序结束或用循环中断模块（稍后讨论）退出循环为止。

次数 按指定的次数重复循环。

逻辑 通过数据线将一个值输入到循环中，决定是否退出循环（第10章将讨论使用数据线的循环模块）。

时间 按指定的时间重复循环。

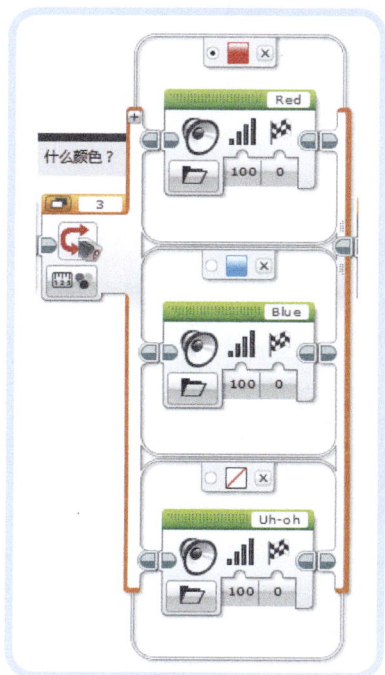

图6-15　无颜色情况

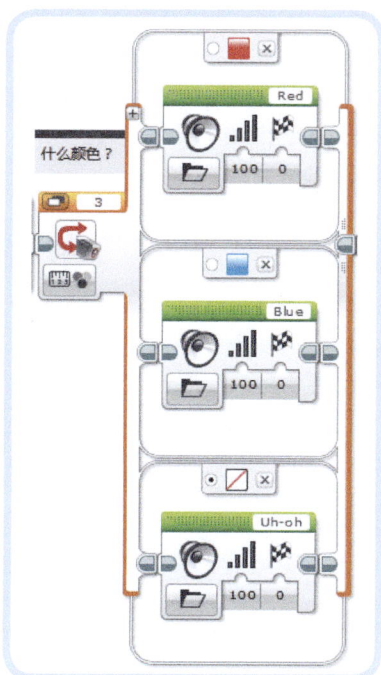

图6-16　将无颜色情况分支设置为默认

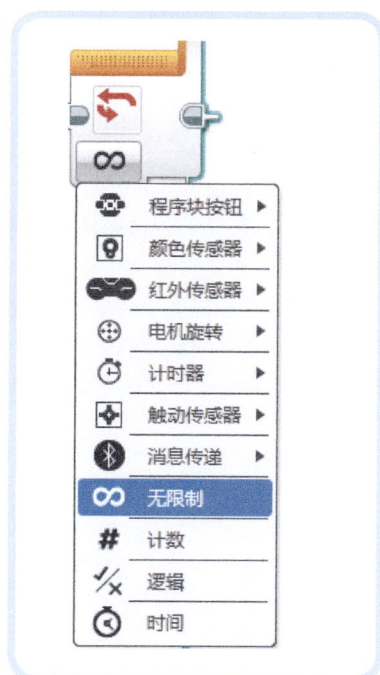

图6-17　选择循环模块的模式

当循环模块为传感器模式时，程序会在循环体运行后检查传感器的测量值，这就是说循环体至少会运行一次。程序根据传感器的读值决定继续重复循环还是结束循环。在程序运行循环体时，传感器的读值并不重要，只有在循环结束时传感器的测量值才会影响到程序的运行，因此稍不留意，这就会导致程序失败。如颜色传感器的读值只在循环的尾端才会发生作用，程序在运行声音模块或等待模块时，机器人有可能越过了黑线，导致无法检测到黑线。图6-18显示的就是一个有缺陷的LineFinder（找线）程序，经常找不到黑线。

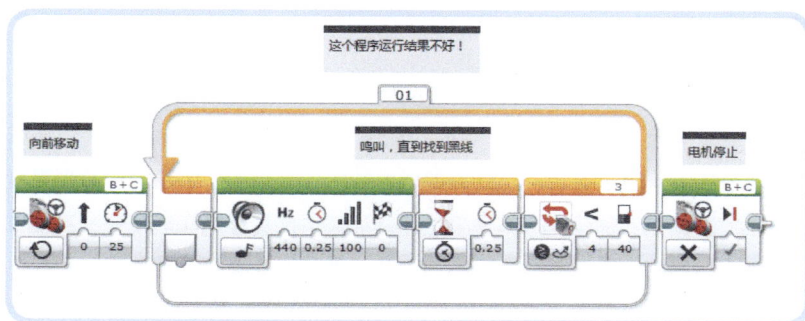

图6-18　有缺陷的LineFinder（找线）程序

循环中断模块

循环中断模块，如图6-19所示，给出了另一种结束循环的方式。这个模块只有一个参数：循环的名称。循环模块的顶部有一个标签框，里面写有循环的名称，如图6-20所示。默认情况下循环模块被命名为01，可以点击并更改循环的名称。

循环中断模块在显示中断循环模块的名称时，只能显示出三个字母，因此我们通常用数字或缩略词作为循环的名称，否则可能弄不清这个模块要中断哪个循环。

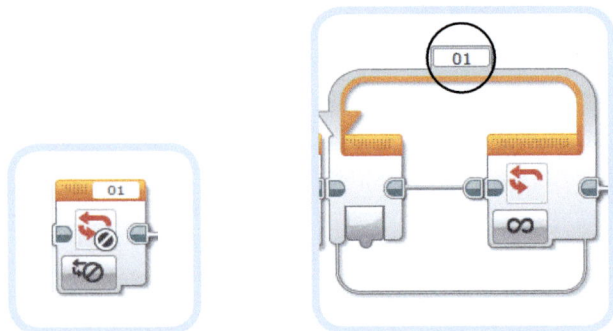

图6-19 循环中断模块

图6-20 循环模块的名称

程序 BumperBot3（第 3 版碰撞车）

现在我们对程序BumperBot2做个修改，学习循环中断模块是如何工作的。首先把TriBot恢复到最初的模样，安装带有触动传感器的保险杠，将颜色传感器安装在侧面，如图6-21所示。

要对程序做出的改变是：当你关上房间的灯时，程序退出循环并停止运行。图6-22显示了原始程序中需要发生变化的部分。在这个程序中机器人向前移动，等待触动传感器被按下，当传感器被按下后，机器人后退，程序重新开始循环。

现在要对程序做出修改，在等待触动传感器被按下

时，机器人检查颜色传感器读取的数字，如果颜色传感器的读值很小，表明室内的灯光被关闭，然后循环中断模块退出循环，因为循环模块的后面没有其他模块，因此程序结束。

图6-21 用于程序BumperBot3的TriBot

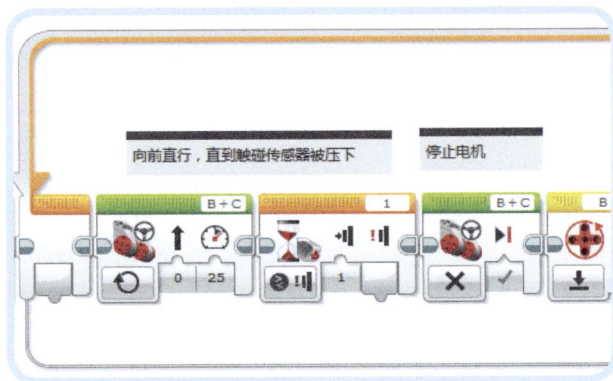

图6-22 程序BumperBot2

我们用图6-23所示的循环模块替代等待模块，不断循环，直到触动传感器被压下。用一个设置为环境光强度模式的切换模块作为循环体，检测环境光的强度。当颜色传感器检测到没有足够的光强时，程序将停止电机转动，发出"Goodbye（再见）"的声音，然后退出循环。

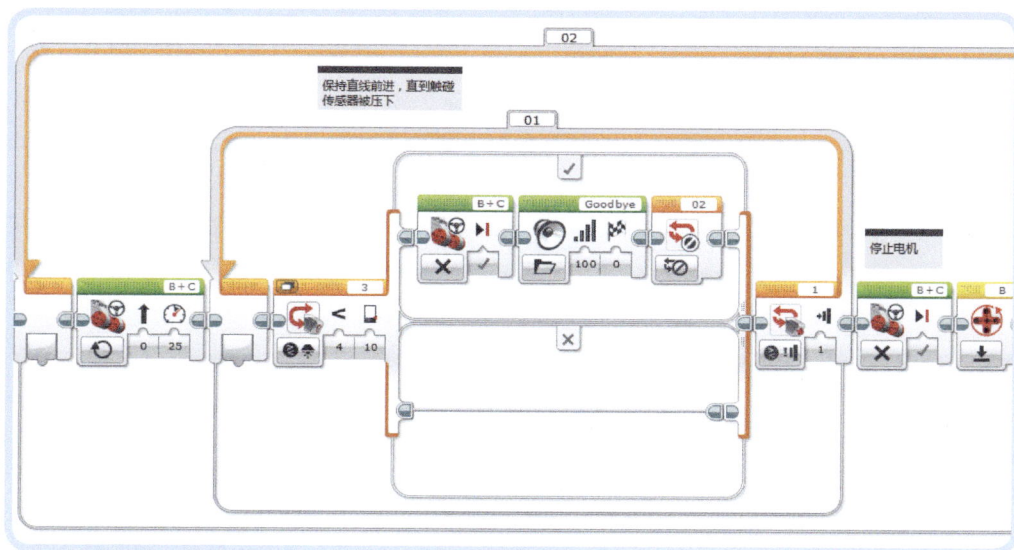

保持直线前进，直到触碰
传感器被压下

停止电机

● 图6-23　程序
BumperBot3

按以下步骤创建图6-23所示的新BumperBot3程序：

1. 在项目Chapter5中将程序BumperBot2复制到项目Chapter6。

2. 将程序的名称更改为BumperBot3。

3. 将主循环模块的名称更改为02。

4. 删除等待模块。

5. 在等待模块的位置上添加一个循环模块。

6. 将循环模块设置为**触动传感器-比较-状态**模式。

这部分程序如图6-24所示。

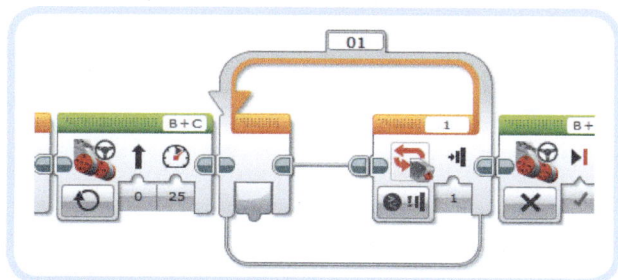

● 图6-24　用循环模块替代等待模块

此处空的循环模块与等待模块有同样的效果：等待触动传感器被按下。但我们可以在循环模块内添加其他的程序模块，这些程序模块在程序等待的过程中是可以运行的。

下一步要在循环模块中添加切换模块，用于检测颜色传感器的值。

7. 向循环模块中拖曳一个切换模块。

8. 将切换模块设置为**颜色传感器-比较-环境光强度**模式。

9. 将阈值设置为**10**。测试后，如果发现这个值太高或太低，可以对它进行调整。此时循环模块如图6-25所示。

切换模块运行时，检查颜色传感器的读数，如果光强度低于10，该模块运行上面的情况分支。现在添加以下的模块：

10. 向切换模块的上部情况分支中拖曳一个移动转向模块，将模式设置为**关闭**。

11. 在移动转向模块后面添加声音模块，从声音文件列表中选择Goodbye（位于**乐高声音文件▸通讯**文件夹中）。

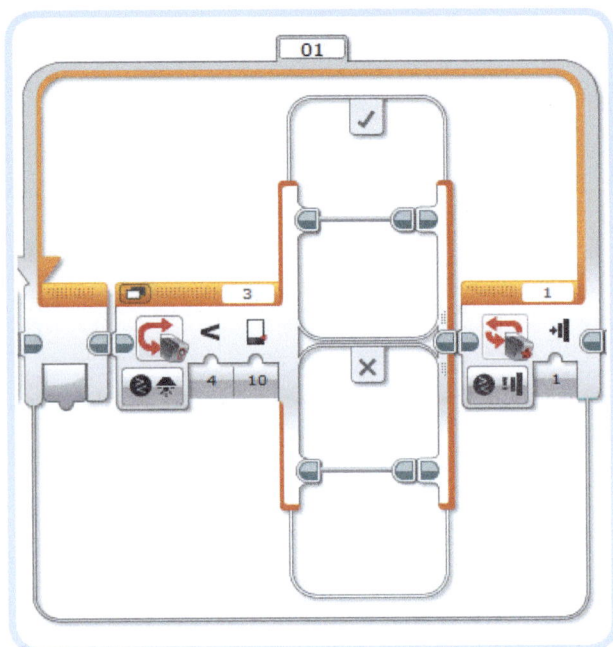

图6-25　添加切换模块

12. 在声音模块后面添加循环中断模块，将循环名称改为**02**。

图6-26显示了循环模块中的这些变化。

现在当你运行这个程序时，关闭室内灯光，机器人会说"Goodbye（再见）"，并停止运行。你可以将TriBot拿在手中测试这个程序，当轮子开始转动后，用另一只手遮住颜色传感器，此时光线被遮挡住，程序会说出"Goodbye（再见）"，并退出。

进一步探索

现在你已经了解了循环模块与切换模块之间的微小差别，再做一些使用它们的练习吧：

1. 编写一个程序，让机器人跟着你，离你既不太远也不会太近，即距离你1～2英寸。用红外传感器或超声波传感器和切换模块让机器人在离你太近或太远时前进或后退，距离适当时，机器人保持不动。

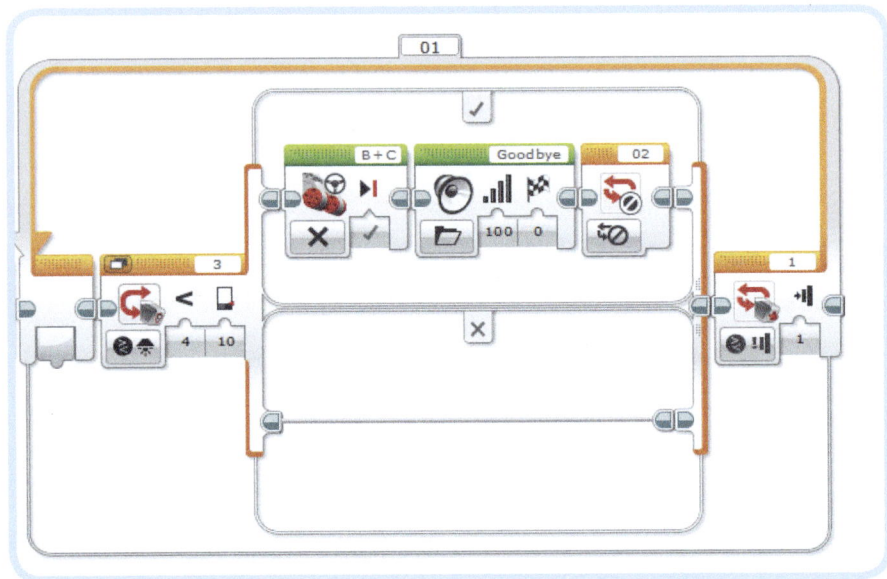

图6-26　停止电机，并说"Goodbye"

2. 用红外遥控器为程序BumperBot3增加一个暂停和恢复功能。添加一个新的切换模块，用于检查遥控器上的按钮是否被按下。如果遥控器上的一个按钮被按下，程序将停止电机；另一个按钮被按下时，程序将再次开启电机。第一个按钮就是暂停键，第二个按钮即为恢复键。

结束语

在本章中，你学会了使用切换模块来做决定，在两个或更多的模块组中进行选择。使用嵌套的切换模块或为选项卡方式的切换模块添加额外的情况，可以让你增加选择数量。

另一个重要的流程控制模块是循环模块，在达到一定的条件之前，这个模块能不断重复运行一组模块。这个条件通常是比较传感器是否达到了设定的阈值，但也可以将循环设置为重复一定的次数或时间。循环中断模块为退出循环提供了另一种方式，为控制程序的运行提供了更多的灵活性。

现在，你已了解了如何使用EV3的电机和传感器，并学习了创建复杂程序的编程模块。在下一章中，你将使用这些知识为TriBot编写一个走迷宫的程序。

第7章 程序 WallFollower（贴墙行走）：走迷宫

7

在本章中，我们将创建程序WallFollower（贴墙行走），让TriBot找到迷宫的出口。我将带你从最初的设计开始到最后的测试，一步一步地完成这个程序，包括为特定的模块选择初始设置、了解工作原理，以及必要的调整——因为程序在首次运行时几乎是不会正确工作的。让我们从学习读写伪代码开始吧。

伪代码

你的程序越复杂，就越难用正常的句子和段落给出一个简短、精确的程序描述。有一些更好的方法来描述程序的逻辑，其中最常见的就是伪代码。

*伪代码*可以描述程序的工作原理和程序背后的逻辑等重要细节。这为你与他人分享自己的程序或者让他人依据伪代码建立EV3程序提供了一个简单的方法。一般来说，伪代码类似于传统的文本编程语言，如Java或C，不过它不需要遵循严格的规则。

例如，图7-1显示了第6章中的程序RedOrBlue，程序等待触动传感器被按压，同时使用颜色传感器来检测物体为蓝色还是红色。列表7-1显示了这个程序的伪代码。

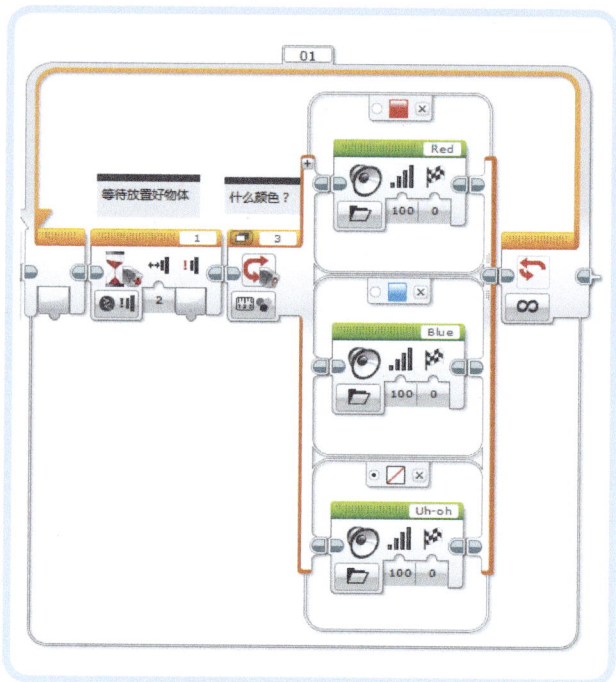

图7-1　程序RedOrBlue

```
begin loop
开始循环
    wait for the Touch Sensor to be pressed
    等待触动传感器被按压
    if Color Sensor detects red then
    if 颜色传感器检测为红色 then
        use a Sound block to say "Red"
        使用声音模块，说"Red（红）"
    else if the Color Sensor detects blue then
    else if 颜色传感器检测为蓝色 then
        use a Sound block to say "Blue"
        使用声音模块，说"Blue（蓝）"
    else
        use a Sound block to say "Uh-oh"
        使用声音模块，说"Uh-oh"
    end if
loop forever
永远循环，无限制
```

列表7-1　程序RedOrBlue伪代码

伪代码给出了一个简洁、易于理解的程序描述。稍加练习，你会很快习惯于阅读伪代码并将其变成可以工作的EV3程序。以下是列表7-1的注释：

* 在大多数情况下，一个独立的行要使用一个模块。

* 行缩进显示了模块嵌套（位于另一个模块内）。例如，当位于循环或切换模块时，缩进使它更容易看出来。

* 我们使用术语if、then以及else来描述切换模块的行为。许多程序语言使用if-then语句，你可以使用类似的英语来描述逻辑。

* 位于第一个if下缩进的行，描述了位于切换模块的最上面的情况分支，位于else if后面缩进的行描述了此模块的中间情况分支。在else下面的行描述了切换模块的默认情况（无论在什么情况下，默认情况分支应该在最后描述）。这就意味着"如果第一种情况为真，就做这一组动作。如果第二种情况为真，那就做另一组动作。否则（else），就做其他动作吧。"

*end if标记了切换模块的结束，在此之后，程序进入到代码的下一个部分。

在这个例子中，伪代码描述了一个细节完整的程序。然而，伪代码经常被用于规划或开发一个程序，在这种情况下，代码细节未必都被写入。

现在让我们开始规划程序WallFollower（贴墙行走）。为了让我们弄清整个程序需要做些什么，可以写伪代码来帮助我们思考整个程序。

解决迷宫问题

有很多著名的方法可以解决迷宫问题。在这个程序中，你将使用一种被称为*右手法则*的算法。算法是解决问题的一组指令。在这个案例中，右手法则有一个基本的指令：总是贴着右边的墙壁行走，且当右侧墙壁有开口时进入开口。

右手法则能够解决没有隧道或桥梁的迷宫，迷宫的起点和终点位于外边界上（它不能解决终点位于中心的迷宫）。只要迷宫符合这些标准，右手法则总可以保证机器人找到出口。

图7-2显示了一个使用右手法则绘制的示例迷宫路

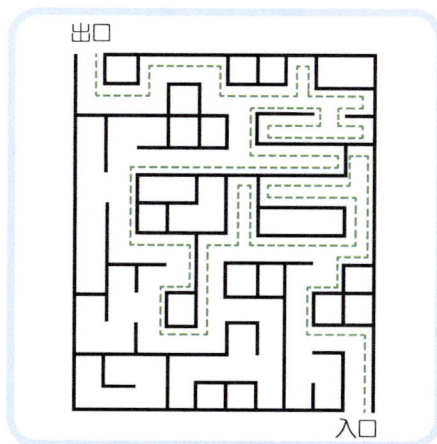

图7-2　一个找到简单迷宫出口的右手法则路径

径。为了理解这个算法，想象一下你正在通过这个迷宫，总是保持你的手贴在右侧的墙上。你会跟着图中标记的路径最终到达出口。虽然这种方式并不能找到通过迷宫的最短路径，不过它最终总会找到出口。

程序需求

编写这个程序的第一步是制作一个简单的程序需求列表，描述这个程序需要做些什么。只要符合这个列表的所有需求，我们的程序就应该会成功。

要研究这个需求列表，让我们想想机器人会遇到的不同情况，并决定在每一种情况下程序应该做出的相应反应。例如，当有墙壁位于机器人的右侧时，如图7-3所示，它应该保持直行。当它向前移动时，距离墙壁应该保持一个稳定的距离，它既不会离开墙壁太远，也不会转向墙壁。

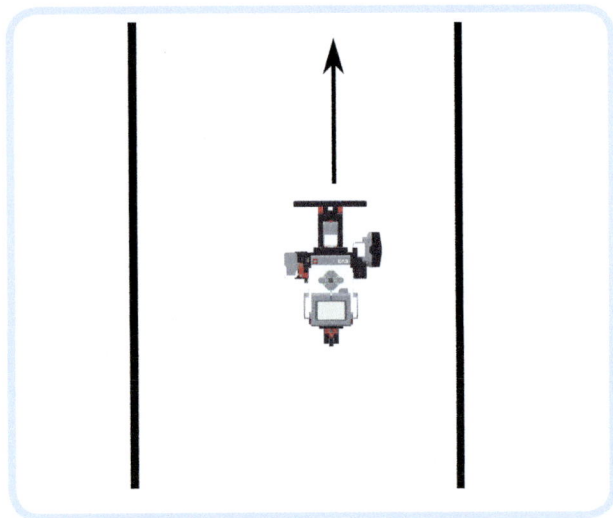

图7-4　在墙角左转

当墙壁有一个向右的开口时，如图7-5所示，机器人应转向开口一侧。遵循右手法则，机器人应该总是右转到开口一侧，即使是如图7-6所示它可以直行，或者如图7-7所示可以左转。

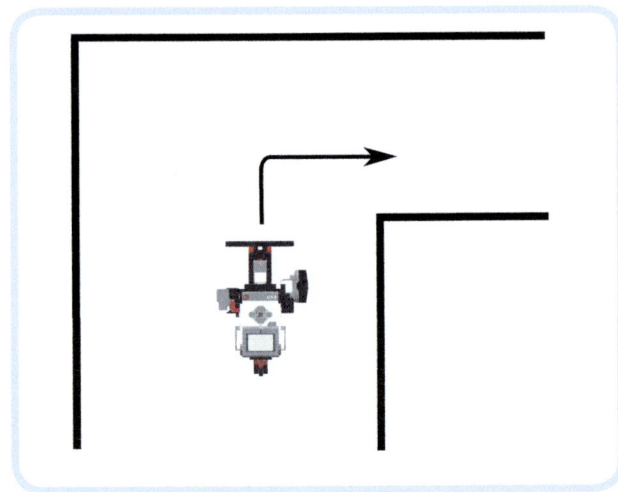

图7-3　平行移动于右侧墙壁

当机器人遇到一个右侧与前方都有墙壁的转角时，如图7-4所示，机器人应该左转并继续向前。

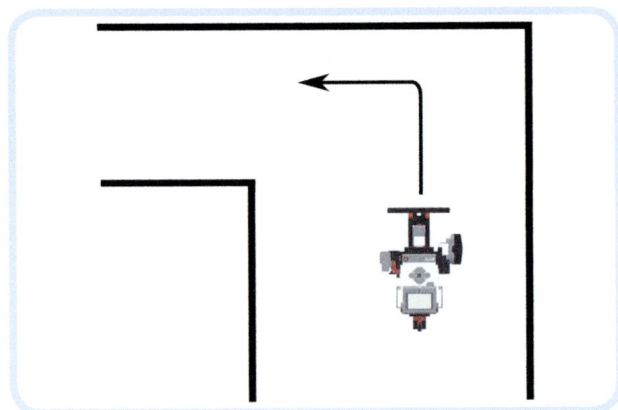

图7-5　右转开口一侧

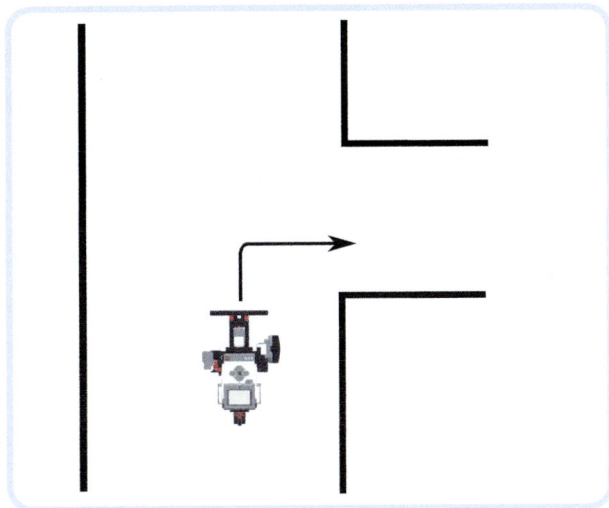

図7-6　右转而不是直行

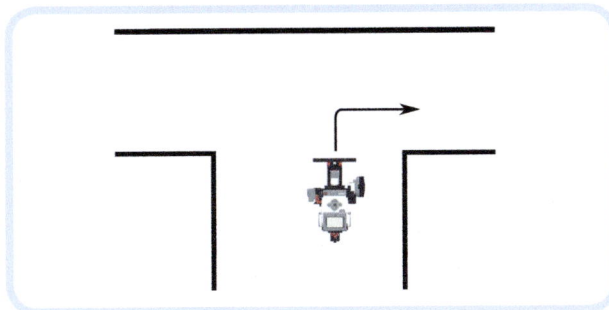

図7-7　右转而不是左转

基于这些情况，你可以用以下三点概括这个程序的需求：

* TriBot应该靠着右侧的墙向前直行，并与墙壁保持一定的距离。

* 如果TriBot在它的前面和右面发现墙壁，它应该左转90°并贴着新的墙壁前进。

* 如果TriBot来到右侧墙壁的开口处，它应该右转90°并进入这个开口。

假设

虽然我们已经提出了需求，不过列出这个程序的假设和约定还是个好主意，这有助于帮助我们决定哪些条件需要测试、哪些条件可以忽略。你可以对这个程序做4个假设：

* 迷宫的墙壁是直的。

* 所有的开口都足够大，可以让TriBot通过。

* 墙壁相交为直角。（这个可以简化在角落处转弯的代码。）

* 程序开始时，TriBot放置在右侧有墙壁的位置上。

在上述的最后一项中描述了机器人在程序开始启动时是如何放置的，这也被称为*初始条件*。直接将机器人放在开始的位置上启动程序会比让它四处寻找迷宫的入口要简单得多。

在你开始编程之前，考虑这些假设可以帮助你知道哪些问题需要解决、哪些可以忽略。将列表的要求综合起来，决定你希望程序该做些什么、同时又不该做些什么。

如果你的最终程序比当初计划的更灵活，那就太棒了！例如，其中一个假设是墙壁是直的，但最终你也可能编写出能沿着弯曲墙壁行走的程序。

初始条件

接下来，我们需要弄清楚如何让机器人执行每个任务要求。第一个任务是让TriBot一直沿着墙壁行走，并始终与墙壁保持一个较短的距离。你可以使用红外传感器或者超声波传感器检测TriBot到底离墙壁有多远，然后用移动转向模块指挥TriBot转向或者远离墙壁。

因为当TriBot移动时，墙壁始终位于它的侧面，因此你需要将红外传感器的安装位置指向侧面（而不是前面）。按照第33页中"备选超声波或红外传感器安装位置"的搭建说明安装传感器，如图7-8所示。

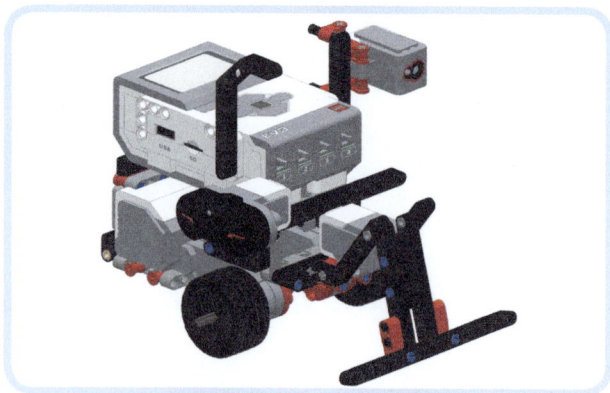

图7-8 红外传感器指向侧面的TriBot

接下来，当机器人沿着右侧墙壁前行并遇到前面有墙壁时，我们需要让它做出正确的反应，如前面的图7-4和图7-5所示。在这里我们使用触动传感器，当TriBot碰到墙壁时，触动传感器被按压，这时我们就让TriBot后退，并向左直角转弯，贴着这个墙壁继续前进。（程序BumperBot执行类似的行为，因此你很清楚这一部分程序的工作思路。）

使用教育版套装

红外传感器（在家庭版套装中）和超声波传感器（在教育版套装中）都可以测量机器人到墙壁的距离，因此你可以在这个程序中使用其中的任意一个。唯一的区别是我们在程序中使用的阈值。在本章的其余部分中，我给出的都是红外传感器的数据和指令，只有当你需要做不同的事情时，我才会提到超声波传感器。

在家庭版套装与教育版套装之间的另一个显著差异就是车轮的尺寸，这回影响到移动转向模块的距离参数。我在搭建说明中使用的是家庭版套装中的车轮，并注明了当使用教育版套装中的车轮时需要做出的改动。

最后，我们需要让程序检测机器人右侧墙壁的开口，并对此做出反应。当机器人经过开口时，你可以使用红外传感器来检测。一旦机器人贴墙行走，当传感器突然读取到一个大的距离时，就是机器人遇到了开口。

我们将整个程序放在一个循环模块中，控制TriBot一直移动直到手动结束程序为止。

现在我们考虑如何完成高层次的任务，我们可以写伪代码来描述程序将如何工作（列表7-2）。这个列表是对前几个段落所表示的步骤和图7-5到图7-7所描述图像的简要总结。由于我们还处于创建程序的早期阶段，因此列表只涵盖了主要的几点。在下面的章节中，我们将在EV3程序中实现每个部分的细节。

```
begin loop
开始循环
    if too close to the wall (use Infrared Sensor) then
    if离墙壁太近（使用红外传感器）then
        drive forward, steering away from the wall
        向前推进，远离墙壁
    else
        drive forward, steering toward the wall
        向前推进，转向墙壁
    end if
    if Touch Sensor is pressed then
    if 触动传感器被按下 then
        back up a little to get room to turn around
        后退一点获得转弯的空间
        spin one quarter-turn to the left
        向左转动90°
    end if
    if an opening is detected (by the
Infrared Sensor) on the right then
    if在右侧检测到开口（使用红外传感器）then
        spin one quarter-turn toward the opening
        向开口方向转动90°
    end if
loop forever
永远循环，无限制
```

列表7-2 使用伪代码为贴墙程序进行初步设计

沿着直墙行走

EV3代码的第一个部分让TriBot沿着直墙行走，用切换模块在两个移动转向模块中进行选择：一个让机器人向前走的同时转向墙壁，另一个让机器人向前走的同时远离墙壁。这个切换模块可以让在TriBot直行的同时与墙保持固定的距离。这种方法类似于第6章中第一版的程序LineFolllwer，在使用传感器控制电机时，你会经常看到这种模式。

编写代码

编写这部分代码时，我们首先需要决定TriBot到墙壁的距离应该是多少。TriBot 应该离墙壁很近，但要有足够的空间，让它在角落时可以转向。你可以使用端口视图和下面的步骤得到一个合理的起始值：

1. 把TriBot放在墙壁的一侧，让红外传感器面向墙壁。确保有足够的空间让TriBot四下旋转（图7-9）。

2. 使用EV3软件或者EV3程序块的端口视图窗口观察红外传感器的读数。

我得到的读数为7，这就是我在下面的指令中要使用

的数值。请记住，红外传感器不会测量出精确的距离，因此你的数值可能与我的有所不同。

现在我们可以开始编写程序了。我们先按下面的步骤将模块放在一起，然后我们做一些测试，再对参数设置做出微调：

1. 创建一个新的项目，命名为Chapter7。
2. 创建一个新的程序，命名为WallFollower。
3. 在程序中拖曳一个循环模块，使用默认的**无限制模式**。
4. 拖曳一个切换模块到循环模块内。
5. 将切换模块设置为**红外传感器–比较–近程模式**。
6. 将阈值设置为你先前确定的数值（我使用的数值是7）。切换模块看起来应如图7-10所示。
7. 拖曳一个移动转向模块到切换模块的上面情况分支中。
8. 设置模式为**开启**，保持电机不断转动，同时在每次进入循环时调整转向。

当红外传感器读数小于阈值时，意味着TriBot离墙太近了。在这种情况下，机器人应该向左转向，远离墙壁。先将这个移动转向模块的转向参数设置为–10，让TriBot轻微左转。

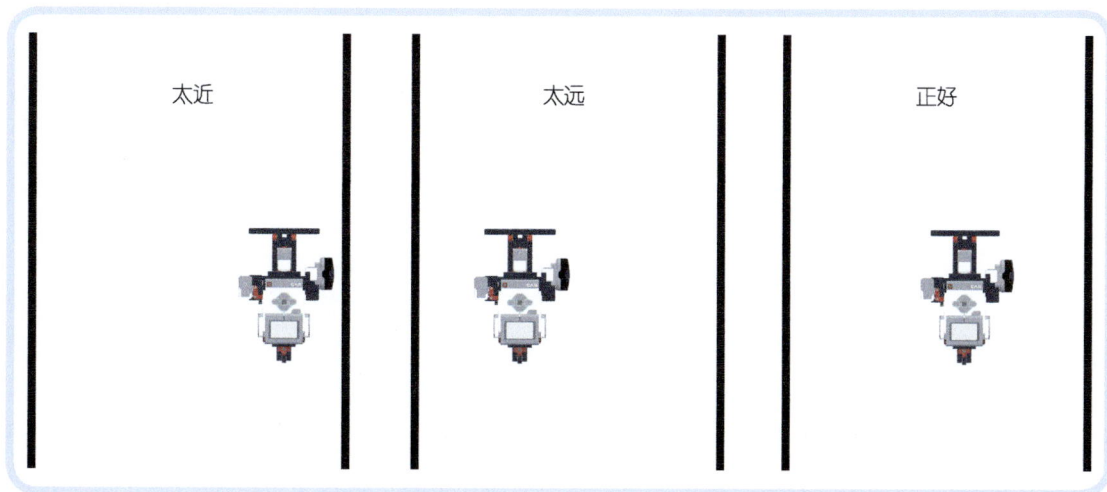

太近　　太远　　正好

图7-9　靠墙放置TriBot

注意　如果你使用了超声波传感器，将切换模块的模式设置为超声波–比较–距离英寸（或厘米），设置阈值为5英寸（大约13厘米）。

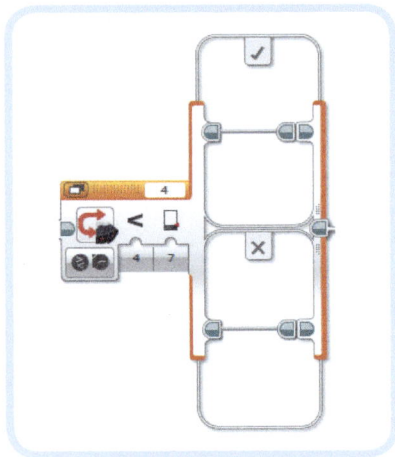

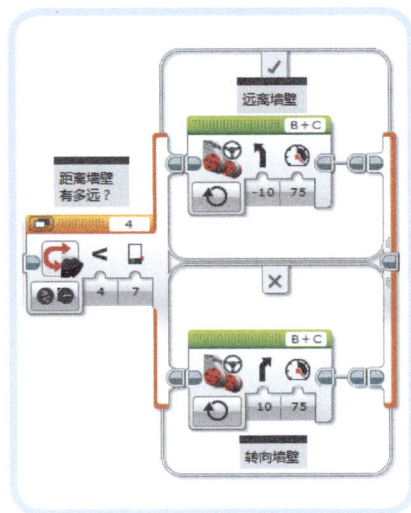

图7-10　基于离墙距离的切换模块

图7-11　贴墙行走

9. 设置转向参数为–10。

向切换模块下部的情况分支中添加一个相同的模块，使用相反的转向参数值让机器人转向墙壁前进。

10. 拖曳一个移动转向模块到切换模块的下面情况分支中。

11. 设置模式为**开启**，设置转向参数为10。

这个时候，切换模块（图7-11）应该可以让TriBot贴着墙壁行走了。下一步我们要做一个小测试，并根据需要修改程序。

测试

现在让我们做一些测试，看看这个程序第一部分的运行情况。然后，我们可以做一些调整来改善程序。很难在第一次尝试时就获得恰到好处的参数设置，因此测试程序很重要，调整程序也是必要的。

要测试程序WallFollower，你需要一个有角落、有开口的墙壁，或者使用一个完整的迷宫（这会更有趣一些）。搭建迷宫时，墙壁应有足够的高度，让红外传感器可以检测到。箱子、成堆的书，或者大块的木头都可以用来做迷宫的墙壁，你甚至可以用乐高积木搭建一个迷宫！

测试程序时，你需要观察机器人是否会撞到墙壁上或者偏离墙壁太远。如果发生这种情况，可能是功率参数太高，因此机器人移动太快而不能及时调整路径。另一个原因可能是转向程度不够大，不能让机器人与墙壁保持恰当的距离。

调整这些参数的设置，让这部分程序运行得更加可靠。首先，让机器人慢下来，使转向更容易调整。

12. 将两个移动转向模块的功率参数均设置为25。

降低TriBot速度的方法对改善程序很有帮助，但调整转向参数控制TriBot加大转弯程度的方法更有效。测试不同的转向值，观察它们对机器人运动的影响，并要记住同时更改两个转向模块的参数。表7-1展示了我的测试结果。

表 7-1　转向测试结果

转向值	结　　果
10	TriBot 做得很好，但是最终会撞向墙壁，是因为离墙壁太近，没有足够的快速响应时间。
20	TriBot 贴墙较近但不会撞到墙壁上，运动轨迹并不十分平滑，但也不差。
30	TriBot 贴墙较近但不会撞到墙壁上，运动有起伏，摆动较大。

根据我的测试结果，建议将转向数值设置为20。

13. 将上部情况分支中移动转向模块的参数设置为－20。

14. 将下部情况分支中移动转向模块的参数设置为20。

图7-12显示了改变后的程序。这时，TriBot应该可以贴着无角落、无开口的直墙行走得非常好。

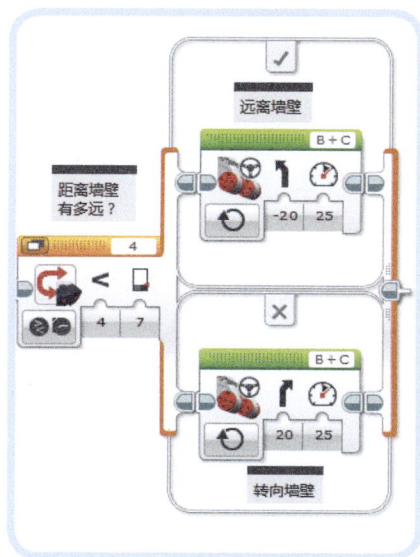

图7-12　经过测试后的参数设置

转弯

在程序的下一部分中，要使用触动传感器检测机器人是否到达了墙角，在墙角处TriBot要向左转弯，贴着新的墙壁继续前进。这一部分与程序BumperBot类似，TriBot一旦碰到东西就会后退并转弯。

列表7-3展示了这段程序的伪代码。

```
if the Touch Sensor is pressed then
if 触动传感器被按下 then
    stop the motors
    停止电机
    back up far enough to turn the robot
    后退一点获得转弯的空间
    spin a quarter-turn to the left
    向左转动90°
end if
```

列表7-3　转弯伪代码

TriBot后退并转弯后，距离墙壁的距离要合适，既不能离墙壁太近也不能离得太远。为了让TriBot转弯后停在正确的位置上，你必须为两个移动转向模块设置正确的持续时间参数，可以先从程序BumperBot的参数值开始，经过一些测试后，根据需要调整这个数值。

编写代码

根据下列步骤将本节内容添加到程序中：

15. 向循环模块中拖曳一个切换模块，放置在原有切换模块的右边，程序应如图7-13所示。保持默认设置（**触动传感器–比较–状态模式**）。一旦机器人撞上墙壁，触动传感器会被按压，将执行切换模块上部情况分支中的模块。

16. 在新切换模块的上部情况分支中放置一个移动转向模块，设置为**关闭**模式。

17. 继续添加另一个移动转向模块，设置为**开启指定度数**模式，并将度数参数设置为**–300**；这个模块会使TriBot后退远离墙角。

18. 设置功率参数为**25**，与其他移动转向模块相匹配（当机器人在所有移动转向模块中使用相同功率参数时，运动将更加顺畅）。

19. 添加另一个移动转向模块到上部的情况分支中，设置转向参数为**–100**，度数参数为250度，功率参数为25。这个模块控制TriBot转向，让红外传感器朝向新的墙壁。

> **注意**　教育版套装中的轮胎比家庭版套装中的大，因此如果你使用教育版套装中的轮胎，需要将度数参数由250度更改为185度。

20. 设置转向参数为**–100**，控制机器人向左转动。

21. 因为程序在触动传感器未被按下时不需要做任何事情，因此这个切换模块仅使用上部的情况分支。单击切换模块的**平面/选项卡视图**按钮，隐藏空白的下部情况分支。

图7-14显示了已完成的切换模块。

测试

将TriBot放置在靠近墙角的地方，运行程序对新代码做测试，观察当它碰到墙壁时会如何反应。图7-15大致显示机器人向后移动并转弯的情况。

我在最初的测试中发现了一些问题：TriBot向后移动得太快，旋转有点过远。在尝试过一些参数值后，我将参数确定为后退150度、旋转210度。图7-16显示了使用这两个新参数的移动转向模块。

在编写程序的下一部分代码之前，重新测试下前面的贴墙行走代码，确保程序的运行效果良好。

> **注意**　使用教育版套装中的轮胎时，后退的参数为110度，转弯的参数为160度。

> **注意**　无论你添加了什么新的代码，在你修改之后立刻测试这部分程序是否可以良好工作，这总是一个好主意。这将更容易、更快地找到新添加代码中的错误。

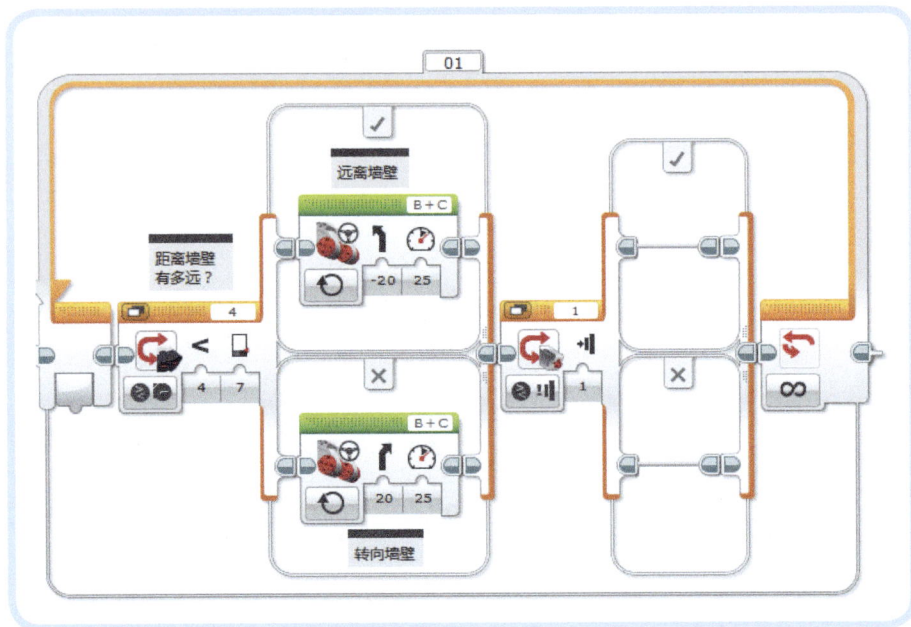

● 图7-13　添加另一个切换模块

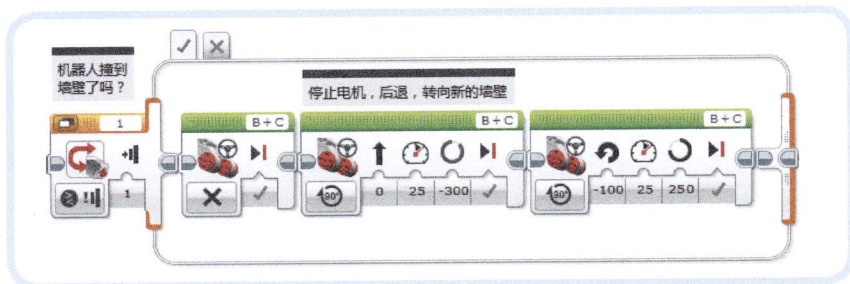

图7-14　拐弯

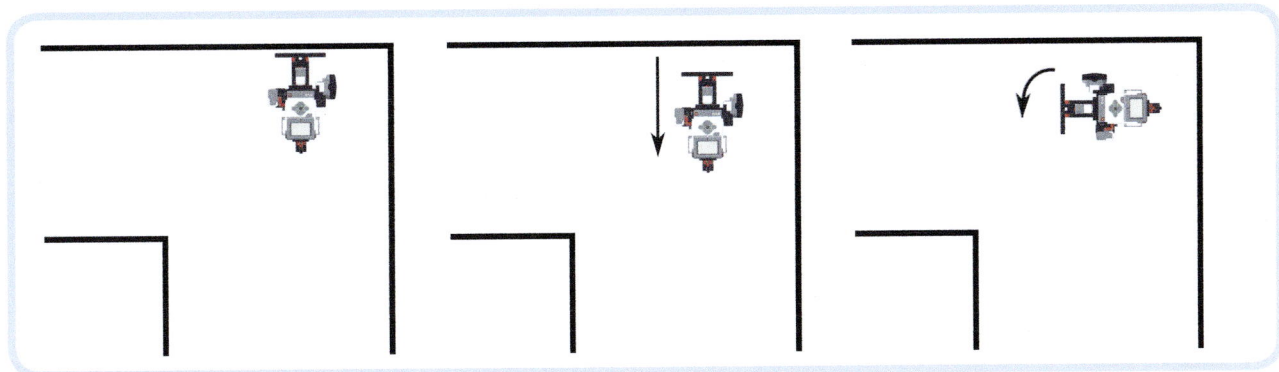

图7-15　后退，远离墙壁并向左转

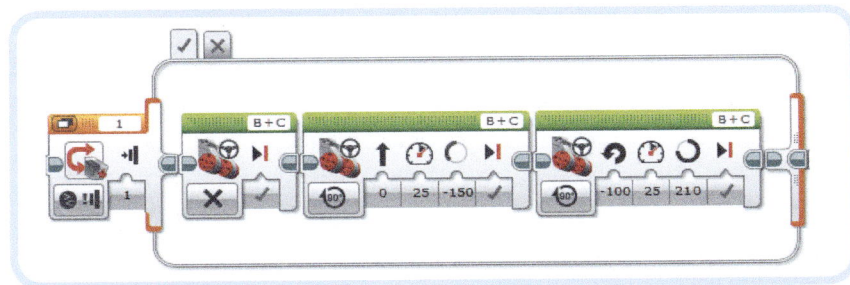

图7-16　用于倒车的参数设置

通过墙壁开口

当TriBot行进到右侧墙壁有开口的位置时，它应该转弯并进入开口，继续贴着右侧的墙壁前进。

红外传感器面向开口时，读数远远大于贴墙时的距离。红外传感器安装在机器人的前半部分，因此机器人在转弯前需要向前移动一点点。当TriBot旋转90度面对开口之后，机器人需要向前移动一点点，才能让红外传感器再一次朝向墙壁。图7-17显示了TriBot的移动方式，列表7-4显示了这段程序的伪代码。

95

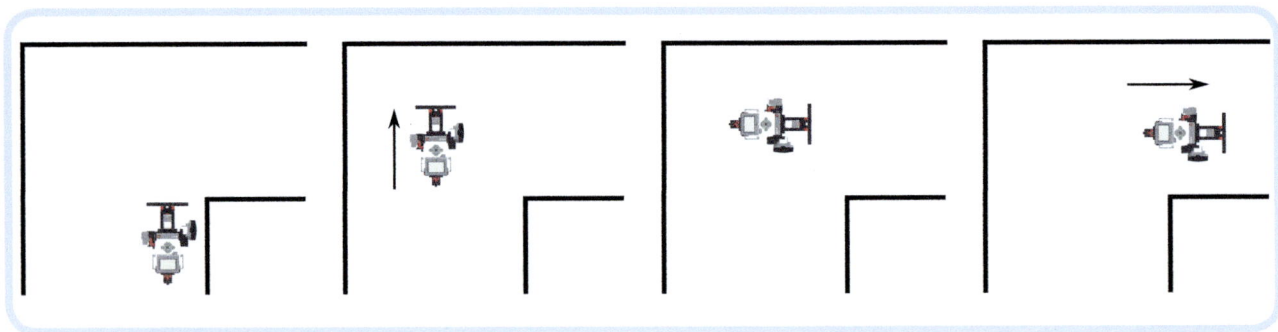

○ 图7-17　转弯并进入开口

```
if the Ultrasonic Sensor detects an opening then
if 超声波传感器检测到开口 then
    stop the motors
    停止电机
    move forward a little
    向前移动一点
    spin a quarter-turn to the right
    向右旋转90度
    move forward into the opening
    向前移动进入开口
end if
```

列表7-4　移动并通过开口的伪代码

　　向程序中添加模块之前，你需要确定切换模块和移动转向模块使用的数值。对于切换模块，开始触发值是15（使用超声波时为10英寸），这个数值应该足够大可以让TriBot发现真正的开口，而不只是一个墙上小的起伏。对于移动转向模块，最初的参数设置可以与机器人后退离开角落时参数相同，然后经过一些测试后再调整这个数值。

编写代码

　　跟着下面的步骤使TriBot移动通过开口：

　　22．在循环模块的内部添加一个切换模块到代码的结尾。

　　23．设置模式为**红外传感器–比较–近程**。设置阈值参数为15，比较类型为>（大于）。

　　24．单击**平面/选项卡视图**按钮，你只需要添加模块到真情况中。

　　25．添加一个移动转向模块到切换模块的真情况中。并设置模式为**关闭**。

　　26．添加另一个移动转向模块。设置模式为**开启指定度数**，功率为25，度数为150。这个模块将会移动机器人向前，使整个机器人在开口的旁边。

　　27．添加第三个移动转向模块。设置模式为**开启指定度数**，转向参数为100，功率为25，度数为210。这个模块将会旋转机器人，并使它朝向开口。

　　28．添加第四个移动转向模块。设置模式为**开启指定度数**，功率为25，度数为150。这个模块将移动TriBot向前进入开口。

　　图7-18显示了这段程序。

注意　对于教育版轮胎，使用110度用于向前移动，160度用于转弯。

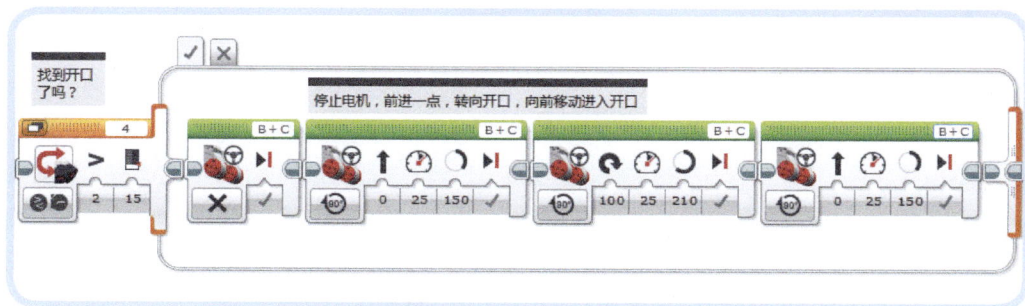

图7-18　转弯进入开口

利用声音模块进行调试

转弯进入开口要用到四个移动转向模块。在你测试，修改代码时，知道一个模块何时结束、另一个模块何时开始是有用的，这样你会清楚知道需要对哪个模块做出必要的调整。

在每一个模块前面添加一个声音模块播放不同的音符，这可以告诉你每个移动转向模块何时开始、何时结束。确保将每一个声音模块的播放类型设置为**播放一次**（而不是等待完成），在播放声音的同时，TriBot不会停下来。图7-19显示了添加在第一个和第二个移动转向模块之间的声音模块。

你在调试中添加代码时，比如声音模块，要确保添加的代码尽量不影响程序的时序；否则，当你移除这些调试代码时，程序可能会有不同的行为结果。

完成测试后，你可以移除声音模块，不过在移除后，请再次测试程序，确保它仍然能够工作。

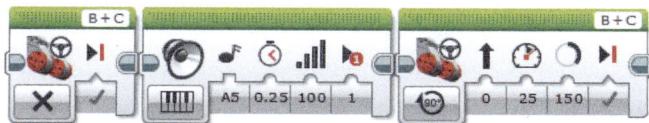

图7-19　向前移动之前发出声音

测试

将TriBot贴墙并靠近开口处放置，运行程序测试新的代码。仔细观察机器人进入开口并贴着新墙壁的移动情况。有以下几点需要注意：

* 如果红外或者超声波传感器的阈值太大，机器人可能注意不到这个开口。

* 如果红外或者超声波传感器的阈值太小，没有开口时机器人也会转向墙壁。

* 如果墙壁表面对传感器来说不够好（太软、太暗等），红外或者超声波传感器检测墙壁时会有麻烦，机器人将会转向墙壁（它认为墙壁看起来像一个开口）。

* 如果机器人转弯前移动的距离不够，它会转弯太快，撞到墙壁的拐角。

* 如果机器人转弯前向前移动太远，它将错过开口或

者转弯后离墙太远。

* 如果转弯距离太短，TriBot会离墙壁太远。

* 如果转弯距离太长，TriBot会离墙壁太近。

* 如果最后的移动距离太短，TriBot将无法进入开口，红外传感器将检测不到新的墙壁。

* 如果最后的移动距离太长，TriBot可能会越过墙角，或撞到另一面墙上。

我的测试表明，所有移动模块的持续时间都有些大。经过一些测试后，将持续时间参数锁定为300度用于向前移动，190度用于转弯，350度用于移动进入开口。同时我注意到有时没有开口时，TriBot也会有看到开口那样的行为。将切换模块中的红外传感器的阈值设置为20，会得到很大的改善。

> **注意** 如果你使用教育版套装，尝试将持续时间参数设为225度、140度和260度，同时将超声波传感器的阈值设为13英寸（大约33厘米）。

图7-20显示了这部分程序最终使用的参数值。

最终测试

当TriBot能够正确进入开口，就可以测试完整的程序了。这个程序的要求（如第88页"程序需求"中所列）是TriBot应能贴墙行走、可以越过角落和进入开口。如果TriBot能够完成这些事情，它就有能力通过一个简单的迷宫。尝试着测试一下不同的迷宫，看看程序是否可以对连续几个拐角做出正确处理。

当你确信程序已满足要求时，看看它在其他情况下将如何工作。例如，调整墙壁间的间距（使走廊更窄或者更宽），看看这些因素是如何影响机器人行为的。你还可以尝试添加一些弯曲或者倾斜的墙壁，看看机器人会有什么响应。尽管这个程序并未针对这些情况而设定，但它也许会工作得很好；如果不行的话，考虑下如何调整程序，让它变得更加灵活。

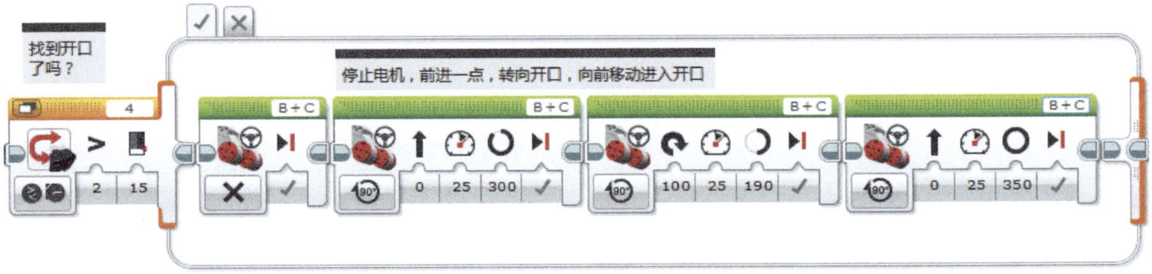

图7-20 测试之后转弯进入开口的设置

进一步探索

当你的程序工作得很好后，尝试以下这些活动：

1. 如果你能让TriBot离墙壁距离合适，那么就不需要使用一段单独的代码来识别开口。使用第一部分的代码就可以让机器人绕着右侧墙壁的墙角自动移动，这要用红外或者超声波传感器设置转向参数。你面临的挑战就是要寻找一个合适的阈值，让TriBot与墙壁保持合适的距离，既能完成转弯且不会偏离或者撞到墙壁上。尝试不同的参数值，观察TriBot是否可以通过你的测试区域。

2. 因为我们说过迷宫只包含直角，因此这个程序目前只要完成90度转弯。不过这种转弯不必非常完美的，因为机器人将很快根据红外或者超声波传感器的读数修正轨迹。尝试一些含有奇怪角度通道的迷宫，并测试不同的转弯半径，让TriBot处理各种不同的情况。TriBot转的远一点好呢，还是少转一点好？

3. 第6章的程序LineFollower使用了嵌套切换模块，以减少左右摆动。可以在TriBot贴墙行走的代码中应用同样的技术。做一些必要的修改，看看机器人贴墙行走时轨迹是否平滑，然后再看看程序识别到右侧开口时会有怎样的效果。

4. 在墙壁的交叉点上放置色彩明亮的区域，用颜色传感器替代触动传感器来检测墙壁。用不同的颜色提示程序做出特别的动作，比如看到红色时播放某种声音，或者看到蓝色时改变速度或方向。

结束语

在本章中，我带你一步步解决了一个典型EV3迷宫导航程序。在每个步骤中，增加一部分程序片段、做一些测试，然后做一些必要的修改，调整移动持续的时间参数和修正错误。

在下一章，我们要开始对数据线的探索，这是EV3编程中功能最强大的部分之一。

第 8 章　数据线

8

在本章中，你将学习如何使用数据线将信息从一个模块传递到另一个模块。使用数据线，可以在程序中更改模块的设置（比如，使用从传感器读取的新的数值）。数据线是EV3编程中最强大的特点，它能为你的程序带来更多的可能性。

我将用一个简单的例子说明什么是数据线以及它是如何工作的。在本章的余下部分中，我们来编写一个复杂的程序，把Tribot变成声音发生器。我将逐步介绍在程序中使用数据线的全部基本概念，还将介绍一些使用数据线时很有用的新模块。

数据线是什么？

大多数模块需要用信息（或*数据*）来执行动作，例如，移动转向模块需要知道控制哪个电机、移动速度如何和移动多长距离，这些被称为模块的*输入数据*。此前，你已经手动为每个模块配置了输入数据。

一些模块可以使用其他模块创建的数据，这被称为*输出数据*。例如，电机旋转模块从电机的旋转传感器读取数据，并把这个数据提供给其他模块使用。

*数据线*携带着一个模块的输出数据，并把它传递给另一个模块作为输入数据使用，在程序运行时可以更改模块的配置，比直接输入参数更具灵活性。例如，你可以用传感器的输出数据控制另一个模块。

程序GentleStop（缓慢停车）

程序GentleStop展示了如何使用数据线。这个程序控制TriBot前进，在接近墙壁时逐渐减慢速度并停下来。

如图8-1所示，这个程序的关键点是，TriBot的速度取决于它到墙壁的距离。当机器人靠近墙壁时，速度平稳下降，直到停止。红外传感器模块测量机器人到墙壁的距离，移动转向模块用这个距离作为功率参数控制机器人的速度。图8-2展示了程序中这两个模块是如何连接起来的。

> **注意** 如果你使用的是教育版套装，可以用超声波传感器和超声波传感器模块代替红外传感器和模块。这个程序对这两种传感器同样适用。

程序运行时，移动转向模块根据机器人到墙壁的距离调整功率参数。当传感器读数为80时，TriBot距离墙壁较远，功率参数也是80，机器人移动较快。当传感器读数为20时，TriBot已接近墙壁，功率参数也减小到20，机器人移动的速度慢了很多。最终TriBot撞到墙壁上，按下触动传感器，停止程序。

> **注意** 要测量到墙壁的距离，红外传感器必须向前安装。可以按照图8-3调整红外传感器的安装位置。

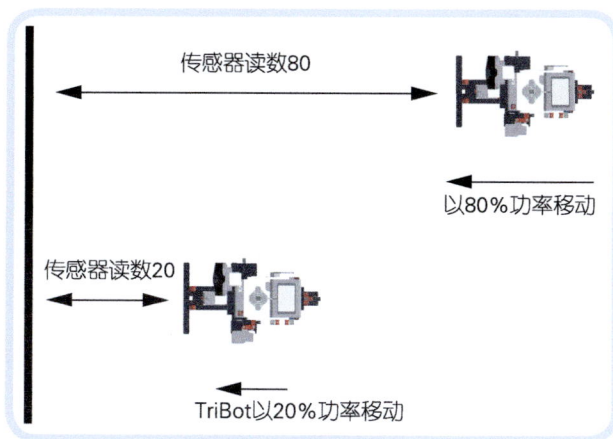

传感器读数80

以80%功率移动

传感器读数20

TriBot以20%功率移动

图8-1 当接近墙壁时，TriBot减慢速度

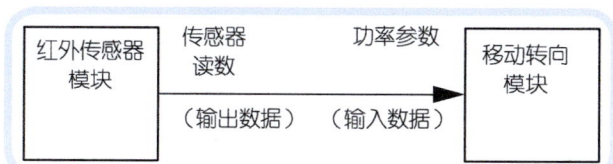

红外传感器模块　传感器读数（输出数据）　功率参数（输入数据）　移动转向模块

图8-2 组合红外传感器模块与移动转向模块

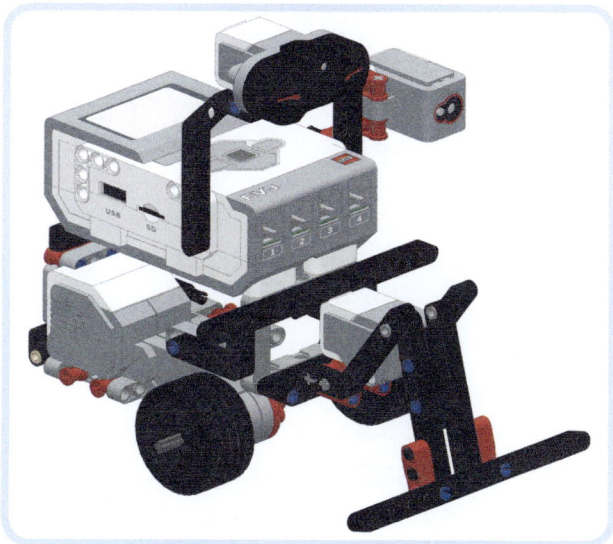

图8-3 安装在TriBot上的红外传感器要指向前方

创建程序

这个程序中，要在循环模块内拖曳一个红外传感器模块和一个移动转向模块。将循环模块设置为触动传感器被按压（即TriBot轻轻撞上墙壁）时退出循环，程序停止。然后用数据线把红外传感器模块的输出与移动转向模块的功率参数连接起来。

传感器模块（如红外传感器模块、触动传感器模块、颜色传感器模块，等等）具有相同的模式，每个传感器模块有一个或多个输出插头，你可以用数据线控制另一个等待模块、切换模块或循环模块。例如，图8-4中显示的红外传感器模块设置为测量–信标模式，有多个输出插头，能报告是否已检测到信标、到信标的距离和标头（与信标的相对方向）。图8-5中的超声波传感器模块只有一个输出插头，即测量到最近物体的距离。

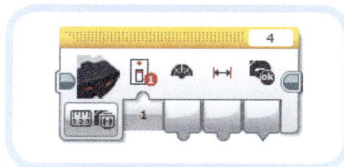

图8-4 红外传感器模块

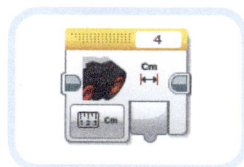

图8-5 超声波模块

按以下步骤创建程序：

1. 创建一个新的项目，命名为Chapter8。

2. 创建一个新的程序，命名为GentleStop。

3. 按图8-6拖曳模块到程序中。移动转向模块设置为**开启模式**，红外传感器模块设置为**测量–近程**模式。

> **注意** 如果你使用了超声波传感器模块，需选择**测量–距离–厘米**模式。

程序中已经放置好了三个模块，现在我们要连接红外传感器模块与移动转向模块之间的数据线了。

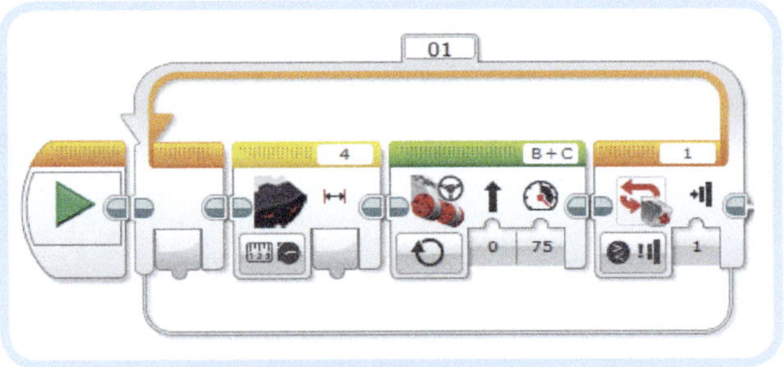

图8-6 连接数据线之前的程序GentleStop

在图8-6中，移动转向模块有2个*模块输入*：转向和功率参数。图8-6中的红外传感器模块没有输入，近程测量值是*模块输出*，你可以看到一个底部带有半圆端的灰色方块（称作*输出插头* ）。注意一下模块的输入，如移动转向模块的输入，这是一个顶部有半圆端的灰色方块（称作*输入插头* ）。

红外传感器模块运行时，测量到墙壁的近程数值，并把这个数值用到近程模式的输出上。接下来，我们要用数据线将这个输出连接到移动转向模块功率参数的输入插头上。

4. 将光标移动到红外传感器模块的输出上，光标应变成线轴的形状。如图8-7所示。

5. 点击输出插头，用鼠标向外拖曳时，在红外传感器模块和线轴之间出现一条黄色的线，如图8-8所示。

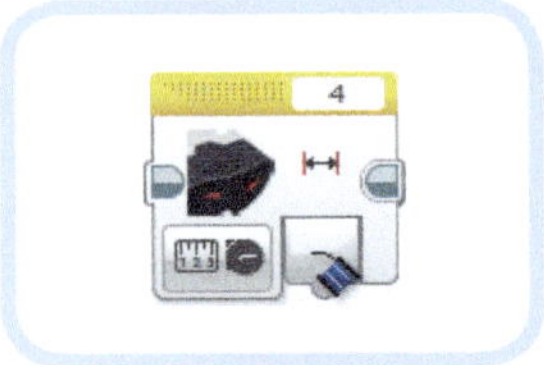

图8-7 拖曳数据线时的光标 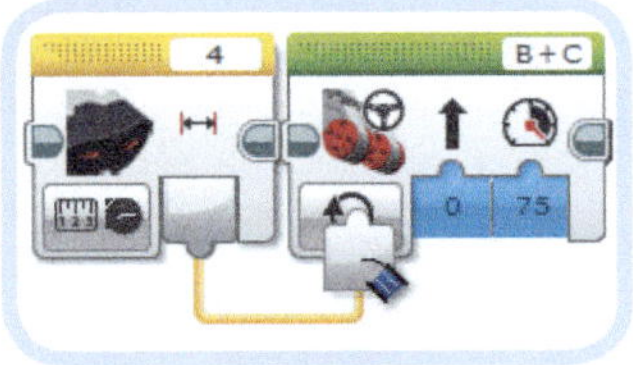　　图8-8 拖曳数据线

6. 拖曳这根线，把它附着到移动转向模块的功率参数处。程序如图8-9所示。

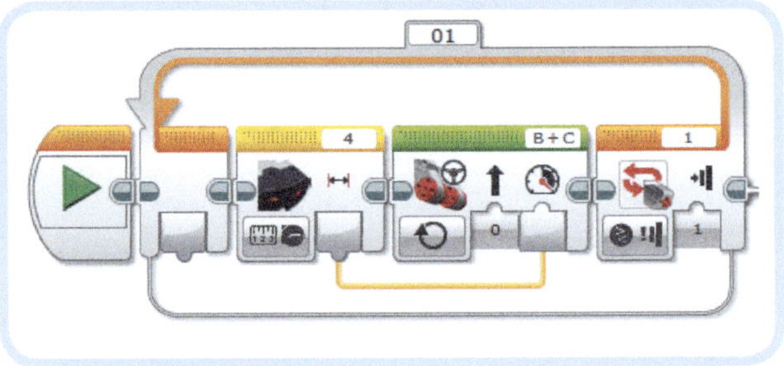

图8-9 程序GentleStop

> **注意** 如果你不小心把数据线连接到错误的插头上（这很容易发生），点击编辑▸撤销（或按下Ctrl+Z组合键）擦除数据线重新开始。

现在下载并运行程序。把TriBot放在房间中间，正对着墙壁。TriBot迅速前进，然后靠近墙壁并逐渐慢下来，轻轻撞到墙壁停下来。

> **注意** 不要在很靠近墙壁时启动TriBot，当传感器的读数小于电机移动机器人的最小功率参数时（对于TriBot来说，这个数值是5），电机不会转动。

数据线使用技巧

一般来说，用数据线将两个模块连接起来非常简单，如同在程序GentleStop中看到的一样。但如果你偶尔想删除掉一条数据线，或者想在绘制数据线时有更多的控制权，这里有一些建议，能让你更加得心应手：

* 绘制数据线之前，先等待光标的形状发生变化。

* 在绘制过程中，按ESC键可以擦除数据线。

* 要擦除已经绘制好的数据线，可以点击编辑▸撤销。

* 将数据线从输入插头（在程序GentleStop中输入插头是指移动转向模块的功率参数）处拉开，即可删除。

* 用鼠标点住数据线，可以向上或向下拖曳移动数据线。当在程序中多次使用同一个数据线时，这种做法可以整理数据线，让它们看起来更有秩序。

* 双击数据线，EV3软件能自动为数据线选择放置的位置。

* 删除模块时，会同时删除连接到这个模块上的数据线。

* 在程序运行过程中，将鼠标移动到数据线上，会显示数据线的当前值，如图8-10所示。如果数据线中没有数值（如提供该数值的模块还没有运行），将显示"----"。这个功能在调试程序时是非常有用的，但只能在EV3程序块连接到软件上且用EV3软件启动程序时可以使用这个功能（用程序块上的按钮启动程序时无法使用这个功能）。

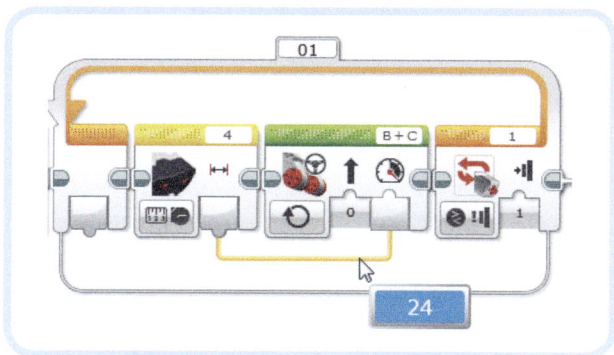

● 图8-10　显示数据线中的数值

挑战 8-1

按照程序LineFollower中的方式在TriBot上安装颜色传感器。复制程序GentleStop，用设置为**环境光强度**模式的颜色传感器模块替代红外传感器模块。你可以用手电引导TriBot穿过地面，它无法跟随光线转向，但可以根据传感器距离光线的距离移动得快一点或慢一点。

* 一个输入插头只能连接到一个输出插头上（否则模块不知道应该使用哪个接收到的数值）。一个输出插头可以连接到多个输入插头上，即可以将同一数据传递给多个模块。

程序SoundMachine（声音发生器）

下一个程序，SoundMachine，把TriBot变成一个简单的声音发生器，用连接到电机B的车轮控制音量，连接到电机C的车轮控制音调（或音高）。转动电机B的轮子，声音或响亮或柔和，转动电机C的轮子，声音或高或低。如图8-11所示。

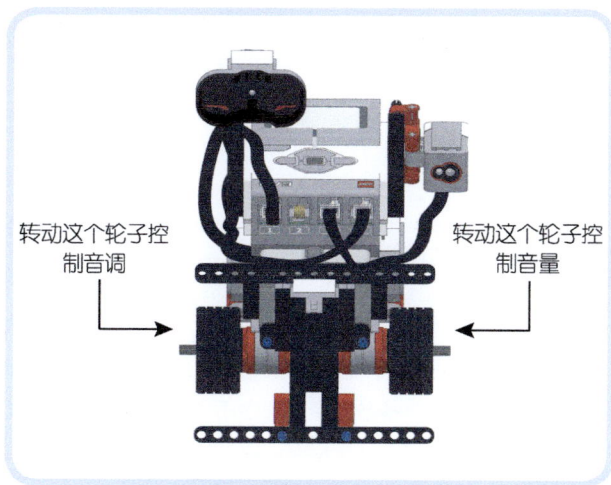

● 图8-11　用轮子控制声音模块

该程序用声音模块控制发出声音，两个电机旋转模块测量每个轮子的转动速度。用数据线将电机旋转模块的输出与声音模块的输入连接起来。我把程序分成了三个部分，第一部分是控制音量，然后添加模块控制音调，最后要把音量和音调的数值显示在EV3屏幕上。

控制音量

程序的第一部分与程序GentleStop很相似，只是用电机旋转模块和声音模块替代了红外传感器模块和移动转向模块。将声音模块配置为播放音调模式，用来自电机旋转模块的数值控制音量。全部程序要放置在循环模块中。

反复运行声音模块会显得声音很怪异，我们在循环体的最后放置一个0.02秒的等待模块解决这个问题。列表8-1显示了程序SoundMachine这个部分的伪代码。

```
begin loop
开始循环
      read the Rotation Sensor for motor B
      从电机B读取电机旋转传感器的数值
      use a Sound block to play a tone; use
the Rotation Sensor value for Volume
      用声音模块播放音调；用旋转传感器的数值控制音
      use a Wait block to pause for 0.02
seconds
      用等待模块中断程序0.02秒
loop forever
永远循环，无限制
```

列表8-1   控制音量的伪代码

图8-12显示了连接数据线之前的程序。电机旋转模块被设置为使用电机B，声音模块被设置为**播放音调**模式。播放类型为**播放一次**，播放声音时程序不会中断运行。重复执行循环时，旋转传感器持续检测，声音模块会持续播放出相应大小音量的声音。

现在用数据线把电机旋转模块的角度输出与声音模块的音量输入连接起来，完成这部分的程序（图8-13）。

程序开始启动时，你听不到任何声音，这是因为旋转传感器的的读数为0。向前转动电机B，声音会越来越大。

声音模块音量参数的取值范围是0（无声音）到100（最大音量）。电机旋转传感器测量的是角度值，100度相

当于四分之一圈多一点，这就是说，你在四分之一圈的范围内就可以将音量从最小调整到最大。

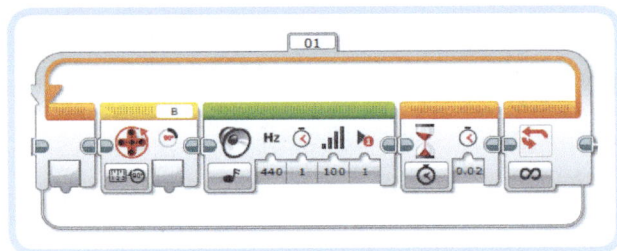

图8-12   连接数据线之前的程序SoundMachine

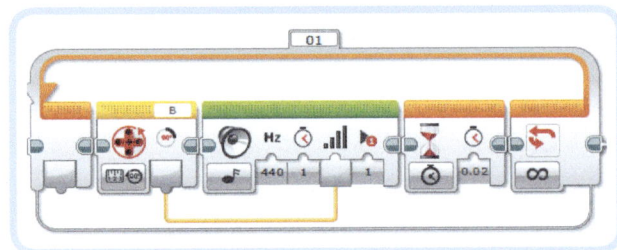

图8-13   旋转轮子控制音量

电机向前旋转时，电机旋转模块的读值是正数，电机向后旋转时，模块的读值是负数。在这个程序中，我们只能让轮子向前旋转。向后旋转电机会导致电机旋转模块产生负数，但这并不会让声音模块产生任何噪声。因为声音模块音量参数的取值范围是0到100，任何小于0的数值会被视为0，而任何大于100的数值会被视为100。

使用数学模块

在程序SoundMachine的下一部分中，我们要做一点数学运算，EV3程序是用数学模块完成数学运算的，如图8-14所示，可以在红色的数据操作面板中找到这个模块。

数学模块有一个到两个数字作为输入，可以用手动输入或数据线的方式对输入进行配置。运算的结果可用输出插头作为输出。

数学模块的模式决定了它的操作方式（图8-15）。绝对值和平方根模式只需要一个数字，因此当你选择这两个模式时，第二个参数（标记为b）将会消失。在高级模式中可以使用更复杂的表达式，我们将在第13章中详细了解。

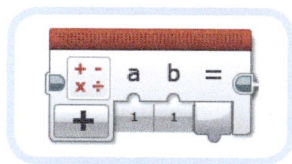

图8-14　数学模块

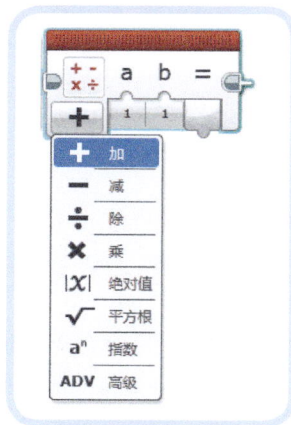

图8-15　为数学模块选择一个操作模式

添加音调控制

现在我们在程序SoundMachine中用电机C做拨号盘控制音调，将另一个电机旋转模块的输出连接到声音模块的频率输入上。频率参数是一个以赫兹（Hz）为单位的数值，取值范围为300Hz（最低音高）到10 000Hz（最高音高）。

> **注意**　你可以使用上下文帮助窗口或帮助文件来了解模块能接受的输入值，上下文帮助窗口会显示取值范围和简短的描述，帮助文件中则包括了更为详细的内容，每个模块都有专门的章节，并以列表的方式描述了模块的输入和输出。按Ctrl+H组合键可打开上下文帮助窗口，按F1可打开帮助文件。

声音频率参数的取值范围很大，这使得控制声音模块的频率参数比控制音量参数更为复杂。如果像控制音量一样将电机旋转模块直接连接到频率参数，则需要转动轮子27圈才能达到最高音高，这确实是很不方便。

我们可以用数学模块把电机旋转模块的数值扩大100倍再传递给频率参数作为输入，这将把旋转传感器0到100（与控制音量的数值范围相同）的数值转换为0到10 000的声音频率数值。（当旋转数值小于3时，声音频率的数值会小于最小值300，EV3会用300作为替代，你可以忽略这一点，让程序变得简单。）

列表8-2显示了添加了新的部分的程序伪代码。

```
begin loop
开始循环
    read the Rotation Sensor for motor B
    读取电机B的旋转传感器
    read the Rotation Sensor for motor C
    读取电机C的旋转传感器
  use a Math block to multiply the motor C
rotation by 100
    用数学模块将电机C的数值乘以100
  use a Sound block to play a tone; use the
Rotation Sensor value for Volume; use the
Math block result for the Tone Frequency
  用声音模块播放音调；用旋转传感器的数值控制音量；用
数学模块的结果控制声音频率
  use a Wait block to pause for 0.02 seconds
  用等待模块中断程序0.02秒
loop forever
永远循环，无限制
```

列表8-2　添加了音调控制的伪代码

图8-16显示变化之后的程序。电机旋转模块的输出值首先传递给数学模块，在数学模块中被乘以100，然后再传递给声音模块的频率参数。为了让程序更易阅读，可以向下拉动循环模块的下边框和音量的数据线。当数据线不混在一起时，理解程序就容易很多。

现在运行程序时，你可以用TriBot的轮子同时控制音量和音调了。

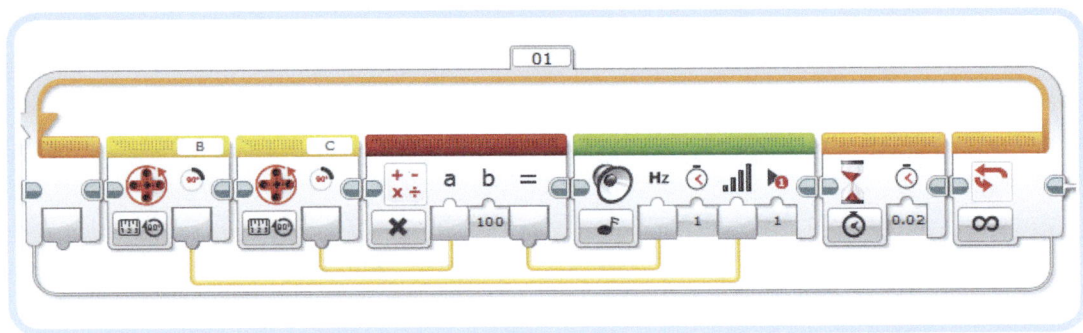

图8-16 添加了音调控制的程序 SoundMachine

理解数据类型

在完成程序SoundMachine之前，你需要对数据线有更多的了解。到目前为止，你所使用过的数据（红外和旋转传感器的读数，功率、音量和频率参数）都是数字。但数字并不是EV3使用的唯一信息类型，还有文本和逻辑值。想想你会怎样回答下面的三个问题：

* 你叫什么名字？

* 你多大了？

* 你是家中最大的孩子吗？

每个问题询问了不同类型的信息。第一个问题的答案是字词。第二个问题的答案是一个数字，第三个答案是回答"是"或"否"。在计算机编程术语中，不同类型的信息被称为*数据类型*。上述三个问题的答案正好符合在EV3程序中要使用到的三种数据类型：

* *文本值*是一组由字母、数字和符号组成的字符。例如，在你创建的第一个程序中，用显示模块显示文本"Hello"。在EV3程序中，文本值主要被用于在EV3屏幕上显示信息。

* *数值*被用于表示传感器的读数和设置阈值。数值也被用于设置模块的参数，如移动转向模块的功率和转向参数。

* *逻辑值*可以为"是"或"否"。例如你查看红外传感器模块的距离读数是否大于阈值，这个比较的结果就是逻辑值：当读数大于阈值时，比较结果为真；反之，结果为伪。根据逻辑值的使用方式，它可能被标记为"真"/"伪"或"是"/"否"。这种类型的值通常被称为二进制值，因为它只能是两个可能的值中的一个。

实际上还有其他两种EV3数据类型：数字排列和逻辑排列。排列包含一组值，我们将在第15章讨论排列，在此之前，我们只使用数字、文本和逻辑值进行编程。

你可以从输入输出使用的形状上看出它所使用的数据类型。使用数值的项目有一个半圆形，使用逻辑值的项目有一个三角形，使用文本值的项目有一个正方形。数据线使用不同的颜色表明数据类型：数值为黄色，逻辑值为绿色，文本值为橙色。表8-1显示了每种数据类型的数据线和模块输出。（模块输入与模块输出外观相类似，只是形状在灰色方块的顶部。）

表 8-1 不同数据类型的模块输出和数据线

数据类型	模块输出	数据线
文本		
数值		
逻辑		

每个模块输入都有特定的数据类型，但EV3可以自动执行某些数据类型的转换。即在某些情况下，可以将某种类型的输出连接到另一种类型的输入上。逻辑值的输出可以连接到数值输入上，"真"和"伪"分别被转换为1和0。逻辑值和数值可以被连接到文本输入，数值将被转换为文本。例如数值5.3会自动转换为文本值"5.3"。转换并不会反向进行，因此你不能期望将文本值转换为数值。

显示频率和音量值

程序SoundMachine的下一部分是将频率和音量数值显示在EV3屏幕上。首先，用显示模块显示频率值。

1. 在声音模块的后面添加一个显示模块。设置模式为**文本–网格**（图8-17）。

此前我们使用显示模块时，将文本输入到模块顶部的对话框中。如果要显示用数据线输入的文本，就要选择"已连线"选项。

2. 点击对话框，选择**已连线**（图8-18）。模块会显出一个新的输入插头用于连接数据线（图8-19）。

显示来自于数学模块的声音频率值，用数据线将数学模块与显示模块连接起来。前面我曾提到，尽管通常情况下文本输入使用的是文本值，但我们可以直接使用来自数学模块的数值，EV3软件会自动将数值转换为文本。

3. 将数学模块的输出连接到显示模块的文本输入上。

这个部分的程序如图8-20所示（注意，将数学模块的输出同时连接到声音模块和显示模块的输入，看起来很完美）。运行程序时，但你转动轮子，会看到频率值显示在EV3屏幕上。

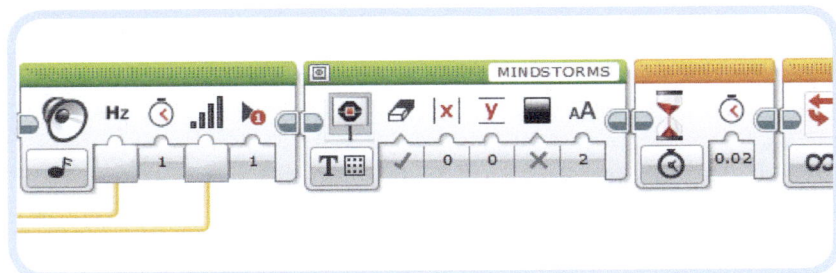

图8-17　添加显示模块

图8-18　为文本输入旋转已连线

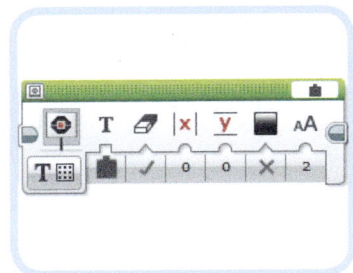

图8-19　文本输入插头

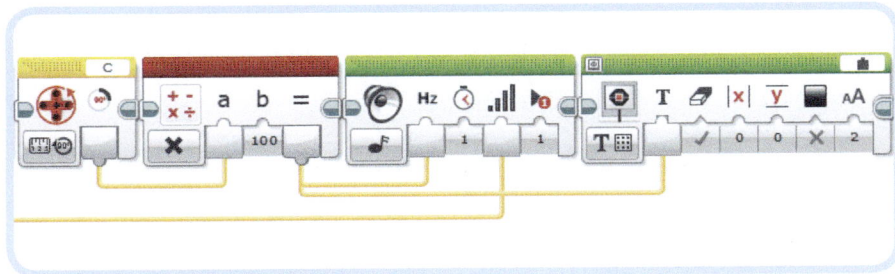

图8-20　将数学模块连接到显示模块

使用文本模块

程序的最后一个部分，我们要使用如图8-21所示的文本模块，这个模块可以将三部分文本连接起来。在EV3屏幕上为数值添加名称时，这个模块会非常有用。在红色的数据操作面板中可以找到这个模块。

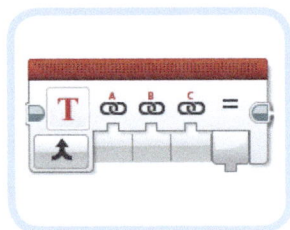

图8-21　文本模块

文本模块有三个可用于设置文本值的输入参数。多数情况下，你会在一个或两个输入框中手动输入文本，在其他的输入中使用数据线。文本模块将三个部分的文本合并（或连接）到一起。但文本模块不会在各个项目中间添加空格，你需要自己进行添加（详见下一部分）。

为显示的数值添加名称

在上一个版本的程序SoundMachine将频率值显示在EV3屏幕上，现在我们用文本模块添加更多的信息，改进显示内容。我们可以显示出数值的名称和单位，而不是只显示一个数值：将显示"2500"替换为显示"Tone（音调）:2500 Hz"。（EV3还无法显示汉字——译者注）。

图8-22显示了程序的变化。数学模块的输出被传递到文本模块作为参数b，参数a和参数c分别设置为名称和单位。尽管在图8-22中看不出来，但在名称的后面有一个

空格，完整的文本值是"Tone: "，而不是"Tone:"。同样，在Hz的前面也有一个空格。

按图中显示对程序做出更改，然后测试程序。你会发现在程序刚开始运行时频率值为0，运行得很好，但频率提升之后，文本非常长，不能很好地显示出来，数值和单位会被切断。好在这个问题很容易用字体参数进行修复。

显示模块的字体参数提供三种可供选择的字体：常规、粗体和大型，分别显示为数字0、1和2。默认设置为大型字体，易于阅读但占据了更大的空间。常规和粗体字体只占据默认设置一半的空间，能在屏幕上放下更多的文本。要在屏幕上完整显示频率数值，可以用小的字体进行显示，将显示模块的字体参数设置为1（图8-23）。

现在在运行程序，你会发现当频率数值变大后，也能在屏幕上看到了。

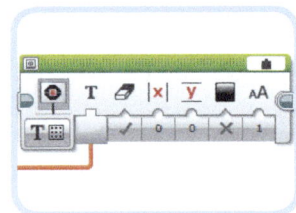

图8-23　选择更小的字体

显示音量

在程序的最后一个部分，要添加显示音量的功能。新的代码与显示频率值的代码相似，将电机旋转模块的输出值显示为"Volume（音量）：50%"。

图8-24显示了新的文本模块和显示模块。和前面一样，要在声音名称的后面添加空格（在百分号前面不需要

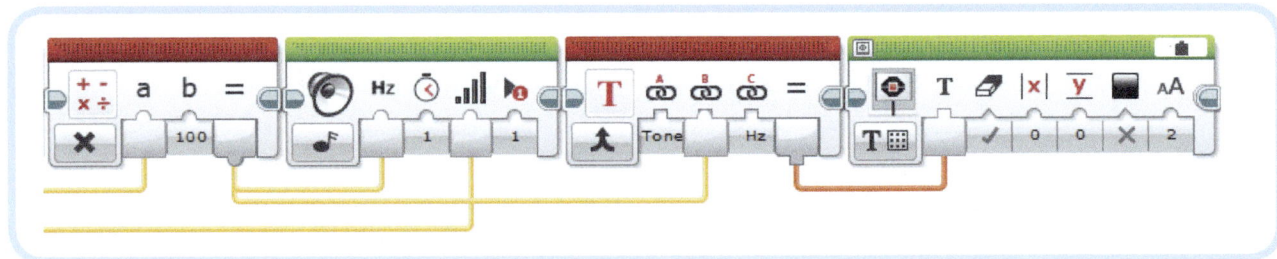

图8-22　为频率值添加名称

空格）。为新的显示模块设置**文本–网格**模式，修改行参数，让声音数值显示在频率值的下面（而不是**覆盖在上面**），将清除屏幕参数设置为**伪**，保证音调的显示不会被擦除掉。

完整的程序如图8–25所示。运行程序时，频率和音量数值会添加上适当的名称和单位显示在屏幕上。

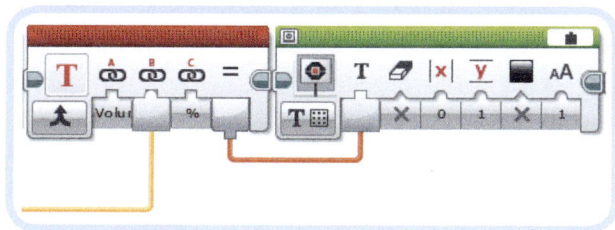

图8-24 显示音量

挑战 8-2

修改程序SoundMachine，可以向任意方向旋转轮子。简单的方法是将旋转传感器的读数送入绝对值模式的数学模块。

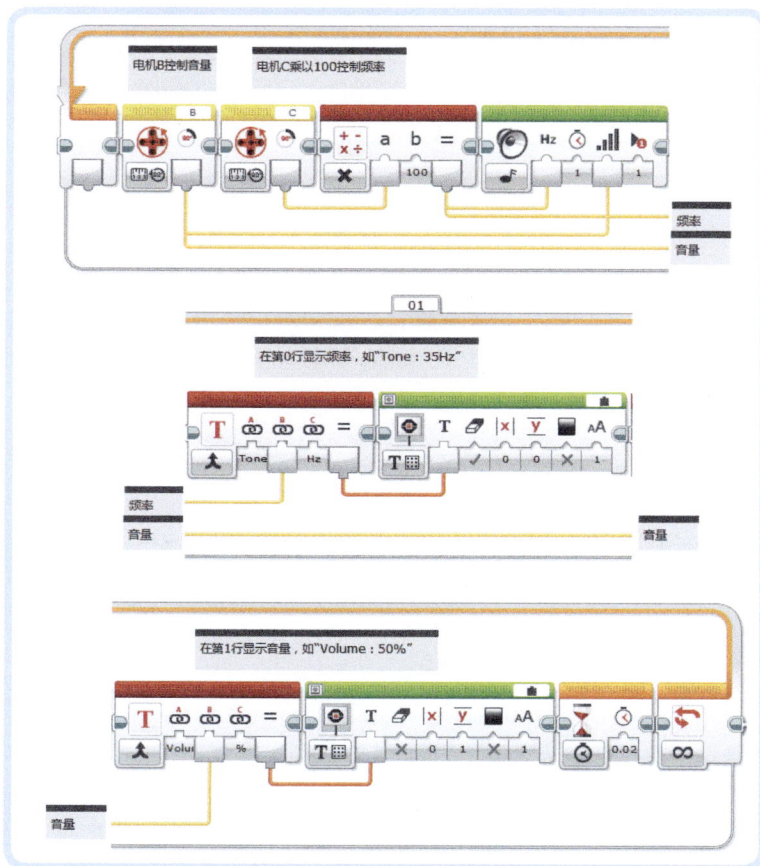

图8-25 完整的程序SoundMachine

挑战 8-3

因为音调的最小取值为300，因此在刚刚开始转动轮子时，不会有声音。向程序中添加一个数学模块解决这个问题，以确保音调参数始终至少是300。

进一步探索

尝试以下活动，获得更多的数据线使用经验：

1. 在连接EV3软件的状态下运行程序SoundMachine，将鼠标移动到数据线上显示数值。思考一下，在测试和调试程序时，如何利用这个特性。

2. 电机旋转模块的当前功率模式可以测量电机的旋转速度。试着将第一个电机的当前功率数值传递给第二个电机的功率参数，让第二个电机跟随第一个电机动作。例如，将抬升臂连接到EV3的端口A上，编写一个程序，用电机B的当前功率控制中型电机模块的功率参数。当转动电机B的车轮时，抬升臂会做出一样的转动，像一个遥控的闸门。

3. 创建一个新的程序，让TriBot跟随红外信标（仅适应于家庭版套装）。你可以修改程序GentleStop，将红外传感器模块设置为测量–信标模式，将标头连接到移动转向模块的转向参数上（可参考程序LineFollower中颜色传感器的使用方法）。

结束语

数据线在模块之间传递信息，可以在程序运行时更改模块的设置。本章中的程序展示了数据线的使用方法，并接受了部分用数据线进行工作的模块。传感器模块用数据线将读数传递给程序中的其他模块。数学模块和文本模块几乎全部是用数据线传递数据或转换数据类型的。

下面的两个章节将展示如何在切换模块和循环模块中使用数据线。你将在本书其余部分的程序中广泛使用数据线，获得大量的实践机会。

挑战 8-4

轮子旋转100度（四分之一圈多一点）即可完成全部音量的调整，这就比较容易完成较大幅度的调整，而很难做出微调。用数学模块的乘法模式可以实现更精细的控制。旋转电机时给出更小的控制值，可以缓慢调整音调和频率，做出更精确地变化。用不同的系数做实验，看看哪一个效果最好。

第 9 章　数据线和切换模块

使用切换模块可以在两个或更多的情况分支中做出选择，决定哪些模块将被执行。例如，在第7章的程序WallFollower（贴墙行走）中，用切换模块读取红外传感器的值，决定让TriBot转向墙壁还是远离墙壁。在本章中，你将学习如何让切换模块根据数据线提供的值做出决定，还将学习如何在切换模块里面和它前、后的模块之间传递数据。

切换模块的数据模式

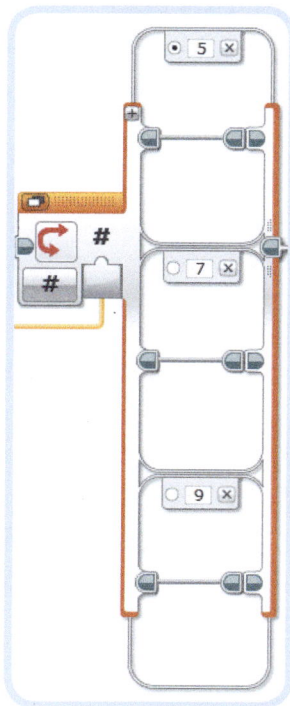

在前面的章节中，我们用切换模块获取传感器的测量值，并依据这个测量值做出决定。切换模块同样可以依据数据线传递过来的数据做出决定。文本、逻辑和数字模式（图9-1）让切换模块可以创建不同的情况分支，以匹配从数据线传递给切换模块的各种数据，这三种模式的不同点就在于使用的数据类型不同。

在每一种模式中，切换模块获得由数据线传递来的一个参数，当模块运行时，它根据数据线传递的数据选择一个情况分支执行。例如，图9-2显示了一个数字模式的切换模块，三种情况分支分别对应数字5、7、9。当这个模块运行时，如果数据线传递过来的数字为5，执行顶部的情况分支；如果数据线传递过来的数字为7，执行中间的情况分支；如果数据线传递过来的数字为9，执行底部的情况分支；如果是其他数字，因为顶部情况分支被设为默认情况，因此会执行顶部的情况分支。

数值模式中的值必须是整数。例如，如果你键入5.25去识别一种情况分支，这个数值会被更改为5。当切换模

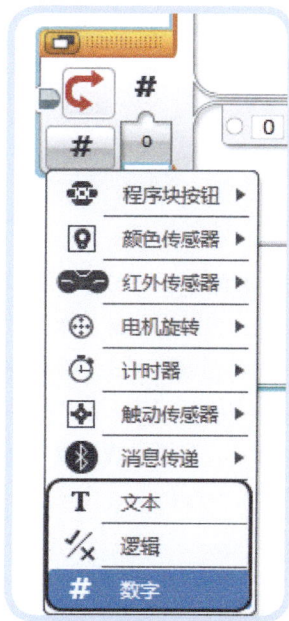

图9-1　切换模块的数据模式　　图9-2　用数字选择情况分支

块运行时，它将数据线传递来的数据转化为最接近的整数。因此，在上面的例子中，中间的情况分支可对应于7和8之间的任何数值，这些数值包括7，但不包括8。

文本模式的工作方式与数字模式相同，只除了输入每种情况分支的值是字母或单词，而不是数字。对于数字或文本模式，你可以根据需要创建多个情况分支。逻辑值只有2个，"真"和"伪"，因此逻辑模式只有两种情况分支，不多也不少。

重新编写程序GentleStop

回忆一下程序GentleStop，TriBot靠近墙壁时慢慢减速，轻轻撞到墙壁后停止下来。在我们第一个版本的程序中，当机器人的触动传感器被压下时，机器人停止，但我们可以改进这个程序，让机器人非常接近墙壁、触动传感器被压下之前就停止电机转动。在本章节中，我们重新编写程序GentleStop，用红外传感器模块的输出作为切换模块的触发值，实现这一功能。

> **注意** 使用教育版套装时，用超声波传感器和超声波传感器模块代替红外传感器和模块。程序对于两个传感器是等效的。

我们从让TriBot向前移动开始，将功率参数设置为75，然后当红外传感器的读数小于20时，机器人停止。接着我们添加一根数据线，用红外传感器模块控制功率参数，这和前面的程序一样。这个程序会让机器人向前移动（功率参数与到墙壁的距离相匹配），当红外传感器的测量距离小于等于20时，机器人停止。

列表9-1显示了这个程序的伪代码：机器人向前移动，当红外传感器的测量距离小于等于20时，机器人停止。

```
begin loop
开始循环
    read the value from the Infrared Sensor
    从红外传感器读取数值
    if the distance > 20 then
    if 距离 > 20，则
        move forward, use the Infrared Sensor
        measurement for the Power parameter
        向前移动，将红外传感器的测量值传递给功率参数
    else
        stop moving
        停止移动
    end if
loop until the Touch Sensor is pressed
触动传感器被压下时，循环结束
```

列表9-1 重新编写程序GentleStop的伪代码

按图9-3添加和配置模块。红外传感器模块设置为比较-近程模式，将从传感器读取的近程数值与阈值做比较，判断读数是否大于20。比较的结果是一个逻辑值，因此将切换模块设置为逻辑模式。用数据线将红外传感器模

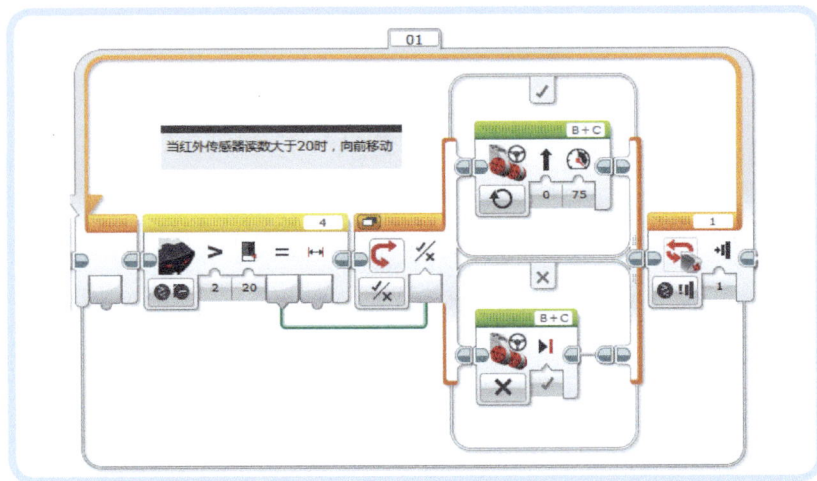

当红外传感器读数大于20时，向前移动

图9-3 当离墙距离大于20时，机器人向前移动

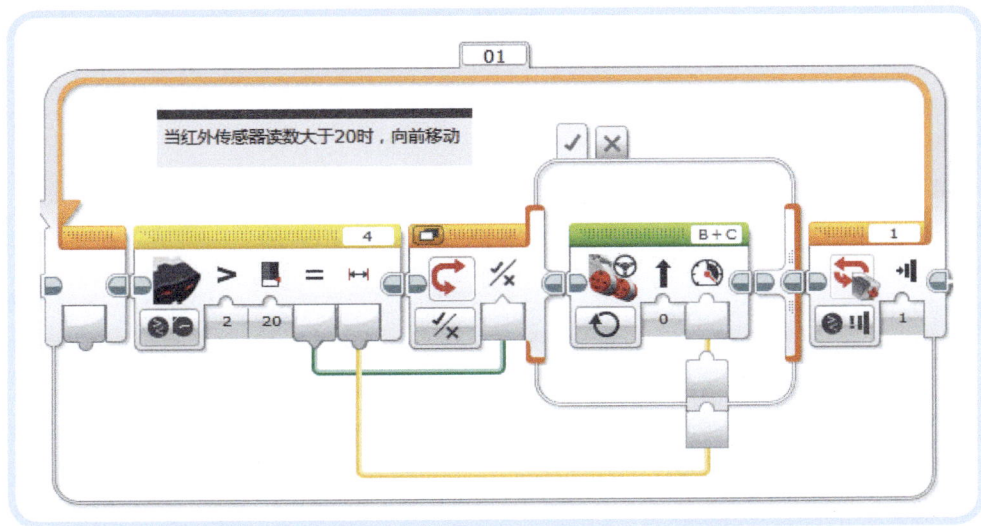

图9-4　连接近程与功率参数

块的比较结果输出传递给切换模块。如果数值为"真"，意味着机器人离墙的距离大于20，切换模块执行顶部情况分支中的移动转向模块，让机器人前进。如果机器人离墙距离小于等于20，切换模块执行底部情况分支的移动转向模块，机器人停止移动。

> **注意**　对于超声波传感器模块来说，要选择**测量–距离–厘米**模式，将阈值设置为15。

接下来，我们将另一条数据线连接到切换模块的一种情况分支中，这样就可以用近程测量值控制功率参数了。

将数据传递到切换模块内

现在我们要用数据线控制TriBot的速度，让它根据离墙的距离决定速度。将数据线从切换模块的外部连接到一种情况分支之内，必须先点击平面/选项卡视图切换按钮，将切换模块切换到选项卡视图。在选项卡视图下，可以从红外传感器模块的近程输出拖曳一条数据线连接到移动转向

模块的功率输入，如图9-4所示。

当数据线穿过切换模块的边界时，会出现两个模块输入插头——称为**通道**：一个在边界外，一个在边界内。边界内的输入插头可以用于每种情况分支内，你可以选择是否在每种情况分支中使用它。对于程序GentleStop来说，近程读数不能用于停止电机的情况分支内（图9-5），因此在这个情况分支内，模块输入并没有连接。

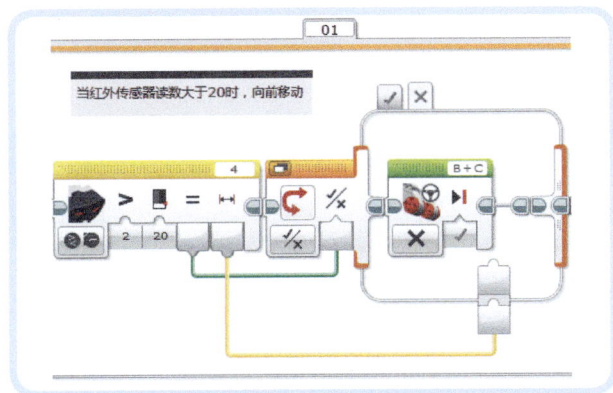

图9-5　在"伪"的情况分支中，数据线没有被使用

113

当运行这个版本的程序时，它与原版本的程序很相似，只是在TriBot非常接近墙壁时会停下来，而不是撞到墙才停下来。另一个区别是，原版本程序在机器人撞到墙、按下触动传感器之后，程序结束。而在这个版本的程序中，机器人停下来以后，程序仍在继续运行，因为触动传感器永远不会被压下。我们将在下一章解决这个问题。

使用传感器模块的优点

在这个版本的程序GentleStop中，我们使用了红外传感器模块，将它的测量值与阈值做比较，把比较结果传递给切换模块，而没有使用设置为红外传感器–比较–近程模式的切换模块做测量。使用带有数据线的传感器模块与使用切换模块相比，有几个优点：

* 使用传感器模块，既可以得到传感器的读数，也可以得到比较的结果。在程序GentleStop中，我们就利用了这一优点，用近程读数控制移动模块的功率参数，同时用比较结果停止机器人。

* 你可能需要使用比大于或小于更为复杂的比较条件。用数据线、数学模块、逻辑模块和比较模块（详见第13章），你可以对任何想到的"情况"做出测试。

* 切换模块能用到的数值也可以传递给程序中的其他模块使用，可用于控制其他的行为。

向切换模块外部传递数据

现在创建图9-6所示的程序LogicToText（逻辑值转换为文本），这是一个从切换模块内部向外传递数据的简单示例。这个程序读取触动传感器的状态，当按钮被按压时在屏幕上显示"True"，当按钮松开时在屏幕上显示"False"。切换模块的两种情况分支中都包含有输出插头（连接到显示模块）的文本模块。注意，两种情况分支中的文本模块都需要连接到显示模块上。

先按图9-7创建程序，并配置模块。触动传感器模块使用默认的测量–状态模式，与阈值比较的结果传递给切换模块。在切换模块上部情况分支中的文本模块生成文本"True"，下部情况分支中的文本模块生成文本"False"。将显示模块设置为**文本–网格**状态，并在模块

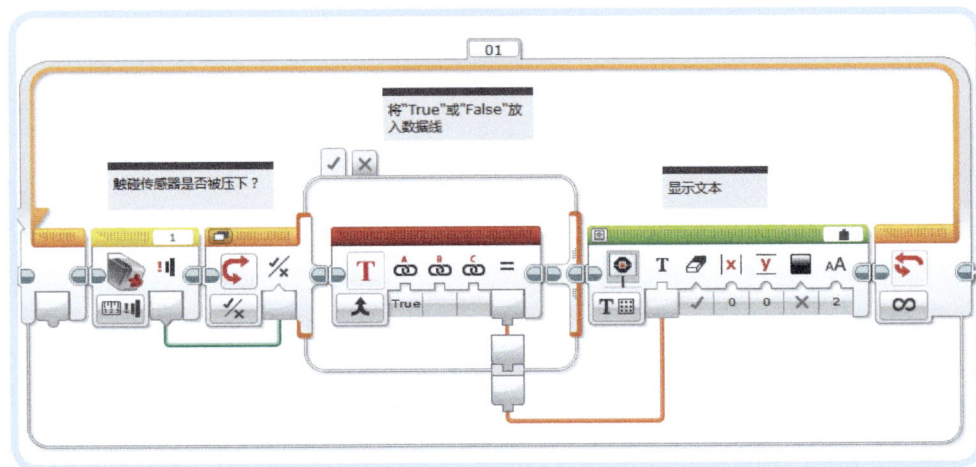

○ 图9-6 程序LogicToText

右上角的文本输入框中选择**已连线**。

现在按以下步骤从文本模块向外连接数据线到显示模块：

1. 点击**平面/选项卡视图**切换按钮。切换模块与显示模块如图9-8所示。

2. 从文本模块的结果输出拖曳一条数据线，连接到显示模块的文本输入（图9-9）。注意，在数据线穿过切换模块边界时，出现了2个输出插头。

3. 点击切换模块顶部的**X**选项卡，可以查看模块其他的情况分支。

4. 将文本模块的输出结果连接到切换模块边界线上的输出插头。这个部分的程序现在如图9-10所示。

切换模块运行时，只运行一种情况分支（不是"真"情况，就是"伪"情况），对应的文本模块输出值被传递

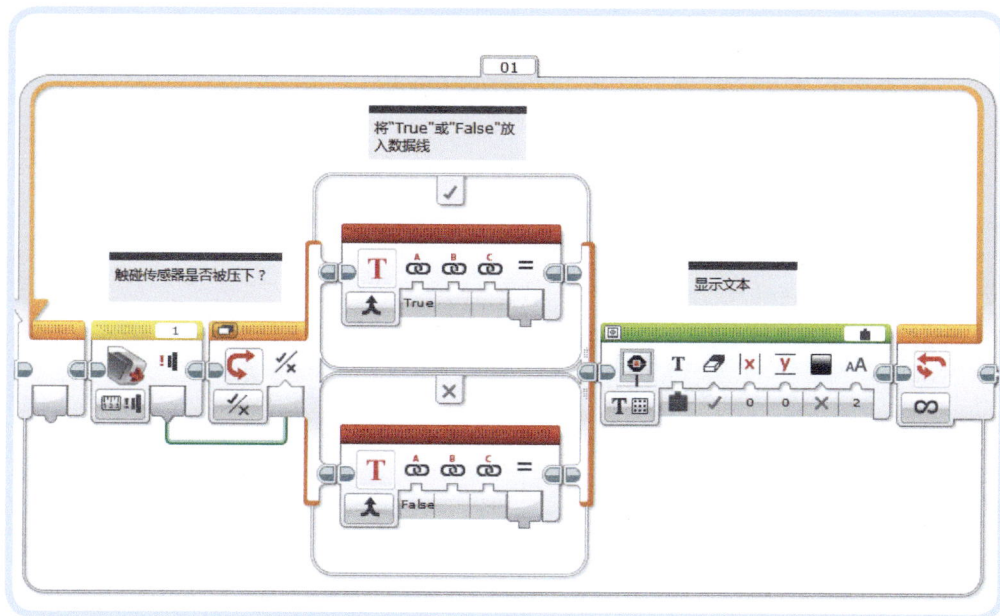

图9-7　从这里开始创建程序LogicToText

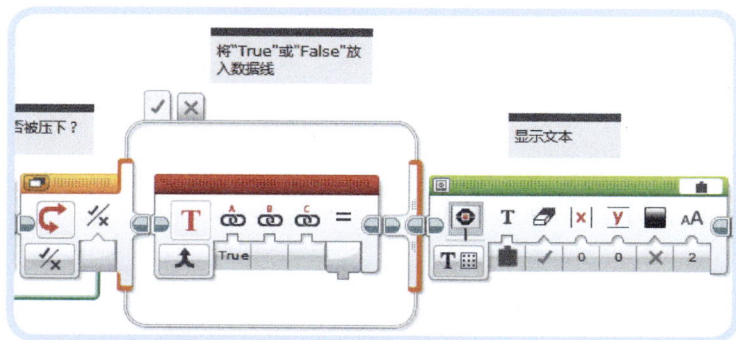

图9-8　选项卡视图的切换模块

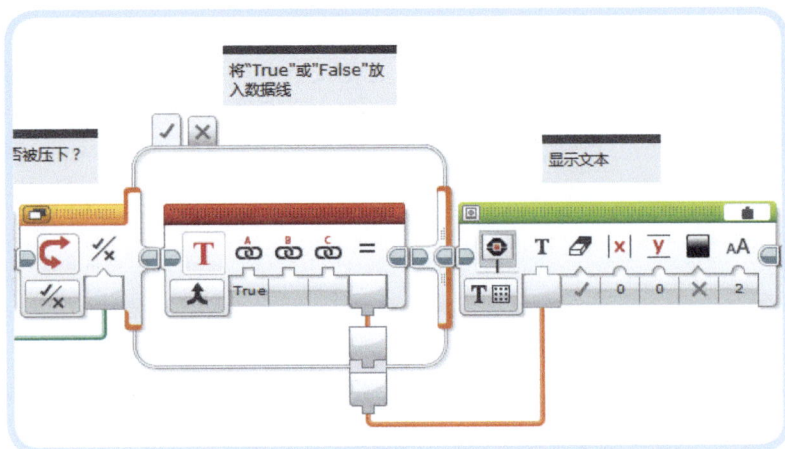

将"True"或"False"放入数据线

与被压下?

显示文本

True

○ 图9-9　连接第一条数据线

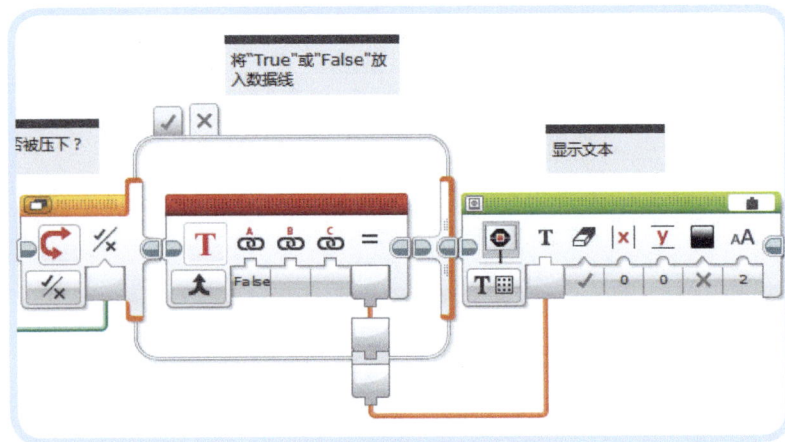

将"True"或"False"放入数据线

与被压下?

显示文本

False

○ 图9-10　将第二个文本模块与显示模块连接起来

给显示模块。尝试运行这个程序：你会看到，当按钮被按压时在屏幕上显示"True"，当按钮松开时在屏幕上显示"False"。

挑战 9-1

以程序LogicToText为基础，编写一个新的程序ColorToText（颜色转换为文本），用颜色传感器检测颜色并在屏幕上显示字符串（"No Color"、"White"、"Green"，等等）。

简化程序LineFollower

第6章的程序LineFollower（图9-11）使用嵌套切换模块在三个移动转向模块之间做出选择，一个控制机器人左转，一个控制机器人直行，一个控制机器人右转。

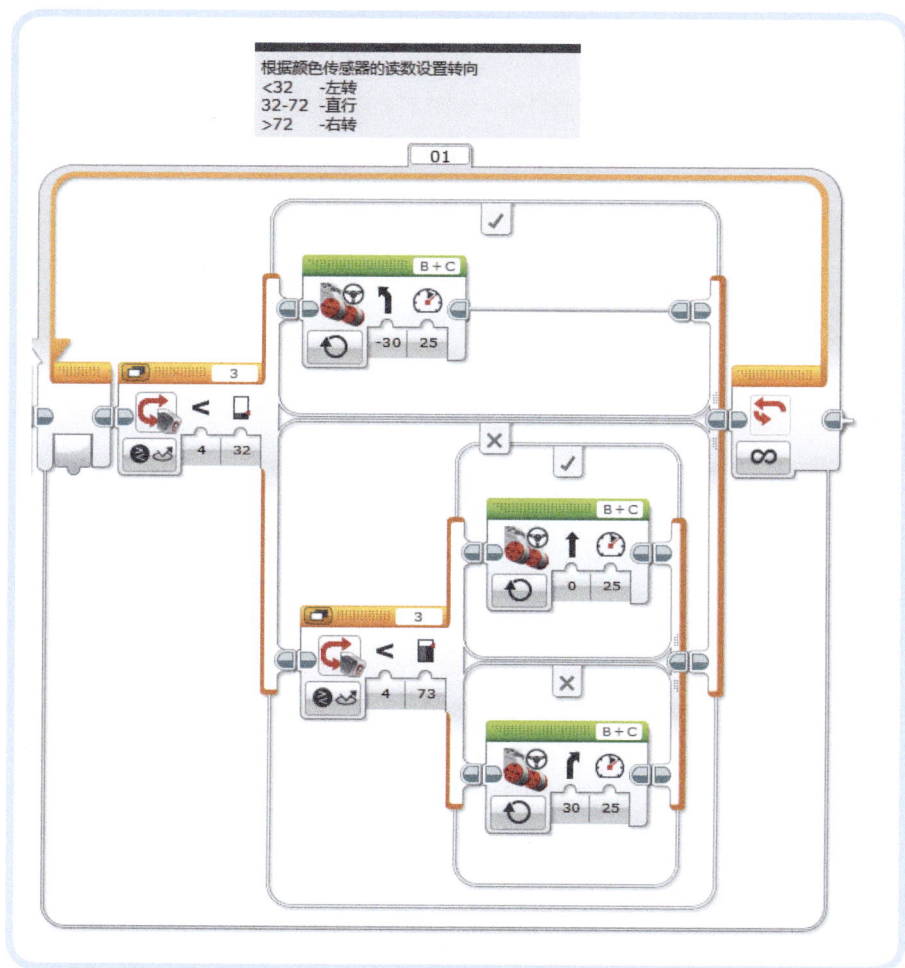

根据颜色传感器的读数设置转向
<32 　 -左转
32-72 　 -直行
>72 　 -右转

图9-11　使用嵌套切换模块的程序
LineFollower

传感器比较模式的切换模块只能有两种情况分支：传感器读数符合标准或不符合标准（如上面的程序）。如果想在三种情况分支中做出选择，需要有两个嵌套切换模块；如果想在五种情况分支中做出选择，需要有四个嵌套切换模块。可以想象，这会让你疯掉的！

数字模式下的切换模块可以拥有任何数量的情况分支，因此你可以用一个数字模式的切换模块代替一组单一传感器模式的切换模块。数字模式可以让你按照需要增加很多的情况分支，而不必使用嵌套方式。当然，你不必同时为所有可能的传感器读数都创建不同的情况分支（如，从1到100）。关键是要把预期的传感器读数分成组，这种方式在编程中经常被用到，被称为分级，就是把传感器的读数范围按照相关性分成几个组。在这个版本的程序LineFollower中，传感器的读数被分为三个级别：一组数值使机器人向左转，一组数值使机器人直行，一组数值使机器人向右转。

计算分级时，我们需要三个数字：从传感器获得的最小值和最大值、级数。回忆一下在第6章用颜色传感器测试地面和黑线的读值时，从传感器获得的最小读数和最大读数分别是13和92。图9-12显示的图像表明了这个数值的范围，这个范围以外的数值是传感器不可能读取到的。在程序LineFollower运行时，我期望传感器的所有读数都在灰色区域内。

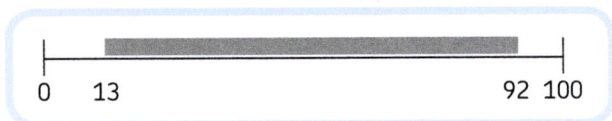

图9-12　预期的取值范围

分级过程的第一步，是把整个取值范围向左移动到0，让它从0开始，如图9-13所示。在这个程序中，可以用减去13（最小读数）完成这一步骤。即现在的取值范围是0到79。让取值范围从0开始，是为了在下一步骤中能正确地工作。

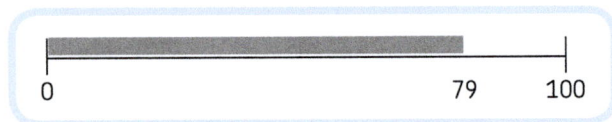

图9-13　从0开始的取值范围

分级过程的第二步，将取值范围分成3级（图9-14）。为了让后面的计算工作更容易，我把每一级的级数用数字的方式标注为bin 0、bin 1和bin 2。取值范围的总数是79，我们将它除以3，找出每个分级的范围段：79除以3等于26.33333，但我觉得整数比小数更容易处理的，而且每个分级之间的边界不需要非常精确，因此我把这个数字确定为27。把传感器读数变为分级的级数，需要

将传感器读数减掉13让它处于0到79的范围内，然后再除以27。这个结果是一个十进制的数字，将这个结果传递给切换模块时，会向下取整为最接近的整数，这就是级数。例如，将60除以27，得到2.22，切换模块将这个数字向下取整为2，这就是正确的分级级数。

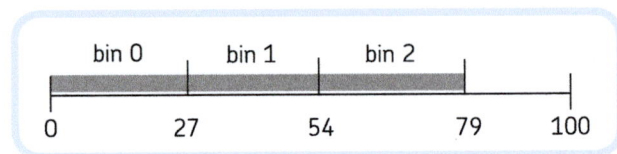

图9-14　将取值范围分为3级

新版本的程序包含一个有三种情况分支的切换模块——每种情况分支里有一个移动转向模块。每种情况分支的值对应于分级的级数（0、1和2）。这个程序采用分级过程将颜色传感器的读数转换为三种情况之一，即读数先减掉13，再除以27（然后向下取整获得结果）。你可以把这个过程用一个公式表示：

表示情况分支的数字=（传感器读数−13）/ 27

表9-1显示了每种情况分支对应的数值范围和相关的程序行为。这里显示的范围与第6章中的范围有些不同，这是因为我们用了不同的方法来确定每个范围的限值。

表9-1　程序的行为取决于颜色传感器的读数

颜色传感器读数	情况分支数字	程序行为
13–39	0	向左转
40–66	1	直行
67–92	2	向右转

现在我们准备重新编写这个程序了。程序的第一部分中，用颜色传感器模块读取传感器数值，用两个数学模块完成减掉13和除以27的计算（图9-15）。与上一版本的程序相同，颜色传感器模块设置为测量–反射光强度模式。

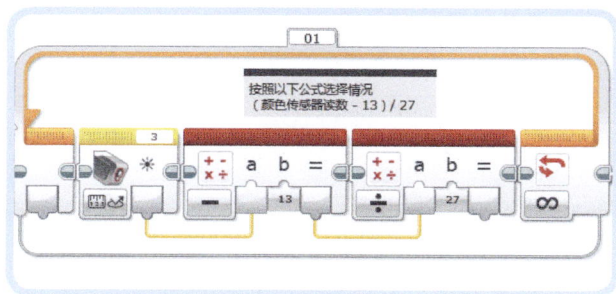

图9-15　将传感器读数转换为分级级数

程序的第二个部分中，用数字模式的切换模块按照分级的级数运行对应的移动转向模块（图9-16）。我将切换模块显示为平面视图，让你能看到全部的三种情况分支。在你自己的程序中，你可以使用选项卡视图以节省空间。切换模块最下部的情况分支（分级级数为2的那个）被设为默认情况，因此当传感器的读数大于92时，将执行这一情况分支。

当传感器读数小于13时，会发生什么呢？此时第二个数学模块的运算结果是一个很小的负数，被切换模块取整为0，选择正确的情况分支执行模块。事实证明，当传感器读数小于最小期望值时，只要该读数在半个分级宽度（在本例中，是27/2或13.5）范围之内，程序就可以正常运行。在这个例子中，低于最小期望值的所有传感器读数（0~13）都在半个分级宽度的范围之内，因此对于这些读数来说，分级过程依然适用，但在其他程序中用不同的取值范围使用分级技术时要记住这一原则。为期望的传感器读数选择正确的最高值和最低值是非常重要的。你不希望出现传感器读数超出取值范围而导致程序出现意外行为的状况发生吧。

运行这个程序时，机器人的动作行为与上一个版本的非常相像。从本质上说，我们增加了数学模块的复杂性、简化了切换模块。总的来说，程序现在更优雅了，也更容易加强功能了（如下面的挑战）。

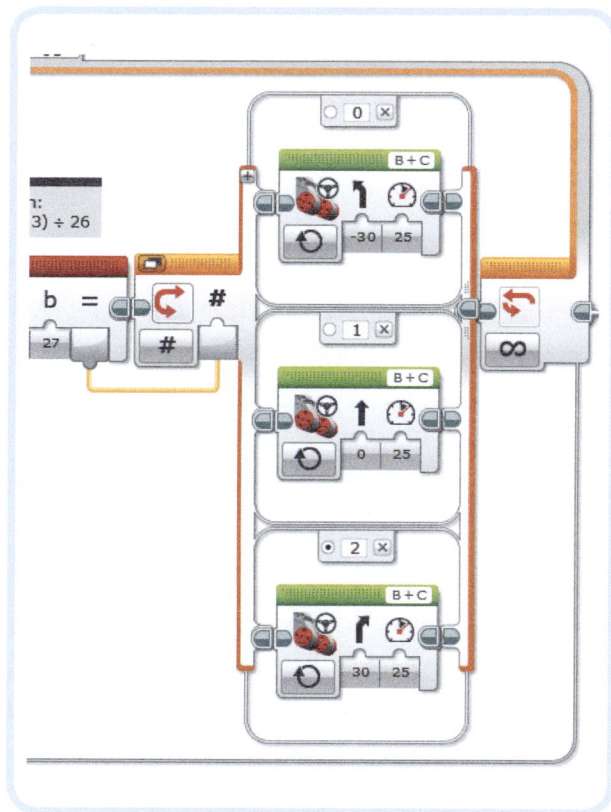

图9-16　根据分级级数移动机器人

进一步探索

你可以尝试着用数据线和切换模块完成以下活动：

1. 向切换模块内部或从切换模块内部向外拖曳数据线的实验。试试完成下面的工作：

a. 将切换模块设置为**平面视图**，尝试向切换模块内部或从切换模块内部向外拖曳数据线。

b. 将切换模块设置为**选项卡试图**，尝试向切换模块内部或从切换模块内部向外拖曳数据线。然后点击**平面/选项卡视图切换**按钮。

119

会传递出最大值。

挑战 9-2

扩展程序LineFollower，让机器人在离线较近时稍微转向、离线较远时转向动作更大一些。这要有五种情况分支，每一侧有两种形式的转向。你要做的就是将第二个数学模块的数值27改为16，并为切换模块再添加两种情况分支。

这个挑战与挑战6-1非常相似，那个挑战项目的程序使用了嵌套切换模块完成五种情况分支。扩展这个程序时，比较一下两种方法（嵌套切换模块或分级）对运行效果的影响有多大，程序所占的空间有多大，程序的视觉复杂性有多大。

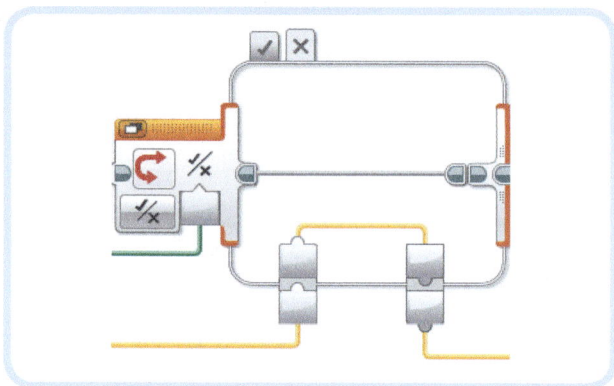

图9-17　通过切换模块无变化地传递数值

c. 拖曳一些数据线到切换模块内。练习移动数据线，以熟悉如何将数据线布置在切换模块的内部和外部。除了移动数据线，你还可以拖曳通道，将它放置在数据线穿过切换模块的地方。

2. 更改程序SoundMachine，让它将音量显示为"Soft（柔和）"、"Medium（中等）"、"Loud（大声）"或"Very Loud（响亮）"，而不是显示为百分比。用分级过程将音量范围分成四个级别，按级别选择显示的文本。

3. 你可以用带有数据线的切换模块为数值设置限值。例如，用传感器模块比较测量值和阈值，将结果传递给逻辑模式下的切换模块。切换模块的一种情况分支为：将传感器数值传入切换模块，再用数据线传出来，这个过程中间没有模块存在（图9-17）。而切换模块的其他情况分支

4. 编写一个程序移动TriBot。用环境光强度控制移动转向模块的功率参数，但最大值限制在75。

结束语

用数据线为切换模块提供输入，让程序在做出决定的形式上有了更多的灵活性。用传感器模块可以在切换模块的外部做出比较，与单独使用切换模块相比，能做出更为复杂的决定。使用数据线，可以在切换模块内部的模块和切换模块前后的模块之间传递数据，因此你可以轻松定制每一种选择或者做出决定对程序的其余部分产生影响。

使用数字或文本值作为输入时，可以让切换模块在超过两个的可能性中做出选择。这让你的程序更容易做出复杂的决策，还可以避免使用多重嵌套切换模块。在程序LineFollower中使用的分级过程也是一个很常见的方法。

第 10 章　数据线和循环模块 10

在本章中，我们要接触使用数据线的循环模块，了解它的两个特殊功能。使用逻辑模式下的循环模块，可以灵活控制循环的结束条件。而循环模块的索引输出能让你了解循环结束时共完成了多少次循环。

逻辑模式

循环模块的逻辑模式可以用来自数据线的逻辑值选择何时退出循环。图10-1中，循环模块被设置为逻辑模式，并连接了数据线。循环模块中的循环体运行之后，循环模块检测数据线传递来的逻辑值，如果这个值是"伪"，则继续循环，重复运行循环体的模块；如果这个值是"真"，则退出循环。因为是在执行循环体模块之后才会检测循环条

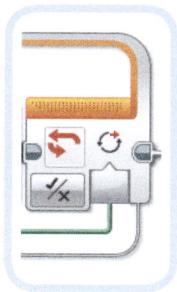

● 图10-1　循环模块的逻辑模式

件，所以哪怕数据线传递过来的值从开始就是"真"，这些循环体模块也至少会被执行一次。

对于大多数程序来说，传感器模式的循环模块具有足够的灵活性，但在某些情况下，逻辑模式是更好的选择。例如，你已经用某个模块在做数值比较的工作，就可以简单地将比较结果传递给循环模块。程序GentleStop使用红外传感器模块读取到墙的近程数值，你可以使用同一个模块决定何时退出循环。再比如，当你需要依据多个传感器的读值做出选择时，诸如触动传感器被按压时或红外传感器检测到距离物体的距离小于指定值时退出循环。我们将在第13章讨论如何对这种情况做出决定。

用逻辑模式重新编写第8章中的程序GentleStop（图10-2），把它变得简单一点，不使用切换模块确定何时停止电机转动，而是使用逻辑模式下的循环模块，当TriBot靠近墙壁时退出循环。在上一版本的程序中，当TriBot靠

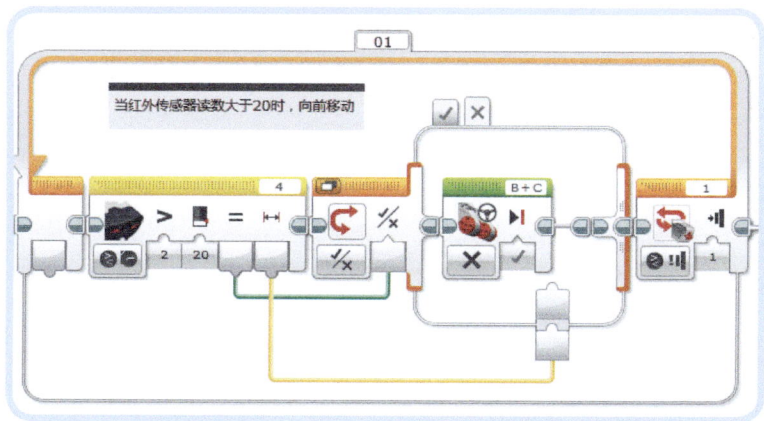

当红外传感器读数大于20时，向前移动

● 图10-2　第8章中的程序GentleStop

近墙壁时，电机停止转动，但程序的运行并不会停止，只要机器人与墙壁之间没有障碍物，这就不是问题。

升级版的程序如图10-3所示。该程序删除了切换模块，更改了移动转向模块的位置，还要将循环模块设置为**逻辑**模式，并用红外传感器模块完成数值比较。因为数据线的值为"真"时退出循环，因此要将红外传感器模块的比较类型设置为**小于**，在TriBot靠近墙壁之前得到的比较结果为"伪"。移动转向模块的功率参数依然是由红外传感器模块的近程读数控制的，因此机器人在靠近墙壁时，仍会减慢速度。

下载并运行程序，运行结果与上一版本的程序几乎完全一致：TriBot开始时快速向前移动，然后慢下来，在接近墙壁时停下来。这个版本的程序在机器人停止后结束程序的运行，这一点比上一版本有改进。

循环索引

循环索引记录循环体重复运行的次数。循环索引的输出插头在循环模块的左侧（图10-4）。第一次进入循环时，循环索引的起始值为0。每次程序回到循环体的开头时，索引值增加1。循环结束时，因为循环体最后一次运行的次数没有更新，所以循环索引值比实际循环次数少1。

为程序GentleStop添加音效，用机器人距离墙壁的近程数值控制音量。当程序启动时，声音响亮，当TriBot接近墙壁时声音逐渐降低。

程序 LoopIndexTest（循环索引测试）

程序LoopIndexTest（图10-5）演示了循环索引的表现。循环模块采用计数模式，设置重复次数为5次。每次进入循环时，用显示模块将循环索引值显示出来，并用等待模块让程序短时停顿，让我们有时间看清显示的数值。这个程序运行时，屏幕上会显示"0"、"1"、"2"、"3"、"4"。

这个程序与后面的两个程序并不非常有趣（你不会告诉朋友说，你做了一个能数到4的机器人）。但它们展示了循环模块的工作方式。在你开始使用新的模块或功能时，写一些小程序学习它们的工作方式是非常有用的，这能让你了解如何在更复杂的程序中使用它们。

再次启动循环

图10-6中的程序LoopIndexTest2说明了嵌套循环模块的循环索引是如何工作的，外部的循环模块被设置为运行2次。

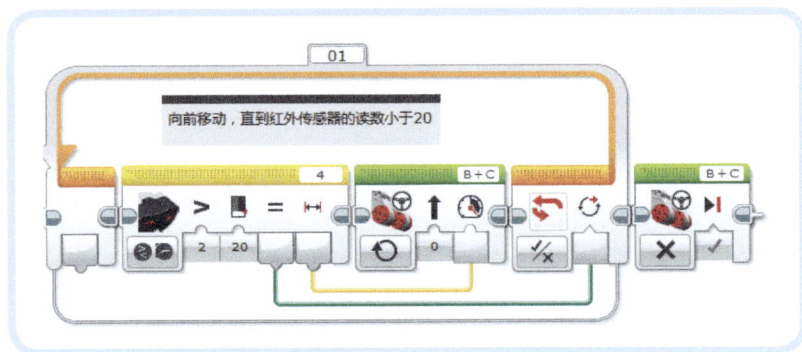

图10-3　使用逻辑模式的程序GentleStop

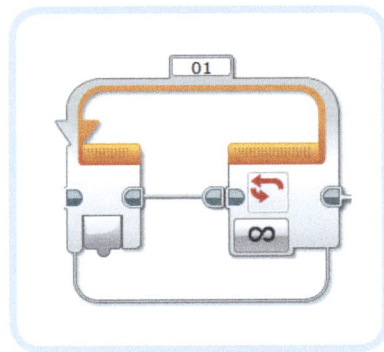

图10-4　循环索引输出插头

内部的循环模块第一次运行时，会和程序LoopIndexTest一样，在屏幕上显示"0"、"1"、"2"、"3"和"4"。但是第二次运行内部的循环模块时会怎样呢？是再次显示"0"、"1"、"2"、"3"和"4"？还是继续显示"5"、"6"、"7"、"8"和"9"？

运行这个程序，你会发现屏幕会显示"0"、"1"、"2"、"3"和"4"两次。这说明每次重新运行嵌套的

循环模块时，循环索引会重置为0。

循环索引的最终数值

程序LoopIndexTest和LoopIndexTest2是在循环体内部使用循环索引，这个值也可以传递给位于循环模块后面的其他模块使用，如图10-7所示的程序LoopIndexTest3。程序LoopIndexTest3让循环重复运行5

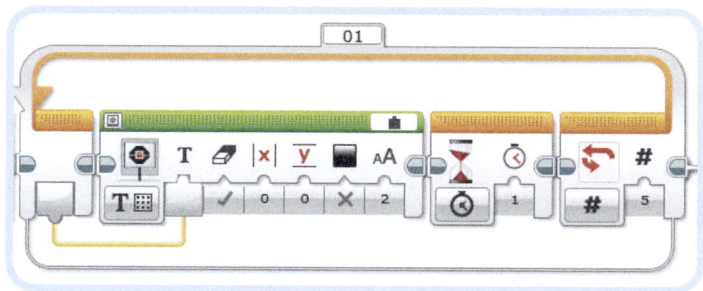

图10-5　程序LoopIndexTest

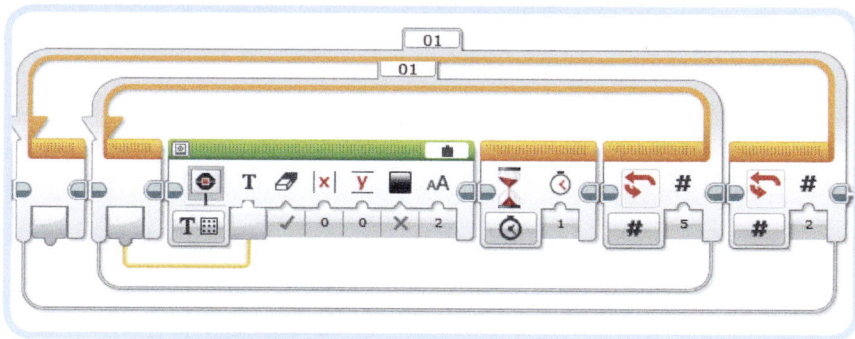

图10-6　程序LoopIndexTest2

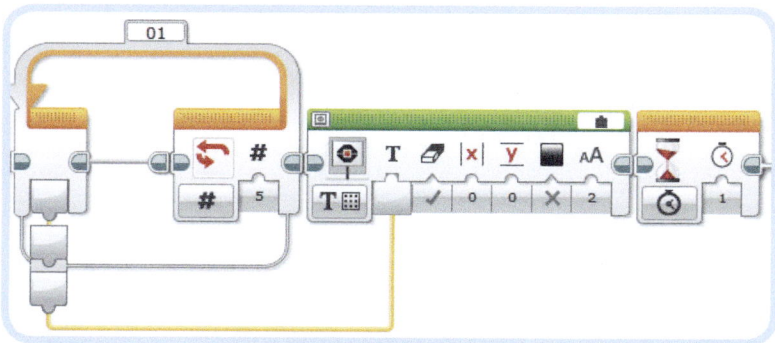

图10-7　程序LoopIndexTest3

次，将最终的循环索引值显示在EV3屏幕上。

程序在循环模块运行最后一次之后，将循环索引值放入数据线，这个数值比循环重复的总次数少1（在运行最后一次循环之后，程序并没有返回到循环体起始端刷新循环索引的数值，而是继续运行下因为一个模块了）。因为循环的重复次数被设置为5次，因此屏幕上将显示"4"。

> **注意** 计算机程序从0开始计数，而不是从1开始计数，这是很常见的。这通常不会造成大的问题，但容易产生"大小差一"的错误，即循环少执行了一次或多执行了一次。

程序SpiralLineFinder（螺旋路径）

第5章中的程序LineFinder（图10-8），让TriBot向前移动寻找黑线。只要程序启动时，机器人的方向是正确的，程序的运行效果就会非常好。但你能让这个程序更具实效——控制TriBot走出螺旋线路径，而不仅仅是找一条直线？

矩形螺旋线（图10-9）的每一条线段都比前一段长一点，这是一个从中心开始不断扩大的路径。程序SpiralLineFinder控制TriBot沿着矩形螺旋路径前进。

沿着螺旋路径行走

要沿着螺旋路径行走，TriBot需要重复以下步骤：向前移动，做一个直角转弯，向前移动更远的距离，做一个直角转弯，等等。你已经发现了，循环模块是重复这些动作的最好选择——用移动转向模块让TriBot向前移动，然后做一个我们已经很熟悉的转向动作。这个程序中的新内容是用循环索引控制机器人在每次移动中走多远的距离。

图10-10显示控制机器人走出螺旋路径的一种方法。

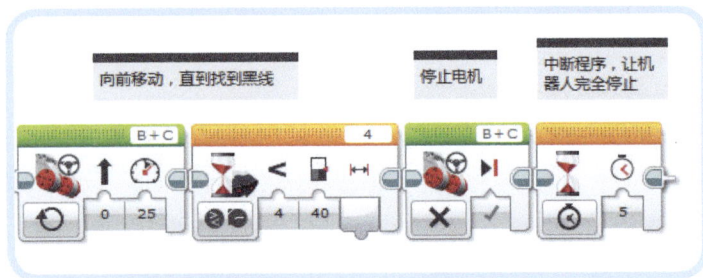

图10-8 第5章中的程序LineFinder

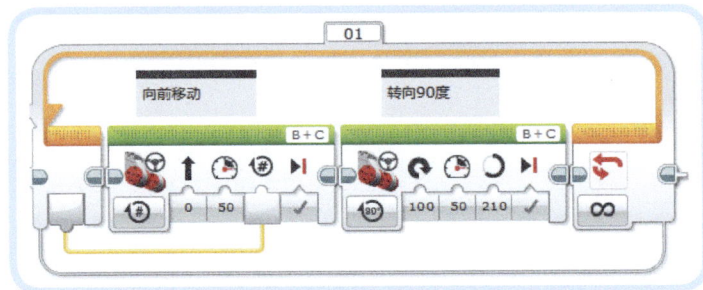

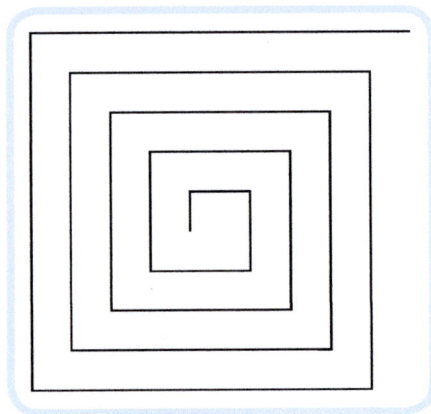

图10-9 矩形螺旋线

图10-10 沿着矩形螺旋路径行走

第一个移动转向模块设置为开启指定圈数模式，用循环索引控制电机旋转的圈数，每次循环时，模块会让TriBot比上一次移动的更远一点。第二个移动转向模块控制TriBot原地转向90度。

> **注意** 如果你使用的是教育版套装中的轮胎，第二个移动转向模块的持续时间参数要设置为160，而不是210。

下载并运行这个程序，观察运行效果。你会发现TriBot并没有像我们期望的那样按照螺旋路径行走，第一个动作并不是向前移动，而是原地转向。这是为什么呢？

还记得吗？循环索引的起始值是0。也就是说，第一次进入循环模块时，第一个移动转向模块被设置为旋转0圈，因此TriBot根本没有向前移动。对于这个程序来说，机器人启动时指向哪里并不重要，先转向再直行也不是什么问题。但如果你想调整这个动作，可以用数学模块先将循环索引值加1，再传递到移动转向模块中。

我们要在程序SpiralLineFollower中做点与众不同的事，让机器人向前移动时不断检查黑线。我们依然会使用循环索引控制机器人向前移动的距离，但我们要把索引值传递给一个循环模块。你马上就会看到了。

沿着螺旋路径前进时检测黑线

在程序LineFinder（图10-8）中，用设置为开启模块的移动转向模块控制机器人向前移动，用颜色传感器–反射光强度模式下的等待模块检测黑线。因为我们想让机器人用更复杂的模式移动，因此在程序SpiralLineFollower中不能简单地将移动转向模块设置为开启模式。

我们在循环模块中添加了切换模块，让机器人在向前移动时检查颜色传感器的读值，决定何时停止电机转动。按图10–11为程序中添加模块。第一个模块将电机B的旋转传感器重置为0，接着设置为开启模式的移动转向模块让机器人开始移动，循环模块让电机保持持续转动，直到旋转传感器的读数达到循环索引值。如果循环索引值为2，机器人向前移动直到电机B旋转2圈。在循环模块的后面，一个移动转向模块让机器人转向。

此时应该像图10–10中的程序一样，让机器人按螺旋路径移动。而现在循环模块中有空间可以放置一个切换模块以检查颜色传感器的读数。在为程序添加其余的模块之前，先测试一下程序是否正常工作。

接下来，我们需要在循环模块内添加一个切换模块。这个切换模块检查颜色传感器的读数，当反射光强度的读数低于阈值（机器人检测到了黑线）时停止电机转动。检测到黑线以后，用循环中断模块退出外部的循环，停止程序运行。

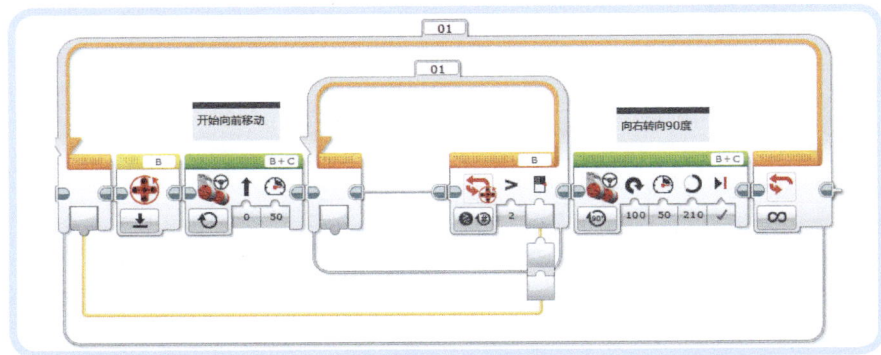

图10–11 用循环模块和旋转传感器控制向前移动

125

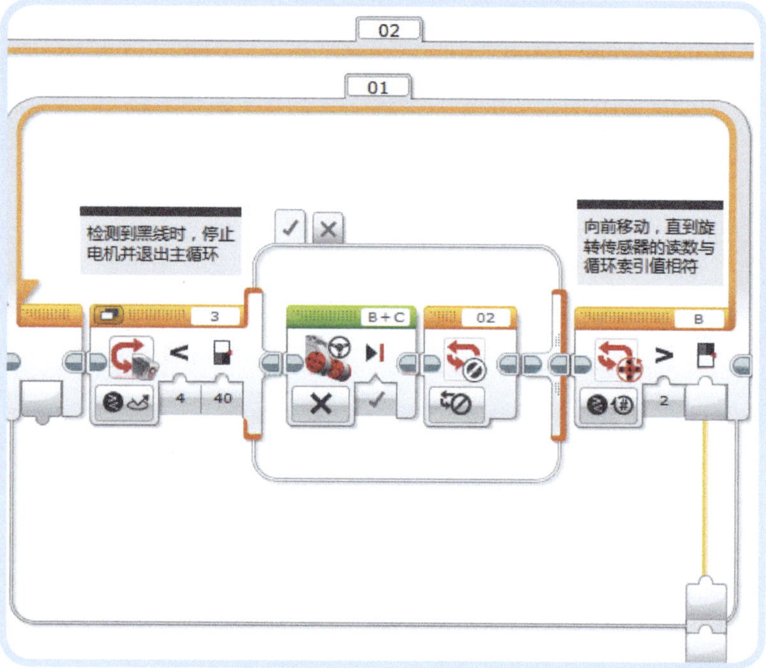

图10-12 当检测到黑线时，停止电机转动并退出循环

挑战 10-2

矩形螺旋线上两条相邻路径之间的距离取决于机器人每次向前移动时所增加的距离。每次移动，电机多转动一圈，矩形螺旋两条相邻路径之间就要多出电机旋转两圈的距离。你可以在纸上画一条矩形螺旋线，观察一下相邻的两条线。向移动转向模块传递循环索引值之前，把它乘以或除以某个数，可以加大或缩小每次移动所增加的距离。如果你的目标黑线很小，那么螺旋线应该紧密一些，以减少丢失目标的可能性，而较大的螺旋线能让TriBot迅速覆盖更大的范围。用不同的值和不同尺寸的目标进行实验，观察一下移动转向模块的持续时间参数有多大影响，看看程序如何迅速找到目标。

图10-12显示了要添加到程序中的切换模块。循环模块使用的阈值与原版程序相同。当条件为"真"时，电机停止、退出循环。将外部循环模块命名为02，循环中断模块要按此配置。

运行这个程序时，TriBot按照矩形螺旋路径向前移动，找到黑线后，TriBot停止，程序结束。用不同的速度、转向模块的持续时间和切换模块的阈值参数进行实验，找到最佳的结果。

用陀螺仪传感器完成转向

TriBot用螺旋方式进行搜索时要转弯很多次，但它不可能每次都精确转弯90度。你可以（并且应该）用不同的持续时间参数进行实验，以获得尽可能接近90度转弯的参数，但移动是不可能被完美重复的，并且有太多的其他因素（如电池的电量、地板的光滑程度、粘在轮子上的狗毛等）对机器人的移动产生影响。TriBot每次转弯都会有少量的误差，当程序运行时，这些误差会累积起来。运行一段时间后，你应该看到矩形螺旋线开始有一点倾斜了。

如果你有陀螺仪传感器（教育版套装中，或单独购买），可以用它消除一些误差，用陀螺仪传感器告诉机器人已经转弯90度了，而不是试图让机器人每次都精确转向90度。图10-13显示的是我们原来程序中执行转弯动作的移动转向模块，图10-14显示的模块是用陀螺仪传感器完成同样的操作。

第一个新添加的模块控制TriBot开始转向，该模块设置为开启模式，程序在控制机器人移动的同时可以继续运行其他模块。每次重复执行循环时，TriBot转向90度。数学模块将循环索引值乘以90计算出等待模块的阈值，等待模块设置为陀螺仪传感器-比较-角度模式，告诉机器人是否已转过足够的角度值。因此，当循环索引值为1时，机器人的转向要等待陀螺仪传感器的读数达到90度才会停止，当循环索引值为2时，机器人的转向要等待陀螺仪传感器的读数达到90度×2（或180度）才会停止。这就相当于机器人转动了另一个90度，陀螺仪传感器的测量值在任何时候都不会被重置。这个序列的最后一个模块停止电机转动。

下载并测试程序，你会发现TriBot运行一段时间后并没有出现运行路径发生倾斜的状况。在这个版本的程序中，TriBot的转向角度比使用单个移动转向模块控制的程序更为准确。机器人在每次转向90度时依然可能超过一点，但这个版本的程序不会让误差累积。对机器人第二次转向时，无论前面的转向动作有多少误差，程序都是按照陀螺仪传感器读数达到180进行控制的。

你可能还注意到了，机器人现在是先向前移动而不是先转向了。这还是因为循环索引的起始值为0，就是说第一次执行循环模块时，机器人的转向动作要在陀螺仪传感器的读数大于或等于0时停止，因此机器人的转向动作立即被停止了。

进一步探索

尝试以下活动，对使用循环模块和数据线做更多的练习：

1. 尝试让TriBot按圆形螺旋线路径前进。你需要调整每次循环时的转向参数，从接近100开始，然后逐渐减少，让螺旋的尺寸慢慢变大。

2. 用循环模块计数红外遥控器按钮的按压次数。你只需要使用等待模块，等待按钮1和按钮2被按下，当按钮1被按下时，循环模块重复执行，当按钮2被按下时，退出

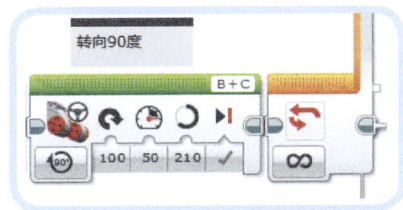

图10-13　用移动转向模块完成转弯动作

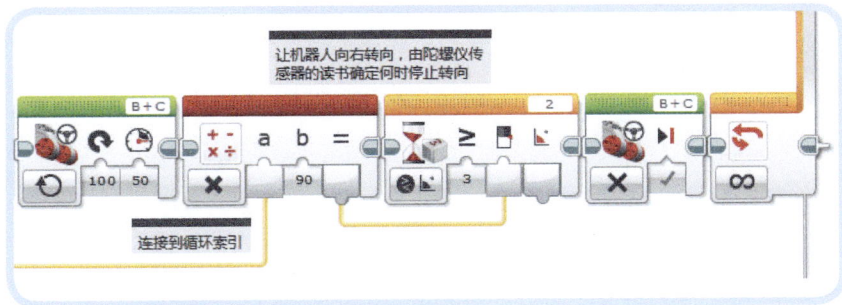

图10-14　在陀螺仪传感器的帮助下完成转向动作

循环。循环退出后，循环索引值给出了按钮1被按压的次数。实际上，你需要使用2个等待模块：第一个等待按钮被按下，第二个等待按钮的状态发生改变。如果没有第二个等待模块，循环的重复次数会是实际按压次数的几倍。

3. 在上一个挑战的基础上，用按钮按压的次数为后面的程序设定参数值。如用这个方式为移动转向模块设置功率水平，可以在不同的速度下测试程序。在程序的开始，添加代码计数按钮被压下的次数，然后将这个次数乘以10作为电机的速度。

结束语

可以将数据线用于循环模块的循环索引和循环条件。在本章中，我们修改了程序GentleStop，用红外传感器模块控制循环何时退出。在第13章你将再次使用数据线设置循环的条件，我们将学习如何组合多个传感器的条件。

一旦你习惯了循环索引值的起始值为0，就可以很容易地在循环体内用它控制模块。在按照螺旋路径行走的程序SpiralLineFinder中，用循环索引值控制移动转向模块的持续时间参数。当你想在每次循环中增加或减少某个模块的设置值时，可以使用循环索引值。

第 11 章　变量

变量用于存储数据，并可在程序的后面部分进行调用。例如，如果想保留传感器的读数，并在以后与其他传感器的读数进行比较，你可以将第一个传感器的读数保存在变量中，其后可以访问变量并与其他读数进行比较。本章中，我将展示如何使用变量，并描述变量能解决哪些类型的问题。我还将展示如何在程序中使用常量模块，如何用一个数值控制多个模块。

变量模块

可以把变量想象为程序块内存中的一个小空间，你可以在这里存储数据。变量模块，在数据操作面板中，可以在其中存储或检索数值。可以用数据线把任何数据存储到变量中（这就是所谓的写入变量）。你可稍后在程序中检索这个值（这被称为读取变量），并把它输入到其他模块中。

我们要通过程序VariableTest演示如何使用变量，从颜色传感器读取数值并存储在变量中，从变量中读取数值并显示出来。颜色传感器模块被设置为测量模式读取数值，它后面的变量模块用于存储数值。

我们要做的第一件事是为变量模块设置模式，选择变量的操作类型（读取或写入）和数据类型（图11-1）。要存储颜色传感器的读数（这是一个数值），选择写入-数字模式。在本章中，我会使用简单的数据类型（文本、数字或逻辑），在第15章中将讨论排列数据类型。

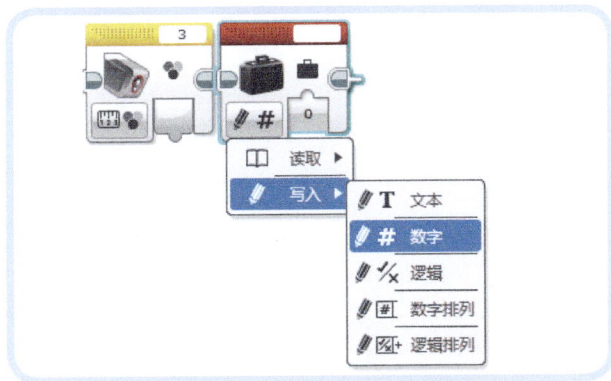

图11-1　设置变量模块的模式

写入模式将数据存储到变量中。这个数据可以手动键入，也可以用数据线输入。在这个程序中，我们将颜色传感器模块的输出插头和变量模块的输入插头连接起来（图11-2）。在其他程序中，你会手动键入变量的初始值，并在程序的后面用数据线更改这个数据。

设置模式之后，我们要为变量设置一个名称，点击模块右上角对话框，会出现一个菜单，列出所有做过数据类型定义的变量供你选择，还有一个选项可以用于添加新的变量（图11-3）。因为我们还没有在这个项目中添加过任何变量，因此这里只有添加变量的选项。

选择**添加变量**，显示出新变量对话框（图11-4）。键入你想要的名称创建一个新的变量。每个变量只能拥有一种指定的数据类型（文本、数字、逻辑、数字排列或逻辑排列）。创建新的变量时，变量模块的模式决定了变量的数据类型。对于这个程序来说，我们把变量命名为Color。

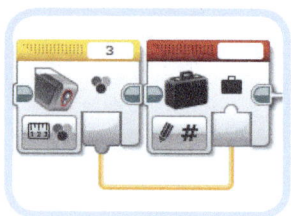

图11-2　将颜色传感器的读
数存储在变量中

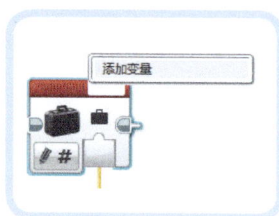

图11-3　设置变量名称

将三个新模块添加到程序之后，将新的变量模块设置为**读取-数字**模式。变量名称自动设置为Color，这是因为本项目中只有这一个数字变量，而在大多数情况下，你需要点击变量名称对话框选择变量。创建程序的最后一步，将变量模块的输出插头连接到显示模块的文本参数处。

运行这个程序时，它读取颜色传感器的读值，把这个读值存储在变量Color中，读取这个变量，最终显示这个数值。将EV3与计算机连接，用EV3软件运行这个程序，查看数值传入、传出变量模块的过程。在程序运行时，可以在数据线上检查数值，在第8章中曾介绍过这个方法（可以将等待模块的时间参数设置得更长一些，让你有更多的时间查看数值）。

现在我们要添加另一个变量模块读取这个数值，并用显示模块将数值显示在EV3屏幕上。在程序的最后，添加一个等待模块，让我们能看清楚显示的结果。图11-5显示了完整的程序。

图11-4　新变量对话框

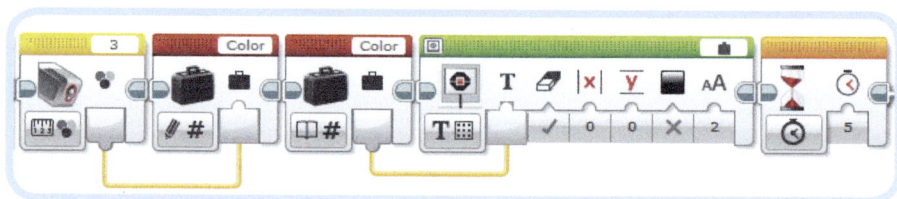

图11-5　程序VariableTest

程序RedOrBlueCount（计数红色和蓝色物体）

在本节中，我们要以第6章的程序RedOrBlue（图11-6）为基础，逐步创建一个新的程序RedOrBlueCount。新程序中用两个变量，Red Total和Blue Total，记录红色物体和蓝色物体的数量，并将总数显示在EV3屏幕上。程序开始的时候，两个颜色的计数为0，因此会显示"Red: 0"和"Blue: 0"。此后，当计数增加时，屏幕上的显示会更新。列表11-1显示了程序的伪代码，其中新添加的内容为粗体。注意，程序对既不是红色也不是蓝色的物体并不计数。

set Red Total to 0
设置Red Total为0

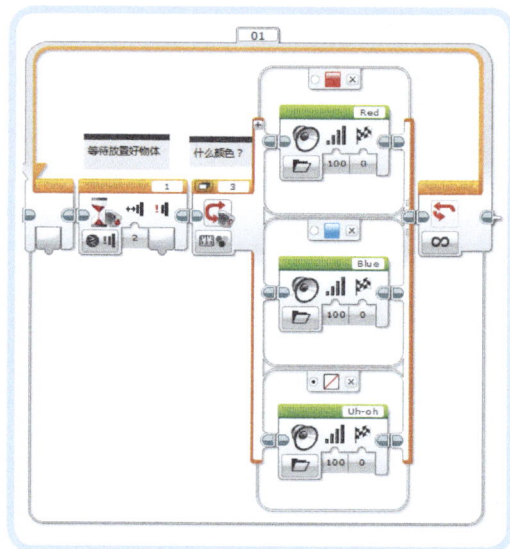

图11-6　程序
RedOrBlue

130

```
set Blue Total to 0
设置Blue Total为0
display "Red: 0"
显示"Red: 0"
display "Blue: 0"
显示"Blue: 0"
begin loop
开始循环
    wait for the Touch Sensor to be bumped
    等待触动传感器被压下
    if the object is red then
    if物体是红色的，则
        use a Sound block to say "Red"
        用声音模块说"Red"
        read the Red Total value
        读取Red Total的值
        add one to the Red Total value
        对Red Total加1
        write the new value to Red Total
        将新的数值写入Red Total
        display "Red: " followed by the Red
        Total value
        显示"Red: "并添加Red Total的值
else if the object is blue then
else if物体时蓝色的，则
    use a Sound block to say "Blue"
    用声音模块说"Blue"
    read the Blue Total value
    读取Blue Total的值
    add one to the Blue Total value
    对Blue Total加1
    write the new value to Blue Total
    将新的数值写入Blue Total
    display "Blue: " followed by the Blue
Total value
    显示" Blue: "并添加Blue Total的值
else
    use a Sound block to say "Uh-oh"
    用声音模块说"Uh-oh"
  end if
loop forever
永远循环，无限制
```

列表11-1　程序RedOrBlueCount

选择变量名称

选择一个合适的变量名称可以让你的程序更容易理解。例如，在计数红色和蓝色物体的程序中，像Red Total这样的名字能清楚表明这个变量的用处（对阅读这个程序的其他人，对你自己以后再次阅读这个程序，都是这样）。变量名称保持一致性，也非常有帮助。例如，如果你用Red Total表示红色物体的数量，那就应该用Blue Total表示蓝色物体的数量。同时，要避免使用难以理解或缩写太短的名称，诸如TtIR或只是一个字母R。当然也要注意变量模块显示名称的空间是有限的，因此对于较长的变量名称要避免使用相同的开头。例如，如果使用了名称Total Red和Total Blue，在变量模块上，这两个名称看起来是一样的（图11-7），这就很难分辨程序的内容。要查看全部的变量名称，可以将鼠标悬停在名称对话框上面。

图11-7　很难分辨出这个模块是变量Total Red还是Total Blue

创建和初始化变量

第一步要创建两个变量并给出最初的数值。这被称为初始化变量。要计数红色的物体，变量Red Total需要从0开始，每次检测到红色物体时，增加1。程序开始时，数字变量默认为0。不过我建议还是要为变量设置初始值，以后你在其他程序中移动代码或重新使用代码中的一部分时会更容易。

按以下步骤创建程序RedOrBlueCount：

1. 确保打开项目Chapter11。

2. 打开项目Chapter6，将程序RedOrBlue复制到项目

Chapter11中。重新命名新程序（在项目Chapter11中）为RedOrBlueCount。

3. 在程序的开始处添加变量模块，保留**写入-数字**模式，初始值为0（默认模式和数值）。

点击模块的变量名称对话框。弹出的菜单中包含添加变量选项和其他你已经创建过的数字变量（图11-8）。

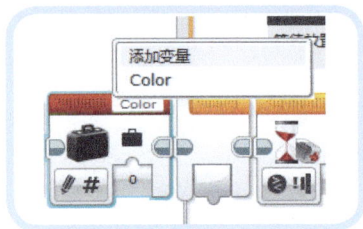

图11-8　设置变量名称

4. 点击**添加变量**，出现新建变量窗口。键入**Red Total**（图11-9），并点击**确定**。变量模块现在显示出变量名称的前面几个字母（图11-10）。

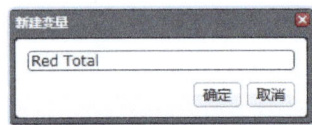

图11-9　创建模块Red Total

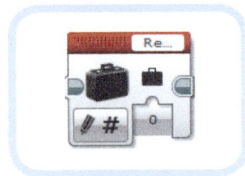

图11-10　将变量Red Total的初始值设置为0

5. 添加另一个变量模块，与第一个相同。

6. 键入变量名称Blue Total。

此时，程序的开始部分应如图11-11所示。这两个模块的初始变量值均为0。

显示初始值

在循环模块前面拖曳两个显示模块，显示初始值。

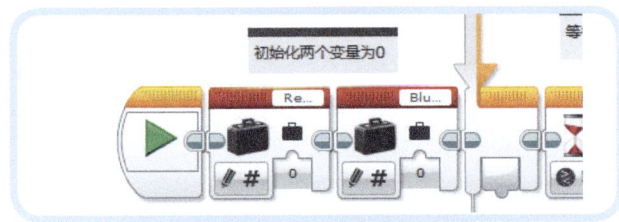

图11-11　初始化变量Red Total和Blue Total为0

7. 在第二个变量模块后面添加显示模块。设置模式为**文本-网格**，设置行参数为2，设置文本参数为**Red: 0**。

8. 在第一个显示模块后面添加另一个显示模块。设置模式为**文本-网格**，设置行参数为4，设置文本参数为**Blue: 0**。

9. 将清除屏幕选项设置为"**伪**"。

程序开始的部分如图11-12所示。

计数红色物体

当检测到红色物体，你需要程序向变量Red Total加1，并显示新的数值。要完成这一切，需要使用三个模

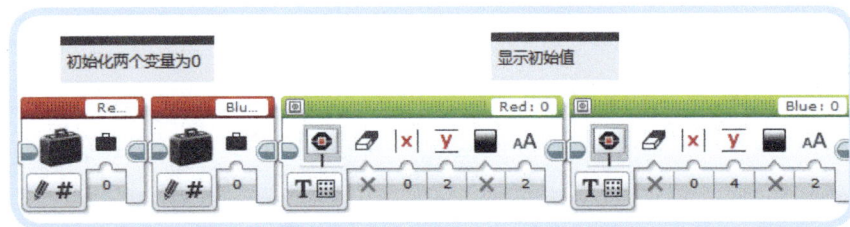

图11-12　显示初始值

块：一个变量模块读取当前值，并用数据线把这个值传递出去；一个数学模块给当前值加1；第二个变量模块存储新的数值。步骤如下：

10. 切换模块的红色情况分支中，在声音模块后面添加一个变量模块。

设置模式为**读取–数字**，并确认变量名称为Red Total。切换模块现在应如图11-13所示。

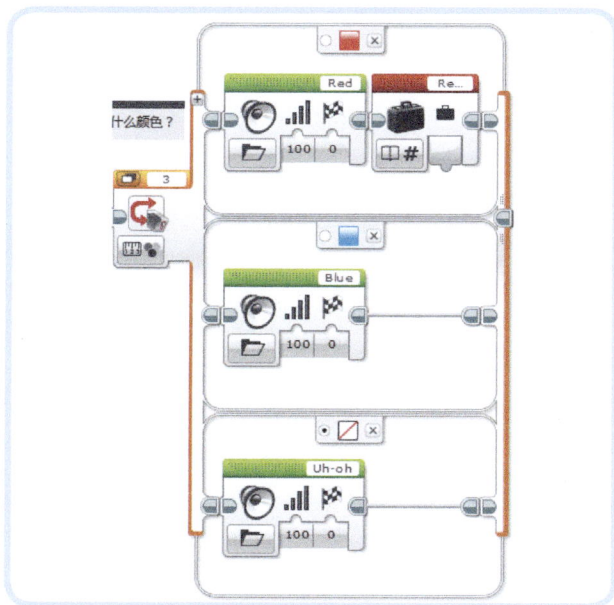

图11-13　读取变量Red Total的当前值

11. 在变量模块后面添加数学模块，确认参数b的值为1。

12. 在数学模块后面添加另一个变量模块。确认模式被设置为**写入–数字**。选择变量名称为Red Total。

13. 从第一个变量模块拖曳数据线连接到数学模块的输入a，从数学模块的输出插头拖曳另一条数据线连接到第二个变量模块的输入，如图11-14所示。

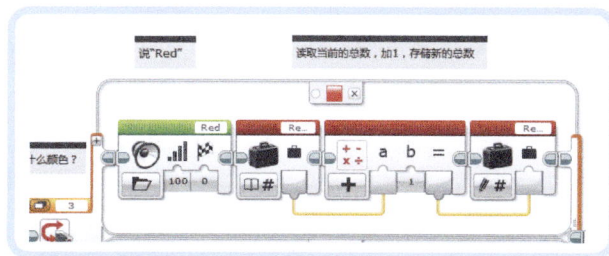

图11-14　向变量Red Total加1

计数被更新后，用文本模块和显示模块显示新的数值（与第8章程序SoundMachine中采用的方式一样）。

14. 在第二个变量模块后面添加文本模块，将参数a设置为Red:（确认在冒号后面添加了空格）。

15. 用数据线将数学模块的结果输出和文本模块的参数b输入连接起来。

16. 在文本模块后面添加显示模块。设置模式为**文本–网格**，设置行参数为2。清除屏幕选项为"**伪**"，确保显示红色物体数量时不会清除蓝色物体的数量。

17. 点击显示模块右上角的文本对话框，从弹出的菜单中选择**已连线**。

18. 用数据线将显示文本模块的结果输出与显示模块的文本输入插头连接起来。

这个部分的程序现在如图11-15所示。

这个部分的代码中包含了你经常看到一种更新变量的模式：读取当前值（用变量模块），修改它（用数学模块），将新的结果写入变量（用另一个变量模块）。

> **注意**　在继续编写程序之前，测试这个程序，确保它能够计数并显示红色物体。你要将这段代码复制到蓝色情况分支中，因此如果代码中有bug，最好现在就找出来。

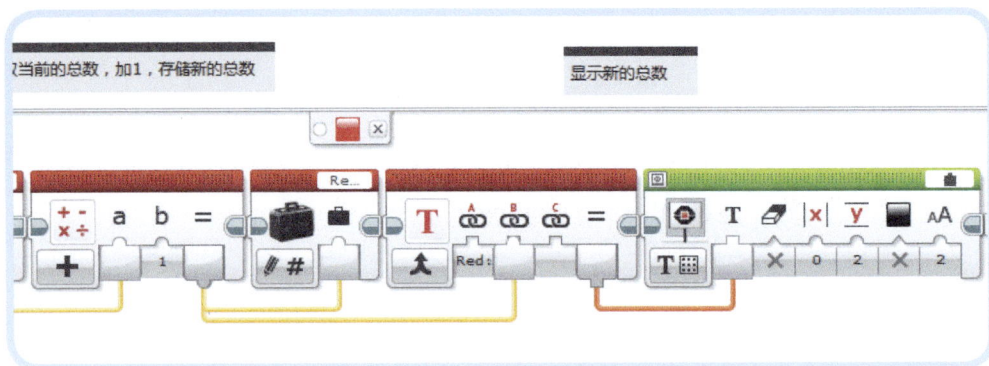

○ 图11-15　显示新的Red Total数值

计数蓝色物体

计数蓝色物体的代码与计数红色物体的代码几乎完全相同。因此不需要重新编写这段代码，你可以复制代码并稍作修改。以下是复制代码的步骤：

19. 选中切换模块上部情况分支的五个新模块（从第一个变量模块到显示模块），用鼠标在模块周围拖曳一个选择矩形，或者点击变量模块，然后按下SHIFT键，同时点击其他模块。

20. 按下CTRL键，点击其中一个模块，并拖曳到下面的情况分支中（当按下CTRL键并拖曳模块时，模块会被复制而不是移动）。

将这些模块复制完成以后，做以下更改：

21. 将两个变量模块从变量Red Total更改为变量Blue Total。

22. 将文本模块的参数a更改为Blue:（后面有空格）。

23. 将显示模块的行参数设置为4。

图11-16显示了下部情况分支的程序。

复制并修改模块参数之后，你的程序可以正确运行，显示蓝色物体和红色物体的数量。下载并测试程序，查看程序的工作状态。

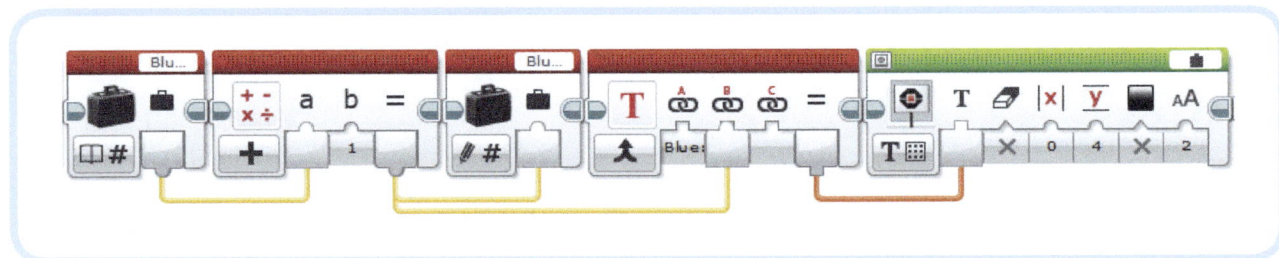

○ 图11-16　计数蓝色物体

在项目属性页面管理变量

在程序RedOrBlueCount中，你用变量模块创建了两个变量。你还可以在项目属性页面用变量选项卡创建、删除变量，点击程序名称选项卡左侧的小扳手图标进入项目属性页面（图11-17）。

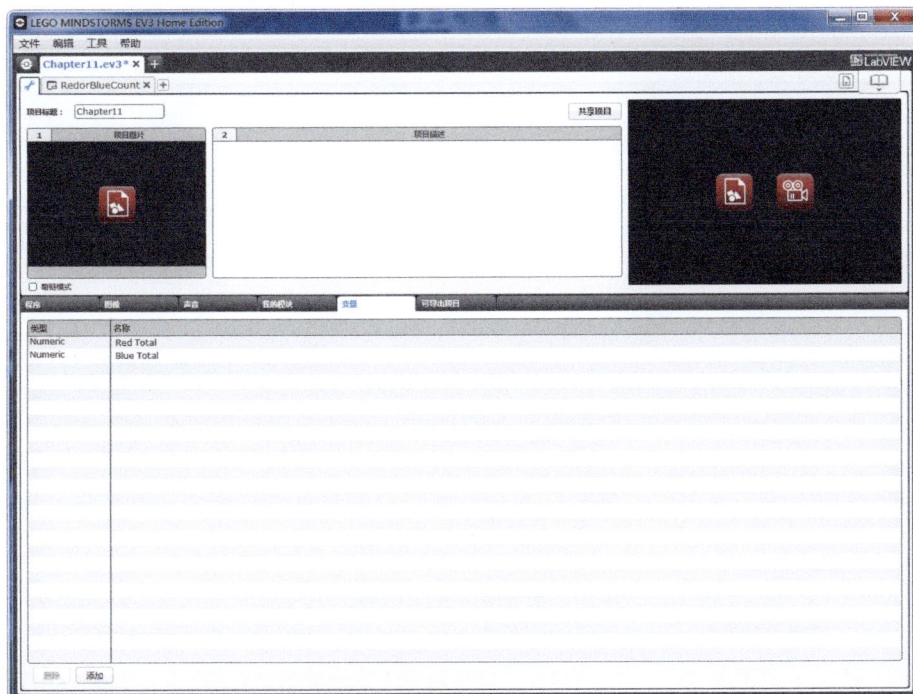

图11-17　项目属性页面中的变量选项卡

变量选项卡中显示了当前项目使用的所有变量的名称和数据类型。点击**添加**按钮，可以在项目中添加一个新的变量。在弹出的新建变量窗口（图11-18）中，可以设置新变量的名称和数据类型。点击变量选项卡底部的**删除**按钮，可以删除程序中不需要的变量。如果你删除了程序依然要使用的变量，程序可以继续工作，但在项目属性页面和变量模块的名称对话框中不会再显示这个变量。

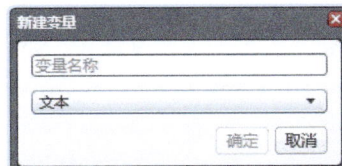

图11-18　添加新的变量

比较模块

在下一个程序中，我们要用比较模块对两个数字进行比较（图11-19）。让我们先看看这个模块是如何工作的。*比较模块*位于数据操作面板中，你可以用数据线或手动的方式给比较模块提供两个数据，模块比较按照选定的模式（图11-20）比较这两个数据，比较结果保存在模块的输出中。例如，显示在图11-19中的模块设置为"等于"模式，因此模块检查两个数值是否相等，并把结论送给输出插头。

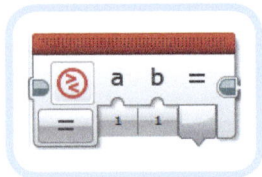

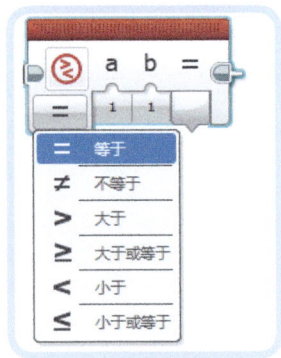

图11-19　比较模块　　　　图11-20　比较模块的模式

比较模块的比较结果是一个逻辑值（"真"或"伪"）。使用比较模块如同你提出了一个问题，诸如"超声波传感器模块的读值大于20吗？"，这个问题的答案是逻辑值。

比较模块在做出决定时非常有用，它的逻辑值结果可用于控制切换模块和循环模块，与单独使用切换模块和循环模块相比，能做出更复杂的控制。例如，你可以比较两个旋转传感器的数值，或者先用数学模块修改传感器数值再与阈值进行比较。

通常，比较模块的使用方式如图11-21所示，数据线向模块输入两个数字做比较，在这个例子中，模块的模式被设置为"小于"。

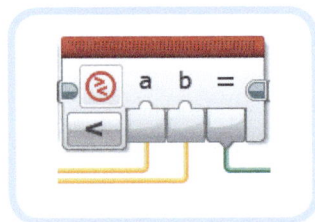

图11-21　带有数据线的比较模块

模块运行时，比较两个输入的数字，将逻辑值结果放在输出数据线上。例如，如果A值为7，B值为12，因为7小于12，所以结果为"真"。而如果A为25，B为8，因为25不小于8，所以结果为"伪"。

程序LightPointer（寻找光源）

程序LightPointer演示了如何用变量记住要在程序后面使用的数据。程序控制TriBot旋转一圈，记住颜色传感器检测到最亮光值的位置，让机器人指向那个方向。这里的代码和思路常常是大型程序的一个部分，如追光程序或机器人穿越障碍区时找到最长的无障碍路径。

在这个程序中，要将颜色传感器安装在TriBot的前方（图11-22）或侧面（图11-23）。当然，你需要根据光源的高度调整传感器的安装位置。

这个程序分为两个阶段：首先搜索光源，然后让TriBot指向光源。在第一个阶段中，TriBot慢慢旋转一圈，颜色传感器持续测量环境光的强度。每一次测量后，将测量值与此前测量到的最大值做比较，如果测量到更大的数值，则记录下这一点的位置。

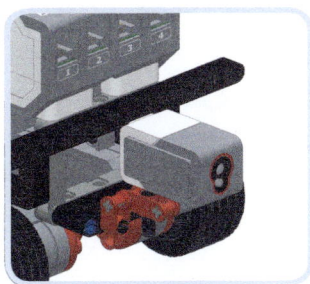

图11-22 颜色传感器安装在 TriBot的前方

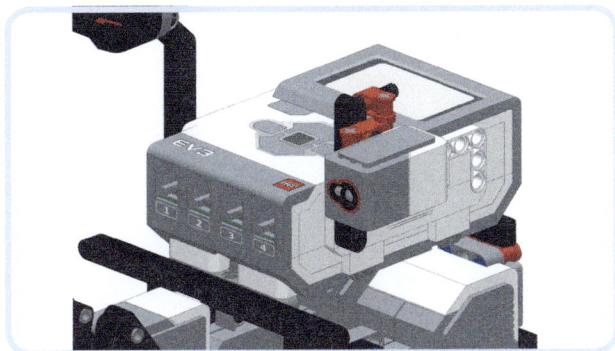

图11-23 颜色传感器安装在TriBot的侧面

图11-24显示了TriBot旋转时传感器读数的变化。机器人开始旋转时远离光源，传感器读数较低（10）；当传感器

转向光源时，传感器读数提高到40，如第二张图片所示；当TriBot正对光源时，读数达到最高值（在这个例子中是70）；当TriBot继续远离光源时，传感器的读数降低，如最后一张图片所示。

程序的第二个部分让TriBot转回到读数最大的位置上。

定义变量

这个程序需要用两个变量保存不同的数字值。第一个，Max Reading，保存最大传感器读数；第二个，Position，保存最大传感器读数时的机器人位置。在项目属性页面中的变量选项卡中创建两个数字变量，记得在新建变量窗口将变量类型设置为数字。完成创建之后，变量选项卡应如图11-25所示。

找到光源

第一部分寻找光源要让机器人旋转，我们用转向参数为-100的移动转向模块完成这一动作。在机器人旋转时，我们还需要用电机C旋转传感器的数值记录它的位置，这个数值会随着机器人的旋转而不断增大。

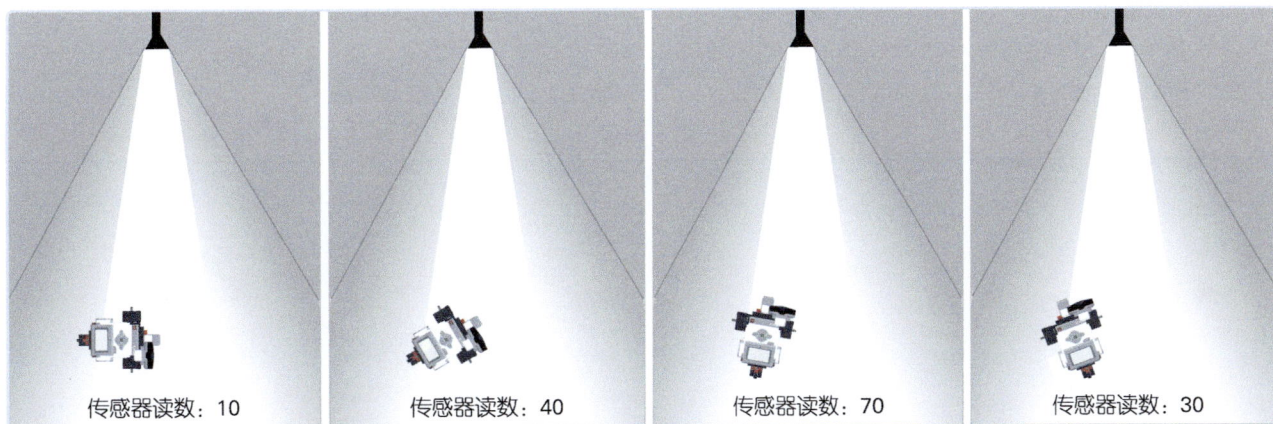

传感器读数：10　　传感器读数：40　　传感器读数：70　　传感器读数：30

图11-24 在四个位置上的传感器读数

TriBot会旋转一周，因此可以找到任何方向上的光源。根据实验结果，让机器人旋转一周的时间参数为900度。这个数值不需要精确，机器人稍微转过头一点，运行效果也会很好。

> **注意** 使用教育版套装的轮胎时，机器人旋转一圈需要700度。

TriBot旋转时，程序将颜色传感器的读数与目前为止得到的最大值做出比较，如果发现更大的读数，变量Max Reading写入新的（更大的）读数，变量Position写入电机C的位置。图11-26显示了机器人在图11-24中各个位置时的变量数值。注意一下第四个位置，变量Max Reading 和Position的数值并没有被最新的位置和传感器读数更新，这是因为在这个位置上的传感器读数小于前面的检测值。

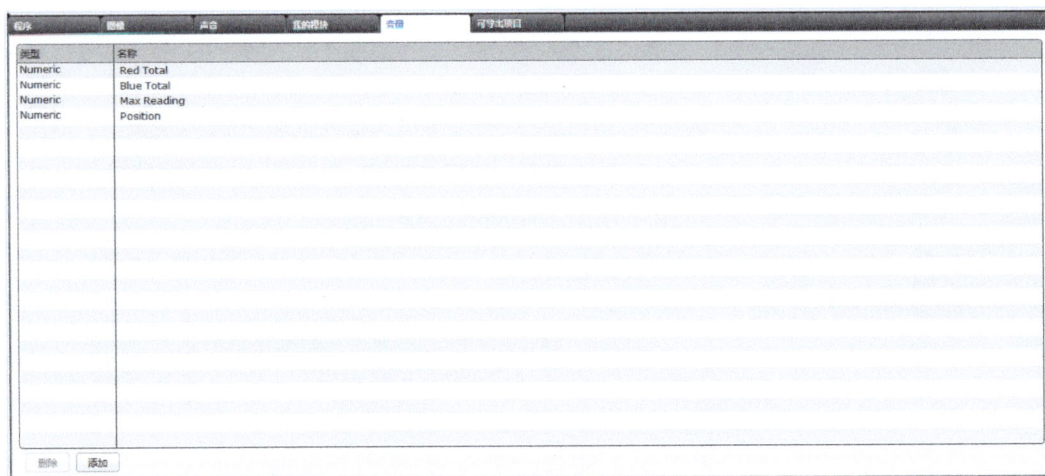

类型	名称
Numeric	Red Total
Numeric	Blue Total
Numeric	Max Reading
Numeric	Position

○ 图11-25　创建新变量之后的变量选项卡

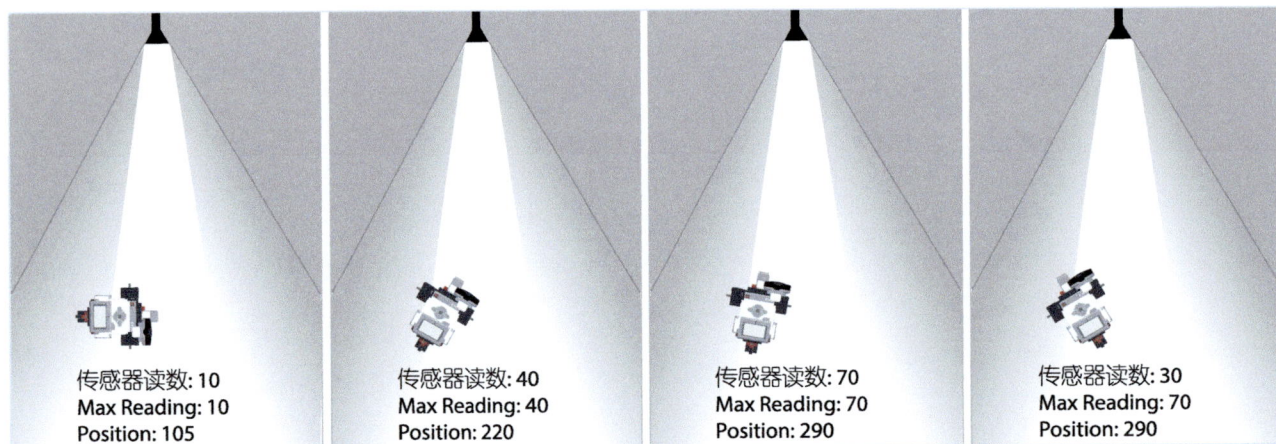

传感器读数: 10
Max Reading: 10
Position: 105

传感器读数: 40
Max Reading: 40
Position: 220

传感器读数: 70
Max Reading: 70
Position: 290

传感器读数: 30
Max Reading: 70
Position: 290

○ 图11-26　机器人旋转时变量Max Reading 和 Position的数值

列表11-2显示了这个部分程序的伪代码。你对变量的使用已经有了一些经验，因此我缩短了代码：

Max Reading =颜色传感器读数

上面这一行代码，用非常简短的方式说明"读取颜色传感器的数值，存储在变量Max Reading中"。

你可以在许多其他编程语言更新变量值时看到这个符号，等号的意思是"将右边的数据值保存在左边的变量中"。

```
start the robot spinning slowly
机器人开始慢慢旋转
begin loop
开始循环
    if Color Sensor reading > Max Reading
    then
    if颜色传感器的读值 > Max Reading
        Max Reading = Color Sensor reading
        Max Reading = 颜色传感器读数
        Position = B motor Rotation Sensor
        reading
        Position = B电机旋转传感器的读数
    end if
loop until B motor Rotation Sensor > 900
直到电机C旋转传感器读数 > 900时循环结束
```

列表11-2　找到光源

创建程序 LightPointer

程序LightPointer最前面三个模块的作用是初始化变量Max Reading和Position、重置电机C的旋转传感器，如图11-27所示。

● 图11-27　初始化变量和重置旋转传感器

初始化变量

在编写此程序的第一部分代码之前，先要考虑变量在程序启动时所需的值。尽管通常是在程序的开始部分初始化变量，但你首先需要设计程序（或至少是它的主要部分）以确定这些值应该如何初始化。

变量Max Reading是要保存颜色传感器的最大读数，这个数值是在0到100之间，在程序的开始，我们将变量Max Reading设置为0（可能的最低读数），以确保传感器第一次读取数值时大于0，传感器的读数和机器人的位置会被记录下来。

即使传感器第一次检测光值时会设置变量Position的值，但给它一个初始值仍然是个好主意（初始化所有的变量是很好的编程实践经验，可以帮助你避免一些很难发现的棘手错误）。在下面章节所示的代码中，在程序的开始部分变量Position被设置为0。

除了这两个变量，列表11-2的代码还使用了电机C的旋转传感器。为保证循环模块能正确工作，在程序开始的时候要重置旋转传感器。程序启动时，旋转传感器会被自动设置为0，但如果你想在其他程序中再次使用这段代码，你需要在移动转向模块开始让机器人旋转之前重置旋转传感器。如果你清楚地对一切进行了初始化，而不是让程序在启动时自动进行初始化，你的程序会更容易被再次使用。

完成初始化之后，你可以按照上一章节伪代码的指导开始编写寻找光源的程序代码了。首先用移动转向模块让TriBot开始旋转，如图11-28所示。将功率参数设置为20，让机器人旋转得慢一点，以避免丢失光源。

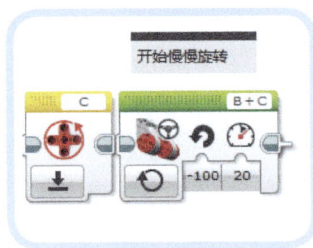

图11-28　让机器人开始旋转

在程序的下一部分中，如图11-29所示，用循环模块让机器人保持继续旋转，直到旋转传感器的读数大于900，循环模块设置为**电机旋转-比较-角度**模式。每次进入循环时，比较颜色传感器读数和变量Max Reading的值，如果传感器读数大于变量Max Reading的当前值，将执行切换模块中的代码。这段代码更新变量Max Reading的值，并将现在的旋转传感器读数写入变量Position。在切换模块的其他情况分支中没有模块。

让我们逐个完成本章节代码的编写。

1. 将循环模块配置为电机C旋转传感器的读数大于900时结束循环。这会让循环体不断重复运行，直到TriBot旋转一周后结束。

2. 将颜色传感器模块设置为**测量-环境光强度**模式，测量传感器前面的光线强度。用数据线将读值传递给其他模块。

3. 用变量模块读取变量Max Reading的当前值，用数据线传递给比较模块。

4. 用比较模块比较颜色传感器的读值和变量Max Reading的值。如果变量Max Reading的值小于新的传感器读数，传递给切换模块的比较结果为"真"；否则，比较结果为"伪"。

5. 如果比较模块的结果为"真"，切换模块将运行图11-29所示的"真"情况分支的三个模块，在"伪"情况分支中没有模块。

6. 分支模块中的第一个变量模块将最新的颜色传感器读数存储在变量Max Reading中。下一次执行循环时，比较模块要用到这个值。

7. 电机旋转模块读取电机C的当前位置。

8. 第二个变量模块将电机C的位置存储在变量Position中。

循环模块持续运行，直到TriBot旋转一圈为止。循环结束后，变量Position中应保存着光线最亮处的电机C位置。程序的第二部分中，要使用这个值控制TriBot向反方

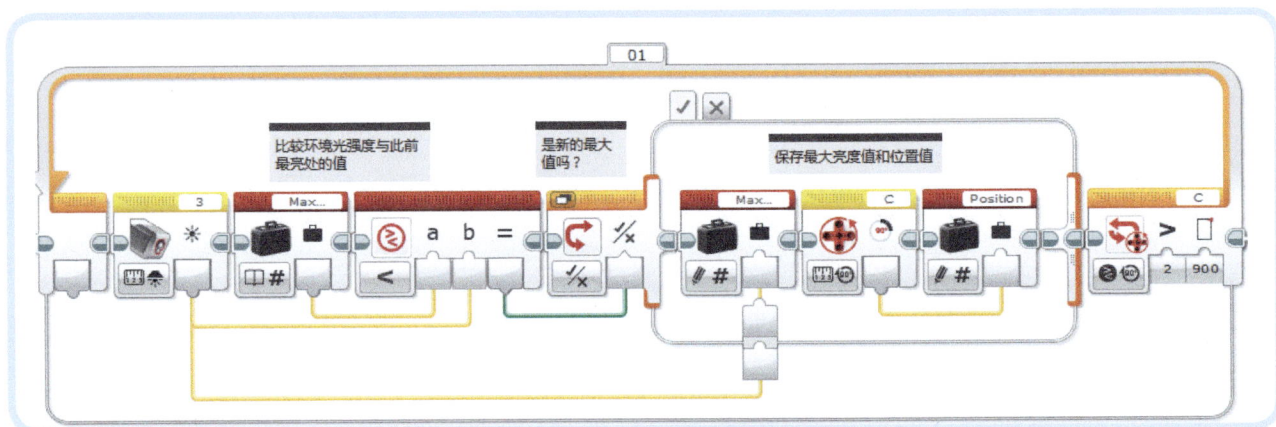

图11-29　寻找最亮的光源

向旋转，回到这个位置。

　　一个转向参数设置为100的移动转向模块控制TriBot向反方向旋转，电机C的旋转传感器数值逐渐减小。TriBot一直旋转到旋转传感器的读数大于变量Position的值时停止下来，它最终指向的方向就是检测到的光线最亮处。列表11-3显示了这部分程序的伪代码。

---

start the robot spinning slowly in the
opposite direction from the first move
机器人开始慢慢旋转，方向与第一次旋转的方向相反
read the Position variable
读取变量Position的值
wait until the Rotation Sensor reading
reaches the Position value
等待旋转传感器的读数达到变量Position的值
stop the motors
停止电机

列表11-3　将TriBot转回光源处

　　图11-30显示了程序的这个部分。等待模块读取旋转传感器的值，与存储在变量Position中的值做比较。比较模式设置为小于，等待旋转传感器的读值小于存储的位置值。等待模块运行结束后，移动转向模块停止电机转动。

　　现在试试完整的程序。TriBot应慢慢旋转一圈，然后反向旋转，在面向最亮处的时候停止下来。可以在一个黑暗的房间里，用手电筒做这个程序测试。

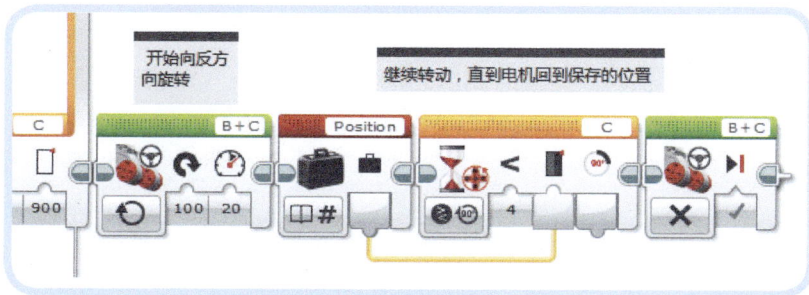

图11-30　反向旋转到存储的位置

常量模块

　　经常会有一个程序使用多个设置相同的模块的情况。例如在程序WallFollower中包含了7个使用相同功率参数的移动转向模块。如果你决定将这个参数从35更改到45，你要确保修改全部7个模块。如果你想测试几个不同的功率参数，一旦忘记在一个模块上改变参数，就可能产生麻烦。

　　常量模块可以让你保存一个数据值，然后在整个程序中用它设置模块的参数。图11-31显示了打开模式选择器的常量模块。这个模块与变量模块相似，但它只有读取模式。这是因为在程序中你不能向常量模块中写入新的数据值；你只能提前用模块右上角的对话框设置数据值。

　　例如，图11-32显示了第4章程序AroundTheBlock的修改版本。这里用一个常量模块控制两个移动转向模块，而不是分别为每个移动转向模块设置功率参数。用这个方法，当你想测试不同的功率参数时，你只需要修改常量模块，而无需修改每个移动转向模块。这也可以防止你只修改了一个模块的设置而忘记了另一个。在你编写大型程序时，这个方法特别有用，例如在程序WallFollower中，你就可以用一个常量模块同时控制7个模块的功率参数。

图11-31　常量模块

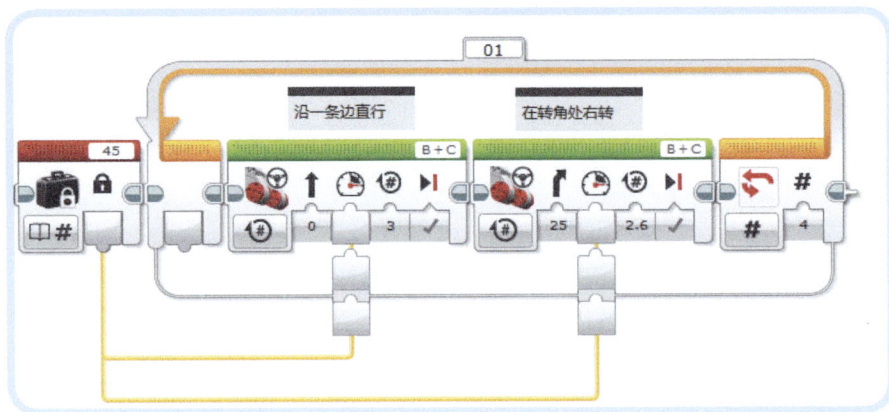

图11-32　用常量模块设置功率参数

进一步探索

下面是一些涉及变量和常量的活动，供你尝试。

1. 在程序WallFollower中，用一个常量模块为所有移动转向模块设置功率参数。然后用变量代替常量模块。在程序开始的地方需要有一个变量模块，还需要用一个或几个变量模块读取数据值，并传递给一个或多个移动转向模块。如果使用变量模块，可以避免使用长长数据线的混乱状况。常量模块和长长的数据线，多个变量模块和短的数据线，你更喜欢哪一个解决方案呢？（这个问题的答案没有对错，这是有关风格和偏好的问题。）

2. 以程序ObstacleAvoider为基础创建一个新程序ObstaclePointer。修改程序，让TriBot指向最接近障碍物的方向。你要让程序找到传感器读数最小值的方向，而不是读数最大值的方向。用不同形状、颜色和材质的物体进行测试。你会发现传感器的读数更多取决于机器人与物体之间的距离。提示：你要用变量Min Reading代替Max Reading，初始值应为100而不是0。

3. 将程序ObstacleAvoider放置在循环模块中，让机器人在每次循环结束前向前移动一点。换句话说，机器人

要寻找最清晰的路径，并向前移动一点（例如，5圈），然后再次寻找最清晰的路径，再向前移动一点，等等。反复重复这个过程，让机器人穿过布满障碍物的区域。

挑战 11-1

以程序LightPointer为基础，创建一个新程序ObstacleAvoider。用红外传感器或超声波传感器控制TriBot朝向传感器读数最大值的方向（即让机器人面向有最清晰路径的方向）。

挑战 11-2

如果你有陀螺仪传感器，用它代替电机C的旋转传感器，记录传感器读值最大的位置，并让机器人转回这个位置朝向光源。这是否比用旋转传感器更好些呢？试着提高移动转向模块的速度，看看哪种方式的工作效果最好。

结束语

变量可以让你在程序中存储和更新数据。变量模块用于在程序中创建和访问变量。变量为程序增加了很多灵活性，对于解决很多类型的问题来说是必不可少的。

本章中的程序展示了几个使用变量的方法。在后面的章节中，你还将看到变量的其他使用方法。

常量，由常量模块创建，你希望用不变的数据值控制多个模块时可以使用常量。这给你提供了一个简单的方法，将几个模块的同一参数合并在一起，你只需修改一个值就能影响很多模块。

本章还介绍了比较模块，与单独使用切换模块相比，比较模块可以让程序做出复杂的决策。在第13章中，你还将继续学习数学模块和循环模块，让程序做出更加复杂的决策。

在研究更多与数学相关的模块之前，我们有必要先在下一章中学习"我的模块"。"我的模块"是一种特殊的模块，它是由你程序的一部分创建而来的，可减小程序，更容易重复使用，且不容易出错。

第 12 章　我的模块

12

创建"我的模块"（自定义模块）是将一系列模块组合起来并重新使用的简单方法。"我的模块"是由其他模块创建而成的，可以像 EV3 程序的其他模块一样被使用。把一系列相关模块组合成一个模块，可以使程序更简短、更容易阅读。

本章中，你将学习如何创建"我的模块"并用于程序中。从播放声音的简单模块到更复杂的用标签显示数字，我将向你一步步解释创建"我的模块"的过程。在这个过程中，你会学习到所有与创建自己的模块有关的内容。

创建我的模块

我们从第5章程序DoorChime（门铃）（图12-1）中的一部分开始，创建一个简单的"我的模块"。这个程序中的声音模块用两个音调播放门铃声。你要把这些声音模块转换为"我的模块"，使程序变得简单，并可以在其他程序中使用这个"门铃模块"。

1. 从项目Chapter5中复制程序DoorChime到新的项目Chapter12中。

2. 用鼠标在两个声音模块的周围拖曳一个矩形方框选中它们（图12-2），或按住SHIFT键同时点击两个模块。

3. 选择**工具▸我的模块创建器**为选中的模块创建"我的模块"，出现如图12-3所示的"我的模块"创建器窗口。

在"我的模块"创建器窗口为新模块输入模块名称和描述。在窗口底部可以为模块选择图标。

4. 在名称对话框中键入**Chime**。

5. 在描述对话框中键入"**用声音模块播放门铃**"。

6. 在窗口底部选择声音模块图标（）。

7. 点击**完成**。

模块Chime创建完成后，程序DoorChime中的声音模块被新的"我的模块"（图12-4）替换掉。移动模块让它们靠在一起（点击每个模块右侧的**序列插头出口**，缩短序列连线），程序现在如图12-5所示。

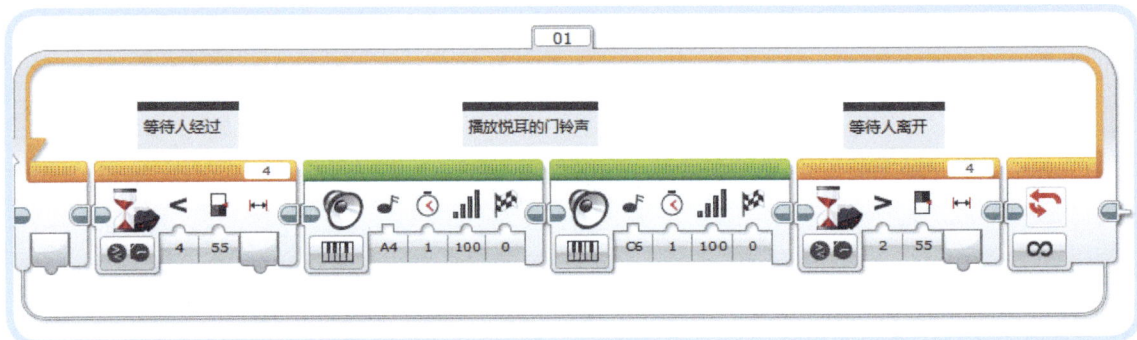

图12-1　程序DoorChime

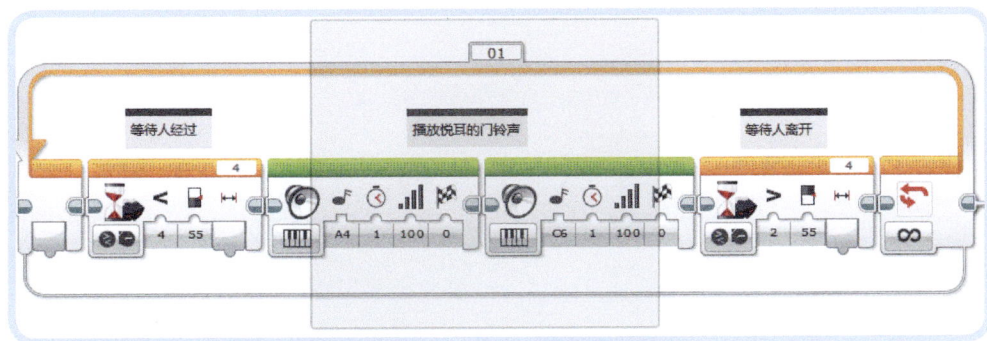

图12-2　选中两个声音模块

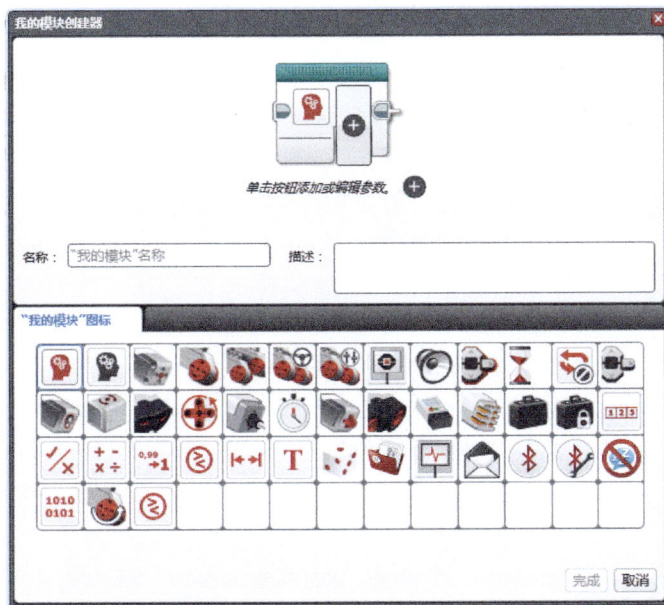

图12-3　我的模块创建器窗口

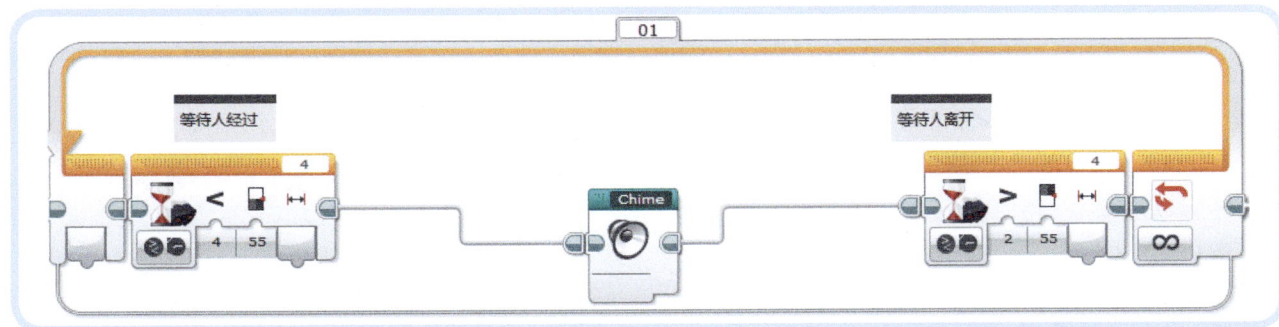

图12-4　创建模块Chime之后的程序DoorChime

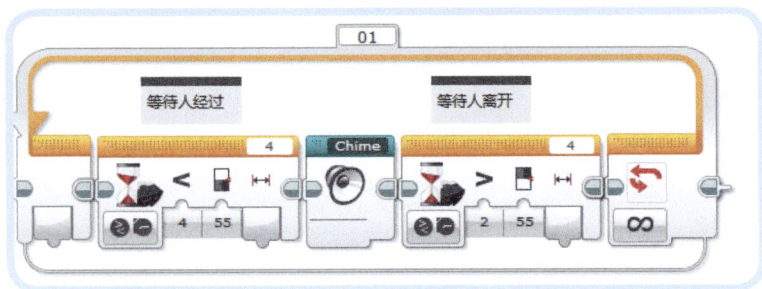

图12-5　将模块移到一起之后的程序DoorChime

现在的程序既小巧又简单，用单个模块比用两个模块更容易让人理解程序内容。尽管你改变了模块的排布，但并没有改变程序的工作方式，这个程序的运行效果与未创建模块Chime之前一样。

我的模块面板

可以在本项目的任何程序中使用已创建完成的"我的模块"，和使用其他模块一样。本项目所有"我的模块"在最右侧青色标头的"我的模块面板"中列出，每个"我的模块"显示出你创建模块时选择的图标，当你把鼠标移动到模块上时，会显示出模块的名称，如图12-6所示。

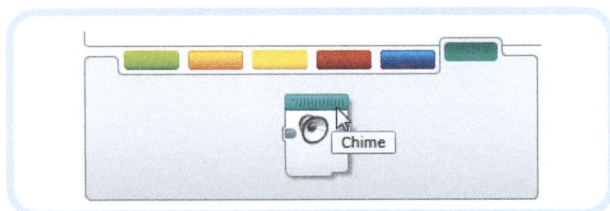

图12-6　显示在我的模块面板中的模块Chime

已创建的"我的模块"同时也会出现在项目属性页面的我的模块选项卡中（图12-7），你可以在选项卡中删除不再使用的"我的模块"、从一个项目复制和粘贴"我的模块"到另一个项目中或向计算机文件导入或导出"我的模块"。

编辑我的模块

在程序中双击"我的模块"或在项目属性页面我的模块选项卡中双击模块名称，可以对"我的模块"进行编辑。例如，按照以下步骤编辑模块Chime：

1. 打开程序DoorChime，如果此前没有打开。

2. 双击模块Chime，显示出两个声音模块，现在可以对它们进行编辑。

3. 再添加两个声音模块。设置模式为**播放音符**，并选择要播放的音符（图12-8）。

现在下载并运行程序DoorChime时，程序将播放4个声音模块。其他使用模块Chime的程序也同样会运行这些新添加的模块。编辑"我的模块"，会对每个使用这个模块的程序产生影响。这可能是有帮助的，当你修复了"我的模块"中的一个错误，这种修复会自动适用于所有使用这个模块的程序。而另一个方面，你需要确保改善一个程序时不会对其他程序产生不利的影响。

> ## 挑战 12-1
>
> 程序WallFollower有三个不同的部分：一个部分让TriBot靠近墙壁，一个让TriBot转向空旷的地方，一个让TriBot在墙角左转。将这三个部分转变为"我的模块"，让程序更简短和易于解读。

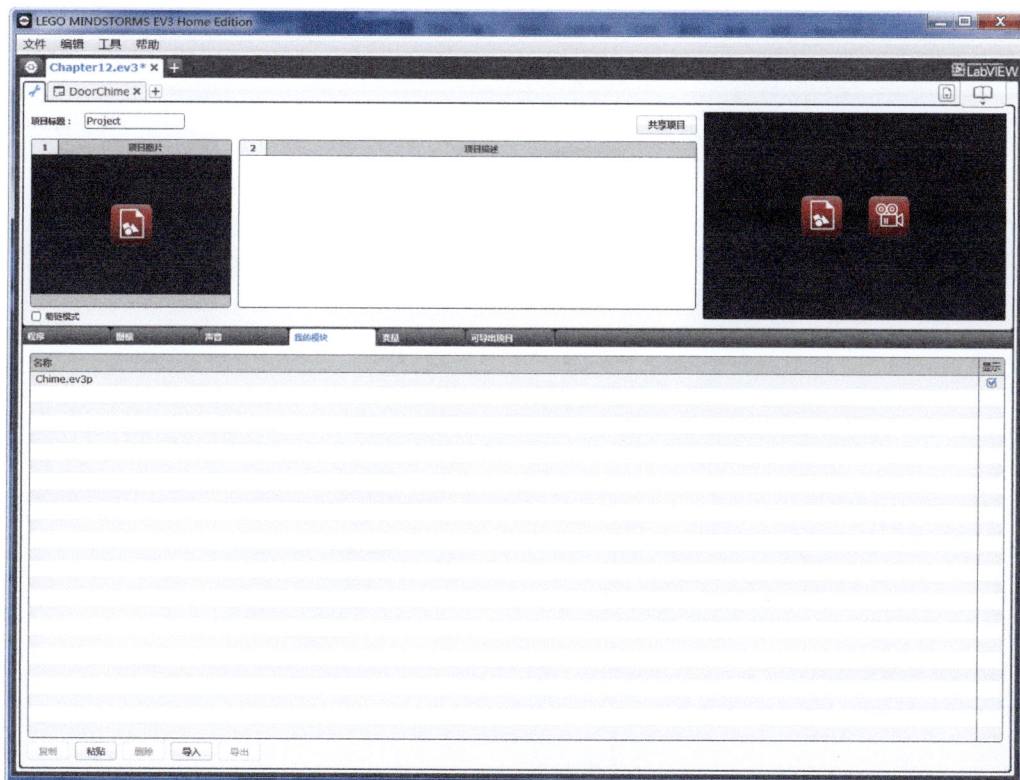

图12-7　项目属性页面中的我的模块选项卡

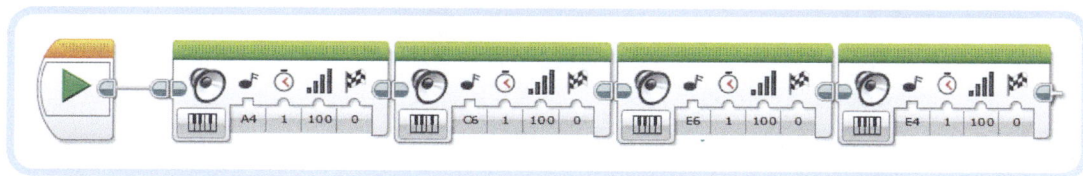

图12-8　编辑模块Chime

我的模块LogicToText

模块Chime不包含任何参数，这意味着它总是做同样的事。大多数EV3模块需要有确定行为的参数，你也看到了模块如何用数据线向其他模块传递输出数据。在本节中，你将创建一个有输入、输出参数的"我的模块" LogicToText。让我们用第9章程序LogicToText（图12-9）中的切换模块来创建这个"我的模块"。该模块以逻辑值为输入，创建一个文本值作为输出。你可以在任何程序中使用这个模块，将逻辑值轻松转换为文本，显示在EV3屏幕上。

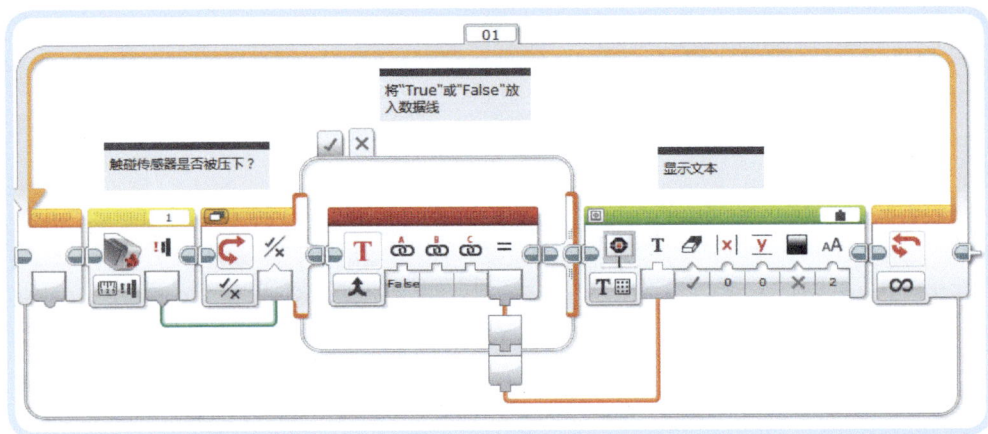

将"True"或"False"放入数据线

触碰传感器是否被压下？

显示文本

图12-9　程序LogicToText

按下面步骤创建我的模块LogicToText：

1. 打开项目Chapter9，将程序LogicToText复制到项目Chapter12中。

我希望将新模块命名为LogicToText，但"我的模块"不能与程序有相同的名称，因此我要对程序重新命名。

2. 将程序名称更改为LogicToTextBuilder（双击程序名称选项卡，键入新的名称）。

3. 选中切换模块。

4. 点击菜单**工具·我的模块创建器**选项。

我的模块创建器窗口中显示了带有两个参数的"我的模块"，这两个参数在图12-10中被明显标出。切换模块用到了两条数据线：一条为输入，接受逻辑值；一条将模块运行结果的文本值传递出去。当创建我的模块时，连接到模块上的数据线会成为新模块的输入和输出参数。在这个案例中，来自触动传感器模块的逻辑值数据线成为输入参数，传递给显示模块的文本数据线成为输出参数。

在窗口的下部，出现两个新的选项卡，参数设置和参数图标，可用于模块参数的显示方式进行配置。下面我们将用到这些选项卡。

5. 在我的模块创建器窗口，在名称对话框中键入**LogicToText**。

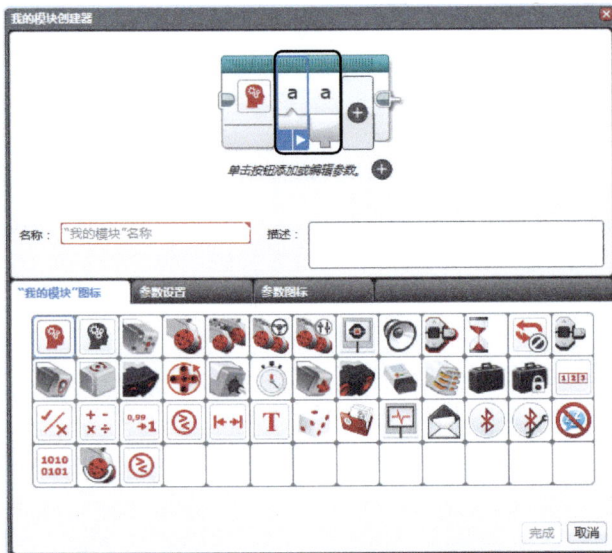

图12-10　我的模块创建器窗口，模块的输入和输出被明显标出

6. 在描述对话框中键入"**将逻辑值转换为文本"True"或"False"**"

7. 因为本模块要处理逻辑值，因此我们选择逻辑值图标（ ）。

8. 选定第一个参数，然后点击参数设置选项卡，窗口应如图12-11所示。

在这个选项卡中，可以选择参数的名称、参数类型（输入或输出）、数据类型和默认值。与EV3其他的模块一样，将鼠标光标移到参数上可显示出名称。但没有数据线连接到模块时，模块参数将使用你设定的默认值。

本模块的参数类型和数据类型已经被设定好了，且不能被修改。这是因为这些参数是由所连接的数据线自动创建的。你还可以用我的模块创建器窗口添加参数：对于自己添加的参数，可以修改参数的设置。

在这个选项卡中，EV3软件已经自动将参数名称设置为State，将默认值设置为"伪"。你可以保留默认值（对这个模块来说，影响不大），但需要更改参数名称。

9. 在名称对话框内键入Value。

10. 点击参数图标选项卡（图12-12）。

11. 选择逻辑值图标（✍），在窗口顶部的模块中将显示出这个图标（图12-13）。

以上是对第一个参数的设置。现在选择第二个参数，设置名称和图标。

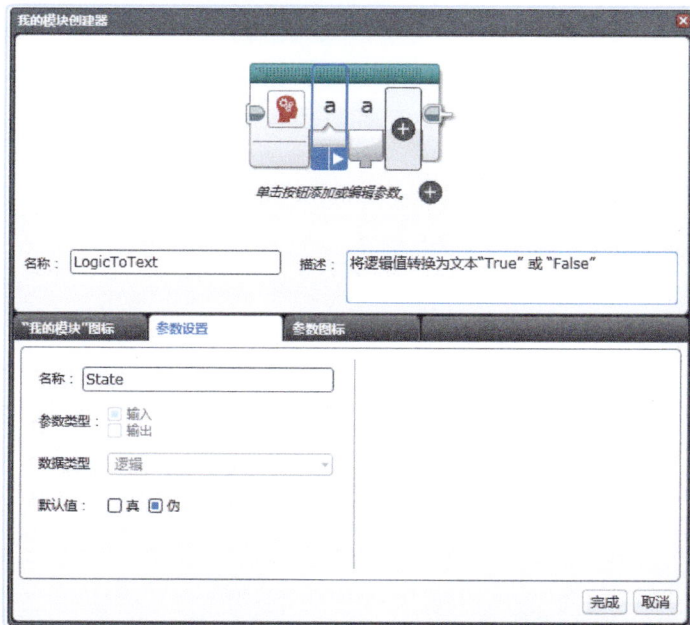

◉ 图12-11　第一个参数的参数设置选项卡

◉ 图12-12　参数图标选项卡

12. 选中第二个参数。

13. 选择参数设置选项卡。

14. 在名称对话框中键入Result。

15. 选择参数图选项卡。

16. 选择文本值图标（**T**）。

模块现在如图12-14所示。

> **注意** 在你点击"完成"之前，一定要确保你所需要的参数、设置和图标已经按照你希望的方式设置完毕。点击"完成"按钮，"我的模块"即创建完成，你不能再次添加、删除或更改参数，也不能更改"我的模块"的图标了。

17. 点击**完成**按钮，创建模块LogicToText。

整理模块之后，原程序如图12-15所示。

双击模块LogicToText，在编程画面中打开模块，如图12-16所示。如果输出参数在一个奇怪的位置上，把它拖到右边，如图12-17所示。我喜欢把输入放在左边，把输出放在右边。添加一些注释也是个好主意，这样你或其他程序员可以很容易理解"我的模块"要做什么、是如何做的。

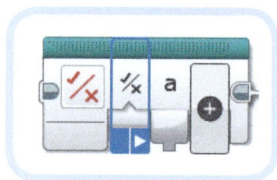

图12-13 模块中显示了你选择的图标

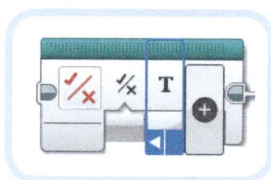

图12-14 两个参数图标

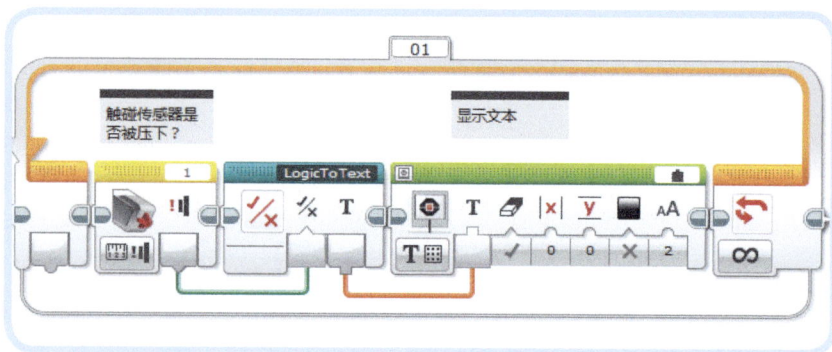

图12-15 使用模块LogicToText

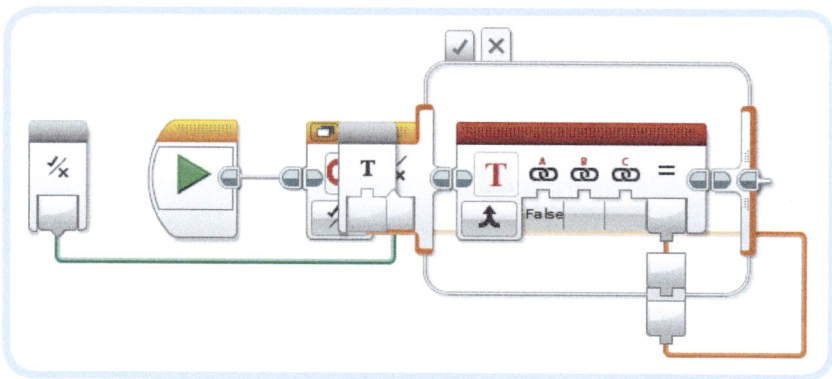

图12-16 模块LogicToText

将对应的文本值放入数据线，"True"或"False"

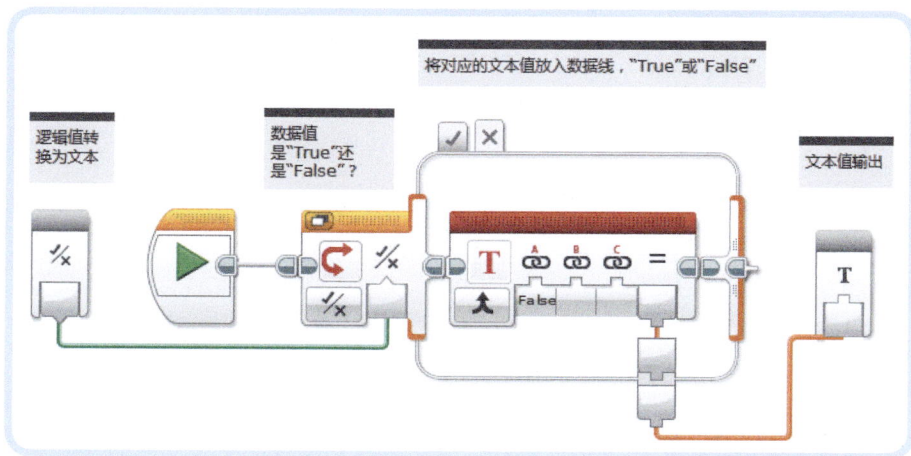

逻辑值转换为文本

数据值是"True"还是"False"？

文本值输出

False

● 图12-17　将输出移动到右边并添加注释

试着运行LogicToTextBuilder程序。当触摸传感器被按下时，屏幕上显示"True"，反之则显示"False"。

添加，删除和移动参数

让我们仔细看看如何在我的模块创建器窗口中添加、删除和修改参数。选中一个模块，打开我的模块创建器工具，添加几个参数。图12-18显示了如何控制有四个参数的我的模块。

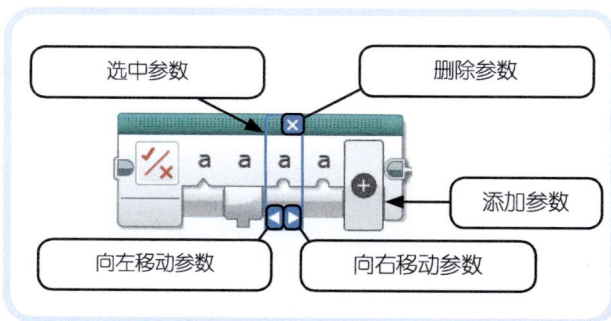

选中参数　　删除参数

向左移动参数　　向右移动参数

添加参数

● 图12-18　控制模块的输入和输出

* 选定的参数有蓝色的外框。可以使用参数设置和参数图标选项卡中的选项修改选定的参数。

* 添加参数按钮可为该模块添加新的参数。

* 删除参数按钮将移除选定的参数。你只能删除由添加参数按钮添加的参数。（从连接的数据线中自动创建的参数不能被删除。）

* 向左移动参数按钮将选定的参数移动到左边。

* 向右移动参数按钮将选定的参数移动到右边。

参数设置选项卡

参数设置选项卡定义了参数的外观和行为。我们在图12-11的模块LogicToText中已经粗略看过这个选项卡。图12-19显示了我用我的模块创建器添加了参数的"参数设置选项卡"。用这个方法添加参数时，你可以设置参数是输入还是输出、选择数据类型。如果参数类型是输入、数据类型是数字，你可以在选项卡的右侧为输入数值选择一种用于输入数值的滑块，只要与普通的输入插头比起来，你更喜欢这种方式。即使你选择了滑块的形式，也依然可以手动键入数值或用数据线输入数值（与移动转向模块的功率参数一样）。

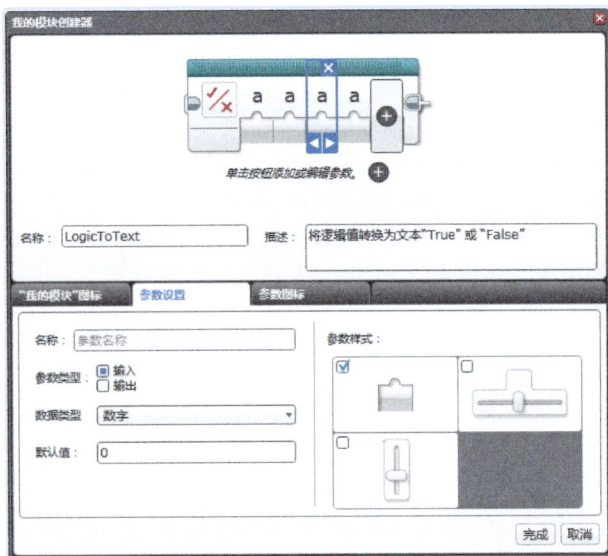

图12-19　用于新参数的参数设置选项卡

我的模块DisplayNumber

在本节中，你将创建一个新的"我的模块" DisplayNumber。我经常使用这个模块来显示数字，或者在程序运行时向用户给出反馈，显示调试信息或实验结果。

图12-20显示了程序SoundMachine中使用的模块，这些模块用于显示由电机B控制的音量水平。电机旋转传感器读取数值，文本模块为数值添加上名称和单位，显示模块将最终的文本结果显示在EV3屏幕上。我们希望要创建的这个模块能执行类似的功能，而且可以向模块内输入任何数字。这个模块中有一些参数，如名称和单位的文本，有助于我们以案例为基础学习如何配置"我的模块"。

看一下图12-20中文本模块和显示模块的其他输入，思考一下哪个输入可以配置、它们的默认值应该是什么。以下是需包括参数的列表。

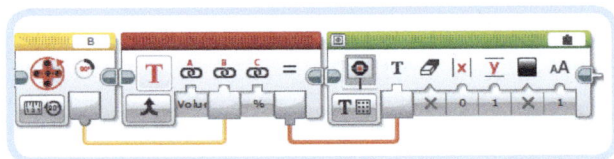

图12-20　显示音量

文本模块输入A　在数字前面显示名称。默认为空字符串。

文字模块输入C　在数字后面显示单位。默认为空字符串。

显示模块清除屏幕　这取决于模块的使用位置，你可能要在显示数值前清除屏幕。我会设置默认值为"真"，以匹配显示模块的工作方式。

显示模块行参数　如果要显示多个值，该参数需要更改，所以这个参数需要配置。将文本放在屏幕的顶部、默认值为0是合理的。

决定了需要在新模块中配置哪些参数后，你需要向每个参数连接数据线。对于模块的输入，你可以在程序的开始处添加常量模块，需要将常量模块的数据类型设置为参数对应的类型（名称和单位要使用文本值，清除屏幕参数要使用逻辑值，行参数要使用数字值）。对于模块输出，我通常在程序的末端添加设置为写入模式的变量模块。（模块DisplayNumber没有输出，因此我们现在只需要用到常量模块）。

以下是我的模块DisplayNumber的创建步骤：

1. 创建一个新程序，命名为DisplayNumberBuilder。

2. 复制图12-20中的三个模块到新程序中。

3. 为每个需要配置的参数添加一个常量模块。将模式设置为对应的数据类型，从常量模块拖曳数据线连接到参数。

此时程序应如图12-21所示，我们已经为创建我的模块做好了准备。

4. 选中文本模块和显示模块。

5. 选择**工具▸我的模块创建器**。

6. 将模块的名称设置为**DisplayNumber**，并添加描述。

7. 为新模块选择一个图标。

8. 选择每个参数，设置参数名称、默认值和图标。在图12-22中可以看到这些名称和我选择的图标。

9. 点击**结束**按钮。

当你点击结束按钮时，发生了两件事。我的模块DisplayNumber创建完成，程序DisplayNumberBuilder中的文本模块和显示模块被新的模块替换了。如果你想让程序恢复到原来的样子，你可以选择**编辑▸撤销**（或按下CTRL-Z）。这么做有助于以后对模块DisplayNumber中的

参数做出更改。

完成我的模块创建之后，应该打开它查看一下，确保它是你期待的样子。你可能还想添加一些注释，描述参数和模块的使用方法。图12-22中显示的模块DisplayNumber就添加了注释。

在你创建了一个模块后，你可以在任何程序中使用这个模块（如果想用于其他项目中，你需要先把这个模块复制到新项目中）。例如，图12-23显示的程序SoundMachine中，文本模块和显示模块已经被"我的模块"DisplayNumber替换了。现在的程序简短、更易理解程序的逻辑，模块DisplayNumber的目的也更清晰了。

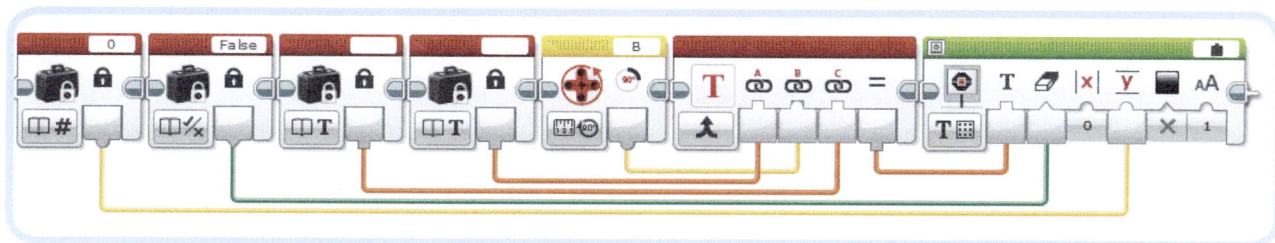

图12-21　程序DisplayNumberBuilder

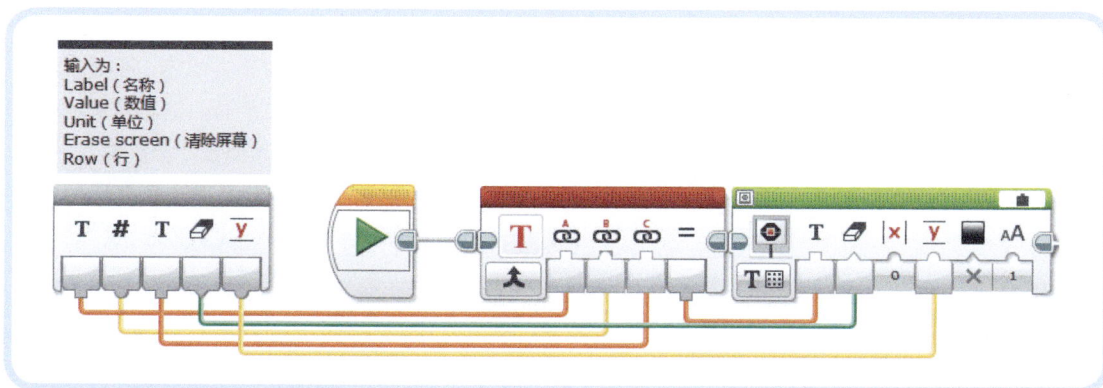

图12-22　模块DisplayNumber

更改我的模块参数

在第146页"编辑我的模块"中讨论过,编辑"我的模块"的内容非常容易,只需要打开模块如同普通程序一样进行编辑即可。不幸的是,没有简单的方法更改"我的模块"的参数,如果你决定要添加一个新的参数或更改现有参数的名称或默认值,需要重新创建"我的模块"。

如果你已经有了一个程序DisplayNumberBuilder作为起点,重新创建模块就很容易了。如果你没有现成的程序,可以从"我的模块"中把模块复制到新程序,并添加常量、变量模块和你需要使用的数据线。创建程序之后,就可以按照以下四步重新创建"我的模块"了:

1. 打开原有的"我的模块",在名称上添加"Old",对其重新命名(双击程序选项卡上的程序名称,输入新的名称)。

2. 从程序中创建"我的模块"。

3. 回到程序中,用新的"我的模块"替换旧的"我的模块"。

4. 删除旧的"我的模块"。

重新命名"我的模块"后,本项目中所有使用这个模块的地方都会使用新的模块名称。因此将名称DisplayNumber更改为DisplayNumberOld,所有程序都会使用模块DisplayNumberOld,你需要用手动的方式让程序使用新的模块DisplayNumber。

变量和我的模块

与主程序一样,在"我的模块"中可以使用变量。重要的是,要清楚哪些变量是在主程序和"我的模块"中共同使用的。EV3的变量被称为全局变量,这是因为在程序的任何地方,包括"我的模块",都可以访问这个变量。

这意味着你可以用变量在主程序和程序中的"我的模块"之间、在两个(或更多)"我的模块"之间分享信息。例如,如果把程序WallFollower分成三个"我的模块",程序中的移动转向模块分布在这三个"我的模块"中,你可以用一个变量控制程序中所有移动转向模块的功率参数。

变量还可以用于让"我的模块"记住一个数值。例如,图12-24显示的"我的模块"ScrollDisplay。这个模块可以在EV3屏幕上滚动显示文本,要显示的文本用数据线传递给"我的模块"。该模块第一次运行时,清除屏幕,将文本显示在第一行;第二次运行时,文本被显示在第二行;下次运行时,文本被显示在第三行;直到文本被显示在最后一行。再下次运行这个模块时,清除屏幕,将文本显示在第一行。

这个模块使用了一个名称为SD_Row的变量记录行参数。我在变量的名称前面加上了SD_的前缀,这是因为这个变量是用在模块ScrollDisplay中的。以模块的名称为

我的模块与调试

程序运行时,你可以用EV3软件查看正在运行的模块和数据线上的数值,在调试程序时这个功能非常有用。但这个功能只能用于主程序,不能用这个功能告诉我们模块中发生了什么。这意味着如果在我的模块中有错误,可能更难以找到和修复。

另一方面,如果你彻底测试"我的模块",确保模块正确工作,那么要找出主程序中的错误就容易得多了。可以在创建我的模块之前用创建模块的程序和一些小的测试程序进行测试,确保我的模块工作良好。使用"我的模块"可以缩小程序的尺寸,减少需要查找问题的模块数量。用已经通过调试的"我的模块",可以大大减少调试的时间。

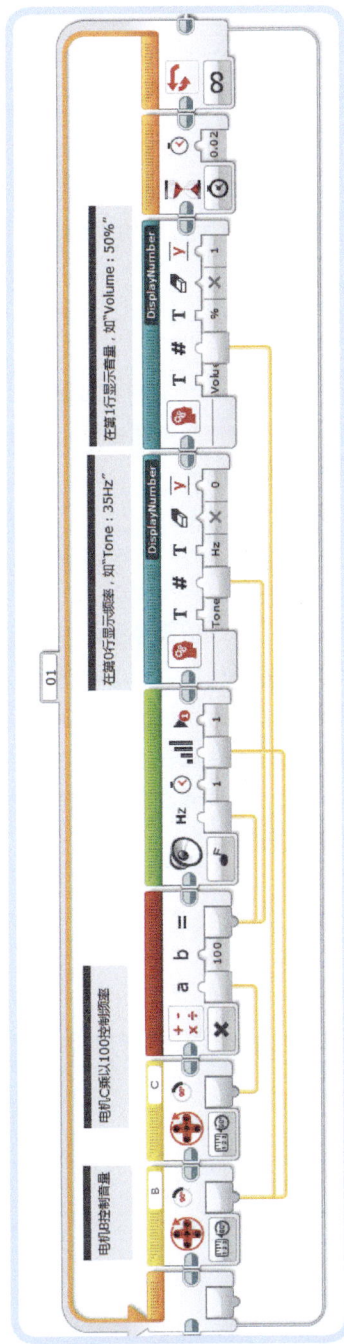

图12-23　使用了模块DisplayNumber的程序SoundMachine

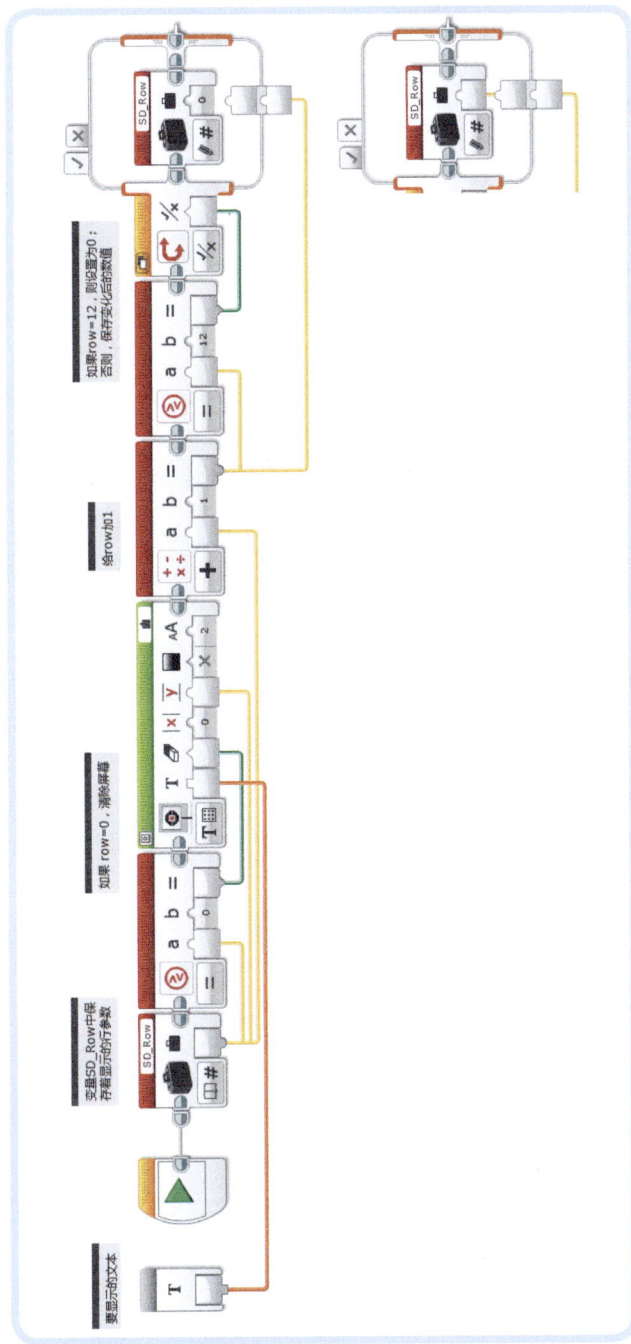

图12-24　我的模块ScrollDisplay

基础进行命名，能避免不小心使用和更改在主程序或其他"我的模块"中使用的变量。

这个模块使用了大量的数据线，但基本原理其实相当简单。EV3的显示屏可以显示12行文字，行编号为0到11。每次使用这个模块时，我们希望文本显示在下一行上，当文本显示到最后一行（11）时，下一次要清除屏幕，让文本显示在最上面的一行（0）。

将SD_Row的值传递给显示模块作为行参数。比较模块检查行参数值是否为0，以此判断是否要清除屏幕。显示文本之后，行参数值递增1。然后比较模块和切换模块检查这个数值：如果为12，则将0存储到变量SD_Row中；否则，就存储已经加1的新值。更新的数值将在下一次运行这个模块时用来设置行参数。

进一步探索

以下是练习创建"我的模块"的更多活动：

1. 创建模块DisplayLogic，它与模块DisplayNumber的工作方式相同，只是显示的是逻辑值。在新模块中使用模块LogicToText将逻辑值转换为文本值。

2. 第11章的程序LightPointer分为两个部分：一个是找

挑战 12-2

为模块Chime添加两个参数：音量和和持续时间，并将这两个数值提供给声音模块。每个参数都应有一个默认值（如，对于音量来说，0并不是一个好的默认值）。用更新后模块检查程序DoorChime。

到光源的方向，另一个是让TriBot指向这个方向。为程序的这两个部分创建两个"我的模块"，用数据线在两个模块之间传递位置值，而不是使用变量Position。

结束语

创建"我的模块"是重复使用代码的简单而强大的方法，使你的程序更容易理解、不容易出错。在本章中，你学习了如何创建不同复杂程度的"我的模块"。简单的模块Chime让你轻松地重复使用代码，并让程序的尺寸大小更易于管理。更复杂的模块DisplayNumber有许多配置选项，可以让你不再一遍遍重复编写相同的复杂代码。

第 13 章　数学和逻辑

本章中，你将学习能在程序中执行更复杂运算的数学模块高级模式。你还将学习与之密切相关的逻辑模块，将逻辑值组合起来让程序作出更复杂的决定。其他与数字相关的模块，如范围模块、随机模块和舍入模块，也是本章涵盖的内容。

数学模块的高级模式

数学模块的高级模式能执行更为复杂的运算。你已经在几个程序中使用过数学模块，但都是设置为单一的运算模式（加、乘等）、只使用2个参数。高级模式（图13–1）可以组合使用多种运算方式、最多有4个输入参数（命名为a到d），计算更复杂的数学表达式。

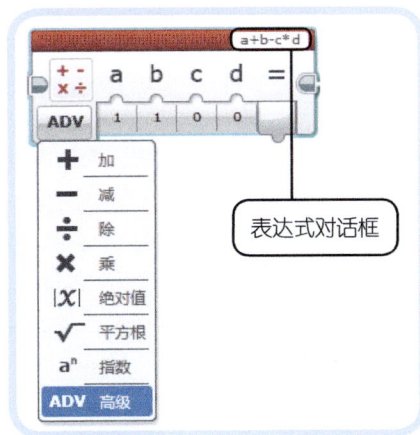

图13–1　数学模块的高级模式

要输入表达式，点击表达式对话框，出现一个小窗口，窗口的顶部有一个对话框，下面有运算符和函数列表（图

13–2）。你可以用普通数学运算符符号来键入表达式，或者单击列表中的运算符或函数将其添加到当前表达式中。

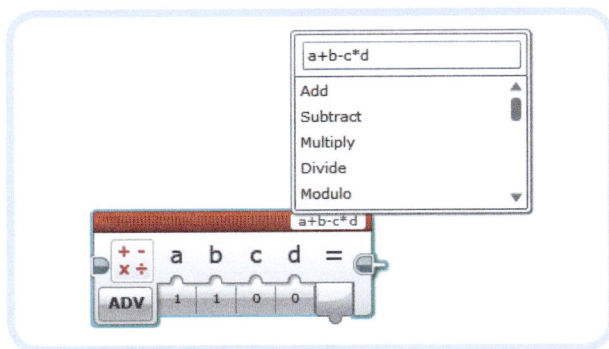

图13–2　输入表达式

可使用的运算符和函数

表13–1列出了可使用的运算符，你也许已经认识了其中的大部分。要使用这些运算符，你可以简单地键入适当的符号，或者从表达式对话框窗口中选择列表中的运算符。

表 13–1　可使用的运算符

运算符	描述
+	加
−	减或相反数。5–3 是减。–a 是相反数。
*	乘
/	除
^	指数。2^3，意思是 2 的三次幂，或 2^3。
%	取模运算。第一个数除以第二个数时的剩余部分，5 % 2 是 1，因为 5 被 2 除之后，还剩余 1。

表13-2列出了可以使用的函数，并给出了简要的描述。其中大部分函数用于处理比较高级的数学问题，我们在本书中只会使用到少数几个。

表 13-2　可以使用的函数

函数	描述
floor()	将数值向下取整到最接近的整数。floor (4.7) 是 4，floor (4.1) 是 4，floor (-4.4) 是 -5。
ceil()	将数值向上取整到最接近的整数。ceil (4.7) 是 5，ceil (4.1) 是 5，ceil (-4.4) 是 -4。
round()	将数值取整到最接近的整数。round (4.7) 是 5，round (4.1) 是 4，round (-4.4) 是 -4，round (-4.7) 是 -5。
abs()	绝对值。abs (5) 是 5，abs (-5) 是 5。
log()	以 10 为底的对数。
ln()	以 e 为底的对数。
sin()	正弦值。所有的三角函数计算的均为角度。
cos()	余弦值。
tan()	正切值。
asin()	反正弦值。
acos()	反余弦值。
atan()	反正切值。
sqrt()	平方根。sqrt (16) 是 4。

点击列表中的函数，软件自动添加函数名称和左括号，然后输入你想执行的函数值和右括号。例如，如果你想把一个参数转为最接近的整数，点击Round，此时出现round（然后键入a）（图13-3）。

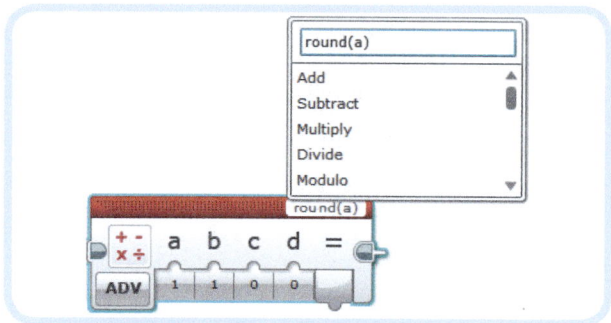

● 图13-3　输入表达式

取模运算

当一个数被另一个数除时，取模运算符（%）给出了余数。例如，7 % 4的余数是3（表达式7 % 4读作7除以4的余数）。这个运算符的某些特性在计算机编程中非常有用。

表13-3显示了表达式a%3在a值增加时的结果。请注意，结果从0开始，增加到2，然后又回到0。当你想要一个值逐渐增加达到一定值后再回到起始值时，取模运算就有用了。我们在第12章的模块ScrollDisplay中看到了这样的例子，其中row的值从0开始，增加到11，然后再回到0。图13-4显示了模块ScrollDisplay的一部分：增加row的数值，检查它是否达到12，然后储存新的值。这个输入给数学模块的数值来自于上一次的row值。

表 13-3　取模运算

a	a % 3
0	0
1	1
2	2
3	0
4	1
5	2
6	0
7	1

如果用高级模式的数学模块进行取模运算，我们用两个模块就可以完成同样的事情（图13-5）。表达式这是一个数学表达式，要放在同一行。完成以下运算过程，对a加1（这是上一次的行参数），然后将该值除以12，保留余数。因此row值从0开始增加到11，然后再回到0，和原来的程序代码运行效果一样。

数学模块的错误

如果你向数学模块输入一个表达式，该表达式不能正确计算，它会产生错误。数学模块以不同的方式对不同的错误作出反应，当你把数学模块的结果传递给其他编程模块时，这些错误会导致程序出现问题。

你可以查看数据线的值或用显示模块在EV3屏幕显示数据的方式检查数学模块的错误。例如，如果你试图将一个数除以0，则从数学模块连接出来的数据线将显示无穷

大，如图13-6所示，而在EV3屏幕上则显示为"Inf"。

对负数取平方根会出现另一个常见错误，这会产生一个特殊的错误值，在数据线和EV3屏幕上显示为"----"（图13-7）。同样的，如果输入的表达式缺少数值或括号而无法识别，如sqrt（a或a+b*），在数据线上会显示空白，如图13-8所示，而在屏幕上会显示"----"。

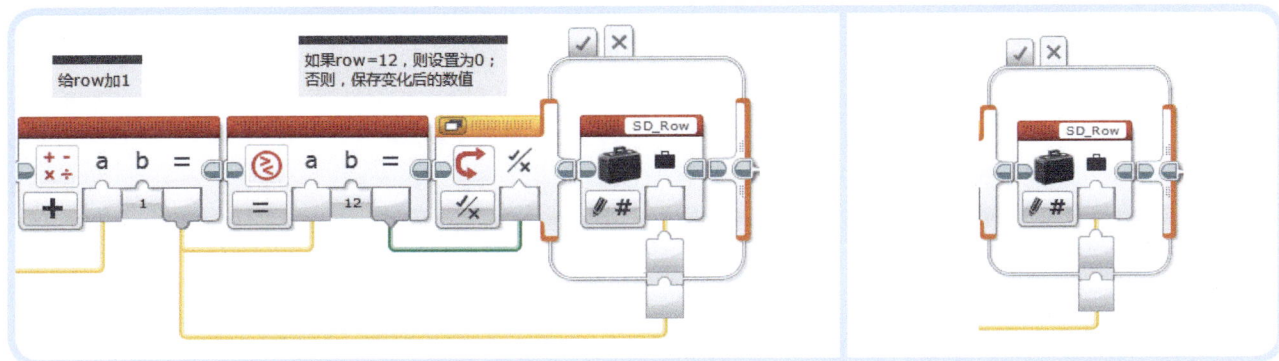

图13-4　模块ScrollDisplay，计算和保存下一个行参数

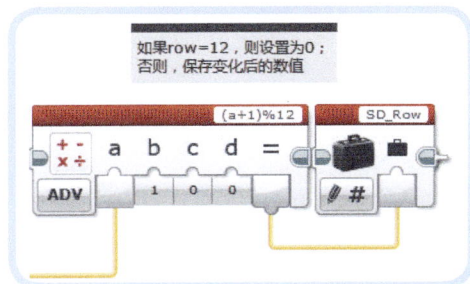

图13-5　只用2个模块完成计算和保存下一个行参数

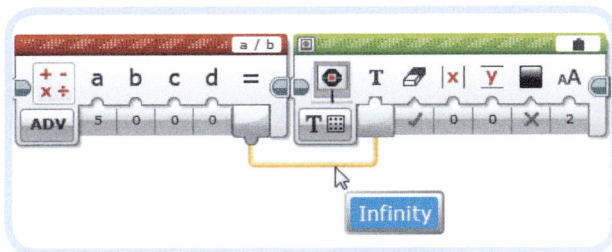

图13-6　数学模块的错误显示在数据线上：一个数值除以0

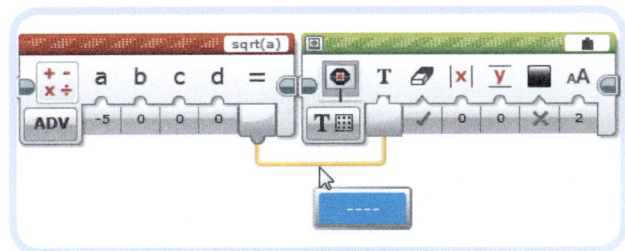

图13-7　数学模块的错误显示在数据线上：负数的平方根

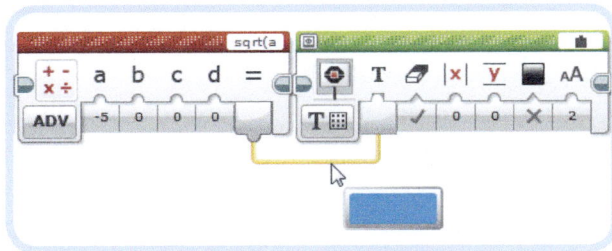

图13-8　数学模块的错误显示在数据线上：无效的表达式

使用这样的值作为模块的输入，经常产生奇怪的结果。例如，如果将负数的平方根作为移动转向模块的功率参数，模块实际上将功率设置为100。同样的值用在角度的持续时间上，模块实际上将角度参数设置为0。将这个值用于转向参数会使两个电机来回振动，产生一个不符合任何转向控制值的行为。注意这些错误值，因为它们会导致程序bug。

比例巡线

在本节中，我们将回到程序LineFollower，用高级模式的数学模块来提高程序调整机器人转向的能力。巡线程

序中基于传感器读数来调整转向的部分被称为*控制算法*。改进控制算法可以让TriBot移动更顺畅、紧紧跟随线条。

在第6章和第9章用到的控制算法（图13-9）被称为*三状态控制器*，因为程序基于传感器的读数在三件事情中选择一种执行：直走，左转，右转。这种方法的主要问题是，当机器人需要转动时，它总是转动相同的量，无论是机器人遇到的是急转弯还是柔和的转弯，它都使用相同的固定转向参数。

如果根据线的形状确定转向参数，巡线效果会更好，对柔和的曲线用较小的转向参数，对锐利的尖角用较大的转向参数。这使得程序更快速地响应线条的方向变化，而在直线段时仍能平稳运行。这种方法被称为*比例控制器*，

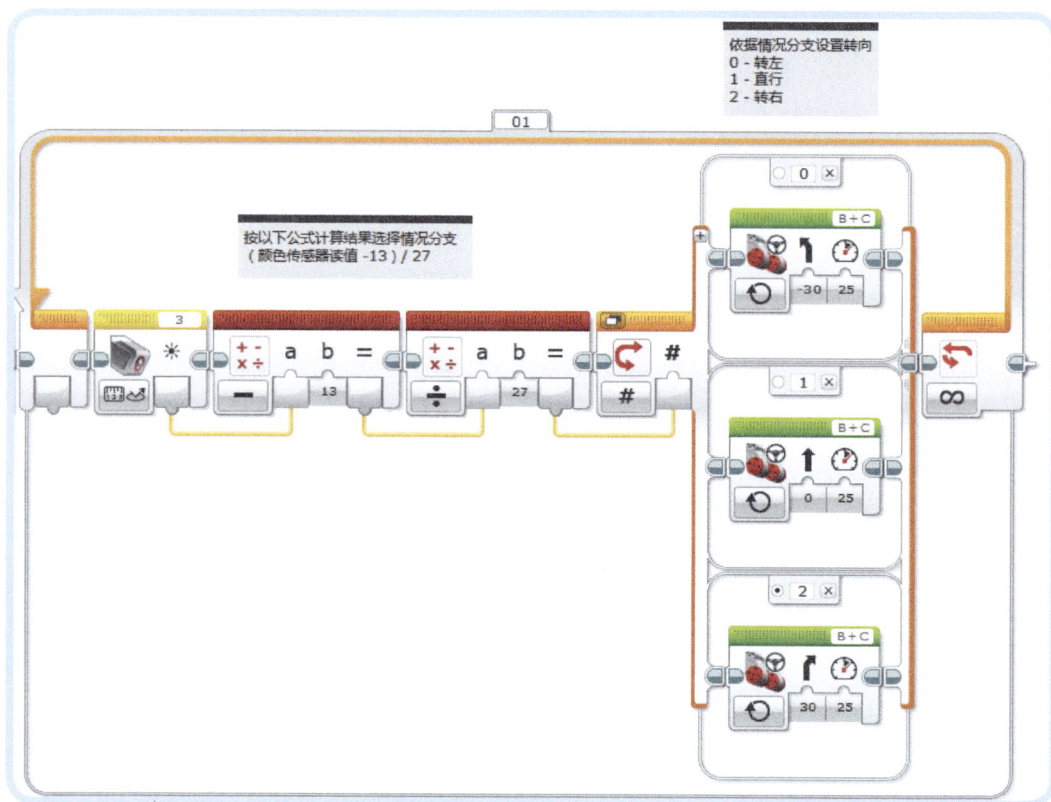

依据情况分支设置转向
0 - 转左
1 - 直行
2 - 转右

按以下公式计算结果选择情况分支
（颜色传感器读值 -13）/ 27

图13-9 用于第9章程序LineFollower的三状态控制器

因为转向参数的变化是与机器人到线边缘的距离成正比的，或直接相关的。

　　比例控制器根据目标值和输入值改变控制变量（在本例中，是转向方向）。在我们的例子中，输入值是来自颜色传感器的读数，目标值是颜色传感器在线的边缘正上方时的读数。我们以第6章TriBot的颜色传感器在黑线和场地上的读数平均值来确定目标值，这对我来说是52。

　　目标值和输入值之间的差值称为*误差值*。你可以把误差值看成我们想要机器人做到的和它实际做到的二者之间的区别，并且实际上也就是这样。我们将误差值乘以增益值来获得方向值。*增益值*决定了机器人对误差值变化的反应速度。较小的增益值使得机器人移动缓慢，这意味着它可能对急转弯的反应不够快速，但在曲线比较直的情况下，不会有那么多的左右晃动。更大的增益值意味着更快速的反应，但能引起急促的运动。选择增益值的过程被称为*调整控制器*，这通常需要进行反复地实验。

　　这里是误差值和转向值之间的方程式：

误差值=目标值−传感器读数

转向值=误差值×增益值

我们可以把这2个表达式合并成（目标值−传感器读数）×增益值，用一个高级模式的数学模块来计算转向值。这两个数值（目标值和增益值）是常量，在程序中，我们将用常量模块向数学模块提供该值——这使得它们更容易调整。改变常量模块中的数值只需点击鼠标，这与更改数学模块中的表达式相比，可以少犯错误。

　　完整的程序如图13-10所示。我将增益值设置为0.7，这个值在我的测试中工作状态良好。尝试一下不同的增益值，看看哪个有更合适的效果。以下是数学模块的输入参数：

a 颜色传感器读值

b 目标值

c 增益值

则前面的表达式可以改为：（b−a）×c。然后这个表达式得出的结果与前面程序LineFollower的转向控制方向是相反的（要让机器人沿着线的右侧巡线，而不是像前面的程序一样沿着线的左侧巡线）。如果想和前面的程序保持一致，可以给表达式加一个改变结果的符号：

−（b−a）×c

　　用你自己的目标值和增益值测试这个程序，运行效果应该比三状态程序LineFollower更好。

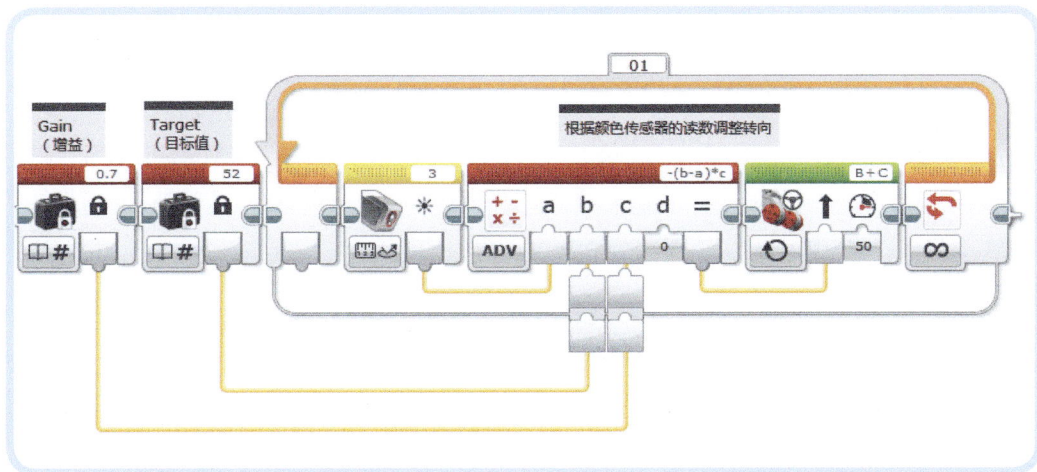

图13-10　比例巡线程序LineFollower

挑战 13-1

第5章中介绍的程序GyroTurn用陀螺仪传感器控制TriBot旋转90度，这个程序在机器人速度较慢时，运行效果良好；当机器人速度很快时，运行效果降低。现在用陀螺仪传感器的读数控制速度，让机器人远离目标时快速移动，接近目标时减慢速度。这可以让TriBot在1、2秒钟内快速完成精确转弯，而不是花费几秒钟用缓慢、恒定的速度完成这一动作。要让数学模块的输出结果总是不低于最小值，保证TriBot不会旋转得太慢。

> **提示** 当目标值大于等于传感器读数时，表达式10+（目标值−传感器读数）×增益值，将保证结果至少为10（此处增益值为正）。

EV3计时器

在接下来的程序中，你要用到EV3计时器。EV3有8个内置的计时器，就像秒表一样。你可以用*EV3计时器*告诉你程序运行了多长时间，或者测量机器人执行特定任务时用了多少时间。通常情况下，在开始任务前，将计时器重置为0，然后在任务完成时读取计时器。注意，这类似于我们在其他程序中使用过的旋转传感器和陀螺仪传感器，你可以把定时器看成时间传感器。

因为EV3有8个计时器，你可以在同一程序中为不同的目的指定多个计时任务。以下是一些建议：

* 计时整个程序运行的时间，并用这些信息来比较不同的方法。例如，你可以测量机器人用不同的程序解决迷宫分别需要多长时间，然后用这些信息来选择更快的解决方案。

* 对程序的一部分计时，看看你是否可以为某些部分加速。

* 用计时器控制程序执行周期性的动作。例如，作为一个实验的一部分，你可以用计时器在5分钟时间内每隔10秒读取一次传感器数值。

* 用计时来限制等待传感器达到预期阈值的时间。程序发生意外情况时，可能完全停止工作，这种技术可以帮助你避免这种情况的发生。

在等待、切换和循环模块的传感器列表中可以找到计时器。你还可以用传感器面板中的计时器模块进行控制，计时器模块（图13-11）有三种模式：*测量模式*读取计时器的当前值（单位是秒）；*比较模式*，比较当前值与阈值，比较结果为逻辑值；*重置模式*将计时器重置为0。该模块还有一个参数可用于在8个计时器中进行选择。

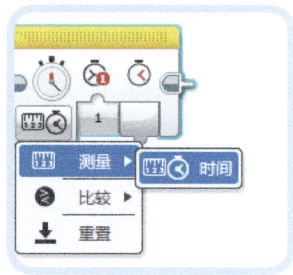

图13-11　计时器模块

程序DisplayTimer（显示时间）

程序DisplayTimer将数学模块和计时器模块的功能组合起来，在EV3屏幕上显示程序运行的时间。该程序从计时器模块获得数值，将它以典型的"分：秒"格式显示在屏幕上。例如，0：03是3秒钟，2：15是2分15秒。程序用循环模块保持运行状态，直到你把它停止下来，每次进入循环，计时器模块读取并显示一个新的时间值。

请注意，计时器模块的读值是小数，如7.46或11.038，程序能很好地显示出这些小数（2：15.947）。但为了讨论简单，我在所有的例子中都只使用整数。

将计时器的读数变为分钟和秒

在这个程序中，我们从计时器模块读取数值并将其分为分钟和秒。例如，如果计时器模块的读数是127秒，我们要显示2分钟7秒。可以用简单的公式来做这件事：

秒=计时器读数％60

分钟=（计时器读数−秒）/60

要计算显示的秒数（在0和59之间），我们取计时器模块读数除以60的余数，当计时器的读数是127时，因为127％60是7，所以我们得到7。

从计时器的读数中减去秒数得到一个数值，这个数值是60的倍数。用同样的例子，127−7是120，因为1分钟有60秒，这个值除以60得到了分钟数。

图13-12显示了程序的第一部分。计时器模块读取程序运行经过的时间，并将数值传递给2个数学模块。每个

数学模块设置为高级模式，计算显示的秒数和分钟。计算秒数的数学模块需要放在前面，因为它的结果要提供给其他数学模块使用。

创建显示文本

下一步要将分钟和秒数值（都是数字值）与冒号（:）组合起来创建成"分钟：秒"格式的文本值。我们可以把分钟和秒数值直接传递给文本模块进行组合，但是有一个问题：如果秒数小于10，结果将是不正确的。如，如果分钟的数字是2，秒数是7，文本模块将产生2：7的结果，而不是2：07。在我们将数值传递给文本模块之前，要在小于10的秒数前面添加0。

用两个数学模块计算分钟和秒数的数值，当秒数小于10时组成正确文本值的代码显示在图13-13中。程序中用比

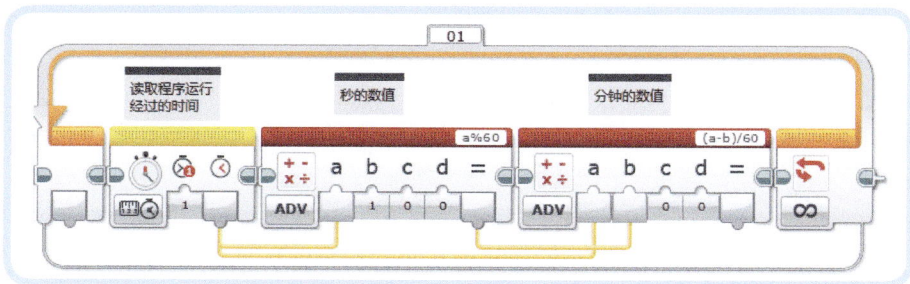

图13-12　将程序运行的时间转换为分钟和秒

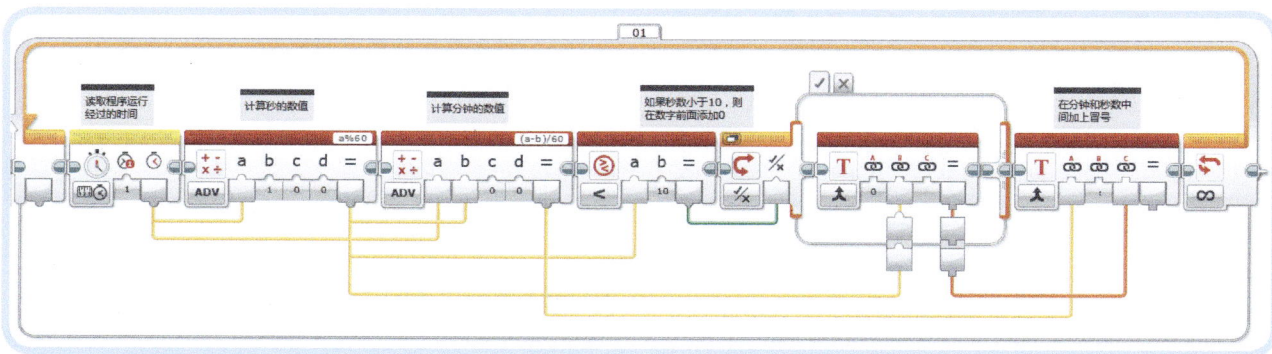

图13-13　如果秒数小于10，在前面添加0

较模块检查秒数是否小于10，切换模块的"真"情况分支用文本模块在秒数前面添加0，将结果传递给切换模块外面的另一个文本模块，后面的文本模块将它与分钟数值和冒号组合成格式化的文本值。

现在分钟数为2、秒数为7时，最后的那个文本模块可以显示正确的数值了，2：07。

那么秒数不小于10时怎么办呢？我们要用切换模块的"伪"情况分支将数值一点不变地传递给最后那个文本模块，因此只需将模块内的输入插头和输出插头用数据线连起来即可，如图13-14所示。

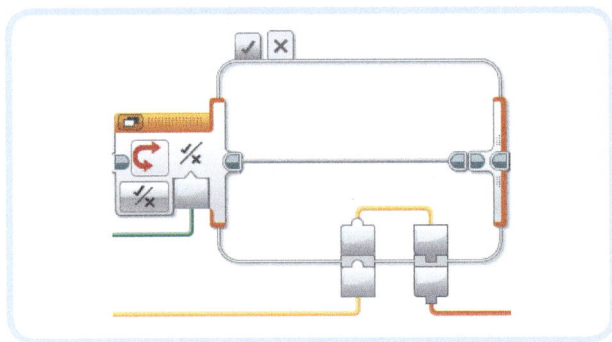

图13-14　经过切换模块将数值传递给文本模块

进入切换模块的数据线中包含着来自数学模块的数字值，数据线的颜色是黄色的。从切换模块输出的数据线包含着文本值（这个数据线插头是由"真"情况分支的文本模块创建的），数据线的颜色是橙色的。编写这个程序时，一定要先编写切换模块的"真"情况分支，这才能从切换模块得到橙色的文本输出插头。如果你先编写切换模块的"伪"情况（将数字类型的数据线连接到下一个模块），会得到一个黄色的数字类型输出插头，那么在"真"情况中将无法连接数据线。请记住，你可以将数字值连接到文本插头（数据类型会自动转换），但不能将文本值连接到数字插头上。

程序的最后一个部分是用显示模块将最终的文本值显示在EV3屏幕上（图13-15），我将行参数设置为4，让文本靠近屏幕中央，更容易被看到。

运行该程序，应该看到时间值不断变化。让计时器至少运行1分钟，看看程序在秒数小于10时、秒数大于10时和分钟值从0到1时的运行结果是否正确。显示时间时将包括小数点后的三位数字，这些数字变化很快。在下一节中，我们将讨论如何用舍入模块隐藏或去掉小数值。

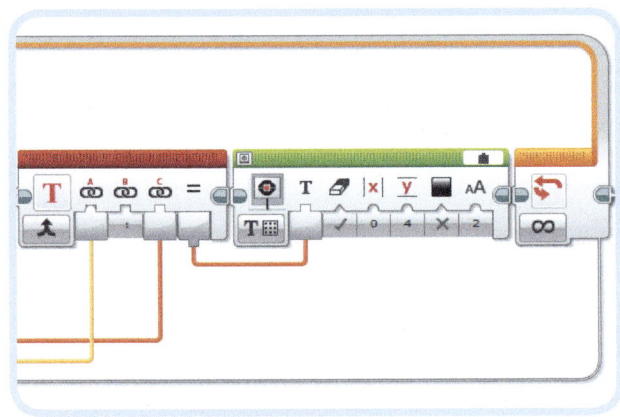

图13-15　显示时间值

舍入模块

使用舍入模块（图13-16）是对数字进行取整的简单方式。这个模块有四种模式对应着不同的取整方式。至最近模式将数字值变为最接近的整数，向上舍入模式将数字值变为下一个最大的整数，向下舍去模式将数字值变为下一个最小的整数，这三种模式相当于数学模块高级模式的round、ceil和floor函数（在高级模式中可以找到这三个函数）。

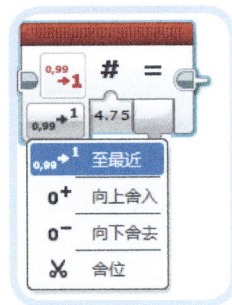

图13-16　舍入模块

表13-4列出了同一个输入值在三种模式下得到的结果。如果输入值是一个整数，则三种模式将给出同样的结果，即数值不会有任何变化。在对负数使用向上舍入和向下舍去模式时，结果和你的直觉有点不同，但你一定能想明白这其中的道理。例如，因为-4大于-5，所以-4.2向上舍入时是-4，向下舍去时是-5。

表13-4　舍入模块的模式比较

输入	至最近	向上舍入	向下舍去
4.0	4	4	4
4.2	4	5	4
4.5	5	5	4
4.7	5	5	4
-4.2	-4	-4	-5
-4.5	-5	-4	-5
-4.7	-5	-4	-5

舍入模块的*舍位模式*有一个额外的参数，小数位数，你可以用它设置保留小数点后多少位数（图13-17）。你指定位数后面的数字将全部被舍弃（没有四舍五入）。

在计时器模块后面添加一个舍位模式的舍入模块，让程序DisplayTimer在小数点后面只显示一位小数，确保将舍入模块的输出连接到了两个数学模块的输入参数a上（图13-18）。如果你喜欢只显示整数的秒数，可以将小数位

数参数设置为0。

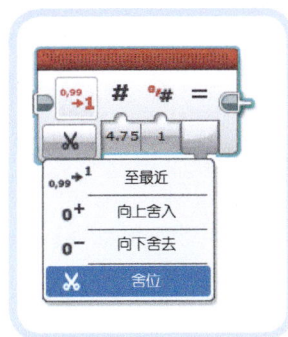

● 图13-17　舍入模块的舍位模式

挑战 13-2

创建一个如图13-14所示的我的模块TimeToText，将程序运行的时间作为输入参数，将符合格式的文本值作为输出参数。

随机模块

数据操作面板上另一个与数学相关的模块是*随机模块*，如图13-19所示。随机模块上有个骰子的图标，模块本身也像个骰子，能产生随机数字，可以用它在创建机器人游戏时为机器人的行为增加一些随机性。通常情况下，如果机器人的行为有一些不可预知性，可以更有趣、更有

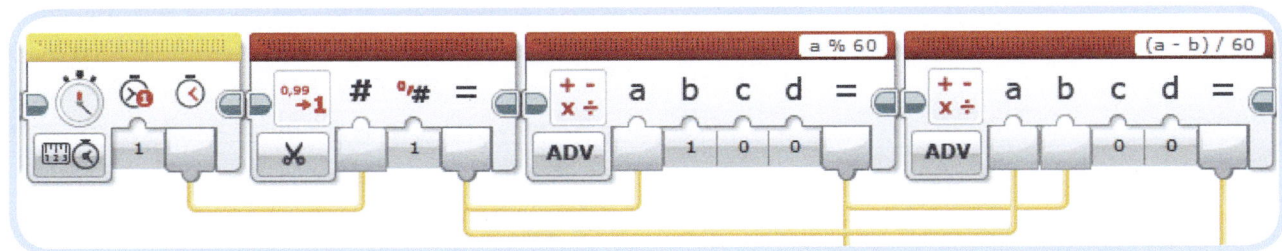

● 图13-18　对时间值做舍位处理

个性。

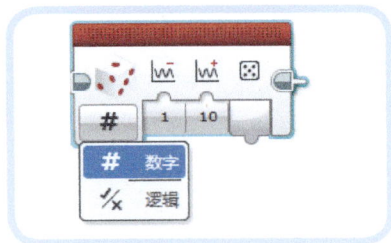

图13-19　随机模块

在*数字模式*下随机模块中，你可以设置下限参数和上限参数，模块将在这两个界限内随机产生一个整数。默认的界限值是1和10，输出值最小为1、最大为10。你可按照程序的需要修改这个范围，例如，要创建一个虚拟的骰子，需要将下限设置为1、将上限设置为6。

在*逻辑模式*下（图13-20），随机模块按照你指定的概率产生一个随机的逻辑值（"真"或"伪"）。这个概率是"为真的概率"，在0到100之间，确定在结果值中有多大比例为"真"。例如，这个参数为80时，意味着有80％的机会结果为"真"、20％的机会结果为"假"。

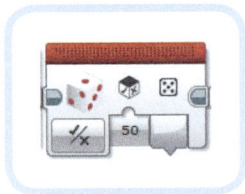

图13-20　随机模块的逻辑模式

为程序BumperBot添加随机转向

在这一节中，你要对程序BumperBot做一个小小的改动，让它更有趣一点。先回忆一下这个程序，当TriBot碰到某个东西，它会后退再转向不同的方向。机器人转向的距离不需要指定为特定的值，我们只是要机器人转向新的方向。你可以用随机模块来控制机器人的转动距离，这会使程序变得有些不可预测。

挑战 13-3

我的模块DisplayNumber（第12章的程序）显示的数字多达3位小数。为这个模块添加一个参数，在显示前按照小数点后面的指定位数对数值取整。不能使用随机模块的舍位模式，因为我们想要数字取整而不是舍位。也不能单独使用至最近模式，因为它只能把数字取整到最近的整数。

> **提示**　假设这个数字是34.567，我们想要把它取整到小数点后面2位，在EV3屏幕上显示34.57。这里有一个完成方法：
>
> 1. 将34.567乘以10^2，得到3456.7（注意，指数与指定的小数点位数相同）。
> 2. 对这个值取整，得到3457。
> 3. 将3457除以10^2，得到34.57。

从项目Chapter 6中将最后一版的程序BumperBot复制到项目Chapter 13中。图13-21显示了程序BumperBot中需要修改的部分。这部分代码是在触动传感器被按压后开始运行，第一组模块让机器人后退，最后一个移动转向模块让机器人转向。

现在，移动模块被设置为移动225度。要让这个转向变得不可预测，需要在移动转向模块前面添加一个随机模块来控制机器人的转动距离。接下来，要设置随机模块生成值的范围。原程序使用了225度，这让机器人转动四分之一圈多一点。我用200度作为下限、2000度作为上限。在这个数值范围下，机器人在房间里继续旅行之前，有时转动很快结束，有时要在原地转一会儿。图13-22显示了程序修改后的样子。

运行这个程序，TriBot撞到东西之后的状态会有很大的变化。

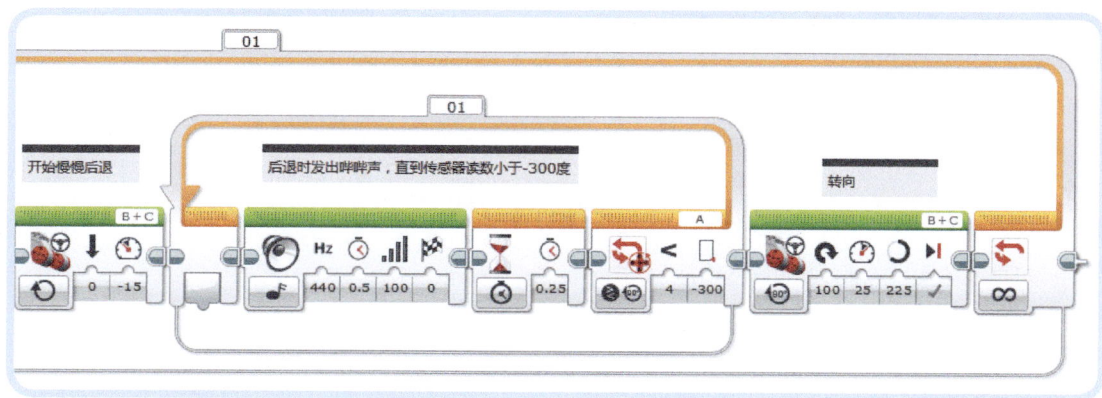

01

开始慢慢后退　　　　后退时发出哔哔声，直到传感器读数小于-300度　　　　转向

图13-21　后退并转向

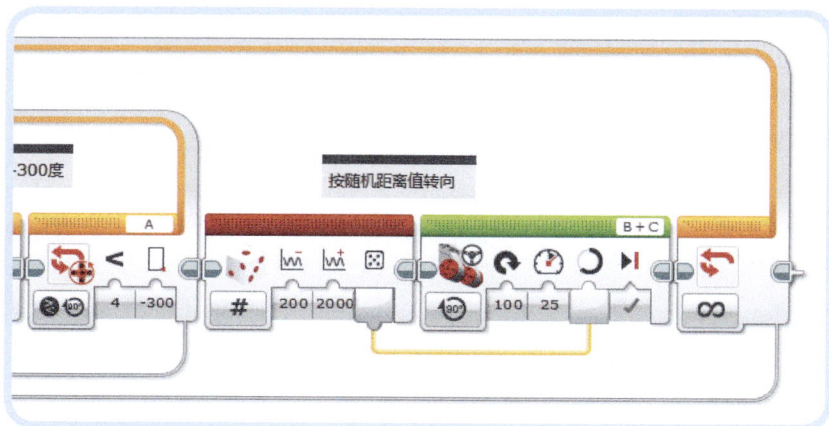

-300度　　　　按随机距离值转向

图13-22　按随机距离值转动

逻辑运算模块

到目前为止，很多程序是用单一的条件作出决策的，通常是比较传感器读值和阈值，将比较结果（"真"或"伪"）用于切换模块或循环模块。用另一种方式表达的话，程序是在提出单一的问题，如"触动传感器被压下了吗？"或者"颜色传感器的读数小于50吗？"

逻辑运算模块可以组合多个条件让程序做出更复杂的决策。这就好像让程序问出这样的问题，"触动传感器被压下并且颜色传感器读数大于50吗？"你可以在数据操作面板中找到逻辑运算模块，如图13-23所示。

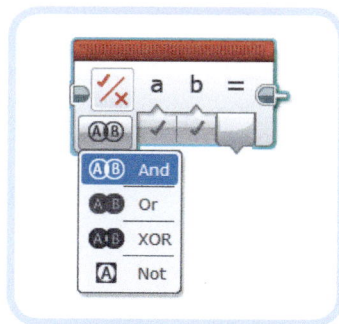

图13-23　逻辑运算模块

逻辑运算模块提供了四种运算操作：*And, Or, XOR*和
Not。以下是每种运算操作的工作方式：

And（与） 只有当两个输入值均为"真"时，And运算操作的结果才为"真"，任何一个输入值为"伪"，结果即为"伪"。

Or（或） 任何一个输入值为"真"或两个输入值均为"真"，Or运算操作的结果为"真"。只有两个输入值均为"伪"时，运算结果才为"伪"。

XOR（异或） 是Exclusive Or（异或）的缩写。它与Or（或）操作相似，只是当两个输入值均为"真"时，结果为"伪"。这是or这个单词在英语中经常使用的方式：如果你的母亲告诉你，你可以吃冰淇淋或糖果，这可能并不意味着你可以两种都选，她希望你挑选一种。

Not（非） 这个运算操作只需要一个输入值，并产生相反的结果。如果输入值为"真"，则输出值为"伪"，如果输入值为"伪"，则输出值为"真"。

表13-5列出了所有可能的输入值和每个操作的结果（这种表被称为真值表）。请注意，Not（非）的结果只取决于输入a的值。

表 13-5　逻辑运算模块的真值表

输入 a	输入 b	Or	And	XOR	Not
伪	伪	伪	伪	伪	真
伪	真	真	伪	真	真
真	伪	真	伪	真	伪
真	真	真	真	伪	伪

为程序BumperBot添加逻辑运算

在这一节中，你将使用逻辑运算模块给程序BumperBot做些变化。回想一下，原程序让TriBot向前移动，撞到东西后停止下来。如何你想限制机器人向前移动的时间，不让它离得太远，应该怎么办呢？我们把程序修改一下，让TriBot撞到东西或向前移动超过20秒时停止并转向。

图13-24显示了让TriBot向前移动的代码。移动转向模块让TriBot开始移动，直到触动传感器被压下时循环模块退出，机器人停止。

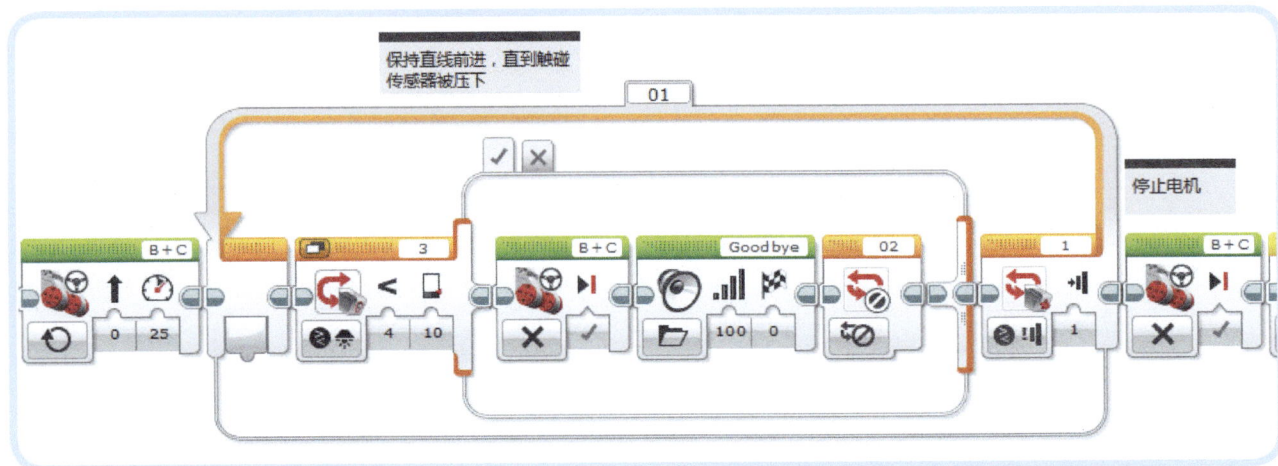

图13-24　向前移动，直到触动传感器被按压

怎么告诉机器人已经移动了20秒时间？你可以在机器人开始移动前用计时器模块重置计时器，然后在循环内用另一个计时器模块告诉程序已经经过了20秒时间。

循环模块可以被配置为检查触动传感器或检查计时器，但不能同时对两个都做出检查。如果希望不管哪个条件为"真"时都退出循环，就需要检查两个条件，用逻辑运算模块将结果组合起来，循环模块用这个结果决定是继续重复循环还是退出循环。以下是更改程序的步骤。

1. 在移动转向模块的左侧添加一个计时器模块，设置为**重置模式**（图13-25）。

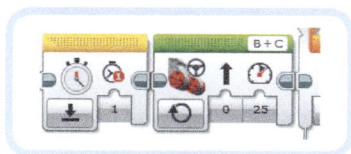

图13-25 计时器模块的放置位置

2. 在切换模块后面添加一个计时器模块。设置模式为**比较–时间**，设置阈值参数为20。

3. 在计时器模块后面添加触动传感器模块，设置模式为**比较–状态**。

4. 在触动传感器模块的右侧添加逻辑运算模块，设置模式为Or。

5. 拖曳数据线，将触动传感器模块的比较结果输出到逻辑运算模块的输入a。

6. 拖曳数据线，将计时器模块模块的比较结果输出到逻辑运算模块的输入b。

7. 选中循环模块，将模式更改为**逻辑**。

8. 拖曳数据线，将逻辑运算模块的结果输出到循环模块的"直至为'真'"输入。

图13-26显示了程序的变化。

现在当你运行程序时，TriBot最多向前移动20秒。如果在这个时间内，TriBot没有撞到东西，它会朝另一方向转向并移动。

范围模块

最后一个与数学相关的模块是*范围模块*，它用于判断一个数字是在某个数字范围内还是在范围外。该模块有三个参数：测试值（一般用数据线输入该值）、你希望的数值范围下限和上限。

范围模块有两种模式：内部和外部（图13-27）。在*内部模式*下，模块要判断"测试值是否在范围内（在下限和上限之间）？"在*外部模式*下，模块要判断"测试值是否在范围之外（小于下限或大于上限）？"如果测试值等于上限或下限，则它被认为是在该范围内。

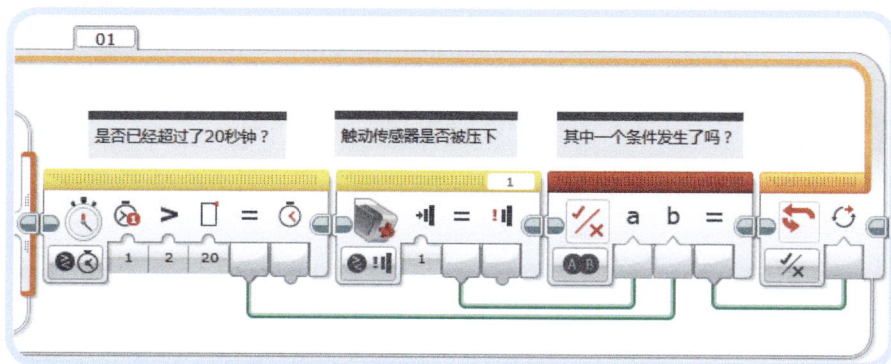

图13-26 如果经过了20秒或触动传感器被压下，则退出循环

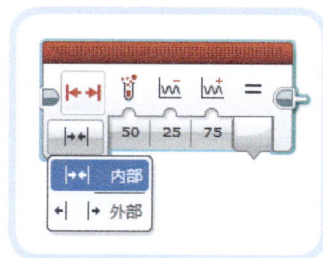

图13-27 范围模块

程序TagAlong（紧紧跟随）

程序TagAlong用范围模块控制TriBot，当你在房间内移动时，TriBot会一直和你保持小小的距离，跟着你移动。这是一个简单的程序，只会向前、向后移动（如果你走到机器人的侧面，它不会跟着你）。该程序用红外传感器和范围模块判断机器人是否在预期的范围内。如果机器人在范围之外，则用红外传感器的读数为移动转向模块设置功率参数，控制机器人前后移动。如果机器人在预期的范围之内，则电机停止转动。

程序如图13-28所示，让我们一个个解释模块，看看这个程序的工作方式。

循环模块 保持程序运行，直到你停止它。

红外传感器模块 使用测量–近程模式读取机器人与前面对象的距离！

范围模块 检查红外传感器读数是否在范围之外。我将范围设置为40～60，与你相当接近。如果读数小于40或大于60，则结果为"真"；否则，结果为"伪"。

切换模块 当机器人在范围之外需要移动时，执行"真"情况分支。用红外传感器的读数减掉50的结果控制移动转向模块的功率参数。50是40和60的中间值，因此当读数超过60时，功率参数只是为10，机器人向前移动。如

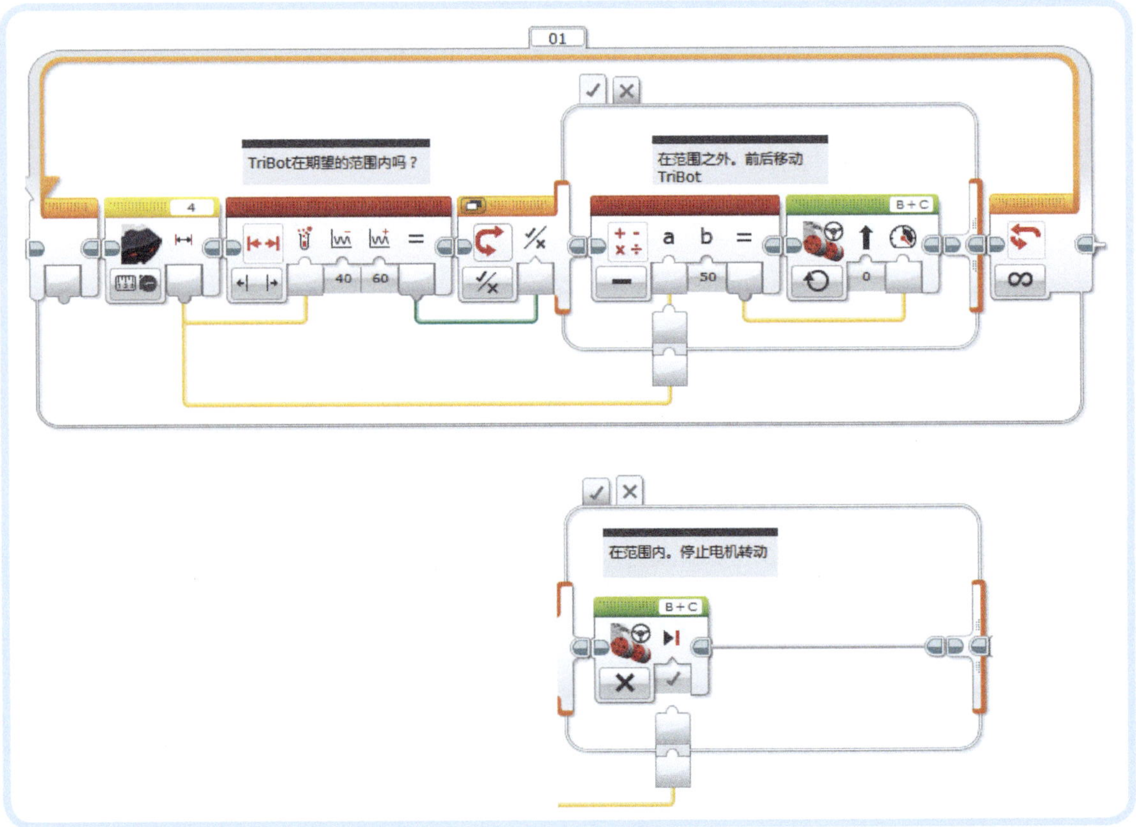

● 图13-28 程序TagAlong

果读数小于40，功率参数至少为−10，机器人向后移动。

当传感器读数在40~60之间，机器人在正确的范围内，执行切换模块的"伪"情况分支，用移动转向模块停止电机转动。

> **注意**　如果你使用的是超声波传感器，要使用测量−距离−英寸模式的超声波传感器模块。将范围模块的宽度范围设置为12和24、数学模块的输入参数b设置为18（12和24的平均值）。

运行这个程序，当你走近或离开TriBot时，它会跟着你向前或向后移动。

程序GyroPointer（陀螺仪指南针）

程序GyroPointer是由程序TagAlong演变来的，当你把机器人放在一个旋转的平台上时，它能让TriBot总是指向同一方向。如果你使用的是EV3零售版套装，没有陀螺仪，可以阅读本章节，了解挑战13-4中的相关概念。

测试这个程序时，要把TriBot放在转盘上（或餐桌转盘、转椅及其他可旋转的表面），并在程序运行时缓慢转动转盘。TriBot不断旋转保持指向程序启动时的方向。

图13-29显示了这个程序，它与程序TagAlong具有相同的基本结构，但有几点明显的变化：

* 用陀螺仪传感器模块代替红外传感器模块。

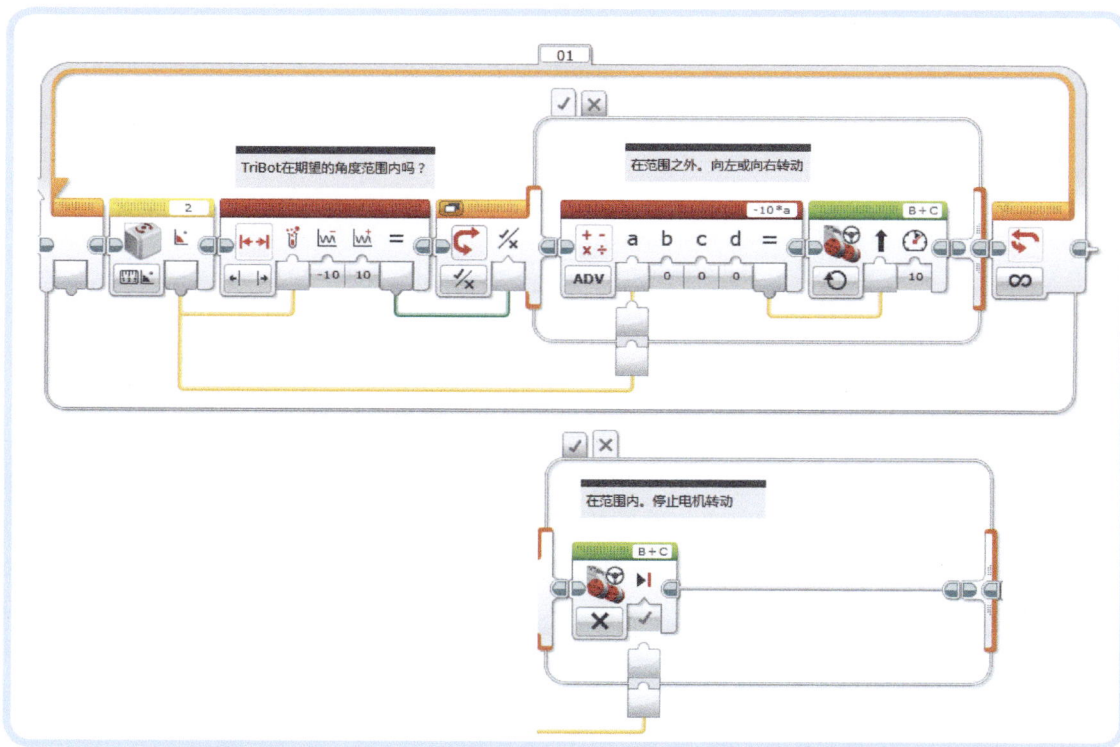

图13-29　程序GyroPointer

* 检查传感器读数的范围模块参数设置为−10到10。在程序开始运行时，这个读数为0，因此这个范围能让机器人始终指向开始的方向。

* 将数学模块的运算结果连接到移动转向模块的转向参数而不是功率参数。功率参数应设置为−100或100，这样机器人才能转动；否则，机器人将向前移动而不是转动。

* 用数学模块将传感器的读数乘以−10。如果传感器读数小于−10，则结果将超过100，移动转向模块将按照100处理该值。如果传感器读数大于10，则结果将超过−100，移动转向模块将按照−100处理该值。

运行这个程序时，如果你转动转盘的角度小于10度时（两个方向都一样），TriBot一动不动。如果转动角度超过了10度，TriBot开始转动，回到程序开始时的方向上。向一个方向转动转盘，然后再转向另一个方向，TriBot将始终调整方向，保持指向同一方向。

进一步探索

尝试以下活动，用与数学相关的模块做更多的练习：

1. 编写程序CountDown，在EV3屏幕上从2分钟开始倒计时显示时间，当时间显示为0时，退出循环。

2. 将程序TagAlong 和RemotePointer组合起来编写一个能控制方向和距离的程序，让机器人能追踪在房间里移动的红外遥控器。

3. 用随机模块创建程序MagicEightBall，当你问问题并触发机器人时（如按下触碰传感器），机器人从几种可能的答案中随机选择一个，用显示模块将答案显示在屏幕上。你还可以用声音编辑器工具录制答案，用声音模块播放出来。

4. 本活动使用了一些三角函数知识，如果你的数学还没达到这一水平，可以跳过这一部分。正弦函数由0开始，在−1和1之间摇摆不定，所以如果画出这个函数，会

挑战 13-4

如果你有EV3零售版套装，可以用红外传感器和红外遥控器创建程序RemotePointer（指向遥控器），工作方式与程序GyroPointer相同。这个程序用信标标头控制移动转向模块，在你转动TriBot时，TriBot会始终指向红外遥控器的方向。

是一条像蛇一样的曲线。可以用正弦函数控制机器人的转向，让机器人沿着蜿蜒曲折的路径前进。用计时器和数学模块的正弦函数功能控制移动转向模块的转向参数，创建程序Slither。提示：直接使用sin（经过的时间）并不是有趣的主意，因为需要用6分钟（360秒）的时间，才能让这个表达式的结果值从一个极端走到另一个极端，而这个数值仅仅是在−1到1之间。然而，如果你将经过的时间乘以10，则全部时间范围只需要36秒；如果你将计算结果乘以50，转向参数值就会在50和−50之间。

结束语

在本章中，你学习了使用数学和逻辑进行工作的模块。数学模块的高级模式可以使用能完成复杂计算的方程式，让你可以用比例控制器改进巡线程序LineFollower。你还学习了取模运算操作，并看到了它在我的模块DisplayNumberNextLine和程序DisplayTimer中的实际表现。

逻辑运算模块可以让你在编写程序时做出更复杂的决策，如将多个传感器的输入值组合起来。范围模块让我们可以用简单的方式查看测试值是否在一定范围内。本章中还介绍了随机模块，你可以用它为程序添加小小的不可预测性，让你的程序和机器人更具个性。

第 14 章　EV3 状态灯、按钮和屏幕

EV3有5个按钮和1个显示屏，你可以用它们与程序进行交互，就像你用键盘与计算机进行交互一样。按钮可以发出彩色的灯光，在本章中，你将学习如何用程序块状态灯模块控制它们。你还将学习显示模块的一些新功能，并用它们对EV3屏幕做出更多地控制。

EV3按钮

你可以用EV3前面的5个大按钮（图14–1）控制程序。例如，你可以让程序等待某个按钮按下，或者根据你按下某个按钮而选择动作。和触动传感器一样，程序可以检测EV3按钮是否被按压、释放或碰撞（按下并释放）。程序不能使用返回按钮，在程序运行时按下返回按钮会终止程序运行。

等待模块、切换模块和循环模块都有程序块按钮模式（图14–2），你也可以像使用其他传感器模块一样使用程序块按钮模块编写程序。每个按钮有三种模式：比较、测量和更改。

在*比较*模式下，可以测试是否有一个或多个按钮处于特定的状态（按压、释放或碰撞）。图14–3显示了按钮选择菜单，菜单中有一组识别每个按钮的数字，这些数字被称为*按钮ID*。如果你选择了多个按钮，任何一个按钮处于所需状态时测试就是成功的。当程序块按钮模块处于比较模式下（图14–3），将产生两种输出值：逻辑值，表示是否有一个选定的按钮处于选定状态；数字值，表示对应按钮的按钮ID。

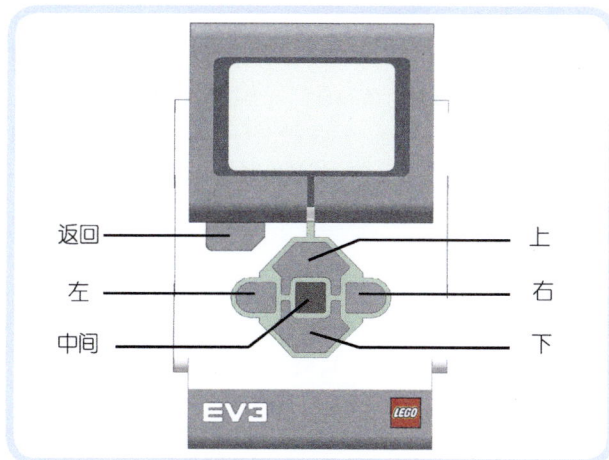

图14–1　EV3按钮

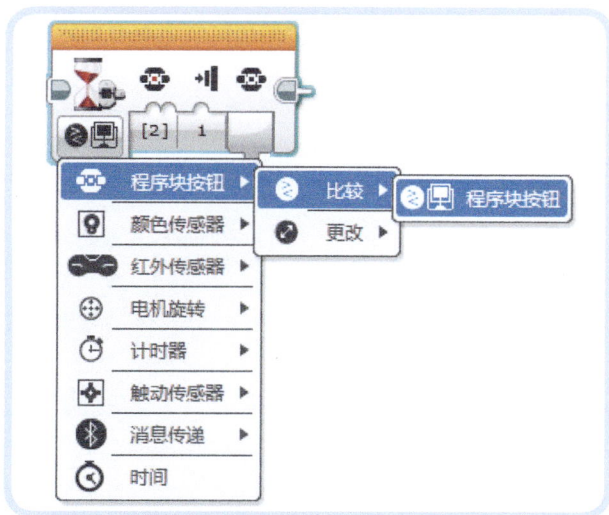

图14–2　选择程序块按钮模式

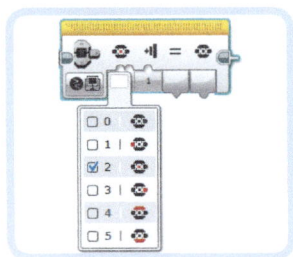

图14-3 在比较模式下选择按钮

*测量模式*下，可以检测当前哪个按钮被按下。*更改模式*只适用于等待模块，等待任何一个按钮的状态发生变化。

> **注意** 如果超过一个按钮被同时按下，一个按钮可以覆盖其他的按钮，所以只能检测到一个按钮被按下。

程序PowerSetting（设置功率）

在第11章中，我曾提到，你可以改进一下程序WallFollower，用一个变量控制程序中全部7个移动转向模块的功率参数。用这个方法更容易修改程序参数，因为只需更改一个地方。你可以用程序块按钮控制参数，更便于在不同的数值下进行测试。在本节中，我将用程序PowerSetting展示这一做法。只需要几个简单的修改，你就可以在任何程序前面使用这段代码，用程序砖按钮设置参数值。

程序PowerSetting用一个名为Power的变量存储当前值并显示在EV3屏幕上。按下右键，数值+1；按下左键，数值−1；按下中间键，确认当前值。列表14−1显示了这个程序的伪代码。

伪代码中的某些行需要用几个模块来完成。例如，Power = Power + 1这一行是一种简短的表达方式，它表明"读取变量Power的当前值，加1，将结果存储到变量Power中"，这需要使用三个模块来完成。

```
set Power to 50
设置Power为50
begin loop
开始循环
    display the current value
    显示当前值
    if the Right button is bumped then
    if 右键为碰撞, then
        Power = Power + 1
    end if
    if the Left button is bumped then
    if 左键为碰撞, then
        Power = Power - 1
    end if
loop until the Center button is bumped
中间键为碰撞时循环结束
```

列表14-1 程序PowerSetting

初始化和循环

编写程序的第一件事是用变量模块设置变量Power的初始值，在变量模块的后面添加一个循环模块，程序的剩余部分都在这个循环模块里（图14-4）。我将Power的初始值设置为50，这是功率范围0～100的中间值。循环模块设置为程序砖按钮−比较模式，在中间按钮碰撞时循环结束。

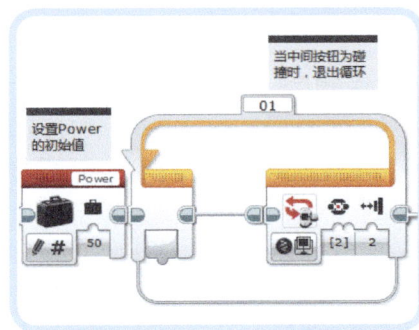

图14-4 初始化变量Power，配置循环模块

将循环条件设置为等待按钮碰撞而不仅仅是按下，这

往往是一个更好地选择，因为这种方式是在程序进入下一部分之前要等待按钮按下并释放。采用这种方式时，按钮会回复到正常状态（释放），如果在程序的下一部分中也使用了这个按钮，就不太可能出现问题。

显示当前值

每次重复循环时，程序要用变量模块和我的模块DisplayNumber（在第12章中创建的）读取并显示当前值，如图14-5所示。我将模块DisplayNumber的行参数设置为6，让数值显示更靠近EV3屏幕的中间。名称参数设置为"Power:"。

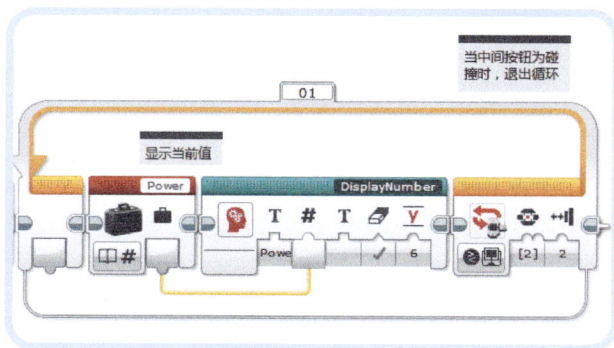

图14-5　显示带有名称的数值

调整功率值

显示当前的Power数值之后，你可以用EV3的左右按钮调整它。显示在图14-6中的代码是处理右按钮的。当右按钮碰撞时，触发切换模块的"真"情况分支，用数学模块和变量模块为变量Power加1；在切换模块的"伪"情况分支中没有模块，这是因为当右按钮没有碰撞时，我们不需要程序做任何事情。

处理左按钮的代码几乎是相同的，只是当按钮碰撞时，要从变量Power中减掉1。图14-7显示了添加新模块之后的程序。

测试程序

运行这个程序时，屏幕上首先显示"Power: 50"，按下右按钮和左按钮可以改变这个值，按下中间按钮可以结束程序。

当程序结束时，变量Power被设置为你选定的数值。你可以把这个程序中的模块放在大型程序前面，用以设定变量。当你在这些模块后面放置更多的模块时，按下中间按钮可以启动程序的剩余部分（而不是退出程序）。

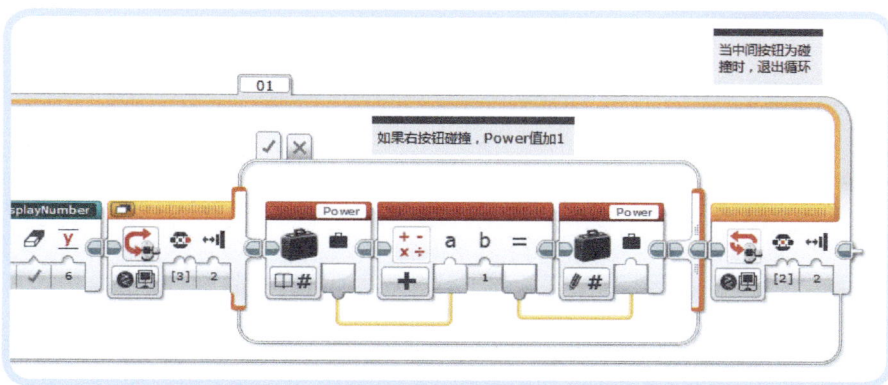

图14-6　如果右按钮被碰撞，Power的值加1

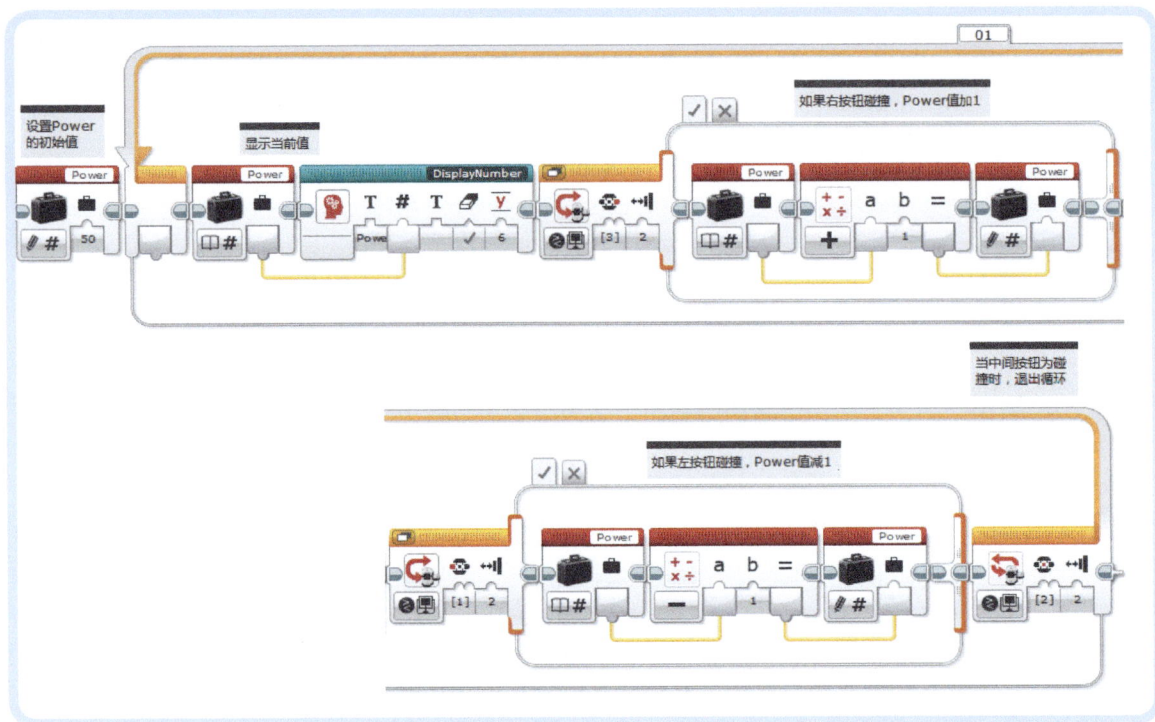

图14-7　完整的程序PowerSetting

快速改变数值

程序PowerSetting在每次按下和释放按钮后，只会让数值加1或减1，如果你想要数值有很大的变化，可能需要花费点时间。怎么能加快速度呢？

现在，循环内的两个切换模块被设置为碰撞模块，这就是说，你需要按下和释放按钮才能改变数值。如果程序只是监视按钮是否被压下而不是等待按下和释放，程序的响应速度会快很多。如果我们将两个切换模块的状态参数改为按压，如图14-8所示，会发生什么呢？

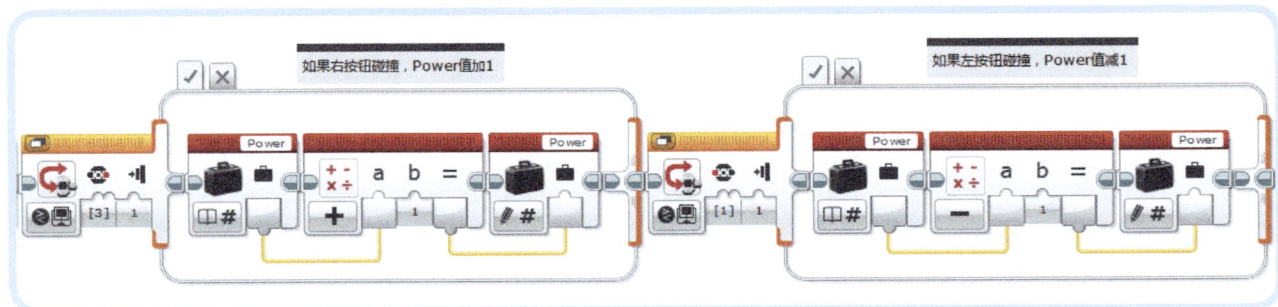

图14-8　将状态由碰撞改为按压

数字的变化当然是变快了，但现在变化太快了，因为即使你只按了一下按钮，循环也会重复很多次。为了让程序有可用性，你需要在循环体的末端添加一个时间等待模块（图14-9），让循环的速度慢下来。我发现时间参数设置为0.2秒就能在快速改变数值和能在某个想要得到的值上停下来之间取得很好的平衡。用不同的时间参数值试试，看看哪个数值对你是最适合的。

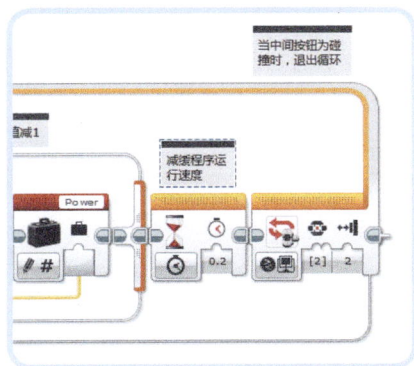

图14-9　在循环体的末端添加时间等待模块

当你对程序PowerSettin的工作效果满意之后，你可将这段代码放入程序WallFollower中。如果想让这段代码更易重复使用，你可以用这段程序创建一个"我的模块"，然后将新模块放在程序WallFollower开始的地方，用变量Power控制移动转向模块。

挑战 14-1

为了更易于让数值做出大的变化，继续改进程序PowerSetting，按向上按钮让数值加10，按向下按钮让数值减10。这两个按钮在程序中用碰撞模式或按压模式，哪个更合理呢？

程序砖状态灯

EV3按钮的周围装饰着*程序块状态灯*。当你打开EV3

时，状态灯发出持续的绿色灯光，当程序运行时，如果不用程序对灯光做出改变，状态灯发出闪烁的绿色灯光。在动作面板中可以找到*程序块状态灯模块*，你可以在程序中用它控制灯光（图14-10）。

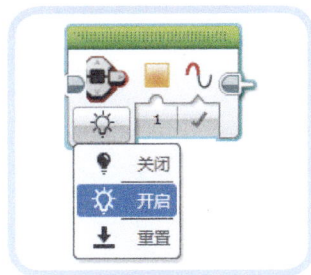

图14-10　程序块状态灯模块

程序块状态灯模块有三种模式：关闭、开启和重置。*关闭模式*把灯关掉。*开启模式*打开灯，并可以选择颜色（绿色、橙色或红色），选择发光方式是持续的还是闪烁的。*复位模式*返回到默认的绿色灯光闪动状态（与闪烁的发光方式稍有不同）。

灯光可以用于程序的调试。例如，你可以用灯光对程序的运行做出可视化说明，如果一切都很好，则亮起绿色灯光；如果有问题，则亮起红色灯光。你还可以用灯光来显示程序的哪个部分正在执行或哪个条件被满足了，这个方法并不影响程序的正常运行。

程序ColorCopy（复制颜色）

程序ColorCopy用程序块状态灯显示颜色传感器检测到的颜色。如果你将红色物体放在颜色传感器前面，灯光变为红色；如果传感器检测到绿色，灯光变为绿色；如果检测到黄色，则灯光变为橙色（颜色传感器不能检测橙色，黄色是最为接近的颜色）。如果颜色传感器检测到其他的颜色，灯光关闭。

图14-11显示了完整程序。切换模块设置为颜色传感器-测量-颜色模式，以判断检测到了什么颜色。前面的三种情况分支对应于红色、绿色和黄色，点亮适当颜色的灯

光。闪烁参数被设置为关闭，因此在检测到相同颜色时，灯光会保持持续点亮的状态。底部的情况分支被设置为默认，如果颜色传感器检测到红、绿、黄以外的颜色，将关闭灯光。

运行程序。当把一个物体放在颜色传感器前面时，会亮起对应颜色的灯光。如果传感器前面没有物体，或物体不是红色、绿色或黄色的，会关闭灯光。

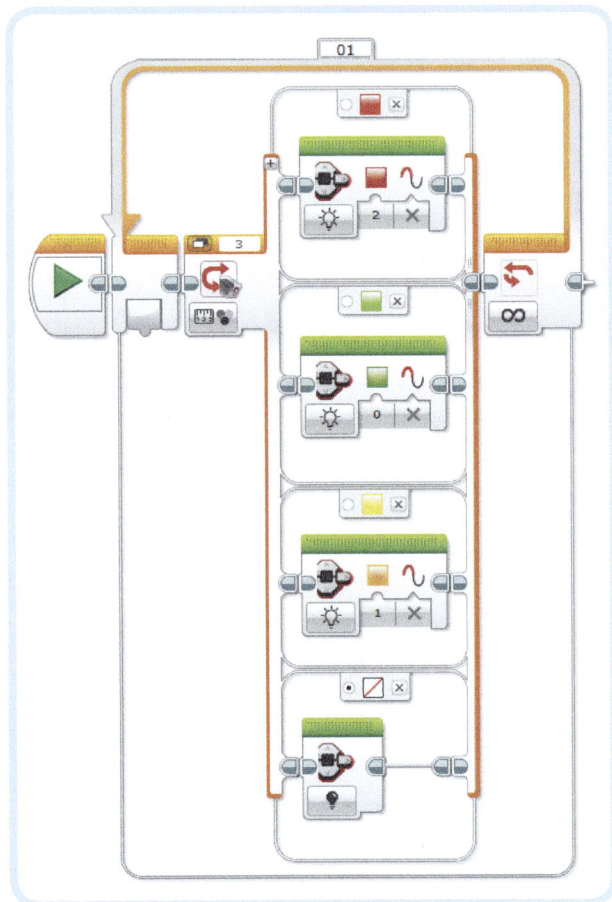

图14-11　程序ColorCopy

挑战 14-2

编写程序ProximityAlarm（接近警告），根据机器人与物体之间的距离设置程序块状态灯。用红外传感器或超声波传感器测试到物体的距离，如果距离小于设定的阈值，则发出闪烁的红光；如果距离大于设定的阈值，则发出持续的绿光。

显示模块

显示模块有四种主要的模式：文本、形状、图像和重置屏幕。你已经熟悉了文本模式。重置屏幕模式是在程序运行时简单地返回正常信息显示状态。图像模式和形状模式就需要多做一些解释了。

显示图像

可以用图像模式在EV3屏幕上显示一幅图片。EV3软件提供了很多可供选择的图片，包括不同的脸、箭头、刻度盘和其他一些物体。你还可以用EV3软件的图像编辑器创建自己的图片文件（从菜单中选择**工具▸图像编辑器**）。

图14-12显示了图像模式下显示模块的样子。点击**文件名称**对话框可选择一个图像，点击**显示预览**按钮可显示或隐藏显示预览窗口，在这个窗口中我们可以看到图片显示在EV3屏幕上是什么样子的（图14-13）。

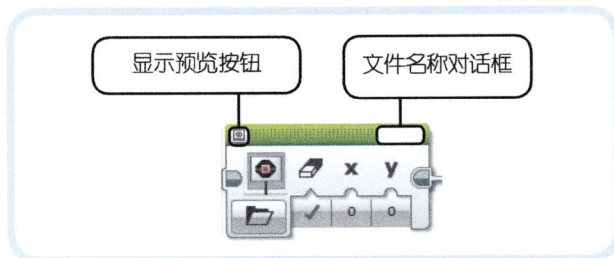

图14-12　图像模式下的显示模块

图14-13　预览窗口

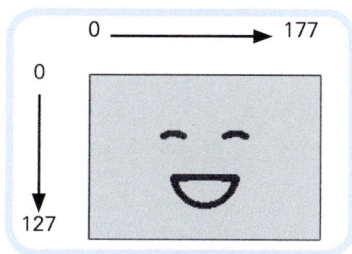

图14-14　EV3屏幕上的X值和Y值

参数X和Y从图片左上角开始确定位置。EV3屏幕是由像素网格组成的，这个像素被称之为点（点是图片元素的简称）。整个屏幕宽度为178点、高度为128点，每个点的位置用X值和Y值表示。X值表明从左到右的位置，数值为0～177；Y值表明从上到下的位置，0表示屏幕的顶部，127表示屏幕的底部（图14-14）。

设置X和Y值可以改变图片在EV3屏幕上的显示位置。例如，图14-15显示的Big smile（大笑脸）图片（与图14-14中显示的一样）将Y值设置为-41（把图片向上移动41点）后，移到了屏幕的上部。根据你选择的X和Y值，部分图片也许会被切掉。

图14-15　Big smile图片显示在屏幕的上部

程序Eyes（眼睛）

在屏幕上显示图片是让机器人更具个性化的简单方法。程序Eyes就是一个例子，这个程序使用了随机模块和6幅图片，图14-16中的图片让EV3显得有些无聊，好像在等待用户发出指令。这6幅图像之间唯一的区别就是眼睛看的方向。

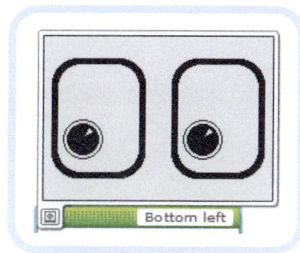

图14-16　眼睛在左下部的图片

这个程序显示在图14-17中。随机模块产生一个1～6之间的随机数字，将这个数字传递给切换模块。切换模块6种情况分支中，每个都包含了一个显示模块，显示不同的图像。每种情况分支内显示的图像文件在表14-1中列出。等待模块的作用是在图片转换的中间形成一个小小的中断。

表 14-1　程序 Eyes 中使用的图像文件

情况分支	文件名称
1	Bottom left
2	Bottom right
3	Middle left
4	Middle right
5	Up
6	Down

运行程序，可以看到眼睛随机地看着不同的方向。

在EV3屏幕上画图

用显示模块的*形状*模式可以画出点（单个的点）、圆、矩形和线。图14-18显示了显示模块的形状-点模式。输入X

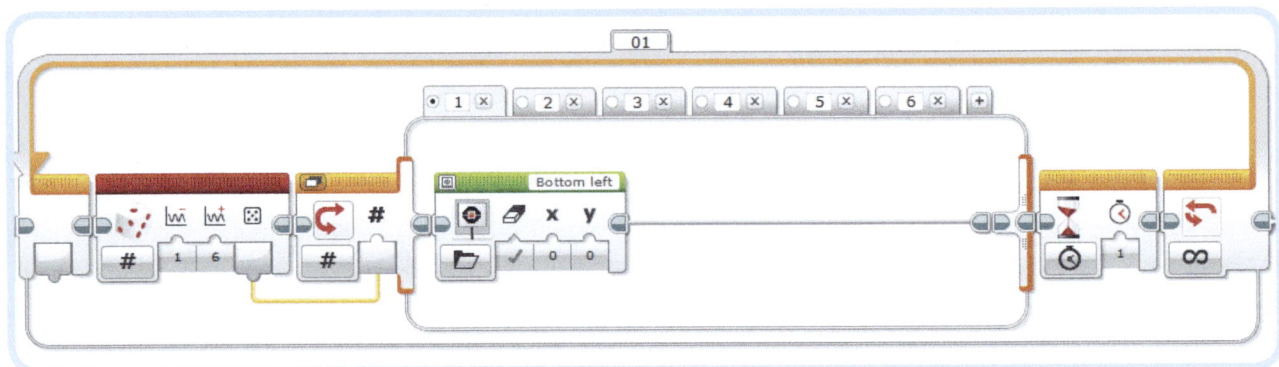

图14-17　程序Eyes

和Y参数值，可以设置点的位置；用黑色盒子图标标注的颜色参数决定这个点是否会被显示为黑色（将像素点亮），如果图标是白色盒子，则点显示为白色（将像素关闭）。如果你想清除屏幕不再画出任何新的东西，可以简单地画一个白色的点，并将清除屏幕参数设置为"真"（你画的像素不会显示出来，因为所有其他像素的都是白色的）。

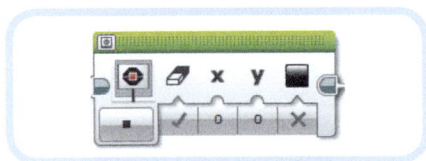

图14-18　画点

图14-19显示了设置为形状–圆圈模式的显示模块。在这种情况下，X和Y参数控制圆心的位置，半径参数控制圆圈的尺寸，填充参数（用油漆桶图标表示）控制圆圈内部是否被填充。预览窗口显示画出的圆圈。

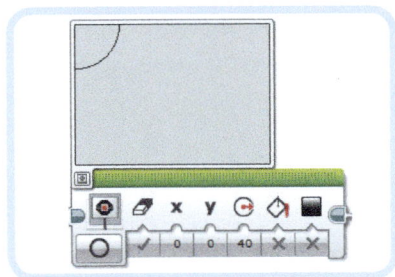

图14-19　画圆圈

图14-20显示了设置为形状–矩形模式的显示模块。X和Y参数控制矩形左上角的位置。矩形的尺寸由宽度和高度参数确定。

在形状–线模式下，显示模块如图14-21所示。要画出一条线，你需要确定线的两个端点。X1和Y1参数设置线一个端点的位置，X2和Y2参数设置线的另一个端点的位置。

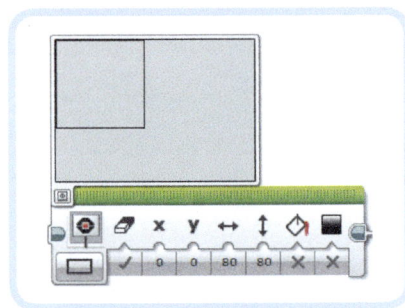

图14-20　画矩形

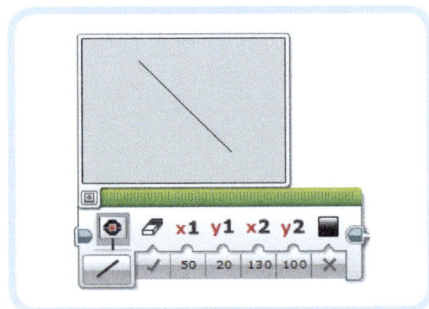

图14-21　画线

程序EV3Sketch（EV3素描）

在本节中，你将创建程序EV3Sketch，用显示模块画线的功能将TriBot变成画板，用TriBot的两个轮子控制画线的位置。程序的基本思路非常简单：从前一个点到新的点反复画线，而新的点的位置是由两个旋转传感器的当前值确定的。

该程序使用了两个变量，X和Y，存储上一个用过的位置点。在程序的开始，先清除EV3屏幕，将变量初始化为0，并重置传感器。然后程序进入循环，在循环内先读取旋转传感器的值设置新的点的位置（电机B确定新的X值，电机C确定新的Y值）。然后从前一个点到新的点画线，再将新的点的位置存储在变量X和Y中，在下一次循环中使用。

除了画线之外，还应该要有一个方法在开始画新的图形之前清除屏幕，可以用在中间按钮碰撞时将显示模块清除屏幕参数设置为"真"的方法完成这项工作。列表14-2显示了这个程序的伪代码。

```
clear the EV3 screen
清除EV3屏幕
set X to 0
X初始化为0
set Y to 0
Y初始化为0
reset the Rotation Sensors for motors B and
C
重置电机B和C的旋转传感器
begin loop
开始循环
    read the Rotation Sensor for motor B
    读取电机B旋转传感器的数值
    read the Rotation Sensor for motor C
    读取电机C旋转传感器的数值
```

```
    draw a line from X,Y to the point
    defined by the motor B and C positions;
    if the Center button is bumped then set
    the Clear option
    从点（X,Y）到由当前电机B和C数值确定的点画线；if
    中间按钮碰撞,then设置清除屏幕参数为"真"
    set X to the motor B position
    将X值设置为电机B的数值
    set Y to the motor C position
    将Y值设置为电机C的数值
loop forever
永远循环，无限制
```

列表14-2　程序EV3Sketch

程序的第一部分如图14-22所示，这个部分的程序完成清除EV3屏幕、初始化变量和重置旋转传感器的工作。

图14-23显示了程序中显示模块画线的主要部分，要完成画线，显示模块需要知道两个点：起点的位置由变量X和Y确定，终点的位置由电机B和C旋转传感器的读值确定。用数据线将这些数值传递给显示模块。程序块按钮模块检查中间按钮是否为碰撞，当你按压（或松开）中间按钮时，相应地输出"真"或"伪"的结果，这个值被传递给显示模块用于控制清除屏幕参数，显示模块在画线之前将清除屏幕。

最后两个模块将旋转传感器的读值存储到变量X和Y中，在重复运行下一次循环时将用到这两个值。

我们用5个模块向显示模块输入参数值，因为这些模块的顺序对程序运行并没有影响，因此我将它们放置在数据线不交叉的位置上（我建议尽可能使程序更容易阅读）。

当程序运行时，从清除EV3屏幕开始，转动B轮让虚拟笔从左向右移动，转动C轮让虚拟笔从上到下移动，按压中心按钮清除屏幕。

最初的图画从EV3屏幕的左上角开始。如果要从其他点开始绘制，将虚拟笔移动到要启动的位置，然后按压中心按钮清除屏幕，你可以从那里开始绘制新的图画。

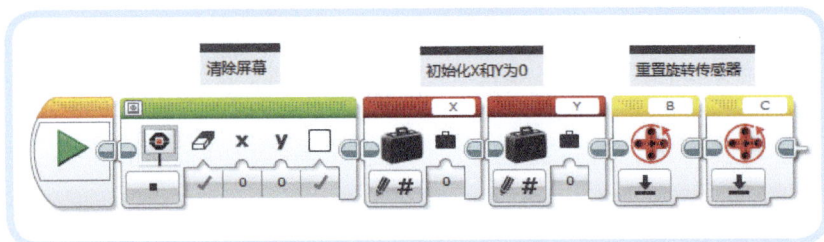

图14-22　初始化屏幕、变量和传感器

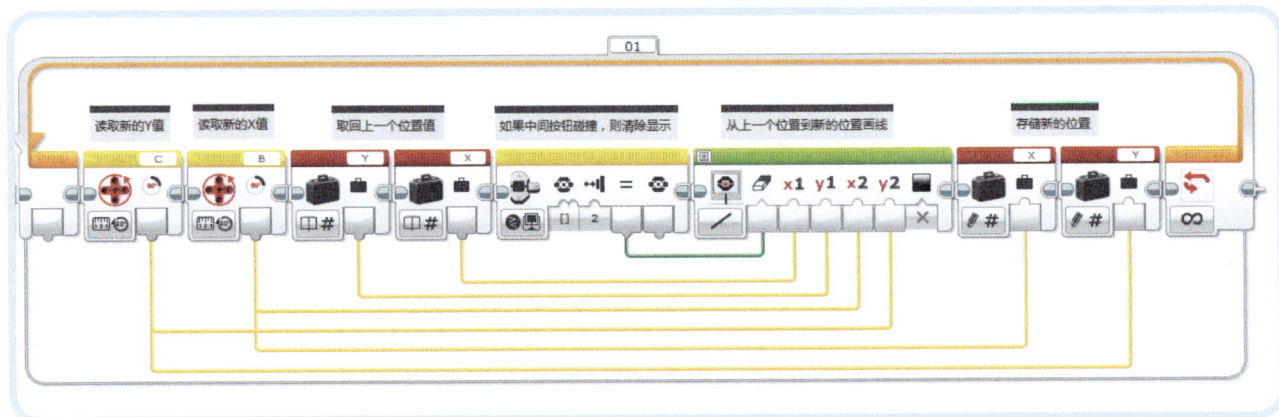

图14-23　读取传感器值，画线，保存新的位置

进一步探索

　　这里有更多的活动，可以让你尝试使用本章中讨论的想法：

　　1. 程序PowerSetting有一个缺陷，可能有点讨厌：不能将可能的Power值限制在0～100的范围内。修改程序，让这个值永远不会比0小或比100大（换句话说，忽略任何让数值超出范围的变化）。如果用户试图将数值降到0以下或提高到100以上，用红色程序块状态灯亮起1秒钟，提示用户这是无效的值。

　　2. 改写第13章的程序CountDown，随着时间倒计数，显示一系列的图像。你可以使用EV3软件中包含的图片显示刻度盘、进度条或计时器，或者使用图像编辑器工具创建自己的图像序列。

结束语

　　EV3按钮为你与程序进行交互提供了非常方便的方式。程序块状态灯模块可以让你控制按钮发光，给你另一种向用户传达信息的方式，使你的程序更加有趣。

　　程序PowerSetting演示了如何使用左、右按钮设置变量的值。本章的其他程序向你展示出显示模块除了显示文本还能做更多的事。你可以使用这个模块显示图像、在屏幕上画图。你可以在程序中使用这些功能，充分利用EV3的屏幕。

第 15 章 阵列

15

在本章中，你将了解可以存储数字和逻辑值列表的阵列（数组）。到现在为止，我们在程序中用到的所有数据（数据线中的参数和变量）都是单一的数据值，使用阵列可以将一个数据列表存储在一个变量中。

在对阵列进行简单介绍之后，我们要创建一个简单的测试程序来演示EV3阵列的工作方式。然后，我们要用阵列创建3个比较复杂的程序：一个是用程序块按钮为TriBot创建简单程序，一个是为机器人检测颜色列表进行计数，一个是记忆游戏。

概述和术语

EV3*阵列*是一个有序的数据列表，其中每个数据都可以通过它在列表中的位置进行访问。阵列中的每个值被称为*元素*，元素的位置值被称为*索引*。在EV3阵列中，指示值是从0开始的（这在计算机程序设计中是很常见的）。因此阵列中的第一个元素在索引0，第二个元素在索引1，等等。阵列中数据的数量被称为阵列的*长度*。EV3软件支持数字和逻辑阵列，一个特定的阵列可以包含一组数字值或一组逻辑值，但不可能包含两种数据值的混合体。

让我们来看一个实例，一个名称为SampleValues的阵列包含了程序看到的物体颜色（由颜色传感器检测），程序已经看到了一个蓝色物体，一个红色物体，一个白色物体和另一个红色物体，因此阵列包含了数字3、5、6和5。表15-1显示了指示值和数据的排列。

表 15-1　指示值和数据的排列

索引	0	1	2	3
数据值	3	5	6	5

这个阵列的长度是4，因为指示值是从0开始的，所以指示值从0到3，阵列的最后一个索引值比阵列的长度小1。每个元素有唯一的索引值，但存储在阵列中的数据值并不需要是唯一的。例如，阵列SampleValues中有两个元素的数值为5（因为看到了两个红色物体）。

在写入或读取阵列元素时通常会使用速记的方法。我们不会说"阵列SampleValues中位于索引1的元素数值"而是说成"SampleValues[1]"，这要读作"SampleValues下标1"（[1]的部分被称作下标1）。

创建一个阵列

让我们创建一个阵列，看看能用它做些什么。本章中的程序均是使用变量模块创建阵列的。常量模块和阵列运算模块也可以创建阵列，但使用变量模块更为常见，因为你通常会希望将阵列存储为变量。

例如，使用变量模块创建一个阵列SampleValues，选择写入－数字排列模式，将变量的名称设置为SampleValues（图15-1）。默认情况下，值参数设置为[]，即*空阵列*。空阵列中不包含任何元素，因此长度为0。将阵列初始化为空阵列，在程序运行时再将元素添加到阵列中的情况并不常见。

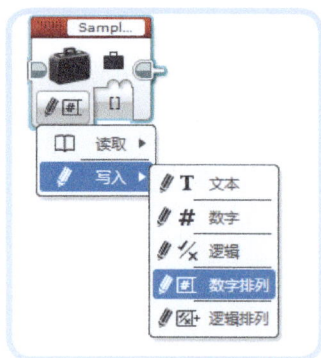

图15-1　使用变量模块创建阵列

注意模块的值参数对话框上面有两个半圆：，这表明这个参数是数字阵列的值。而逻辑阵列值的图标则是用两个三角形代替了两个半圆。

按照表15-1向阵列SampleValues添加4个数值，点击变量模块的值参数对话框，会出现一个窗口，你可以在这个窗口内添加、删除或编辑元素。点击"+"按钮可添加新的元素，然后设置数据值，图15-2显示了添加最初两个元素后的列表。点击元素右侧的"X"，可以删除元素。

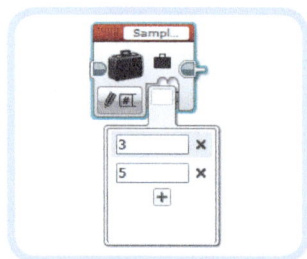

图15-2　设置元素值的对话框

现在模块的值参数框内显示了阵列最前面的几个值，但因为阵列比参数对话框更宽，所以大多数元素没有显示出来。将鼠标移动到小手提箱图标上可以查看全部的元素。

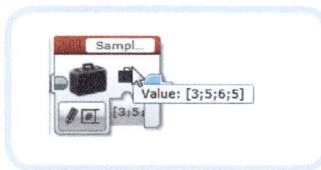

图15-3　显示全部阵列元素

现在你已创建了一个阵列，让我们来看看如何使用阵列运算模块对它进行操作。

阵列运算模块

阵列运算模块以阵列值作为输入参数，可以在阵列的结尾添加新元素、读取或写入阵列元素值，或者找出阵列的长度（元素的数目）。模式选择器中有四种操作方式，每种方式均有两种数据类型：数字类型或逻辑类型（图15-4）。

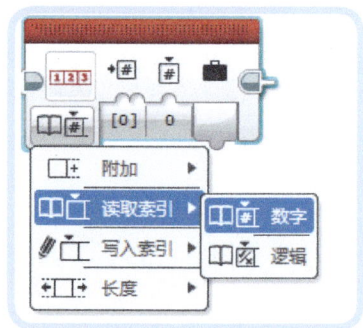

图15-4　阵列运算模块

长度模式

长度模式会告诉你阵列中有多少个元素。图15-5中的程序显示了阵列SampleValues的长度。在这个模式下，阵列运算模块有两个参数：阵列输入参数（通常由数据线提供数值）和阵列长度的输出参数。注意，从变量模块到阵列运算模块的数据线比其他数据线粗，这是告诉你数据线中带有阵列值。

程序的前两个模块创建了阵列SampleValues，并用数据线将该阵列传递给阵列运算模块使用。阵列运算模块确定阵列的长度，将这个值传递给显示模块显示在EV3屏幕上。等待模块给出足够看清屏幕的时间。阵列SampleValues元素使用了表15-1中的数据值，这个程序的运行结果会显示4。

读取索引模式

在*读取索引*模式下，模块获得一个阵列和一个索引作为输入参数，将特定索引下的元素值作为输出参数。例如，图15-6中的程序将SampleValues[3]（在索引3的元素）的值显示出来。

程序运行时，阵列运算模块将阵列SampleValues作为输入，读取索引3的数据值，再用数据线将该值输出。显示模块将该值显示出来，结果为5（请记住：我们是从0开始读取索引值的，因此索引3给出的是阵列中的第4个元素）。

试着读取一个并不存在的元素将产生错误。如果你在阵列运算模块中给出的索引值大于或等于阵列的长度，你的程序会立即停止运行，在屏幕上显示一个三角形的警告标志，这通常用来表示一个错误或警告。

写入索引模式

在写入*索引*模式下，可以更改一个元素的数据值。图15-7中的程序将SampleValues[3]的值设置为4。在这个模式下，阵列运算模块需要有三个输入参数：原始阵列、要更改的元素索引值和元素的新数据值。

需要注意的重要一点是，阵列运算模块本身并不能更改变量SampleValues，因此需要使用一个变量模块存储更新后的变量值。图15-8显示了用第二条数据线输出更新后阵列。如你所见，阵列末端的5被更改为4。

如果你将数据值写入并不存在的索引上，EV3软件会根据给出的索引值将阵列长度延长到所需的长度，但按照这个方法添加的其他索引将用随机值填充。

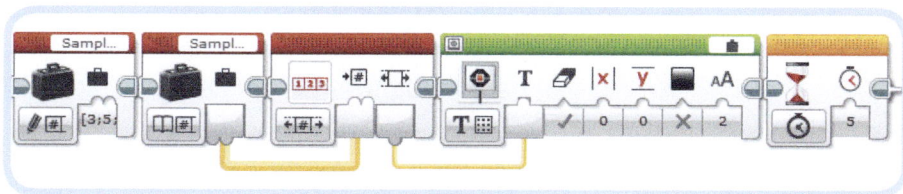

图15-5 显示阵列SampleValues的长度

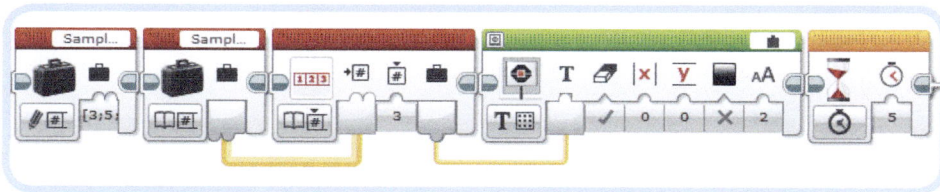

图15-6 显示SampleValues[3]

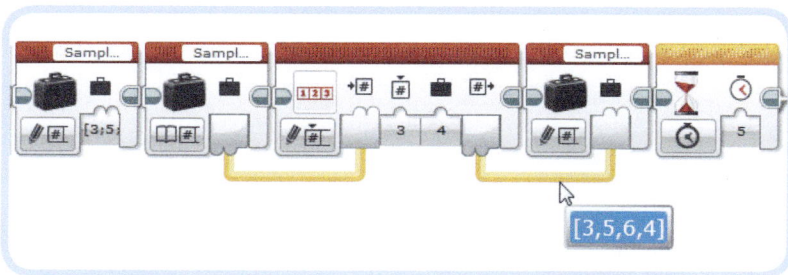

图15-7 设置SampleValues[3]为4

[3,5,6,4]

附加模式

*附加模式*向阵列的尾端添加一个新的元素，将阵列的长度增加1。图15-8中的程序在阵列中添加一个新元素，元素的值为7。

当你运行这个程序时，你可以看到数据值7被添加到阵列的尾端，现在阵列的长度为5。

> **注意** 检查数据线时，EV3软件只能显示阵列前5个元素。

程序ArrayTest（阵列测试）

在本节中，我将介绍程序ArrayTest，这程序展示了一些典型的阵列操作。这个程序创建一个空阵列，将5个元素添加到阵列中，这5个元素从0开始，每个递增2，然后将数据值显示在EV3屏幕上。

该程序的第一部分如图15-9所示，首先创建一个数字排列变量，命名为ArrayValue，并设置为空阵列。循环模块设置为重复循环5次。每次循环中，程序读取当前阵列值（使用变量模块），将循环索引值乘以2向阵列附加一个新值（使用数学模块和阵列运算模块），然后用第二个变量模块存储更新后的阵列。当循环结束后，变量ArrayValue中的阵列包含5个数值：0、2、4、6和8。

> **注意** 要查看阵列的构成过程，在循环体的末端添加一个1秒钟的等待模块，用EV3软件检查从阵列运算模块输出的数据线。这个等待模块可以给你时间查看每个循环后阵列的变化情况。

程序的第二部分如图15-10所示，有点复杂，但基本思路很简单：使用阵列将每个元素显示在屏幕上。下面我将从左至右逐个解释每个模块。

1. 第一个显示模块清除屏幕。
2. 变量模块读取ArrayValue中的数值，用数据线传送

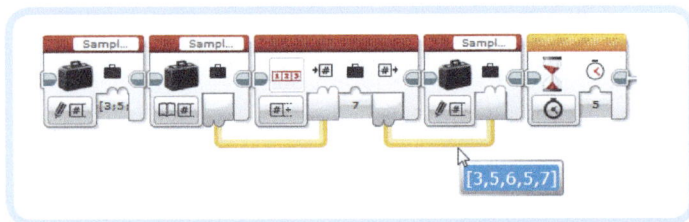

图15-8 向阵列SampleValues中添加一个新的元素

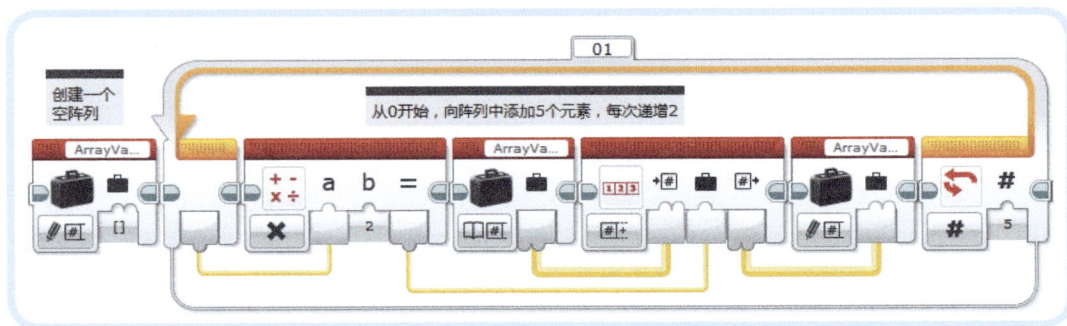

图15-9 程序ArrayTest，第一部分

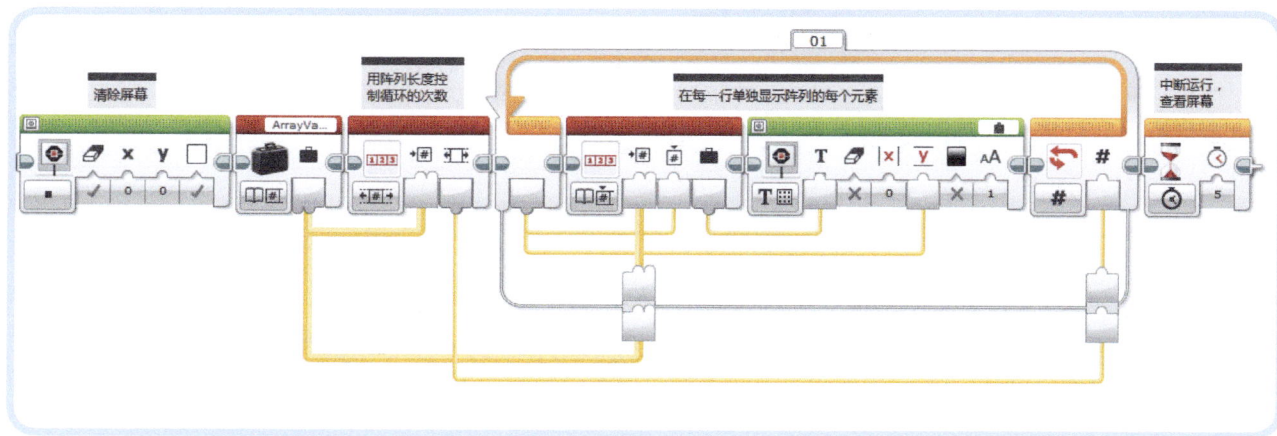

图15-10　程序ArrayTest，第二部分

给阵列运算模块。

3. 第一个阵列运算模块检查阵列的长度，并用阵列长度的数值控制循环模块的循环次数。

4. 第二个阵列运算模块用循环索引值作为阵列索引值从阵列中读取一个数值，将这个数值传递给显示模块。因此，第一次进入循环时，会读取ArrayValue[0]，第二次进入循环时，会读取ArrayValue[1]，等等。

5. 显示模块用循环索引值作为行参数，在每一行上单独显示每个数值。清除屏幕参数设置为"伪"，每次循环中屏幕均不被清除。

6. 等待模块暂停程序运行，让你有足够的时间看清屏幕上显示的内容。

请注意，因为变量ArrayValue的值并不发生变化，因此并不需要在循环中读取它。每次进入循环，输入到阵列运算模块的数据线上包含着同样的数据值（整个阵列）。只有索引参数是变化的，它来自于循环索引值。

另一个重要的问题是，这个程序的阵列索引、循环索引和显示模块的行参数均是从0开始的。从0开始计数似乎有些奇怪，但只要一直这样做，还是相当方便的。

挑战 15-1

在调试程序时，显示阵列中的值经常是非常有用的。用程序ArrayTest中的代码创建一个我的模块。你的新模块中应该有个阵列作为输入参数，并能显示每个数据值。记住EV3屏幕只有12行，因此你应该显示阵列的前面12个元素，然后等待用户按下一个按钮，再显示后面的12个元素，直到达到阵列的尾端。也许可以使用"我的模块"DisplayNumber同时显示每个元素的索引值和数据值（否则很容易搞不清楚较长阵列的索引值）。

提示　如果有12个以上的元素，显示模块的行参数需要"循环"，第13个元素要显示在第0行。解决这个问题的一个简单方法是，将阵列索引值对12进行取模运算，将结果作为行参数。

程序ButtonCommand（按钮命令）

程序ButtonCommand用程序块按钮给出一个移动命令的列表，让TriBot执行。程序的第一部分根据你按下的按钮创建一个命令阵列，程序的第二部分执行这些命令，让机器人按照你的指令移动。

我们要用到EV3程序块上的5个按钮。左、右按钮控制机器人向左、右旋转四分之一圈，上、下按钮控制机器人向前、后移动一圈。中间按钮表明我们已完成输入命令准备移动TriBot。

创建命令阵列

该程序使用一个名称为CommandList的数字排列存储要执行的命令。我们用程序块按钮对应的数字表示每个命令，如表15-2所示。

表 15-2 按钮数字和相关的命令

按钮	数字	命令
左	1	向左旋转四分之一圈
右	3	向右旋转四分之一圈
上	4	向前移动一圈
下	5	向后移动一圈

要构建命令列表，程序首先要创建一个空阵列。然后进入循环模块，等待某个按钮碰撞，如果中间按钮碰撞则退出循环，否则将按钮ID数字添加到列表中。当你创建命令列表时，这些命令会显示在EV3屏幕上。

我将从向阵列中添加命令的代码开始，然后添加下一部分模块显示每个数据值。图15-11中的代码为清除屏幕、创建空阵列、向阵列中添加命令直到中间按钮碰撞为止。

前两个模块不需要解释，但循环内部的模块需要解释一下。

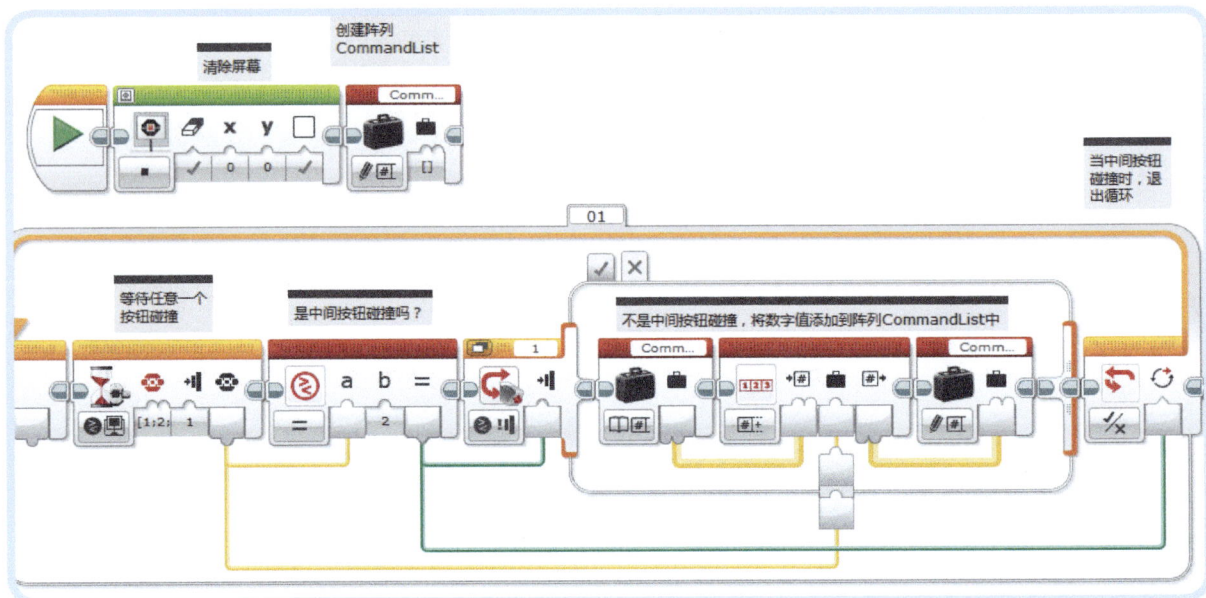

图15-11　向阵列CommandList中添加命令

1．等待模块设置为程序块按钮–比较模式，等待五个按钮中任意一个被碰撞（图15-12所示，选中五个按钮）。程序块按钮ID输出参数表示哪个按钮被碰撞。

2．比较模块检查是否是中间按钮（数字2）被碰撞。比较结果被传递给切换模块和循环模块。

3．切换模块的"真"情况分支中没有模块，因此当中间按钮碰撞时，程序直接到达循环的结尾。如果有不同的按钮被碰撞，程序将进入切换模块的"伪"情况分支，运行分支中的三个模块。

4．第一个变量模块（在切换模块内部的）将阵列CommandList的当前值放入数据线。

5．阵列运算模块将等待模块传递过来的程序块按钮ID值附加到阵列的结尾。

6．第二个变量模块将更新后的阵列存储到变量CommandList中。

7．循环模块使用比较模块的结果决定何时退出循环，因此当中间按钮被碰撞时循环退出。

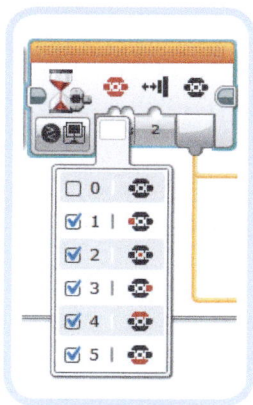

● 图15-12　等待5个按钮中的任意一个被碰撞

显示命令

当每一个新命令被添加到阵列中之后，程序会将命令值显示在屏幕上。因此按过上、上、上、右之后，屏幕上将显示"4443"。我们还希望这个程序尽可能多地显示数值，如果我们在每一行上显示一个数值，只能显示12个值（同样的，在每一列上显示一个值，只能显示22个值）。所以在这个程序中我们将使用行和列来显示：第一个之出现在左上角（0行，0列），下一个值出现在（0,1）（0行，1列），直到到达这一行的结尾。然后下一个值出现在下面一行：1行，0列。我们在屏幕上填满264个值（22乘以12），对这个程序来说足够用了。

我们需要用两个简单的公式根据循环索引值计算每个值显示的行和列位置（请记住，循环索引值与阵列中每个元素的索引值是相配合的）。计算行参数，我们将循环索引值除以22，并向下取整（使用函数floor）到最近的整数：floor（循环索引值 / 22）。当循环索引值在0～21之间时，这个公式的计算结果是0，命令值被显示在第一行。当循环索引值在22～43之间时，计算结果是1，命令值被显示在第二行，等等。

计算列参数，我们需要知道循环索引值除以22的余数是多少：循环索引值 % 22。这让我们知道在确定行参数之后还剩余了多少空格数量。当循环索引值在0～21之间时，公式的计算结果与循环索引值相同。当循环索引值正好是22时，计算结果为0，因此命令值显示在左侧第一列。而在下一次循环时，循环索引值为23，因为23除以22的余数是1，命令值会显示在1列。这是取模运算的另一个应用实例，对数值"环绕处理"，这次用到的是显示屏的宽度。

图15-13显示了从图15-11中的切换模块开始的程序代码，有两个数学模块和一个显示模块，将每个命令值显示在适当的行和列上。数学模块用循环索引值计算行参数和列参数，循环索引值被输入到两个数学模块中。显示模块用计算出的行参数和列参数将新的命令值显示到屏幕上。显示模块的字体参数被设置为1，因此每个字符值占据1行和1列，清除屏幕参数被设置为"伪"。

你可能需要在这一点上测试一下程序，确保命令列表被存储下来并显示正确。如果你从EV3软件中运行程序，可以检查从阵列运算模块输出的数据线上的值，看看程序是否按预期的进行工作。

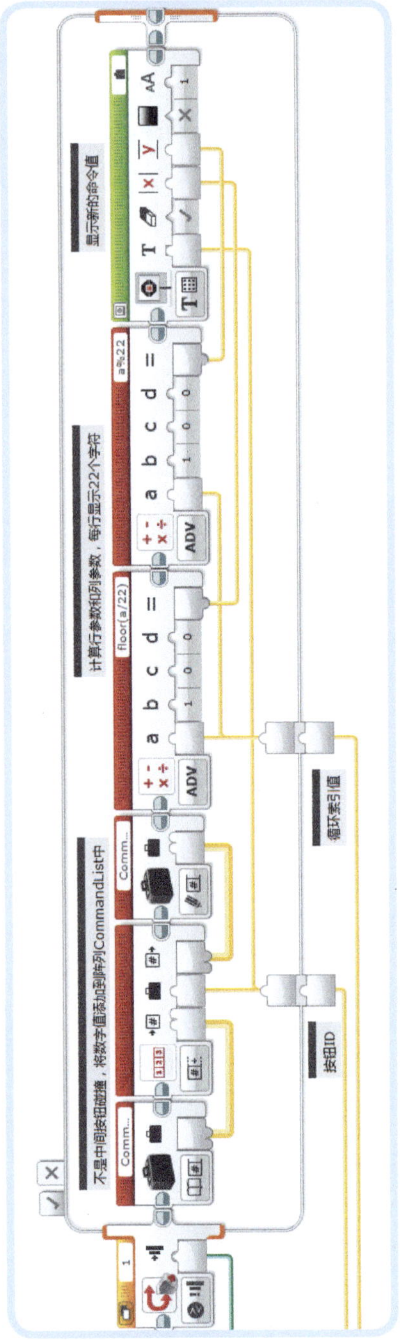

图15-13 显示命令

执行命令

程序的第二个部分（图15-14）读取阵列的每个元素，执行对应的命令。循环的结构与程序ArrayTest中使用的相类似。一个阵列运算模块读取阵列长度，用这个值控制循环模块的循环次数。在循环模块内，用循环索引值从阵列中读取每个元素值，这是使用阵列时经常会用到的模式。

元素值被传递给切换模块。切换模块的每个情况分支对应着程序块按钮ID值的情况分支用于执行命令，使用移动转向模块让TriBot左转、右转、向前或向后。

运行这个程序时，你可以使用四个方向按钮输入命令，而且命令列表（程序块按钮ID）会显示在EV3屏幕上。当按下中间按钮时，TriBot开始移动，执行全部输入的命令。

程序ColorCount（颜色计数）

程序ColorCount用颜色传感器检测物体的颜色，并记录每种颜色的数量。这与程序RedOrBlue相似，程序等待你将物体放在颜色传感器前，然后说出颜色的名称，并记录看到的每种颜色的数量。只是程序ColorCount要跟踪颜色传感器能够识别的8种颜色值（7种颜色加上无颜色）。回忆一下第11

挑战 15-2

改变程序的操作，让它更有趣。让切换模块的每种情况分支中包含尽可能多的模块或使用"我的模块"做更复杂的动作。例如，你可以使用以下的命令复制BumperBot的行为：

1. 向前移动（使用开启模式）。

2. 等待触动传感器被按下。

3. 向后移动1圈。

4. 旋转随机的角度值。

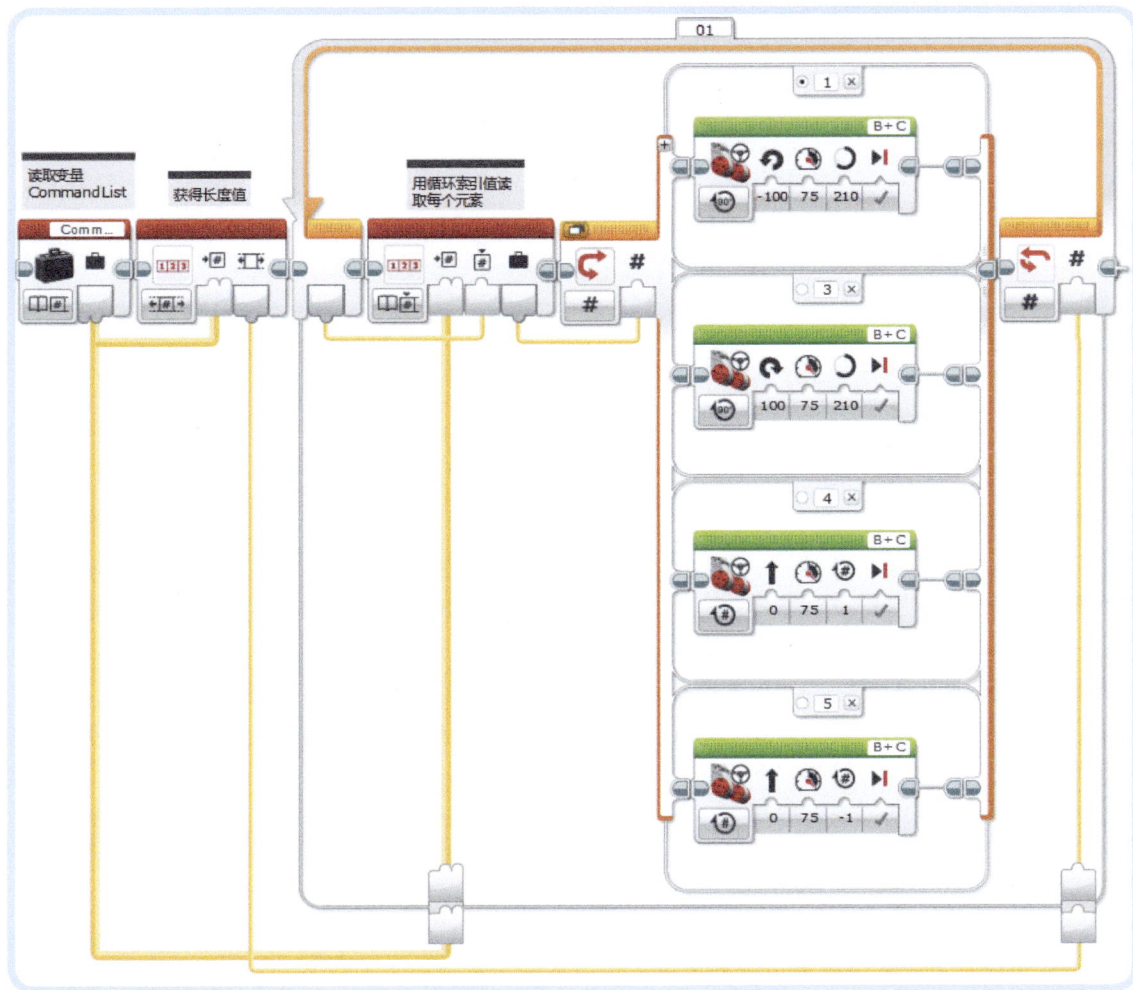

图15-14　执行命令

章中的程序RedOrBlueCount，它使用2个变量，只能识别红色和蓝色物体。当然你可以扩展程序RedOrBlueCount，用8个变量计数颜色传感器能识别的8种颜色，但是用阵列存储这8种颜色的数量更为合适些（我所说的8种颜色是指要对7种颜色和无颜色进行计数）。

要计数每种颜色的物体数量，我们需要一个有8个元素的数字排列，我把它命名为ColorCounts。每次颜色传感器检测颜色时，对应着检测到的颜色输出一个0 ~ 7的数值，如表15–3所示。因为颜色的数值和阵列的下标都是从0开始的，所以我们可以把每种颜色的数量储存在对应的阵列索引中。这意思是说，ColorCounts[2]中将保存蓝色物体的数量，ColorCounts[4]中将保存黄色物体的数量。

因此，对于这个阵列来说，索引值不仅能告诉你元素的位置，还能告诉你元素代表的颜色。

表15-3　颜色传感器值

数字	颜色
0	无颜色
1	黑
2	蓝
3	绿
4	黄
5	红
6	白
7	棕

表15-1显示了程序的高级步骤。为了让这个程序更容易编写，我们要创建两个"我的模块"。第一个模块以颜色值作为输入，以文本值的方式给出颜色的名称。这对于同时在屏幕上显示颜色名称和用声音模块说出颜色非常有用。第二个模块对特定的颜色计数值加1，这一步很简单，但需要用到五个模块，并占用了编程画布上的大量空间，所以使用我的模块将使主程序更小、更容易阅读。

```
create the ColorCounts variable as an array
with eight 0s
```
创建数字排列的变量ColorCounts，8个元素，各元素初始值均为0

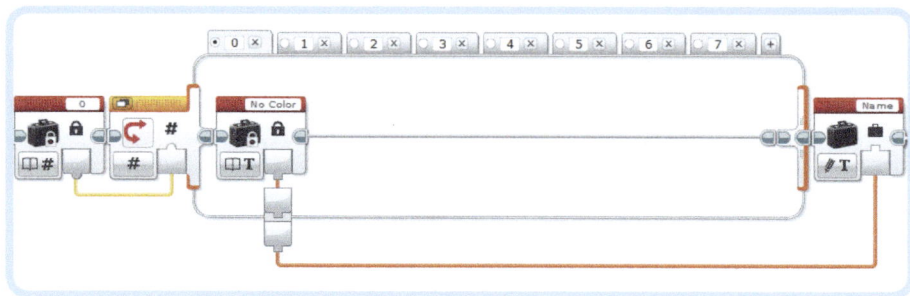

```
display the eight color names and the
starting count (0)
```
显示8种颜色的名称和初始值（0））
```
begin loop
```
开始循环
```
    wait for the Center button to be bumped
```
    等待中间按钮被碰撞
```
    read the Color Sensor
```
    读取颜色传感器的值
```
    use a Sound block to say the name of the
color
```
    用声音模块说出颜色的名称
```
    add one to the count for the color
```
    为这个颜色的计数加1
```
    display the new count for the color
```
    显示这个颜色的新的计数值
```
loop forever
```
永远循环，无限制

列表15-1　程序ColorCount的高级步骤

我的模块 ColorToText（将颜色转变为文本）

我们可以从颜色传感器获得输出的数字值，用切换模块产生相应的颜色名称。这个切换模块相当简单但是非常巨大，因为它需要有8个情况分支来处理所有可能的颜色值。我们还需要在程序中对这部分代码重复使用2次。这就是要把它做成"我的模块"的原因。

要创建"我的模块"ColorToText，首先要编写程序ColorToTextBuilder，如图15-15所示。创建这个模块时，仅需要用到切换模块和其中的模块。程序开始处的常量模

图15-15　程序ColorToTextBuilder

块和结尾处的变量模块只是为了添加数据线而用的，它们会转化为模块ColorToText的参数。

切换模块用数值作为输入，选择对用的情况分支。每个情况分支中包含一个常量模块，将相应的（文本）颜色名称输出到数据线上：各个情况分支的唯一不同点就是常量模块中的文本值。

选中切换模块，在菜单栏中点击**工具▸我的模块创建器**，创建"我的模块"。设置两个参数的名称和图标（我使用了Color Number和Text）。图15-16显示了添加注释后的我的模块。

完成创建之后，最好用程序对模块做一下测试，确保所有的数据线都已连接到输出插头上，每种颜色的名称均能正

确显示。

程序ColorToTextTest（图15-17），清除EV3屏幕，然后在每一行显示每种颜色。循环模块重复运行8次，用循环索引值控制模块ColorToText获得8种颜色的名称，并用循环索引值作为显示模块的行参数显示每种颜色。第一次进入循环模块时，循环索引值为0，因此模块ColorToText的输出为"No Color（无颜色）"，显示在第0行（最上面一行）。下一次进入循环时，循环索引值为1，在第1行显示"Black"。8种颜色的名称全部显示之后，循环结束。程序尾端的等待模块设置为程序块按钮-更改模式，等待任意按钮被压下，因此你可以在程序结束前看清楚显示的内容。

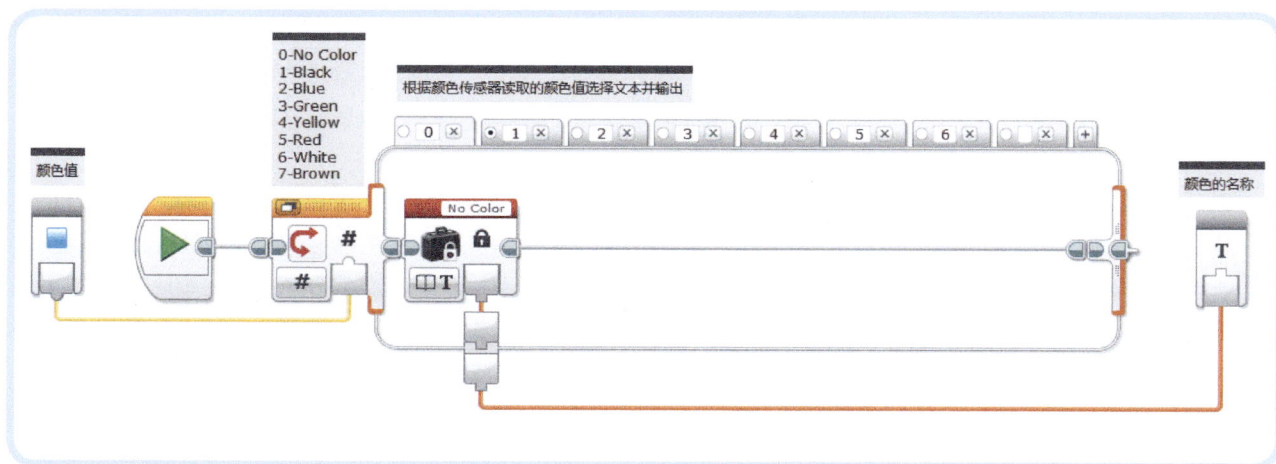

图15-16 我的模块ColorToText

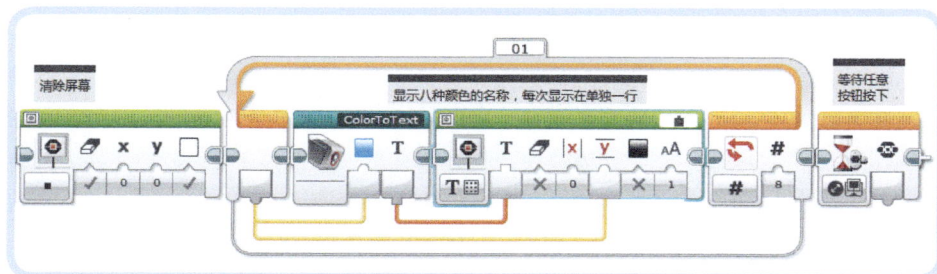

图15-17 程序ColorToTextTest

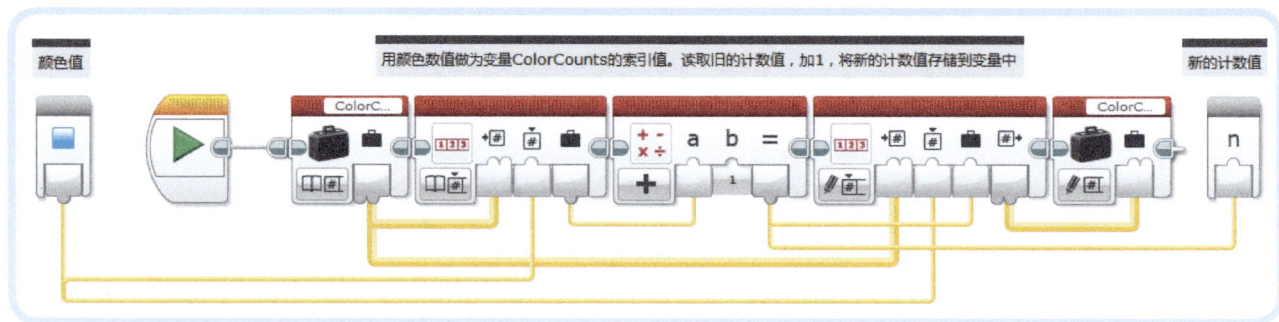

用颜色数值做为变量ColorCounts的索引值。读取旧的计数值，加1，将新的计数值存储到变量中

颜色值 / 新的计数值

○ 图15-18 我的模块AddColorCount

运行程序，RV3屏幕上会显示以下内容：

No Color

Black

Blue

Green

Yellow

Red

White

Brown

如果出现颜色名称丢失或顺序错误，请重新编辑我的模块ColorToText。

我的模块 AddColorCount（增加颜色计数）

变量ColorCounts是一个阵列，包含着每种颜色被检测到的次数。每次识别到一个新的物体颜色时，我们要给阵列中对应元素的数值加1。需要用五个模块完成读取和更新变量，我们把这五个模块变成一个"我的模块"，让主程序更小、更易阅读（如果你需要复习一下如何创建"我的模块"，请阅读第12章）。

图15-18显示了已完成的"我的模块"AddColorCount，将颜色值作为模块输入参数，给阵列ColorCounts中对应的元素值加1，因为我们需要在主程序中显示更新后的颜色计数

值，因此我的模块将这个数据值作为输出参数。

第一个变量模块读取变量ColorCounts的值，将整个阵列放在数据线上。阵列运算模块以阵列值和颜色值作为输入，输出对应颜色元素的当前值。数学模块为这个当前值加1，下一个阵列运算模块将新的数值写入阵列。最后一个变量模块将新的阵列值存储到变量ColorCounts中。

用数据线选择声音模块

程序识别颜色之后，要用声音模块说出颜色的名称。我们可以用数据线将颜色名称（来自我的模块ColorToText）传递给声音模块选择声音文件进行播放（图15-19）。要做到这一点，需要在文件名称对话框中选择"已连线"（图15-20），然后把数据线连接到文件名称参数上。

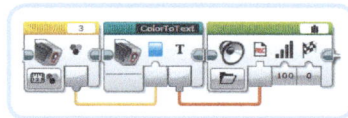

○ 图15-19 用数据线选择声音文件

用数据线选择声音文件时，你要确保在EV3程序块里存储着这些声音文件（当你手动选择声音文件时，EV3软件会自动处理这件事）。这就是说，我们要在本项目中添加8个文件，确保声音的文件名称与用数据线从模块ColorToText传递来的颜色名称相匹配。

194

图15-20　用已连线模式选择文件名称的声音模块

在项目属性页面的声音选项卡中，可以看到本项目中已包含的声音文件（图15-21）。

按以下步骤在项目中添加7个颜色名称的声音文件：

1. 创建一个新程序，命名为ColorCount。

2. 在程序中添加声音模块。

3. 选择文件**Black**（在**LEGO声音文件颜色文件夹中**）。

4. 选择文件**Blue**（在同一个声音模块上）。

5. 继续更改文件名称，直到选择了全部7个颜色。

此时，声音文件的清单应该和图15-22一样。再次检查是否已包含了全部7个声音文件。

现在我们要考虑一下"No Color（无颜色）"的情况。没有哪个声音文件的名称叫作"No Color（无颜色）"，因此我们需要自己创建一个。在程序RedOrBlue

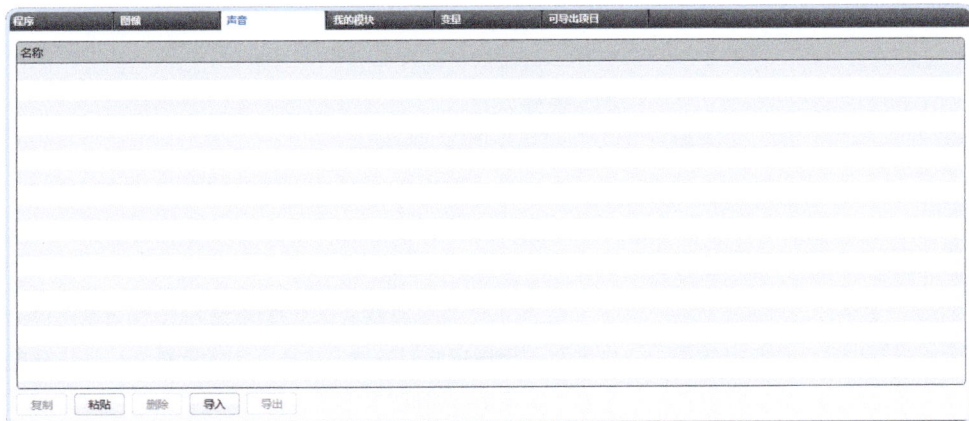

图15-21　在你用声音模块选择文件之前，项目属性页面声音选项中的声音文件清单是空白的

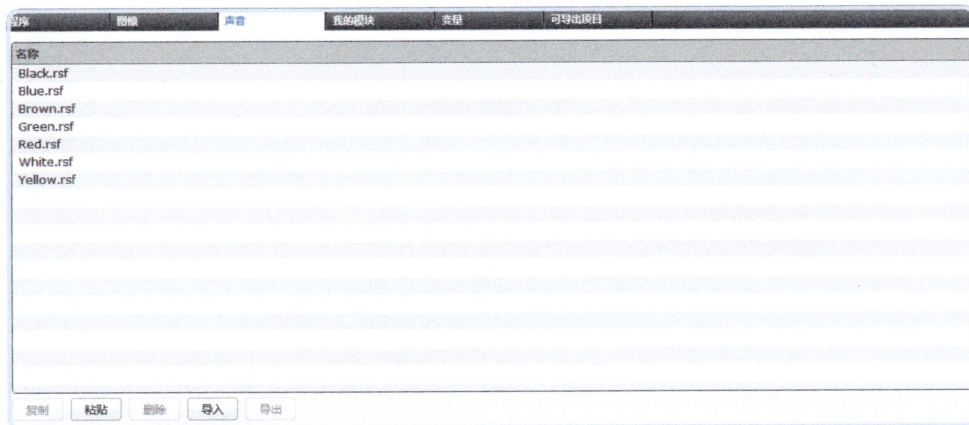

图15-22　包含7个颜色的声音文件

195

中，当颜色传感器没有检测到颜色时，我们使用了声音文件"Uh-oh"。在程序ColorCount中也可以使用这个文件，但我们要把它更名为No Color，让声音文件的名称与从模块ColorToText传递过来的文本值相匹配。以下是从声音文件"Uh-oh"创建"No Color"声音文件的步骤：

1. 在声音模块的文件名称对话框中选择**Uh-oh**（在**LEGO声音文件**›**表情**文件夹中）。

2. 打开项目属性页面。

3. 在声音文件清单中选择Uh-oh.rsf。

4. 点击**导出**按钮，在弹出的对话窗口中，将文件名称Uh-oh.rsf更改为No Color.rsf（要确认文件名中包含空格），保存这个文件。

5. 点击**导入**按钮，在弹出的对话窗口中，选择文件No Color.rsf，添加到项目中。

6. 在项目属性页面中，选择文件Uh-oh.rsf，点击**删除**按钮。

7. 从程序中删除声音模块。

项目属性页面现在如图15-23所示。当然，你也可以使用自己喜欢的声音文件，诸如Boo、Sorry、No或者喇叭声、哔哔声。你也可以使用声音编辑器创建一个自己的声音文件。重要的是，不管你选择了哪个声音文件，都要把

文件名称更改为No Color，与模块ColorToText中使用的文本值相匹配。

初始化

现在我们开始编写程序。首先，我们要创建有8个元素的阵列ColorCounts，将每个元素设置为0，并显示颜色名称和初始计数值。

完成初始化工作的模块如图15-24所示。以下是这段代码的工作原理：

1. 变量模块，设置为**写入-数字排列**模式，创建变量ColorCounts。变量参数设置为[0;0;0;0;0;0;0;0]。这是创建了8个元素的变量。并将初始值设置为0。如果你不确定如何完成阵列值的初始化，请参考第183页"创建一个阵列"部分。

2. 显示模块清除屏幕。

3. 循环模块重复循环8次，每次循环一种颜色。

4. 模块ColorToText使用循环索引值作为输入，产生对应的颜色名称作为输出。

5. 第一个显示模块显示从模块ColorToText输出的颜色名称，用循环索引值做行参数。字体设置为1，让8种颜色都可以显示在屏幕上。

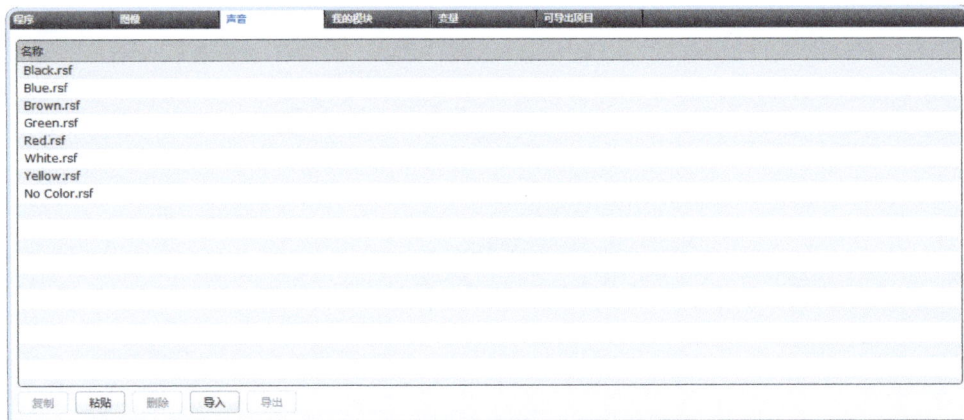

图15-23　程序ColorCount中需要用到的声音文件清单

6. 第二个显示模块显示0，同样用循环索引值作为行参数，列参数设置为10，显示出来非常漂亮。

运行这个部分的程序，EV3屏幕上会出现如下内容：

```
No Color    0
Black       0
Blue        0
Green       0
Yellow      0
Red         0
White       0
Brown       0
```

将计数值显示在第10列，要比直接显示在名称后面好得多，能产生一份清晰的信息列表。更新显示的时候也容易得多，我们只需用10作为列参数、用颜色值作为行参数更新颜色计数值即可。这比每次数值改变时都要显示完整的信息列表少用很多模块。

如果你想测试此时的程序，请在尾端添加一个等待模块，否则程序结束时，屏幕立即被清除，你根本来不及看清显示结果。

颜色计数

现在我们来完成计数部分的程序（图15-25）。工作原理如下：

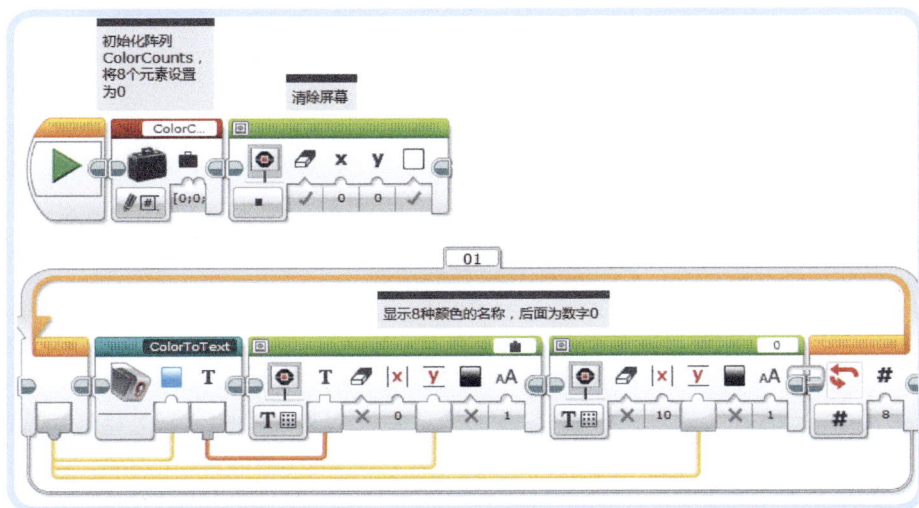

图15-24　程序ColorCount，第一部分

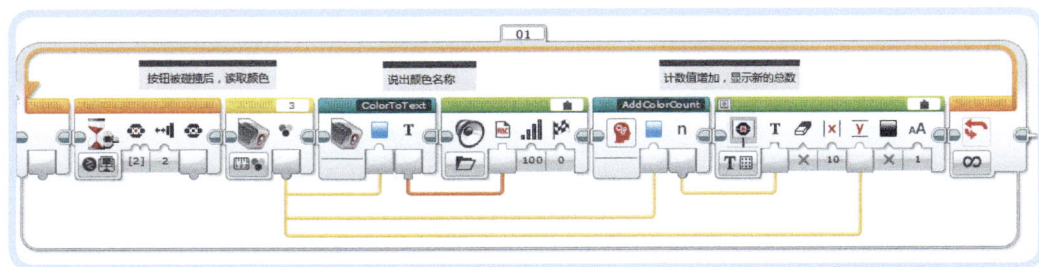

图15-25　程序 ColorCount，第二部分

197

1. 重复循环，直到你终止程序运行。

2. 等待模块设置为**程序块按钮–比较**模式，等待中间按钮被碰撞。

3. 颜色传感器模块设置为**测量–颜色**模式，检测放置在传感器前面的物体颜色。传感器读值将被用在后面的三个模块中。

4. 模块ColorToText将颜色值转换为对应的颜色名称。

5. 声音模块用颜色值选择声音文件进行播放。

6. 模块AddColorCount为对应颜色的计数值加1，产生的新数据值作为输出参数，传递给显示模块。

7. 显示模块显示来自模块AddColorCount的新计数值。颜色值为行参数，列参数被设置为10。新的计数值将覆盖前面显示的数值。

运行这个程序，从显示颜色清单和数值0开始，当你在颜色传感器前放置一个物体并按下中间按钮后，程序将说出颜色的名称，并将该颜色的计数值由0变为1。继续测试不同的物体，直到你听到所有的颜色为止。

程序MemoryGame（记忆游戏）

程序MemoryGame是一个用程序块状态灯和程序块按钮的简版 "西蒙说" 游戏〔Simon says（西蒙说）是一个英国传统的儿童游戏。一般由3个或3个以上的人参加，其中一个人充当 "Simon"。其他人必须根据情况对充当 "Simon" 的人宣布的命令做出不同反应。当命令以 "Simon says" 开头时，其他人必须按照命令做出相应动作；如果命令没用 "Simon says" 开头，则其他人不准有动作。——译者注〕程序块状态灯随机显示一个颜色序列，然后玩家按下按钮，尝试重复这个序列。如果重复的结果是正确的，游戏将继续显示一个更长的颜色序列；如果结果是错误的，游戏结束。

整个程序都在循环模块中，一直保持运行，直到玩家给出了错误的结果才会退出循环。我们用一个命名为Lights的阵列变量保存状态灯（0 = 绿色， 1 = 橙， 2 = 红）的序列。每次进入循环后，用随机模块产生一个介于0~2之间的随机值添加到阵列Lights中。

程序按照阵列中的数值闪烁相应颜色的灯光。玩家按灯光的顺序按下对应的按钮，左按钮对应绿色，中间按钮对应橙色，右按钮对应红色。该程序首先从关闭程序块状态灯开始，否则闪烁的绿色可能会导致混乱。然后才开始运行该程序的主循环（图15-26）。

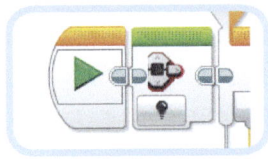

图15-26　在开始主循环之前，先关闭程序块状态灯

循环的开始

循环的第一部分如图15-27所示。程序用循环索引值确定向阵列Lights中添加多少个数值。然而循环索引值是从0开始的，而我们希望游戏开始时阵列Lights中有一个数值，因此我们把循环索引值加1，再作为阵列的元素值使用。

每次进入循环，程序用 "我的模块" DisplayNumbe（来自第12章）显示当前序列的项目数量，如 "Level 1"、 "Level 2"，等等。然后将变量Lights初始化为空阵列。程序说出 "Start"，并在显示颜色灯光序列之前给出短暂的中断。

创建颜色灯光序列

程序的下一个部分中，向阵列Lights添加随机值，并按照这些值闪烁程序块状态灯（图15-28）。图15-27中的数学模块输出的数值用于控制循环重复的次数，也就是添加到阵列中的数值数目。

> **注意** 要从数学模块向循环模块拖曳数据线，需要使用工具栏中的"放大"按钮（🔍⁺），直到你能同时看到这两个模块为止。

每次进入循环时，随机模块产生一个介于0~2之间的数值，这个数值被添加到阵列Lights中，并用于打开程序块状态灯。在短暂的中断之后，程序块状态灯关闭，然后在循环重复或退出之前是另一个短暂的中断。当循环结束后，阵列Lights中保存着点亮程序块状态灯的全部数值，我们将用这些数值来确认玩家是否按照正确的顺序按下了按钮。

我的模块 WaitForButtons

在完成程序的最后一部分之前，我们先创建一个"我的模块"WaitForButtons，如图15-29所示。当玩家试着用程序块按钮重复颜色灯序列时，这个模块按照玩家按下的按钮点亮对应的颜色灯，并输出对应的灯光颜色值。图15-30显示了这个模块在程序中的模样。

第一个等待模块被设置为程序块按钮比较模块，等待左、中或右按钮被按下。图15-31显示了模块中选择的按钮。请注意，我们使用的按钮ID值是从1到3，而程序块状态灯的颜色值是从0到2。因此，用数学模块将按钮ID值减1才能得到正确的结果，将计算结果传递给程序块状态灯

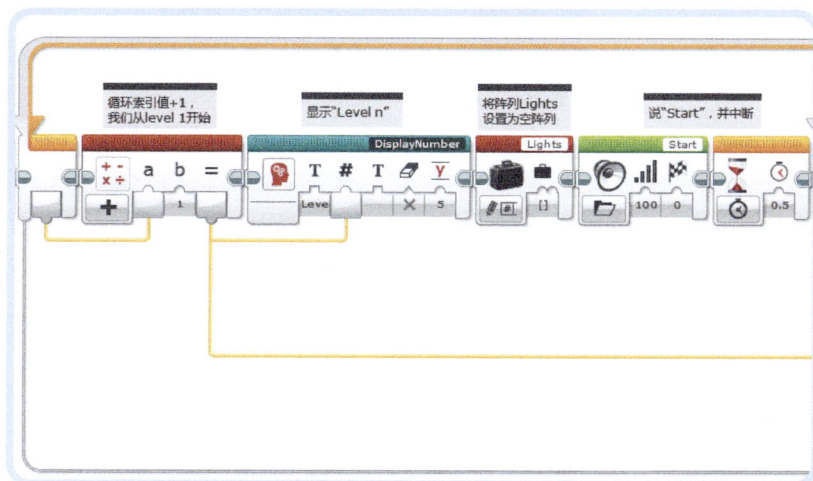

图15-27 准备开始第一个回合

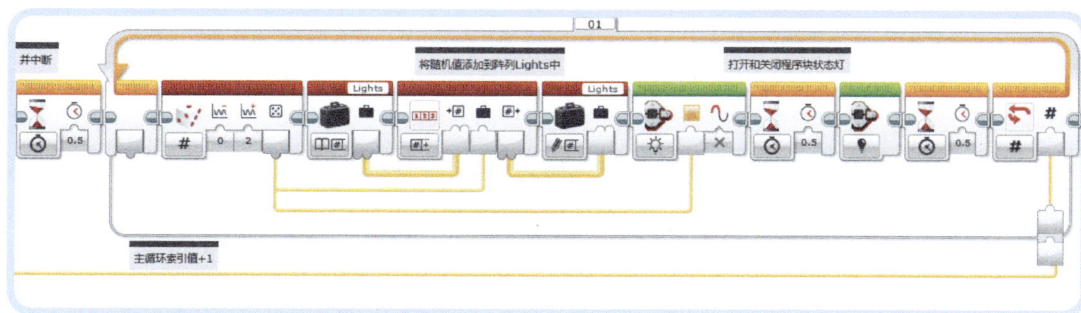

图15-28 创建颜色灯光序列

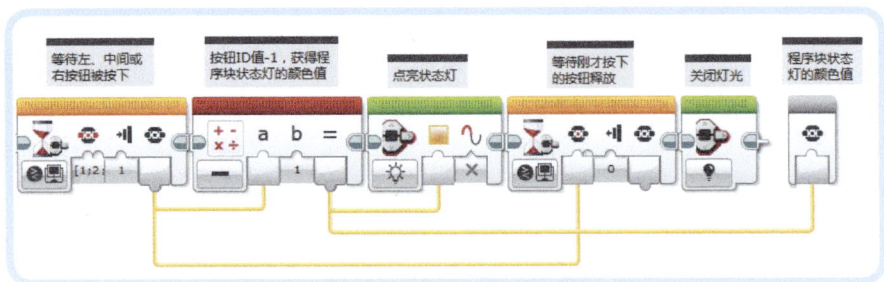

等待左、中间或右按钮被按下　　按钮ID值-1，获得程序块状态灯的颜色值　　点亮状态灯　　等待刚才按下的按钮释放　　关闭灯光　　程序块状态灯的颜色值

图15-29　创建我的模块WaitForButton

图15-30　我的模块WaitForButton

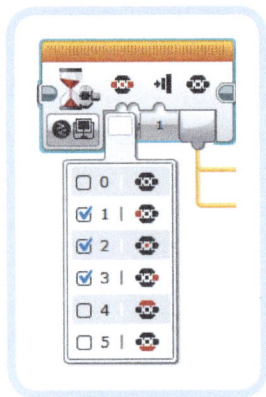

图15-31　等待左、中或右按钮被按压

模块。灯被点亮。第二个等待模块用于等待刚刚被按下的按钮释放。

在按钮释放以后，程序块状态灯关闭。这个模块将对应着状态灯颜色的数值（不是按钮ID值）作为输出参数。主程序将使用这个参数确认玩家是否按下了正确的按钮。

检查玩家的响应结果

该程序的最后一部分如图15-32所示，接收玩家输入的响应结果，并进行检查。其中第一件要做的事，是用声音模块说出"Go"，让玩家知道可以开始重复颜色序列了。然后程序使用模块WaitForButton等待玩家按下按钮，与存储在阵列每个元素中的颜色值进行比较，比较模块确定玩家是否按下了错误的按钮（检查程序块状态灯的颜色值与存储在阵列中的值是否相符）。

如果按错按钮，运行切换模块中的代码，程序说出"Game Over"，用循环中断模块结束程序里面的循环模块，结束这部分程序。这个循环被命名为02，循环中断模块要与之相符。比较模块的比较结果也会用于主循环模块，决定是否继续执行循环。如果按钮没有按错，比较模块的比较结果为"伪"，继续重复执行主循环。

阵列Lights的长度被用于控制内循环重复的次数。当内循环结束时，不管是由循环中断模块控制的还是因为全部序列被正确重复，主循环模块对比较模块的比较结果进行检查，如果玩家的响应结果错误，该比较结果为"真"，退出主循环，程序结束；如果玩家的响应结果是正确的，该比较结果为"伪"，重复执行主循环，显示一个新的、更长的颜色灯光序列。

运行程序：从关闭正常闪烁的绿色灯光开始，然后程序块状态等闪烁一次，按下正确的按钮，程序块状态灯会闪烁两次，等待玩家的响应。该程序会一直运行到玩家出错（或自己结束程序）。

为了让程序更短小，我省略了屏幕上的说明。如果想让程序用起来更方便，你可以在程序开始的地方用显示模块在屏幕上添加一些文字，说明按钮与颜色的对应关系。

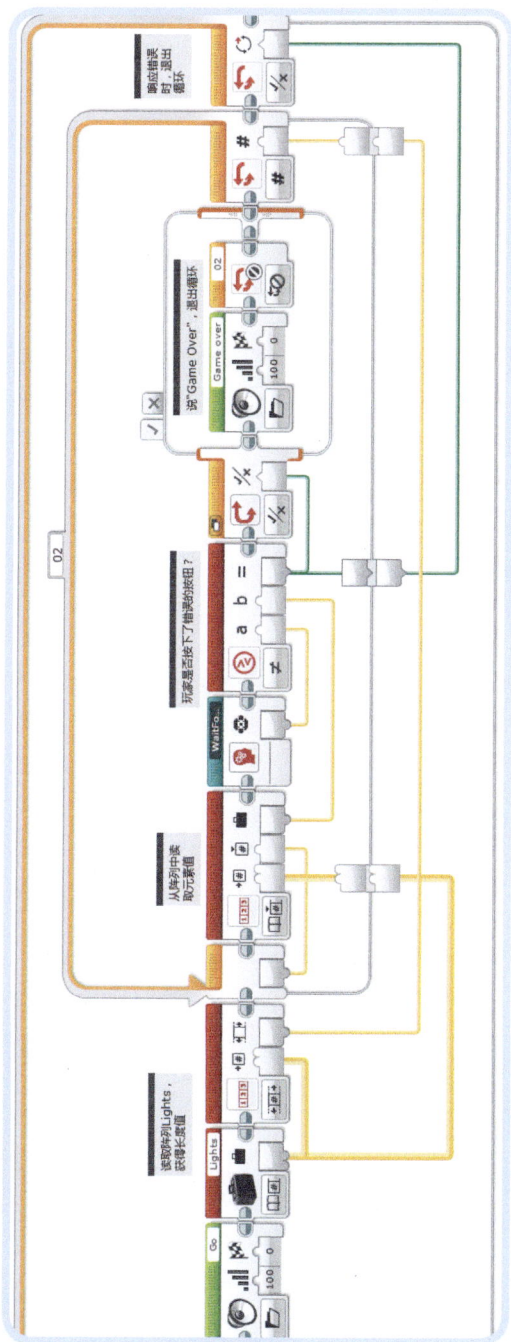

图15-32　检查玩家的响应结果

进一步探索

以下这些活动可以帮助你探索本章中提出的想法：

1. 使用阵列时，有两个常见的错误：试图读取不存在的元素和写入不存在的元素。修改程序ArrayTest看看在上面两种情形下会发生些什么。例如，在填充阵列之后，尝试读取ArrayValue[10]，然后再向ArrayValue[10]写入一个数据值，看一下对阵列长度的影响和阵列中存储的数据值。这样，你会知道软件对于这些错误有什么反应，当这些错误出现时，你可以做出正确识别。

2. 程序ButtonCommand只能支持四个命令，有一定的局限性。你可以对此做出修改，用两个按钮来选择命令。在原来的程序中，我们使用按钮ID值作为命令代号，要使用2个按钮指定命令，你需要将两个按钮ID值转换为一个命令代号。有一个简单的方法，先识别第一个按钮ID值，将其乘以10，再加上第二个按钮ID值（图15-33）。如此可以组合出11（左，左）到55（下，下）之间的命令代号。并不是所有介于11到55之间的数字值都是有效命令，因为你只会使用到数字1，3，4，5。

在这个版本的程序中，你要用3列来显示每个命令，两个显示数字值，一个是两个命令之间的空格。

3. 为程序MemoryGame添加声音。每当程序块状态灯打开时，播放一个与灯光颜色相匹配的声音。这需要创建一个阵列，保存用于每个程序块状态灯颜色的声音频率值。我建议尝试以下这组频率值：[261.626; 329.628; 391.995]（这些音符构成了C大调和弦。在网上搜索一下"音符频率"，以了解更多关于音调频率与音符关系的信息）。如果我们把这个阵列命名为Tones，则Tones[0]可用于绿色灯光，Tones[1]可用于橙色灯光，Tones[2]可用于红色灯光。

201

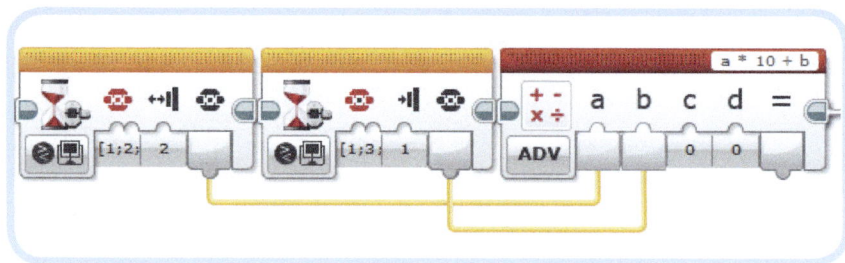

图15-33　创建一个命令数量将两个按钮按下

结束语

在本章中，你学习了可以存储一系列值的阵列，使用变量模块可以创建和存储阵列，使用阵列运算模块可以访问元素和确定阵列的长度。

程序ButtonCommand创建了一个命令清单，让TriBot按清单执行命令，这其实就是在程序内创建另一个程序。用阵列可以让你轻松地对程序RedOrBlueCount做

出扩展，处理颜色传感器能够识别的所有8种颜色。而程序MemoryGame用程序块状态灯、按钮和越来越长的数值列表来测试你的记忆力。

在程序运行时，当你想要使用数据值集合时，阵列非常有用。在下一章中，你将了解有关文件的内容，你可以用它从程序中保存数据值，或从不同的程序、计算机中上传数据值。

第 16 章　文件 16

在本章中，你将学习使用文件读写模块并在程序中使用文件。存储在文件中的信息是持续性的，意思是在程序运行结束后、即使是关闭了EV3，这些信息依然有效。你可以使用文件保存程序中的信息，并在以后用于同一个或不同的程序中。

你将从创建测试程序开始，然后对第15章的程序MemoryGame做出修改，在文件中保存最高分数。接下来，你要在程序ColorCount中添加一个菜单，将每种颜色的物体数量保存在数据文件中，在下次运行程序时，将数据恢复到程序中。你还将学习到如何管理EV3的内存、删除文件、在EV3和计算机之间传输文件。

文件读写模块

文件读写模块，在高级面板中，有四种主要的模式（图16-1）：从文件中读取数据、向文件写入数据、删除文件和关闭文件。关闭文件是告诉EV3你已经用完了这个文件。我们创建程序FileTest演示这些操作，向一个文件中写入三个数据，然后再将数据读回并显示在EV3屏幕上。

设置文件名称

文件读写模块总是需要知道你想对哪个文件进行操作。点击模块右上角的文件名称对话框可以设置文件名称，也可以在对话框中选择**已连线**，用数据线给出文件的名称（图16-2）。

文件名称对大小写敏感，可以使用31个字符，包括数字、字母、空格、下划线（ _ ）和连接号（ – ）。给文件命名时，要尝试使用有意义的名字，最好从名字上就能看出文件中包含的内容是什么。

图16-1　选择文件读写模块的模式

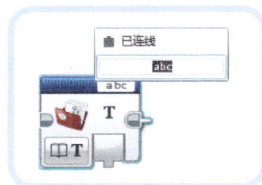

图16-2　设置文件名称

写入文件

写入*模式*可在已有的文件中存储信息，如果文件不存在，则会先创建一个新文件。文件读写模块将新的数据写在文件的末端，所以在已有文件中，新的数据被添加在最后一行。如果你想替换数据而不是添加，需要先删除该文件。

图16-3显示了程序FileTest的第一部分代码，用3个文件读写模块向文件写入0、1和2。我们将这三个模块的文件名称均设置为FileTestData。

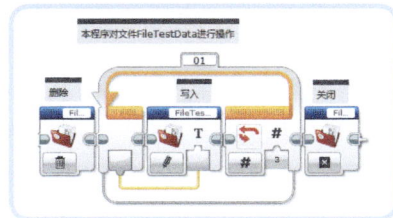

图16-3　写入文件

我们希望每次运行程序FileTest时要替换掉文件FileTestData中的内容，所以程序中第一个文件读写模块设置为删除模式，删除已存在的文件。如果不使用这个模块，在第一次运行这个程序时，程序创建一个新的文件并写入3个数据，第二次运行程序时，程序打开已经存在的文件，添加3个数据，第三次运行程序时，程序会向文件中再添加3个数据，此时文件中有9个数据。

第二个文件读写模块设置为写入模式，将循环索引值写入文件中。文件读写模块的输入参数为文本值，在写入模式下无需选择数字或文本模式。文件读写模块会将输入的数据自动转换为文本值，然后再写入文件。

第一次进入循环时，程序创建一个文件，写入第一个值（0）。接下来进入循环的两次，数据值1和2被添加到文件中。第三个文件读写模块设置为关闭模式，用于关闭文件。在完成写入数据之后，我们需要关闭文件，这样当我们在程序的下一部分中读取数据时，EV3会从文件的开始处读取数据。

读取数据

设置为读取模式的文件读写模块可以从已有的文件中读取数字值或文本值。如果这个文件不存在，程序会突然结束运行，并显示出"File Read Error（文件读取错误）"信息。

在读取模式下，你需要选择输出参数的数据类型，以使用正确的数据线类型。文件中的数据总是保存为文本形式，因此你可以使用读取文本模式从文件中读回字母和数字。如果你确切知道写入的是数字，如同文件FileTestData中的数据，则可以使用读取–数字模式从文件中获得数字值。这个模式仅适用于文件中存储的是数字的时候，如果文件中保存的是字母，读回的值会变为0，而且EV3不会告诉你这个数值与文件中的实际内容是不相符的。

图16-5显示了程序FileTest的后半部分，从文件FileTestData中读取3个数据值，并显示在EV3屏幕上。第

避免文件名错误

在多个文件读写模块需要使用同一个文件时，一定要在每个模块内都输入正确的文件名称。例如，图16-3中的代码，如果三个文件读写模块没有使用相同的文件名称，程序运行就会失败。文件读写模块通常只会显示文件名称的前几个字母，但如果你把鼠标的光标移动到模块的文件名称对话框上，将会显示出全部文件名称（图16-4）。你可以使用这个技巧快速检查程序中每个文件读写模块，确保每个模块使用的文件名称是正确的。

图16-4 显示全部文件名称

除了字母和数字之外，能在文件名称中使用的字符只有连接号号和下划线（–和_）。你可以在文件名称对话框中输入特殊字符，如*和%，但EV3会在使用时将这些字符替换为空格。所以如果你在文件读写模块中使用了文件的称Test*One和Test%One，两个模块使用文件都是Test One，这肯定不是你想要的结果。同时还要记住，文件名称对大小写敏感，FileTestData、filetestdata和FILETESTDATA是三个不同的文件。如果你向文件FileTestData中写入数据，然后从文件filetestdata中读回数据，你的程序会失败。

在输入文件名时避免错误的一种方法是复制现有的文件读写模块，而不是添加一个新的模块。例如，建立如图16-3所示的代码时，你可以先添加一个模块删除文件，并设置好文件名称。然后，在添加循环模块之后，你可以复制第一个文件读写模块，按住CTRL键，单击并拖动第一个文件读写模块，创建副本，并放置在循环模块内。你只需要将模块由删除模块更改为写入模式，但无需再设置文件名称了。

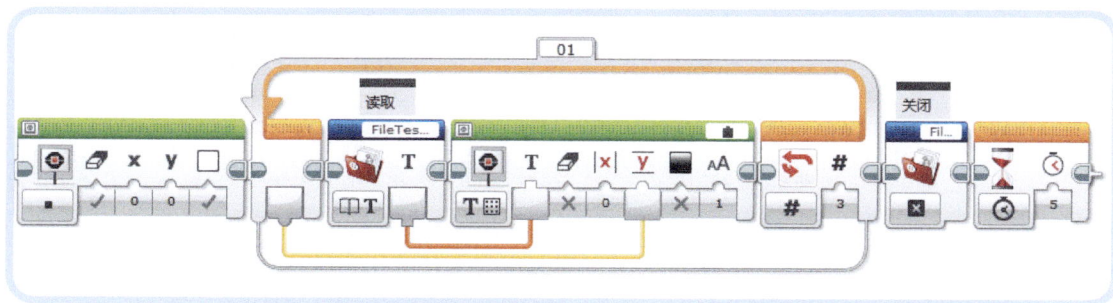

图16-5　从文件中读取数据

一个显示模块清除屏幕，循环模块重复循环3次。每次进入循环时，文件读写模块读取一个数字并显示出来。循环结束之后，文件关闭，程序中断运行5秒钟，让你有足够的时间看清屏幕上的显示。在使用完文件之后关闭它是一个很好的习惯，因此在程序FileTest的最后，用文件读写模块关闭文件FileTestData。

将图16-5中的模块添加到图16-3的程序后面，完成程序FileTest。当你运行这个程序时，它会创建文件FileTestData，向文件中写入0、1和2；再从文件中读回数据，并显示在EV3屏幕上。

保存程序MemoryGame（记忆游戏）的得分

在本节中，我们要给第15章的程序MemoryGame添加一些代码，让它能保存游戏的最高得分。回忆一下这个程序，整个程序都在一个大循环中，当玩家的响应错误时，循环结束。每次进入循环，循环索引值就是需要玩家做出正确响应的次数。我们也用循环索引值作为玩家的分数。

将最高分数保存在命名为MG_HighScore的文件中，当玩家给出了错误响应，主循环退出，程序将玩家的得分与文件MG_HighScor中存储的值进行比较，如果玩家获得了更高的分数，程序保存新的最高分，显示祝贺信息并播放欢呼声。

我们在程序的结尾处放置新的代码，但需要在主循环的开始处做出一些改变。我们要把循环索引值保存在变量Score中，记录玩家的得分（图16-6）。在循环结束后，变量Score会告诉我们玩家做出正确响应的次数。

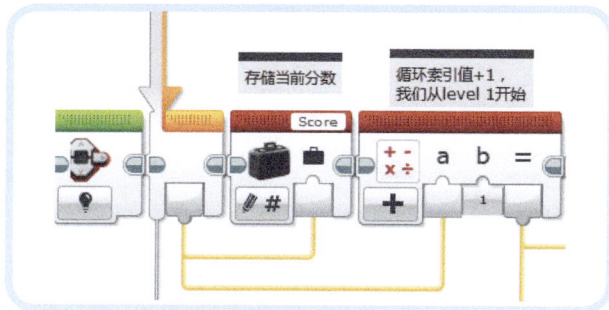

图16-6　保存玩家的得分

现在来添加主循环后面的新代码。第一部分如图16-7所示，检索以前保存的最高分，并与玩家的当前得分进行比较。本程序中所有的文件读写模块均对文件MG_HighScore进行操作，我们逐个分析一下。

1. 第一个文件读写模块向文件MG_HighScore写入0。向已有的文件中添加0，并不会对程序运行产生影响。使用这个模块是因为在我们需要先创建文件MG_HighScore时，不会引起从不存在的文件中读取数据的错误。

2. 第二个模块关闭文件，让下一个模块能够读取文件内容。

3. 第三个文件读写模块从文件中读取以前的最高分。这个值可能是第一个文件读写模块写入的0（如果文件MG_HighScore不存在），也可能是以前的最高分。

4. 下一个模块关闭文件，因为我们不再使用它了。请注意，如果文件已经存在，那么第一个文件读写模块写入的0，永远不会被读取到。

5. 变量模块读取玩家当前的得分。

6. 比较模块检查玩家的分数。如果超过了以前的最高分，输出数据线上的值为"真"，否则为"伪"。

这些模块执行后，数据线中包含着玩家的当前得分和一个逻辑值，这个逻辑值告诉我们玩家的得分是否为新的最高分数。如果是，那么接下来的程序，如图16-8所示，将保存新的最高分并祝贺玩家。

以下是后面这部分程序的内容：

7. 如果比较模块的结果为"真"，切换模块将执行图16-8中的模块，更新最高分数。

8. 第一个文件读写模块删除文件MG_HighScore，用新的最高分取代旧的那个。

9. 下一个文件读写模块向文件中写入新的最高得分。

10. 第三个文件读写模块关闭文件。

11. 两个显示模块用大字体在靠近屏幕中间的两行上显示"New High Score!（新的最高得分）"。

12. 声音模块播放"Cheering（欢呼）"声。

13. 等待模块设置为程序块按钮更改模式，用于中断

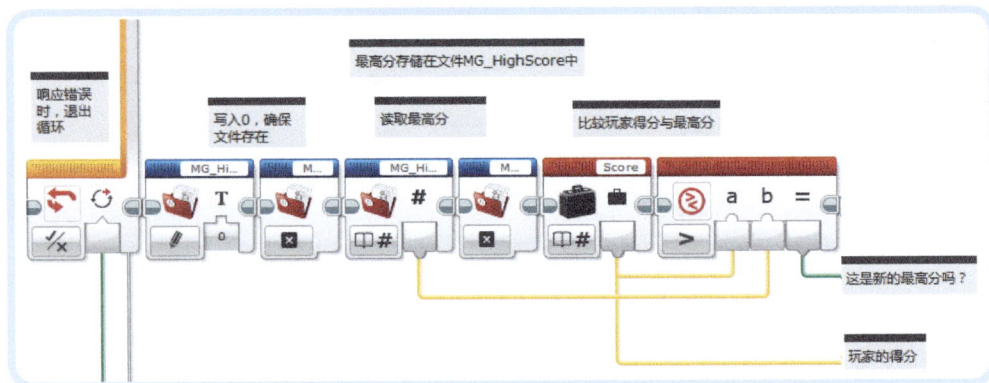

图16-7 比较玩家的得分和以前的最高分

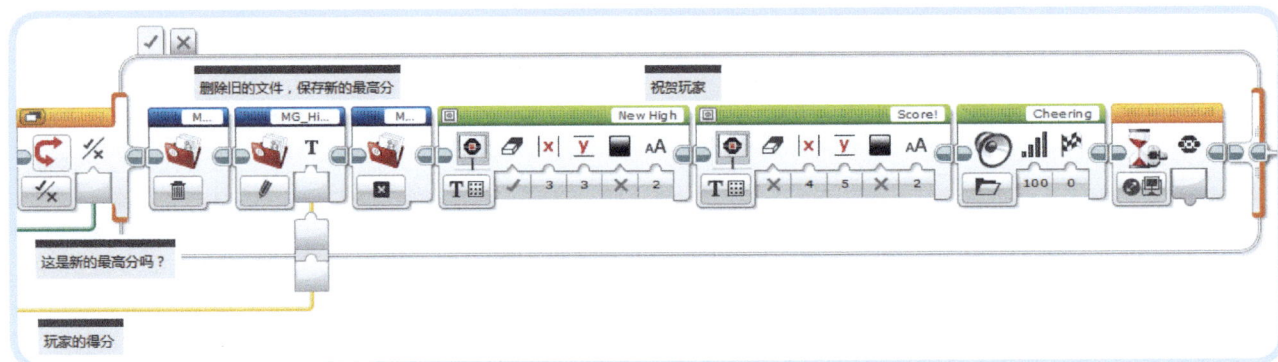

图16-8 在切换模块的"真"情况分支中，保存新的最高得分

程序运行，直到玩家按下某个按钮为止。

第一次运行更新后的程序MemoryGame时，只要你能正确地响应至少一次，就应该得到新的最高得分，看到获得最高得分的祝贺信息，听到欢呼声。在这以后，你只能在超越自己以前的最高分数时，才能看到这些。

我们在尝试读取旧的最高得分之前，曾向文件MG_HighScore中写入一个额外的0，以防止文件不存在的情况。如果玩家获得一个新的最高得分，这个文件会被重新写入，额外加入的0消失。但一段时间之后，最高分数越来越难被打败，程序一直向文件中继续添加额外的0，而无法替换文件，这个文件就变得越来越大。如果想让文件MG_HighScore仅包含一个数据值，可以在每次游戏结束后重新写入文件（图16-9）。

只需添加一个新的数据线，将原来的最高得分传递到切换模块中，在切换模块的"伪"情况分支中，用三个文件读写模块删除原有的文件、写入原来的最高得分并关闭文件。

程序FileReader（查看文件内容）

能看到程序实际上向文件中写入了什么内容，是有帮助的。在本章节中，我们要创建一个程序FileReader（图16-10），把文件的内容显示在EV3屏幕上。当程序使用较短的文件时，这么做非常方便。在这个例子中，文件名称被命名为FileTestData，但你可以把它改成任何你喜欢的名称。

每次进入循环模块后，文件读写模块从文件中以文本方式读取一个数据值。循环模块被设置为无限循环模式，这是因为我们不知道文件中包含多少数据值，但我们并不希望循环永远重复下去，这就需要知道什么时候到达了文件的尾部。

在读取所有数据值之后，设置为读取文本模式的文件读写模块返回一个空字符串。只要文件中不包含任何空白行，我们就可以用检查空字符串的方式来确定是否已经读取了所有的数据。比较模块只能比较数字，因此我们使用了文本模式的切换模块，上部情况分支的参数值被设置为""，这代表空字符串。当文件读写模块输出空字符串时，切换模块上部情况分支中循环中断模块结束循环。另一个情况分支被设置为默认情况，因此文件读写模块读取到其他任何数据值时，都会运行这一分支。当你选择文本模式时，这一情况分支的参数被自动设置为"伪"。

剩余的两个模块看起来很熟悉。显示模块将文件中读

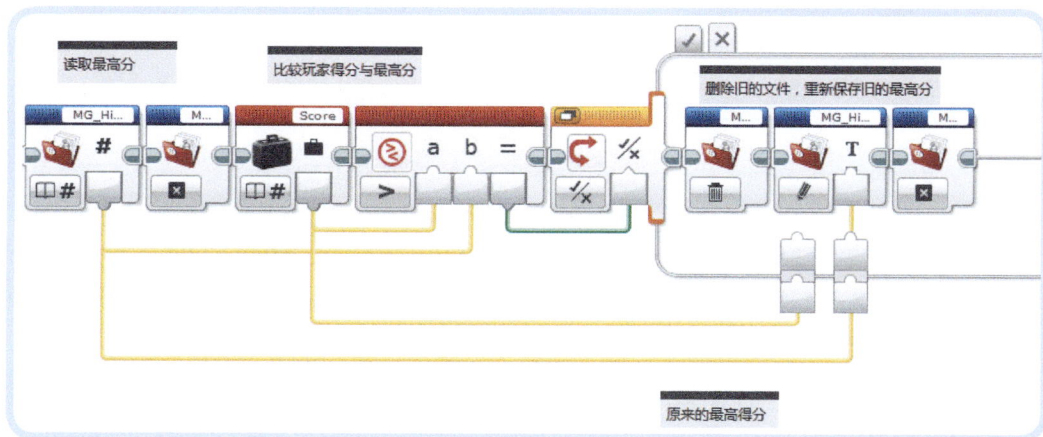

图16-9 切换模块的"伪"情况分支中，重写写入最高得分

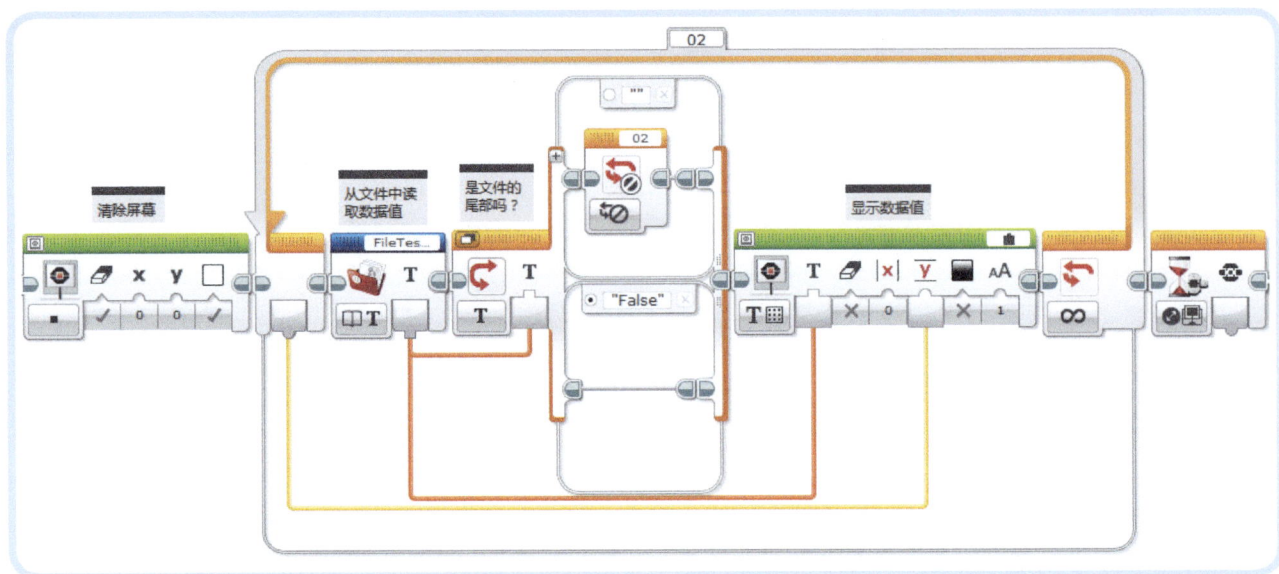

图16-10　程序FileReader

挑战 16-1

程序FileReader只能在文件数据等于或少于12个的时候才能运行良好，但你能对程序做出改进，让它显示更长的文件。在读取和显示12个数据之后，以等待某个按钮被碰撞的方式中断程序FileReader的运行，然后清除屏幕，显示下面的12个数据值。如此反复，直到文件中所有数据值都被读取完毕。

回的数据值显示出来，等待模块设置为程序块按钮—更改模式，用于中断程序运行，等待你看清楚显示的数据。

运行程序FileTest之后再运行这个程序，屏幕上会显示"0"、"1"和"2"。将程序中的文件名称更改为MG_HighScore，查看记忆游戏的最好成绩。将程序中的文件名称更改为一个不存在的名称（例如，NotThere），你会看到File Read Error（文件读取错误）的信息。

为程序ColorCount（颜色计数）添加菜单

可以用文件对很多程序做出改进！在本章节中，我们将用文件存储第15章程序ColorCount收集的信息。这段存储数据值的代码与程序FileTest的第一部分很相似，但只在程序结束时保存8个数据值用处不大。我们还需要有从文件中加载数据的方法和将数据值重置为0的方法。

我们要在程序ColorCount中添加一个菜单实现这些选项，当程序启动时，屏幕上显示一个选择菜单，等待用户用程序块按钮做出选择。执行选定的的操作后，程序再次显示菜单。菜单中应该有四个选择项：

计数　开始计数物体。这一选项运行原程序ColorCount的代码，但需要做出一些变化。

保存　将阵列ColorCounts中的数值保存到文件ColorCountData中。

查找文件结尾

程序FileReader从文件中以文本值方式读取全部的数据值，用空字符串判断是否到达了文件的结尾。但程序需要以数字方式读取文件中的数据值时，这个方法就不好用了。设置为读取–数字模式的文件读写模块在读取到0时就会认为已经读取了全部数据，但0可能是一个有效的数据值，所有通常不用被用来作为文件结尾的指示。

在读取数字值时，有三种合理的方法可以用来判断是否读取了全部数据值：

1. 如果提前知道了数据值的数目，你可以明确控制读取数据的次数。程序FileTest总是读取3个数据值，因为我们知道文件中有多少个数据。

2. 当你将数据写入文件时，可以先写入数据的长度。然后读取文件的代码必须先读取数据长度，并按照长度控制从文件中读取数据的次数。

3. 如果你知道某个特定的数值不会出现在数据值中，你可以使用该值作为文件结束的标记。例如，如果你用颜色传感器读取数值，因为颜色传感器永远不会返回负数，你可以使用–1作为文件结束的标记。当程序读取文件数据时，可以用它作为检查文件结尾的读数，这与程序FileReader中检查空字符串的方法相似（因为这个值是数字值，你可以使用比较模块）。

载入 将文件ColorCountData中的数值读取到阵列ColorCounts中。

清除 将阵列ColorCounts中的8个数值设置为0。

我们将从创建2个"我的模块"开始，一个显示四个菜单选项，另一个管理菜单选项、给出选定选项的数字。

然后我们用这两个"我的模块"和其他新创建的内容对程序ColorCount做出改进。上面给出的四个菜单选项是针对程序ColorCount的，但你可以将这段代码运用到任何用按钮处理选项的程序中。

我的模块 CreateMenu_CC

程序启动时，先显示菜单选项，在最上面选项的左侧显示 ">" 作为选择标记。如下所示：

>Count（计数）
 Save（保存）
 Load（载入）
 Clear（清除）

在我们编写代码管理菜单之前，需要显示出菜单的选择项。这就是"我的模块"CreateMenu_ CC要完成的工作。图16–11显示了程序CreateMenu_CCBuilder，我们将用这个程序创建"我的模块"。每个显示模块从行0（屏幕的最上面）开始在不同的行显示一个菜单选项。每个模块的列参数设置为2，为选择标记（>）和空格留出空间。第一个显示模块的清除屏幕参数被设置为"真"，在显示菜单选项之前清除屏幕，而其余的显示模块的清除屏幕参数设置为 "伪"。

我建议按照以下步骤创建这个模块：

1. 创建一个新的程序，命名为CreateMenu_CCBuilder。如图16–11所示在程序中放置模块。

2. 运行程序CreateMenu_CCBuilder, EV3屏幕显示如下内容：

Count
Save
Load
Clear

当你确信菜单显示正确后，继续下面的步骤：

3. 选中全部四个显示模块。在菜单中选择**工具·我的**

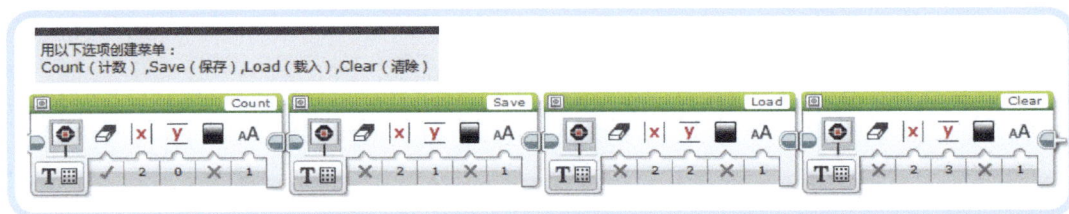

用以下选项创建菜单：
Count（计数），Save（保存），Load（载入），Clear（清除）

图16-11　程序 CreateMenu_CCBuilder

模块创建器，创建"我的模块"。

4. 将模块名称设置为CreateMenu_CC，并添加描述"为程序ColorCount创建菜单"。

5. 选择一个类似显示模块的标志（）作为模块的图标。

6. 点击**完成**按钮创建"我的模块"。

7. 按住CTRL-Z，让程序CreateMenu_CCBuilder恢复原来的状态并保存（将创建模块的程序保存为创建模块之前的样子，在你想要重新创建这个模块时，会容易一些）。

此时，你已经有了一个显示菜单选项的模块，这个模块将被用于程序ColorCount的开始处。我们在创建管理菜单的模块SelectOption时，还将用到这个模块。

我的模块 SelectOption

我的模块SelectOption让用户在菜单选项中选定一项。用上、下按钮选择一个选项，用中间按钮确定选项。以下是工作过程：

* 运行"我的模块"CreateMenu_CC后，应显示出：

>Count

　Save

　Load

　Clear

* 变量SO_Selection存储当前选择。数值从0开始，随着用户按压上、下按钮而改变。

*按压下按钮时，选择标记向下移动。在确定选项之前，标记移动到最后一项（Clear）时，再次按压下按钮，标记会回到第一个选项（Count）上。

*按压上按钮时，选择标记向上移动。在确定选项之前，标记移动到第一个选项（Count）时，再次按压上按钮，标记会回到最后一项（Clear）上。

* 每次选项发生变化时，会清除">"，重新显示在新选项的左侧。

* 当用户按下中间按钮时，清除屏幕，我的模块输出数字参数说明被选定的选项。选项编号从0开始。

我的模块SelectOption有两个参数：一个输入参数，用于设定菜单选项的数量；一个输出参数，用于返回用户的选择。这个模块不需要知道菜单选项的内容是什么（因为模块CreateMenu_CC已经处理了选项的内容），但它需要知道菜单中选项的数量，以便正确地循环显示标记的位置。

为创建我的模块SelectOption，我们要先写出程序SelectOptionBuilder，并进行彻底地测试。这个程序用模块CreateMenu_CC显示菜单内容，用一个常量模块设置选项的数量。在程序结束时，用显示模块返回选定选项的数字值。在程序的中间部分，我们创建出程序的核心内容，并将其转换为"我的模块"：用户可以用上、下和中间按钮选择一个选项。

选择菜单选项

该程序用一个命名为SO_Selection的变量保存当前选项的数值。在程序开始时，要将SO_Selection初始化为0，0表示第一个选项，在行0显示">"标记这个选项。

图16-12显示了程序初始化和处理中间按钮的部分。图中上面一行的模块：显示菜单选项，将选项的数值输入

到数据线上，初始化变量SO_Selection，显示第一个选项标记。图中下面一行的模块：程序进入循环，等待用户按压上、下或中间按钮。

　　用户按下一个按钮后，变量模块读取先前选定选项的数值，显示模块用这个数值作为参数在刚才显示">"的位置显示一个空格，擦除选项标记。被按下按钮的数值传递到切换模块，切换模块中每种情况分支针对一个按钮ID（4为上，5为下，2为中间）。图16-12显示了针对中间按钮的情况分支，用命名为SO_02的循环中断模块退出循环。这个情况分支不会使用到进入切换模块的两条数据线（另外两个情况分支会用到这些数据线）。

> **注意**　当"我的模块"用一个循环中断模块结束循环时，中断模块的名称应是主程序中永远不会用到的，以避免产生错误。例如，如果你在我的模块FileMenu中将循环命名为02，而在使用这个模块的主程序中也有命名为02的循环模块，那么我的模块会中断主程序中的循环模块。

　　当按压下按钮时，执行指定的模块（图16-13），向当前的变量SO_Selection加1，移动到下一个选项。数学模块被设置为高级模式，用公式（a+1）% b计算变量SO_Selection的新数值，其中a是当前选项的数值，b是菜单选项的总数量。取模运算是为了确保选项数值到达选项列表的尾部时能重新回到0。运算模块的计算结果就是新的选项数值，显示模块在对应的行上显示">"，这个数值被存储到变量SO_Selection中。在按压上按钮部分的程序代码中，我们还会用到取模运算。按压上按钮时，选择选项的移动方向与按压下按钮时相反，选项数值减少，移动到最开始一项后，会回到列表的最后一项上。在这个例子中，如果前一个选项数值为0，则新的选项数字应该是3。

　　但是，在当前选项为0时，表达式（a-1）% b得出的结果并不是我们想要的3。当a为0时，（a-1）的结果是

-1，-1对4的取模运算结果是-1，不是3。

　　而解决这个问题的方案就是用向前移动代替向后退，向前移动的步数比选项的总数少一步，就相当于后退一步。因此，在这个有4个选项的例子中，我们用+3来代替-1，则取模运算的表达式为（a+b-1）% b，此时获得的结果就是正确的了。

　　现在你知道了如何设置数学模块的表达式完成向上移动选项的计算了，这部分的程序代码见图16-14。这部分代码与按压下按钮的代码之间只有一个不同点，那就是数序模块的表达式不同。

返回选定的选项

　　当选项标记（>）移动到所需的选项时，用户碰撞中间按钮，退出循环。然后我的模块需要完成清除屏幕（模块运行后清除屏幕，这是个很好的做法）并用输出参数返回选定的选项。选定的选项存储在变量SO_Selection中，因此我们需要用变量模块读取这个数值。在模块创建程序中，我们将变量SO_Selection的数值显示在EV3屏幕上，这让我们在创建模块之前更易于进行程序测试。图16-15显示了程序的最后四个模块。

　　当你运行程序时，会在屏幕上显示出菜单选项，按压上或下按钮时可移动选择标记，碰撞中间按钮时，程序会在屏幕上显示出选定选项的数值。

创建我的模块

　　当你确认程序SelectOptionBuilder运行结果正确时，就可以从这个程序中创建"我的模块"SelectOption了。以下是创建步骤：

　　1. 点击程序画布右侧顶部工具栏中的**缩小按钮**（ 🔍 ），直到你能看到完整的程序为止。

　　2. 拖曳一个选择方框，选中程序模块，但不要包括程序开始处的模块CreateMenu_CC和常量模块，也不要包括程序结尾处的显示模块和等待模块。

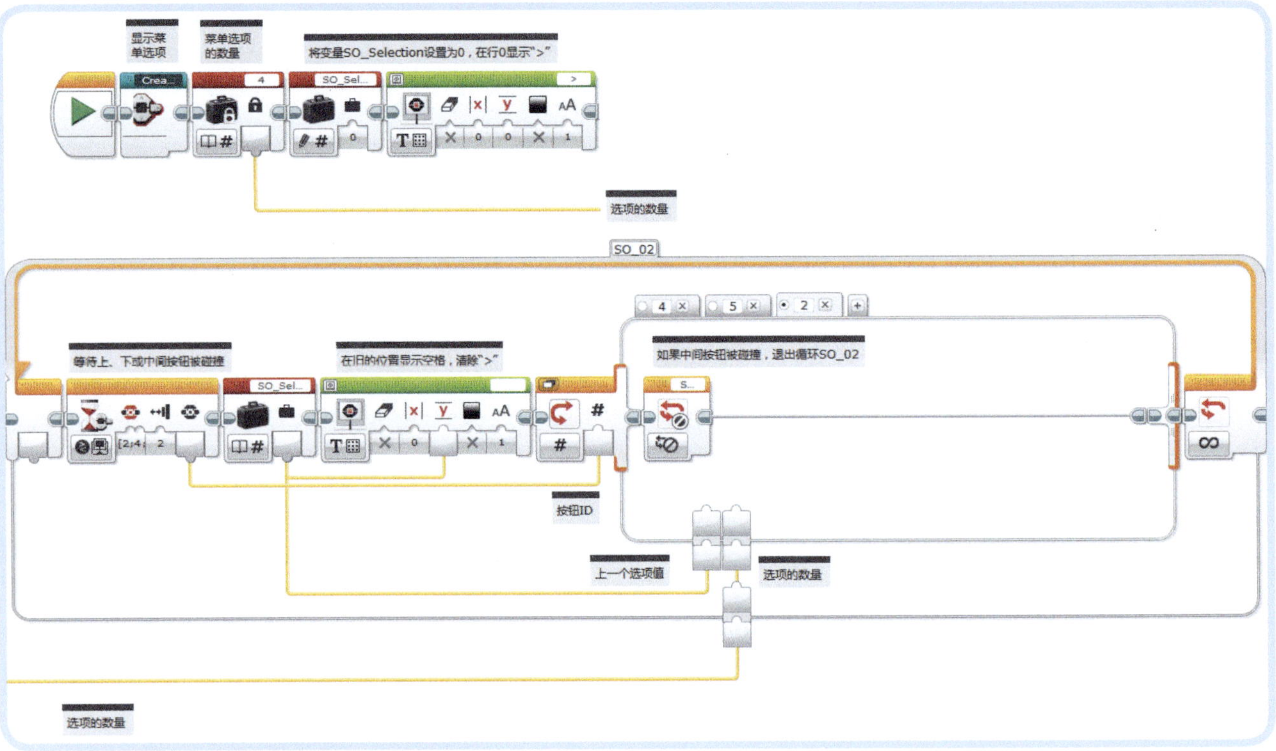
显示菜单选项
菜单选项的数量
将变量SO_Selection设置为0，在行0显示">"
选项的数量
SO_02
等待上、下或中间按钮被碰撞
在旧的位置显示空格，清除">"
如果中间按钮被碰撞，退出循环SO_02
按钮ID
上一个选项值
选项的数量
选项的数量

图16-12　等待按钮按下，如果中间按钮被碰撞则退出循环

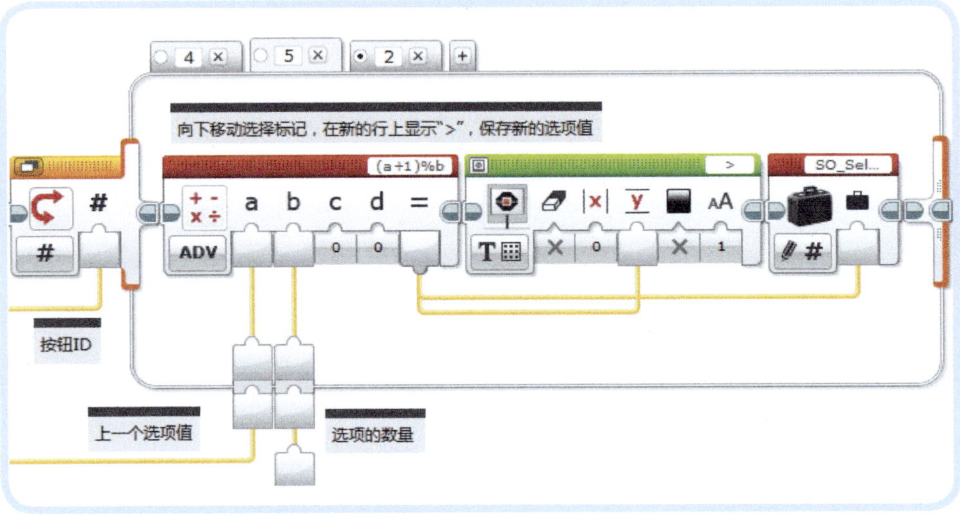
向下移动选择标记，在新的行上显示">"，保存新的选项值
(a+1)%b
a
b
c
d
ADV
SO_Sel...
按钮ID
上一个选项值
选项的数量

图16-13　按压下按钮的程序部分

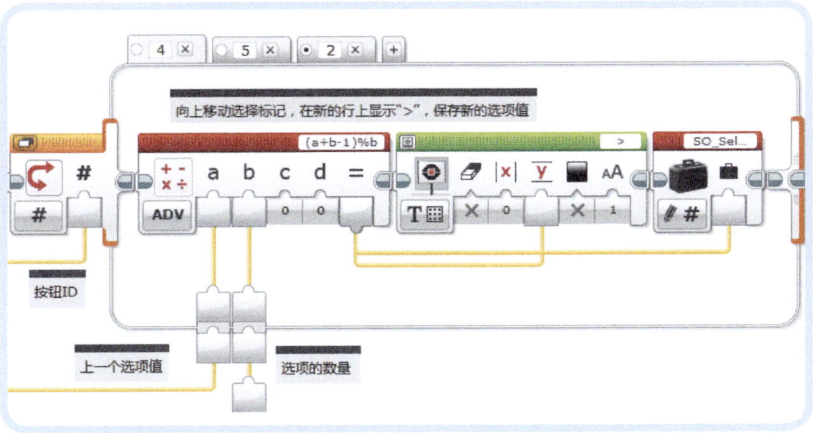

向上移动选择标记，在新的行上显示">"，保存新的选项值

(a+b-1)%b

按钮ID

上一个选项值　选项的数量

图16-14　按压上按钮的程序部分

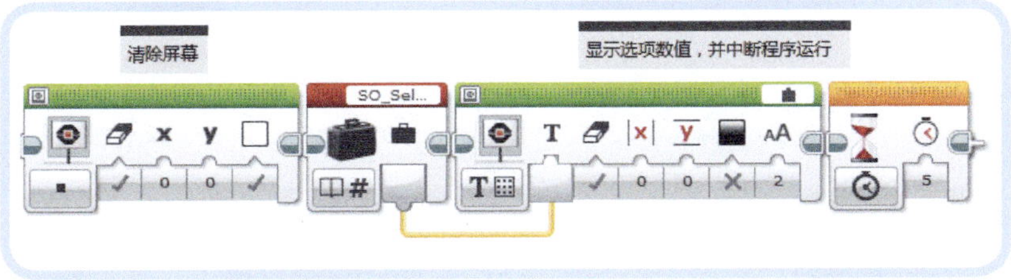

清除屏幕　　　　　　　　　显示选项数值，并中断程序运行

图16-15　读取和显示选项数值

3. 选择**工具▸我的模块创建器**。如果你选中了正确的模块，我的模块中应包括一个文本输入参数和一个数字输出参数。

4. 将我的模块名称设置为SelectOption，选择程序块按钮图样作为模块图标（　）。

5. 将第一个参数的名称设置为**Number of Options**，选择编号符号的图样作为参数图标（　）。

6. 将第二个参数的名称设置为**Selection**，选择数字符号的图样作为参数图标（　）。

7. 点击**完成**按钮。

8. 按下CTRL–Z，重新保存程序SelectOptionBuilder。

现在我们有了一个为程序显示菜单选项的模块（CreateMenu_CC）和一个能显示菜单并选定菜单选项的模块。接下来我们要创建程序的基本结构，并详细介绍如何完成菜单中的每一个选项。

新程序 ColorCount 的结构

包含菜单的程序通常有以下的程序结构，新的程序ColorCount（图16–16）也不例外：

1. 初始化程序数据。对于程序ColorCount来说，是要将变量ColorCounts设置为包含8个0的阵列。

2. 进入循环，显示菜单选项，用我的模块SelectOption让用户选择一个选项。

3. 用切换模块执行选定的选项（我喜欢用我的模块完成每一个选项，避免代码变得臃肿笨拙）。

完成这个程序要使用3个我的模块：计数物体、向文

213

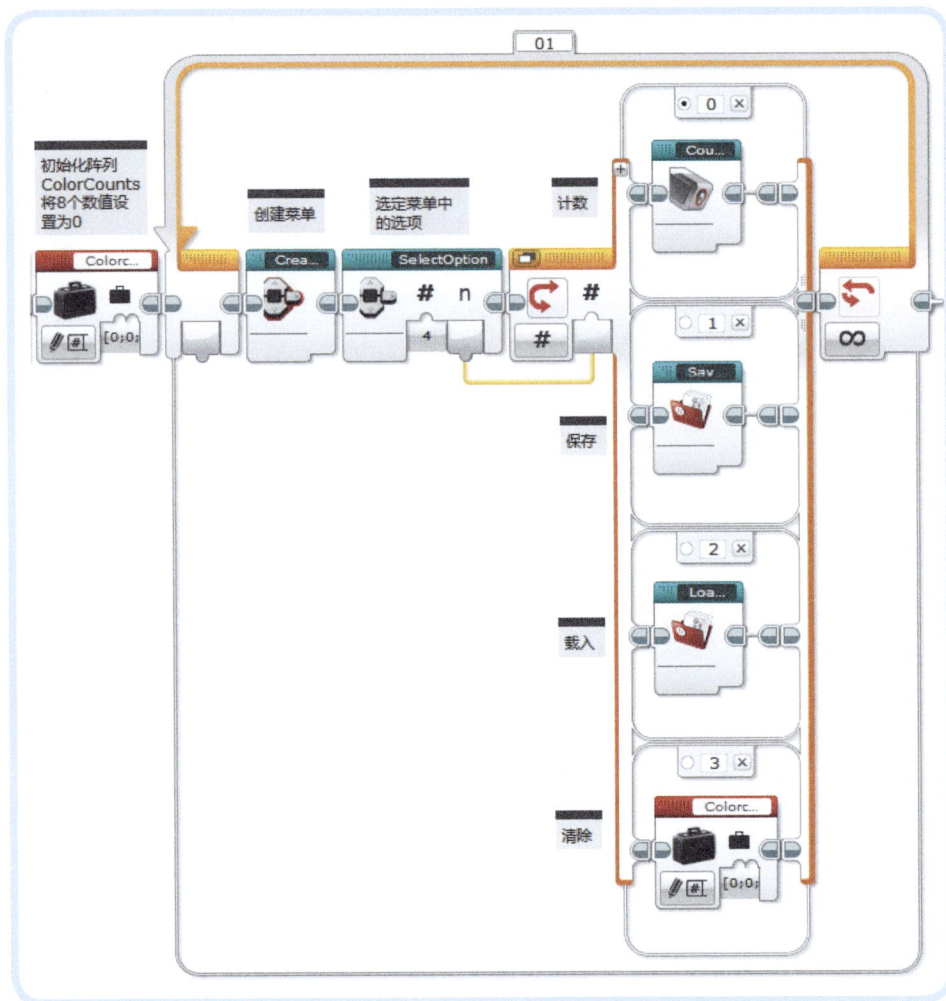

● 图16-16　新的程序ColorCount

件中存储总数和从文件中读回总数，我们将在下面的章节中创建这些模块。只需使用一个变量模块即可完成清除总数，因此可以直接执行这个选项。

创建新的程序ColorCount，为那些我们还没有创建的"我的模块"留出位置，对显示和选择菜单选项部分的代码做一下测试。在完成"我的模块"创建之后，你就可以对每个选项进行测试了。

计数物体

第15章的程序ColorCount包含着我们需要的计数逻辑，因此我们从这个程序开始创建"我的模块"Count_CC。因为我们在本章中已经创建了新的程序ColorCount，因此我们将项目Chapter 15中的程序ColorCount复制到项目Chapter 16中，同时将程序名称更改为Count_CCBuilder。

Count_CCBuilder包含两个不同的部分：第一部分显示每种颜色的名称，并在名称后面显示0；第二部分完成对物体的计数。但在新程序中，每次开始对物体计数时，每种颜色的总数并不一定是0，因此在Count_CCBuilder的第一部分中，我们不用在屏幕上显示0，而是要用变量模块和阵列运算模块从阵列ColorCounts中读取每种颜色计数总数的数据值，并显示在屏幕上。图16-17显示了更改后的完整程序Count_CCBuilder。

第二部分程序已经可以正确识别各种颜色，并能将总数储存在阵列ColorCounts中，但原来程序中用循环模块让程序保持一直运行，需要人为终止运行。我们需要添加一个中断循环运行和返回菜单的功能，程序中的等待模块现在等待中间按钮和左按钮被按下。当中间按钮被按下时，程序识别颜色并更新计数值；当左按钮被按下时，切换模块中的循环中断模块退出循环，主程序返回显示菜单的状态。

我将循环的名称从02更改为CC_02，防止循环中断模块意外终止其他循环模块，程序ColorCount中的所有循环模块都没有被命名为02，但我可能在以后再次使用这个"我的模块"，因此最好现在就更改循环模块的名称，以避免在以后出现命名冲突的情况。

测试程序，确保它能正确计数颜色和显示计数值，用图16-17中变量模块后面的所有模块创建我的模块Count_CC（每次运行这个模块时，我们并不希望阵列被重置为0）。然后，向程序ColorCount中添加这个新模块。现在运行程序并从菜单中选定Count（计数）选项时，程序应能显示出颜色的名称和计数值，并开始计数。

测试一些物体，查看计数值的变化，然后按下左按钮，程序应能返回到显示菜单的状态。再次选定Count（计数）选项，你应能看到上次测试时的计数值。

此时，你还可以测试清除选项。先选定Count（计

数）选项测试一些物体，然后选定Clear（清除）选项，再次Count（计数）时你应看到计数值全部变为0。

保存和载入计数值

下一步是要添加两个用于保存和恢复数据的"我的模块"，这两个模块要使用命名为ColorCountData的文件。"我的模块"Save_CC（图16-18）删除文件，从阵列ColorCounts中读取8个数据值写入文件，然后关闭文件。

"我的模块"Load_CC（图16-19）使用了相类似的结构，从文件ColorCountData中读取8个数据值并放入阵列ColorCounts。在测试载入选项之前，至少要使用一次保存选项！如果运行这个模块时文件ColorCountData不存在，程序在使用文件读写模块读取第一个数据值时，会出现错误并结束程序。

测试程序

将"我的模块"Save_CC和Load_CC添加到程序中，如图16-16所示，别忘记添加Clear（清除）选项。测试4个选项，确认是否运行正确。在结束程序运行之后，再运行一次，使用Load（载入）选项，查看程序是否保存了上次运行的数据。

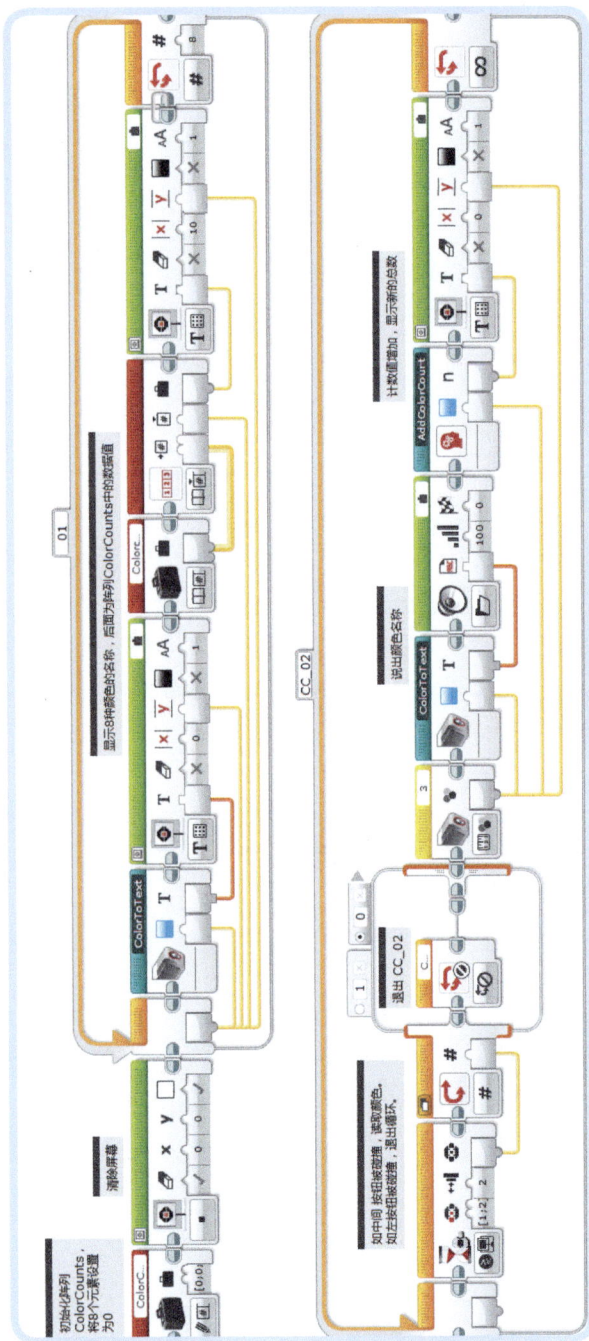

图16-17 程序Count_CCBuilder

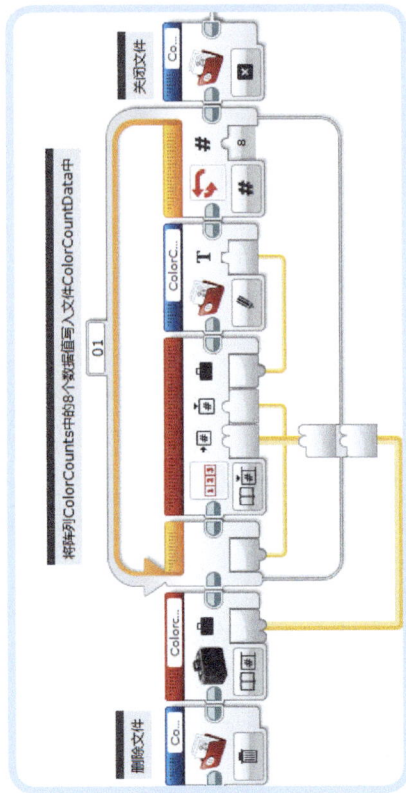

图16-18 我的模块Save_CC

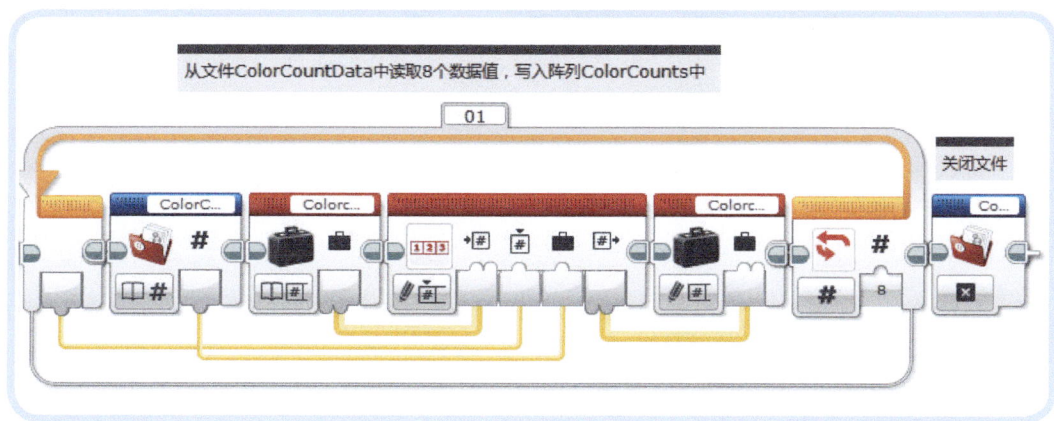

图16-19 我的模块 Load_CC

管理内存

EV3中的所有文件（程序、声音、图像和数据文件）都会占用EV3的内存。在这一章节中，我将向你展示如何使用内存浏览器工具查看你使用了多少内存、删除文件释放更多的内存和在项目之间、EV3和计算机之间传输文件。

在导航菜单中点击**工具▸内存浏览器**或点击软件硬件页面右下角的按钮（图16-20）可以打开内存浏览器。

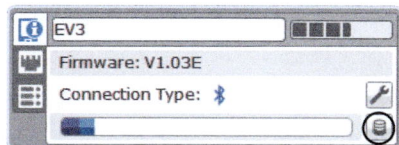

图16-20 硬件页面上的内存浏览器按钮

内存浏览器的左侧（图16-21）显示了剩余的内存空间。你可以从图中看到，我的EV3中大部分内存空间是空的，可以被使用。

内存浏览器的右侧包含一个EV3中文件夹和文件的列表，对EV3文件的操作方法和对计算机文件的操作相似。双击文件夹即可打开文件夹查看其中的文件。例如，图16-22中显示了Chapter16文件夹中的一些文件。这个文件夹包含了项目Chapter16中的程序要使用的所有文件，包括用于每个程序和我的模块的文件、用于声音模块的声音文件、用于显示模块的图像文件和由文件读写模块创建的数据文件。每个文件的扩展名（点后面的三个字母）表示该文件的类型，例如，程序和我的模块的扩展名是.rbf，声音文件的扩展名是.rsf，文件读写模块创建的数据文件用.rtf作为扩展名。

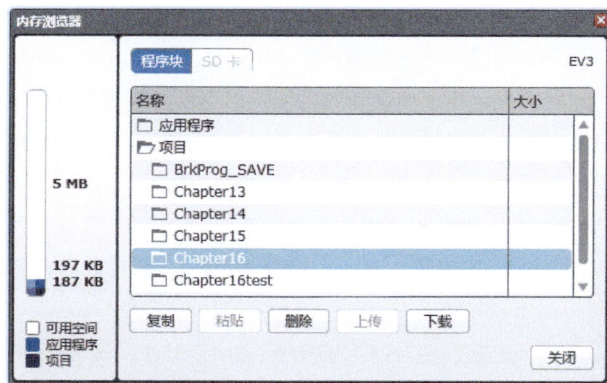

图16-21 内存浏览器

在文件夹和文件列表的下面有五个按钮：

删除按钮　删除选定的文件或文件夹。

复制和粘贴按钮　可以从一个项目向另一个项目复制文件。先选中要复制的文件，点击**复制**按钮，然后选中要将文件复制过去的文件夹，点击**粘贴**按钮。

217

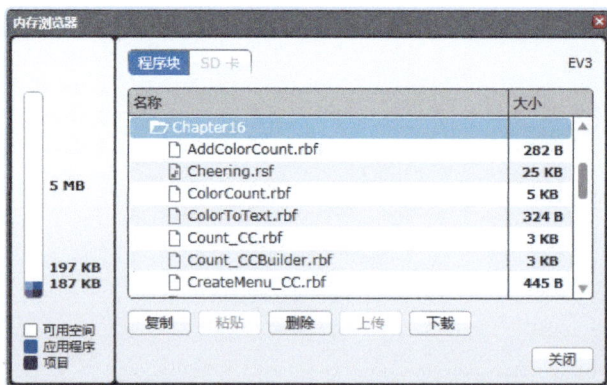

● 图16-22 项目Chapter16中的一些文件

上传按钮 使用这个按钮可以把选定的内容从EV3中复制到计算机里。点击上传按钮时，显示出一个文件对话框，你可以在对话框中选择文件放置在计算机中的位置，并可以修改文件名称。当复制由文件读写模块创建的数据文件时，在用文本编辑器打开文件之前要先将文件的扩展名由.rtf修改为.txt。

下载按钮 可从计算机中向EV3复制文件。点击这个按钮时，显示出一个文件对话框，你可以从中选择需要下载的文件。下载的文件会被放置在内存浏览器当中当前被选定的项目中。

每个项目都有单独的文件列表，你在一个项目中写入的文件，不可能在另一个项目中读取。你可以用程序FileReader对EV3文件的这一重要事实进行测试：

1. 设置文件名称为**FileTestData**，运行程序FileReader，确保其运行正常。

2. 创建一个新的项目，命名为Chapter16Test。将程序FileReader从项目Chapter16复制到新项目中（项目Chapter16Test）。

3. 从新项目（项目Chapter16Test）中运行程序FileReade。

程序应运行失败，并显示"File Read Error（文件读取错误）"，这是因为在项目Chapter16Test中并没有一个名称为FileTestData的文件。这其实是一个很好的功能，它能确保在不同项目中的程序不会覆盖同一个文件。如果你想在同一个项目中使用其他项目中的文件，只需用"复制"和"粘贴"按钮复制文件即可。

当你填满了EV3的内存之后，多半会使用内存浏览器删除旧的项目。但如果你使用了EV3的数据记录，你可以使用内存浏览器将数据文件从EV3复制到计算机中。我们将在下一章介绍数据记录功能。

> **警告** 向EV3程序块下载固件时，所有程序和文件都会被清除。因此在更新固件前，使用内存浏览器将你想要保存的文件上传到计算机中。

进一步探索

用下面两个活动做更多的关于文件的练习：

1. 我的模块Save_CC 和 Load_CC是专为程序ColorCount设计的。创建更为通用的我的模块，用于向文件中存储数字阵列和从文件中载入数字阵列。用于存储的模块应该有一个文件名称和一个阵列作为输入，用于载入的模块应该有一个文件名称作为输入、产生一个阵列作为输出。当向文件中存入数据值时，首先要写入元素的个数，这样在读取文件时，你才能知道要读取多少个数据值。

在阵列为空的情况下，用于存储的模块应写出长度（0），且没有其他内容；用于载入的模块在读取阵列长度后，应对长度做出检查（使用切换模块），只有长度大于0时，才进入循环读取数据值。将循环次数设置为0并不起作用，这是因为循环的计数检查是在循环体运行之后进行的。

2. 为程序ButtonCommand添加一个菜单，包括保

EV3 文本文件与 WINDOWS

EV3运行的是Linux操作系统，使用的文件（包括程序自己创建的文件）也是Linux文本格式，与WINDOWS的文本文件格式不同。Linux文本文件使用了一个称为"换行"的特殊字符作为每一行结束的标记，而WINDOWS使用了一对特殊字符，"换行"和"回车"，作为每一行结束的标记（OS X系统的文本格式与Linux系统相同，因此不存在这个问题）。

在使用WINDOWS系统查看或编辑EV3文件时，这种差异会引发一些问题。一些WINDOWS程序，如WordPad，能自动识别这种差异，正确显示EV3文本文件。而其他的一些程序，如Notepad（记事本），则会把文件中的所有内容显示在一行上。如果你只想查看文件内容，这还不是太大的问题：用WordPad代替Notepad即可。

如果你想编辑一个文件，并把它下载到EV3中供程序使用，这个操作就比较复杂了。没有标准的WINDOWS工具能写出Linux格式的文件。在WordPad中保存文件时，每一行的结尾有两个特殊字符，这比EV3期望的多出一个。如果这个文件只包含数字，则EV3基本上能忽略额外的字符，正确读出数字。如果文件中包含文本值，则除了第一个文本值之外，其他文本值的前面会多出一个空格，这是因为EV3会将"回车"字符转换为"空格"。

因此，你在计算机上编辑文件，将其下载到EV3之前，需要从文件中移除"回车"字符，这样EV3就能正确识别文件内容了。有一些程序可以完成这项工作，我推荐使用：Tofrodos（在http://www.thefreecountry.com/tofrodos/可以找到它），它能将文件从WINDOWS格式转换为Linux格式。

此外，在结束编辑文本内容之前，请记得将文件保存为文本格式，而不是RTF格式。许多程序以文件的扩展名来决定使用的格式，如果你用.rtf作为扩展名，这些程序会把.txt 文件当作.rtf文件来对待。在将文件下载到EV3之前，重新命名文件，将文件扩展名更改为EV3期望的.rtf，例如将commands.txt更改为commands.rtf。

存、加载、创建、显示或运行等选项。将这些选项显示出来是很有用的，在加载程序之后，你可以看到程序中包含了哪些命令，如同你用按钮创建程序一样。

结束语

文件可以在EV3上为程序保存数据。这些数据可以在程序中再次使用，也可以在下一次运行这个程序时或在不同的程序中再次使用。文件读写模块中包含了创建文件、写入和读取数据、删除文件的功能。

本章开始部分的测试程序向你展示了文件读写模块的基本操作方法，然后你将这些知识运用到了能保存最高得分的程序MemoryGame中。而更改程序ColorCount则更为复杂了，在这个程序中用我的模块显示菜单和保存程序数据。你还可以把为这个程序而创建的模块SelectOption用到其他需要使用菜单的程序中。

内存浏览器工具是用来管理EV3中的文件的（包括程序和数据文件）。在这个窗口中，你可以删除文件清空内存，还可以在不同的项目之间、在EV3和计算机之间传输文件。

第 17 章　数据记录

17

在本章中，我将向你展示如何使用EV3的数据记录功能，你可以在文件中记录电机和传感器的数据，把EV3变成*数据记录器*。*数据记录*就是获取和记录数据的过程。

首先，我们要做一个实验，用读取实际值的方式确定电机旋转模块的当前功率。然后，我们要检查一下移动转向模块转向参数的反应，用一个实验测试一下第11章程序LightPointer的可靠性，这个程序是用颜色传感器控制TriBot指向光源的方向。

我只会使用在EV3家庭版和教育版软件中都拥有的功能，教育版软件可以用更多的方式收集实验数据，是课堂中很好的工具。如果你使用的是教育版软件，很值得花些时间去研究这些功能。

数据收集与EV3

收集数据对任何实验都是至关重要的，但人工收集数据非常繁琐且容易出错。大多数人并不擅长按精确的时间间隔快速记录下测量数据，幸好计算机很擅长这一类任务。将EV3程序块和传感器结合起来，就是很理想的数据采集工具。

在设计程序时，做一些测试以了解传感器和电机在你期望的程序运行条件下是如何反应的，这是有用的。你对电机、传感器和程序模块了解得越多，编写程序的工作就越容易，所以让我们在实验中了解它们吧！

研究当前功率读数

电机旋转模块有一个"测量－当前功率"的模式，这个模式会告诉我们在指定时刻的电机*功率*。移动模块的功率参数可以连接到这个模式上，在下面的章节中我们要编写一些简单的数据记录程序来探索这个连接。

程序 CurrentPowerTest（当前功率测试）

这是我们的第一个实验，我们要在调整大型电机模块功率参数的同时记录电机B的当前功率，程序CurrentPowerTest如图17-1所示。这个程序控制电机从功率100%开始启动，然后进入循环模块，每次循环时，大型电机模块的功率参数减少1，直到从100减到1。每次减少功率参数时，都要记录下电机的当前功率。在每次进入循环时，还要将功率参数和当前功率读数写入文件CurrentPowerTestData中。

该程序没有在创建的数据文件中用文件读写模块分别记录功率参数和当前功率读数，而是在文件的一行中记录每次循环中的测量数据，每一行包含的信息由逗号分隔成两个部分，这种格式被称为*逗号分隔值*（Comma-Separated Values，*CSV*）。这种文件通常使用.*csv*作为扩展名。电子表格程序知道如何使用这种格式的数据文件，这样安排的数据，我们在后期可以更容易地进行分析。

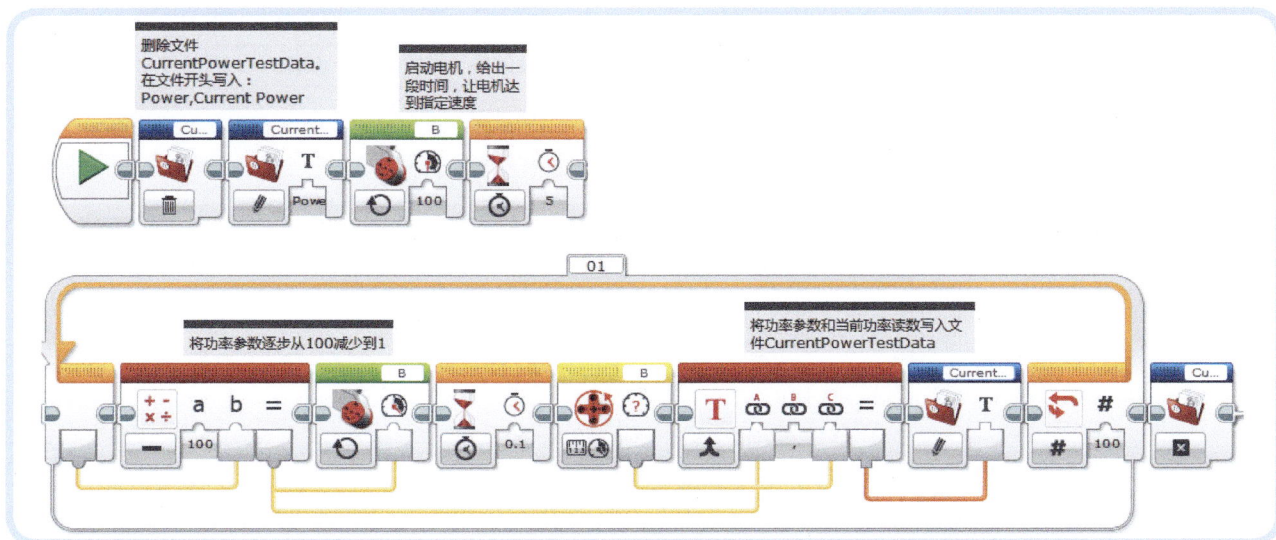

图17-1 程序CurrentPowerTest

注意 在美国，csv文件中的数值是用逗号隔开的，世界上其他国家都是使用分号作为分隔号。如果你使用的电子表格程序希望使用分号，请修改本章中的程序，用分号代替逗号。

让我们注意了解一下这个数据记录程序中每个模块的用处：

1. 第一个文件读写模块删除文件，因为我们每次运行这个程序时都要创建一个新的数据文件。

2. 第二个文件读写模块向文件中写入"Power（功率），Current Power（当前功率）"，作为数据的开头。

3. 大型电机模块设置为**开启**模式，以100%功率启动电机B。

4. 等待模块中断程序运行5秒，给电机足够的时间以达到100%功率。

5. 循环模块重复运行100次，每次让功率参数减少

1，从100减少到1。

6. 数学模块用100减掉循环索引值计算功率参数。第一次进入循环时，计算结果是100；第二次结果是99，如此继续下去；最后一次进入循环时，循环索引值是99，功率参数为1。

7. 数学模块的计算结果被输出给大型电机模块，用于设置功率参数。

8. 等待模块给出一个很小的中断时间，让电机减速到新的功率参数。

9. 电机旋转模块设置为**测量-当前功率**模式，读取当前功率值，并输入到数据线上。

10. 文本模块将用于大型电机模块的功率参数、由电机旋转模块读取的数值和分隔两个数值的逗号（，）组合起来。

11. 文件读写模块将文本模块的文本数据值写入文件CurrentPowerTestData。

12. 最后一个模块关闭文件CurrentPowerTestData。

运行这个程序时，电机B全速启动，5秒之后，转速慢慢降低，大约10秒之后，在程序结束时停止下来。此时，EV3中应该有一个名为CurrentPowerTestData的文件，其中包含着本次实验的数据值。

用内存浏览器（使用菜单中的**工具▶内存浏览器**）将这个文件从EV3上传到计算机中，在保存文件之前，将文件的扩展名更改为*.csv*，以便文本编辑软件或电子表格程序能够识别这种格式。在文件名的结尾处加一个数字也是个好主意，这样你就可以保存每次程序运行的数据了（图17-2）。

你可以在文本编辑器、文字处理程序或电子表格程序中打开该文件。我喜欢用电子表格（如OpenOffice.org Calc或微软Excel）对数据进行分析，可以查看原始数据并轻松创建数据图。表17-1显示了在电子表格程序中看到的两个标题和前面10个测量值（测试编号对应着电子表格的行数）。功率参数从100开始，每次减少了1；当前功率从76开始，在前10个测量值中保持相对恒定。

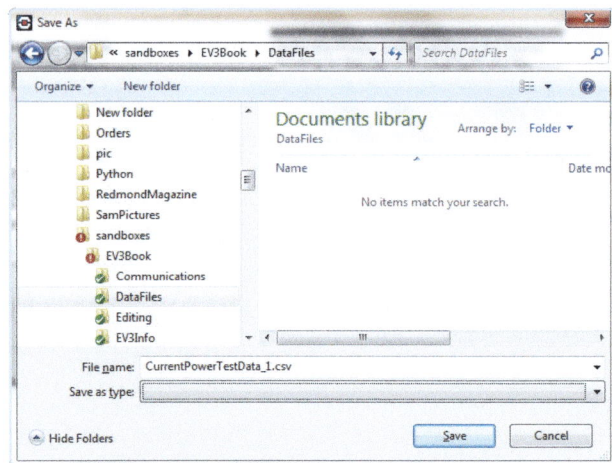

图17-2 保存数据文件

表 17-1　前 10 个功率参数时测量的当前功率值

测量编号	功率	当前功率
1	100	76
2	99	77
3	98	76
4	97	74
5	96	75
6	95	76
7	94	77
8	93	75
9	92	75
10	91	76

继续向下滚动文件到功率参数为50的位置，我观察到这里的当前功率读数与功率参数更为相符，如表17-2所示。

表 17-2　功率参数 53 ~ 44 时的当前功率测量值

测量编号	功率	当前功率
49	53	54
50	52	53
51	51	52
52	50	52
53	49	49
54	48	47
55	47	47
56	46	47
57	45	46
58	44	45

查看完整数据图（图17-3），你能更清楚地了解到功率参数与当前功率读数之间的关系。

从图17-3中可以看出，当功率参数低于70时，当前功率读数与之非常接近。但两个数值并不总是相同的，这就是数据图中显示的线条不是直线而略有摆动的原因，但这两个数值之间的差异不会超过1。

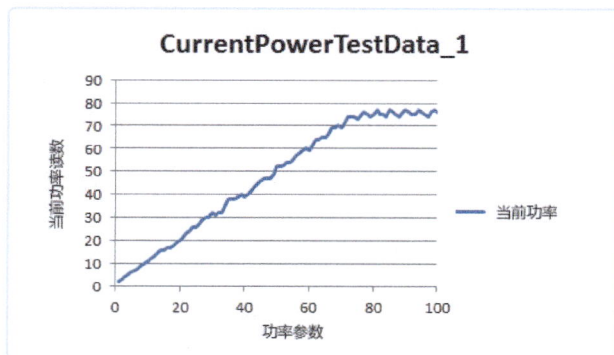

图17-3　功率参数和当前功率读数对应数据图

当功率参数在75或75以上时，当前功率读数达到了最大值。原来，这个75的最大值是某个电机的特定数值。如果我用电机C做这个实验，得到了一个近似的数值，但这个数值是78。其他电机也会给出稍微不同的值，且都在相同的范围内。

我们将用电机旋转传感器测量电机在不同功率下的速度和与当前功率读数的关系，以进一步探索当前功率读数和功率参数之间的关系。为了让这个探索容易一些，我们要创建一个我的模块LogData，将几个数据值组合为逗号分隔形式，并写入到一个文件中。

我的模块LogData（记录数据）

程序CurrentPowerTes（图17-1）用一个文本模块将功率参数和当前功率读数连接起来，中间用逗号分隔。将3个数据值组合起来，中间用逗号分隔，这需要有两个文本模块。每多附加一个数据值就需要多用到一个文本模块，这会使用于数据格式的代码迅速变大，难以看到程序的逻辑。创建一个我的模块LogData完成这一功能可以避免把主程序弄得很大。

这个模块还可以将格式化的数据写入文件，并用时间模块为每个数值添加时间戳，显示记录测量值的时间。当时间因素在实验中非常重要时，时间戳非常有用，能帮助你识别任何奇怪的停顿或程序中的其他时间问题。

图17-4显示了我的模块LogData，它组合了时间戳和最多4个文本值。多数数据值是数字型的，但我使用了文本值参数，可以用这个模块写入标题。以下是这个模块的工作方式：

1. 使用的计时器编号由数据线传递。时间模块读取相应的计时器，并将数据值传递给第一个文本模块。

2. 第一个文本模块组合时间模块的时间戳和第一个输入参数，用逗号分隔。

3. 后面三个文本模块将前一个文本模块的输出值、逗号和另一个输入参数组合起来。

4. 最后一个模块将格式化的数据值写入文件，文件的名称由模块的输入参数确定。

在我的模块窗口上没有显示哪个参数与哪个模块连接，你可以从左至右为每个参数简单设置名称和图标，根据需要将数字参数移动到左侧或右侧（顺序并不重要）。在完成模块创建之后，你可以移动数据线，把每个输入参数连接到正确的模块上。

程序CurrentPowerTest2（当前功率测试，第2版）

程序CurrentPowerTest2，如图17-5所示，是以程序CurrentPower为基础增加了新的测试。每次进入循环，更改功率参数后，程序读取旋转传感器，停顿1秒钟之后，再次读取旋转传感器。两个读数之间的差值会告诉我们在1秒的停顿中电机移动了多远，这会给出电机每秒的平均角速度。电机的当前功率读数也会被记录下来，完成所有数据的收集后，我们就能看到当前功率读数和电机实际速

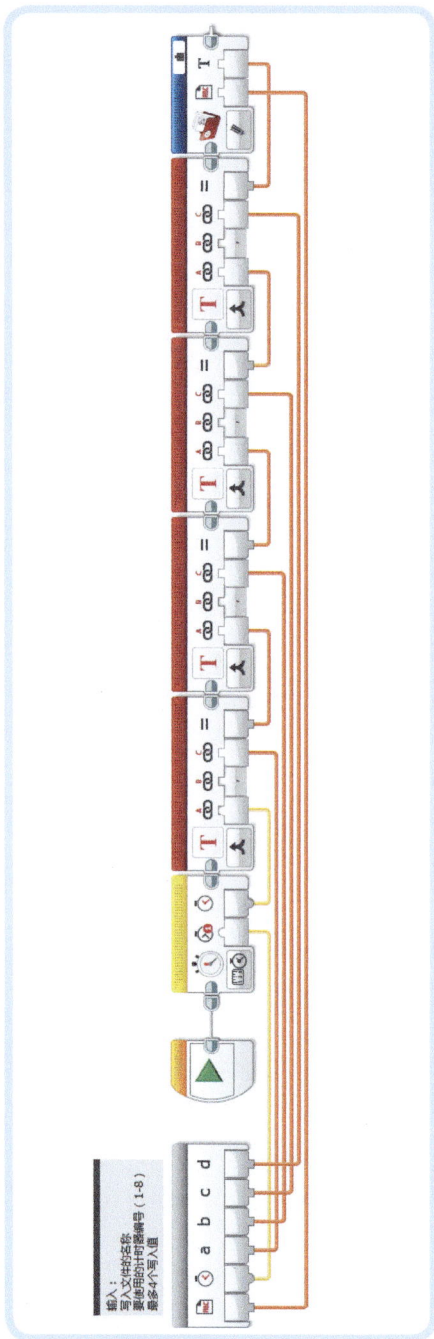

图17-4 我的模块LogData

度之间的关系了。

我的模块LogData在程序开始时向文件CurrentPower TestData中写入标题，在循环模块中写入功率参数、当前功率读数和计算出的速度。

这个程序的运行时间大约为100秒，这是因为在两次读取旋转传感器之间有1秒的停顿。在程序运行结束后，将文件CurrentPowerTestData复制到计算机中，并检查数据。

表17-3显示了我在功率参数接近100和接近50时的测试数据。速度值大约是当前功率读数的10倍，这是因为当前功率实际上是以角度值方式测得的电机每0.1秒转动的速度。

表 17-3 程序 CurrentPowerTest2 的数据

Power（功率）	Current Power（当前功率）	Speed（速度）
100	79	803
99	80	801
98	79	803
97	79	801
96	79	803
95	79	799
94	78	802
93	79	800
92	78	802
. . .	. . .	. . .
50	51	510
49	48	498
48	48	490
47	47	481
46	47	470
45	44	460
44	43	450
43	43	438
42	42	430
41	41	420
40	40	408
39	39	400

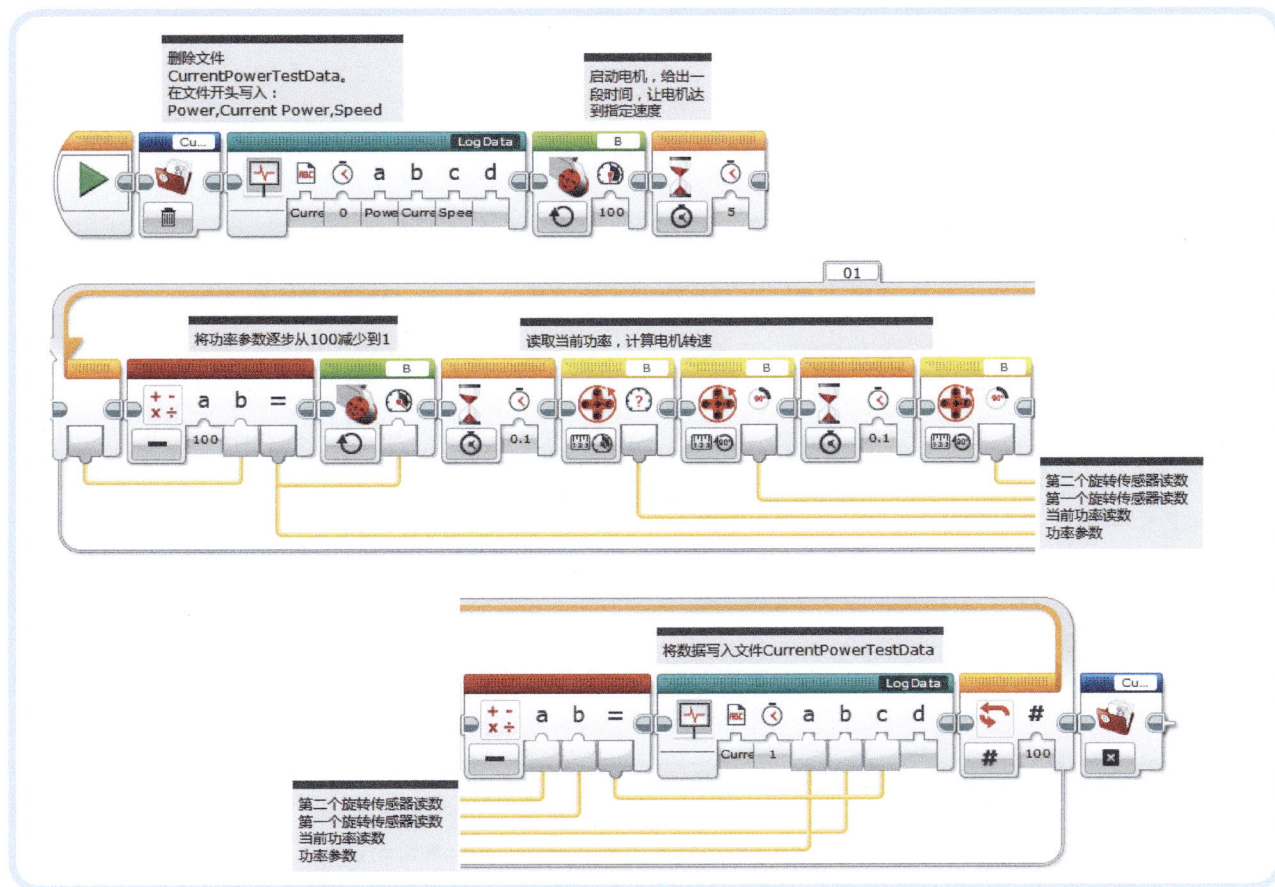

图17-5　程序CurrentPowerTest2

注意　表17-3中的当前功率和速度值之间并不是准确的10倍比例，这是因为两次读取旋转传感器的时间间隔实际上比1秒长一点点，这会使计算出的平均速度稍微大一点。同时，EV3不断调整电机的速度，使其保持正确的比例运行。我们可以用计时器模块在每次测量之前记录时间，然后取两个计时器读数的差，得到一个测量时间，以计算出更精确的测量结果。对于这个程序的目的来说，用简单的方法就足够了。

挑战 17-1

用中型电机运行程序CurrentPowerTest2，查看功率参数、当前功率读数和实际电机速度之间的关系。将程序中的大型电机模块更换为中型电机模块，并更改三个电机旋转模块的端口设置。你还需要从抬升手臂上拆下电机或至少拆下齿轮。

这些数据告诉我们，把大型电机模块的功率参数设置为10，电机每秒将转动100度，把功率参数设置为50，电机每秒将转动500度。这种比例关系可以保持到功率参数达到75时；功率参数高于这一点时，电机的转动速度不会再提高了——这种状况被称为*饱和*。因此在实践中，将功率参数设置为80或100是没有区别的，这两个功率参数下，电机的转速均为大约每秒750度。那么电机为什么不会以你设定的速度运行呢？乐高工程师实际上就是这样设计的：EV3在正常电量下驱动电机时，每个电机保证拥有每秒700度的转速，功率参数为100时，电机的转速也是每秒700度，即功率参数与速度之间的比例关系由10变为了7。我认为这是一个很好的决定。

这能在功率参数的范围内保持功率参数与电机速度之间的比例关系，但你无法让电机转得更快。你可以将最大速度确定为每秒700度，电机的速度实际上可能会更快一点。这种设计在功率范围的高端损失了功率参数与电机转速之间的比例关系，但可以让我们得到电机输出的最大转速。

用移动转向模块测试当前功率

程序CurrentPowerTest用大型电机模块确定功率参数和当前功率读数之间的比例关系，从而揭示了功率参数与电机实际速度之间的关系。但在大多数程序中，我们实际上使用的是移动转向模块，这个模块也有同样的比例关系吗？

完成这个测试，只需要将两个大型电机模块更换为移动转向，并再次运行程序。图17-6显示了我的测试结果。在功率参数低于70时，图中显示出与使用大型电机模块一样的比例关系，功率参数高于70时，图像比以前的测试有了更多的变化。这是因为EV3试图保持两个电机以同样的速度转动，这在电机最大速度的一端非常困难。

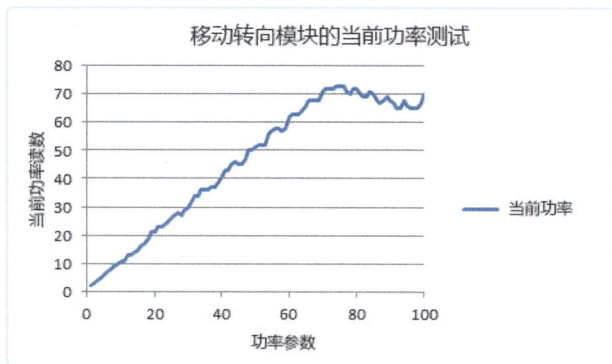

图17-6　移动转向模块下的功率参数与当前功率读数

程序SteeringTest（转向测试）

接下来，我们要写一个程序SteeringTest（图17-7），测试一下移动转向模块中转向参数与两个电极速度之间的关系。程序SteeringTest先删除文件SteeringTestData，然后再创建它，并在第一行写入"Steering（转向），Motor B（电机B），Motor C（电机C）"作为列标题。然后程序启动电机，转向参数设置为0。因为我们希望测试时包含转向参数的首尾两个值，因此在循环模块内，经过101次循环，转向参数由0逐步增加到100。在每一次循环中，我的模块LogData记录下转向参数和两个电机的当前功率读数。移动转向模块的功率参数被设置为50，正处在功率参数直接映射到当前功率读数的范围内。

运行这个程序，两个电机旋转约15秒。程序运行结束后，将文件SteeringTestData从EV3复制到计算机中。图17-8显示了数据图。电机B的当前功率读数基本保持在50左右（测量值在49和51之间变化）。随着转向参数从0提高到100，电机C的当前功率从50开始，降低到−50。

当转向参数为0时，两个电机的当前功率读数都是

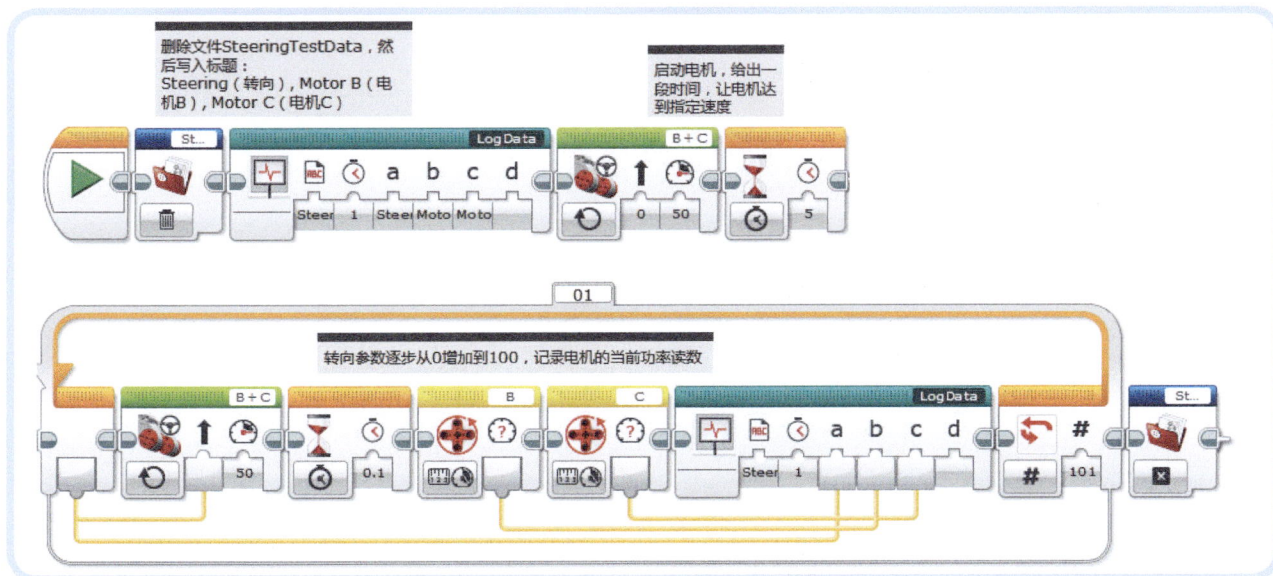

○ 图17-7　程序SteeringTest

50，这意味着让机器人做直线移动。随着转向参数增加，电机C的速度减慢，从而让机器人转向。

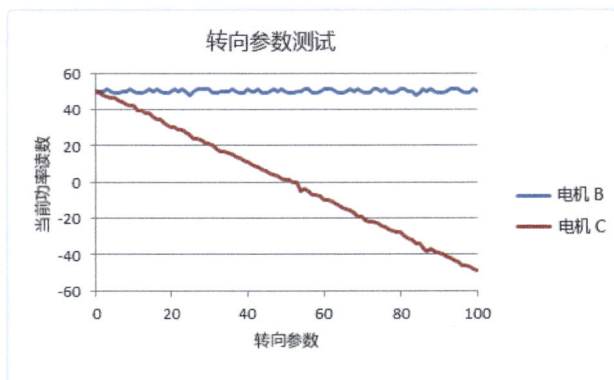

○ 图17-8　当前功率读数与转向参数

当转向参数为50时，电机C的当前功率为0，这意味着电机C根本不转动。在这个转向值下，电机C上的轮子是

静止的，但电机B的轮子不断向前移动，机器人以电机C的轮子为圆心旋转。当转向参数为100时，电机C的当前功率为−50，与电机C同速反向移动。这使得机器人以两轮的中间点为圆心旋转。任何在50到100之间的转向参数都能使机器人旋转，唯一的区别就是旋转圆心的不同。

如果你想让机器上在转向时继续向前移动，转向参数的值应小于50。尽管这一侧的转向参数范围是0到100，但真正能让机器人向前转向的参数范围是0到40。当机器人向另一个方向转动时，这个范围是0到−40。高于40（或小于−40）的转向参数会让机器人原地旋转或沿着很小的圆圈转动。

程序VerifyLightPointer（验证光源）

第11章中提出的程序LightPointer用颜色传感器控制TriBot转向光源。TriBot旋转一周，记录下光线最强处的位

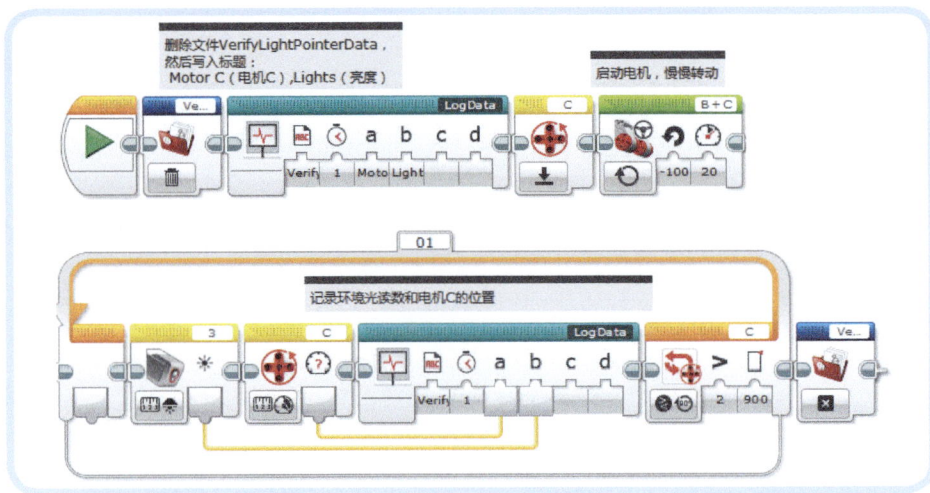

图17-9　程序VerifyLightPointer

置，在旋转了完整的一周之后，转回记录下的、光线最强的位置。

程序LightPointer假定TriBot旋转的同时传感器可以检测到光线最强的地方。如果这个假设是错误的，程序就无法运行。例如，机器人旋转太快，程序无法准确读取光值，或者房间中的光源太多，无法确定光源的位置。你可以通过收集和分析实验数据来验证这个假设。图17-9中展示的程序就是用来收集数据的。

这个程序将程序LightPointer和数据记录程序组合了起来。首先删除文件VerifyLightPointerData，然后用模块LogData向.csv文件中写入"Motor C（电机C）"和"Light（光值）"作为列标题，重置电机C的旋转传感器，让TriBot慢慢旋转。在循环模块中，用颜色传感器读取环境光值和电机C的位置值，写入文件。不断重复循环，直到电机C的转动了900度（使用教育版套装时，这个角度值要设置为700度）。最后一个模块关闭文件VerifyLightPointerData。

图17-10显示了机器人TriBot和一个光源，光源在机器人的左侧，两者形成90度夹角。运行这个程序，

TriBot缓慢旋转一圈后停下来。程序运行结束后，将文件VerifyLightPointerData上传到计算机中查看颜色传感器和旋转传感器的读数。

图17-11显示了我的测试数据图。当机器人转向光源时，光值提高并形成一个较大峰值。数据表格（表17-4）显示了电机C每转动1度的光值读数。因为电机要转动大约840度才能让机器人旋转一周，所以在每次读数时TriBot的实际移动量非常小，光值看起来几乎没有什么变化。

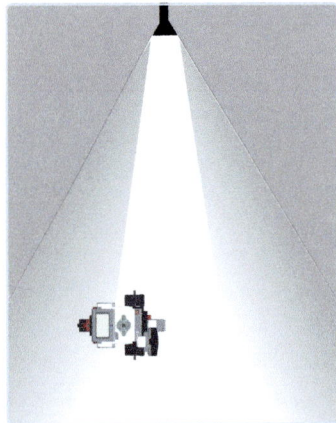

图17-10　程序VerifyLightPointer的起始位置

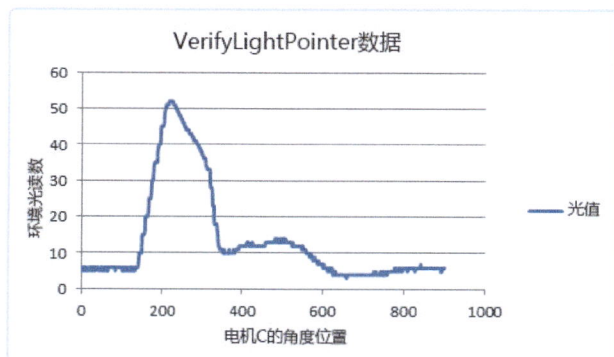

图17-11 环境光值的检测数据

表 17-4 旋转传感器读数

电机 C	光值
2	6
3	6
3	4
4	6
5	6
5	5
6	5
7	5
7	5
9	6
9	6
10	6

从这些数据看来，程序LightPointer应该可以正确识别光源的方向。如果在机器人旋转时，光值的数据变化很小或呈现出多个峰值，那么这个程序就不可能正常工作。

控制数据的数量

程序VerifyLightPointer尽可能快速地记录下数据，在

很短的时间内就创建了一个含有大量数据的文件，但对于大多数收集数据的程序来说，你更希望控制住收集数据的频率。

一些记录数据程序的结构与程序VerifyLightPointer相似。在完成初始化之后，循环模块中的代码采集数据并写入文件。你可以在循环体的后面添加等待模块控制采集数据的间隔时间。

等待模块的中断时间应该是多长呢？这取决于你想间隔多长时间采集数据和要采集的数据间隔多久会发生变化。你采集数据频次要足够多，不能丢失重要的数据变化，但也不能过于频繁，以免数据文件太大或导致内存溢出。通常需要经过反复实验才能找到合适的平衡点，因此当你需要多次更改程序设置时，请不要感到惊讶。

例如，你想让程序VerifyLightPointer每秒收集20次数据，可以在循环模块的尾端添加一个等待模块，等待时间设置为1/20秒或0.05秒。图17-12显示了在主循环中添加了等待模块的程序。

现在，程序在每次进入循环时，会有0.05秒的停顿，也就是说，程序将以接近每秒20次的频率收集数据。每秒记录的数据可能不会是准确的20个，因为程序还需要点时间来控制电机、收集传感器的读数、并把数据写入文件。

挑战 17-2

程序VerifyLightPointer收集了大量的数据以确定光源的方向，因为TriBot旋转得非常缓慢，因此在数据图上显示出了一个大大的峰值。将移动转向模块的功率参数由20更改为40，再次进行测试，看看结果有何不同。你能将TriBot的旋转速度提高到多少，而数据图中依然会显示出明显的峰值呢？

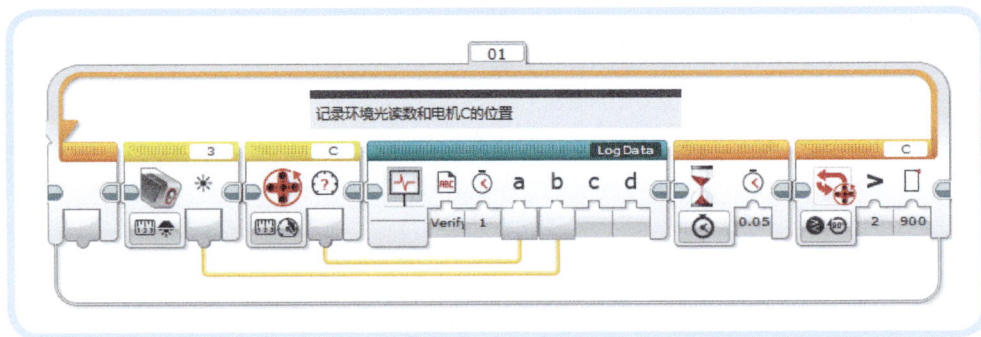

记录环境光读数和电机C的位置

Log Data

Verify 1

图17-12　等待0.05秒

进一步探索

以下是有关记录数据的更多练习：

1. 在TriBot离开一个物体时，记录下红外传感器近程读数（使用家庭版套装时）或超声波传感器距离读数（使用教育版套装），创建一个实验显示出读数的变化。用一个电机的角度值表示机器人距物体的真实距离。在离物体非常近的地方启动TriBot，让它慢慢后退。用不同颜色和纹理的物体尝试这个实验（如，坚实的墙壁和悬挂着的毛巾可能会给出不同的结果）。

超声波传感器的读数显示的是真实的距离值，因此在传感器停止检测对象之前，这个读数应该与电机的旋转角度有直接的对应关系。

2. 编写一个程序，在TriBot与红外信标之间的角度发生变化时，测量信标标头数值的变化。将信标放置在机器人前面，启动机器人慢慢旋转，记录下信标标头的读数（这个程序与程序verifylightpointer相似）。

3. 陀螺仪传感器的测量–速率模式测量的是每秒的旋转角度值，可以写一个程序，用这个模式帮助你确定移动转向模块的功率参数与TriBot旋转速度之间的关系（将转向参数设置为100）。先在缓慢的转速下采集数据，然后提高转速，查看二者之间的关系是否不变，并找到TriBot旋转太快以致陀螺仪传感器无法可靠读取数据的点。

结束语

EV3是一个伟大的数据记录器，它能采集各种传感器的数据、确定数据记录的格式，并把数据记录下来。本章中给出的例子，包含了你在典型的数据记录程序中需要的所有步骤，包括创建数据文件、收集传感器数据、向文件中写入数据和时间戳，还有控制数据的采集频率。

数据记录可以帮助你更多地了解EV3电机和传感器。例如，程序CurrentPowerTest揭开了电机旋转模块当前功率读数的奥秘，帮助你了解了移动模块功率参数的实际工作情况。另一个程序MoveSteeringTest收集的数据展示出转向参数对机器人运动的影响，以及哪一部分参数范围是最有用的。而程序VerifyLightPoint则用记录下的数据证明了程序LightPointer是否可以正常工作。

你还可以在家里或在科学课教室里用EV3做一些与机器人无关的实验。比如，用颜色传感器比较不同品牌的灯泡亮度，或者用旋转传感器测量面积和体积。

你还可以从乐高教育网站（http://www.legoeducation.com/）购买温度传感器，从HiTechnic（http://www.hitechnic.com/）、Mindsensors（http://www.mindsensors.com/）或Vernier（http://www.vernier.com/）等公司购买与EV3兼容的其他传感器，以进行更多的实验。

第 18 章　多任务处理 18

在本章中，你将学习如何运行程序中并列的几组模块，让机器人在同一时间执行两个或多个任务，这就是*多任务处理*。例如，用程序中的一个部分控制机器人的行走，用另一部分收集传感器的数据。

我们将从为程序AroundTheBlock添加一个简单的里程表开始，这个里程表是用来测量距离的，接着，我们为程序DoorChime添加闪烁的灯光。我们还将探讨使用并行序列时的程序流程规则，以及如何在序列之间进行同步操作。

多个启动模块

在EV3程序中，一组连接在一起的模块称为*序列*。此前我们创建的所有程序只使用了一个序列，这个序列是从创建程序时自动出现的开始模块开始的。

在程序使用多个序列的方法之一是添加另一个开始模块。例如，图18-1显示了另一个版本的程序AroundTheBlock（第4章中介绍了该程序），此版本程序使用了两个序列。这两个平行序列同时运行，图中上部的序列控制TriBot沿正方形轨迹行走，图片下部的序列不断显示电机的位置。程序运行结束时，显示出了电机B的运行的距离。你可以使用类似的方式测量程序LineFollower和WallFollower运行时走过了多少距离。

按以下步骤创建这个程序：

1. 创建一个新的项目，命名为Chapter18。

2. 打开项目Chapter4，将程序AroundTheBlock复制到项目Chapter18中。

3. 打开项目Chapter12，将我的模块DisplayNumber复制到项目Chapter18中。

4. 从流程控制面板中拖曳一个开始模块放置到编程画布中。

5．按图18-1下部的图片添加模块。将模块DisplayNumber的Unit（单位）参数设置为**Degrees:**。

当你运行这个程序时，EV3程序块同时启动两个循环

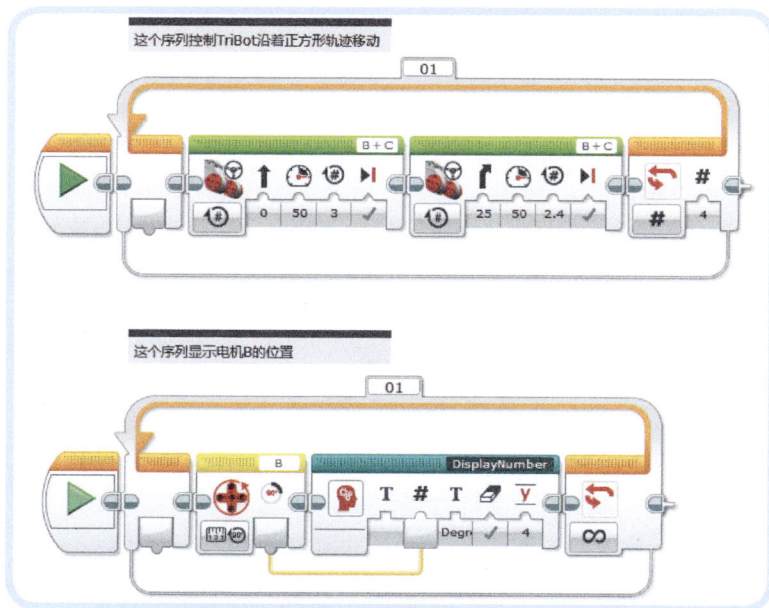

图18-1　在沿着正方形轨迹移动时显示电机的位置

模块，然后在两个序列之间迅速切换，运行每个序列的模块。EV3中的计算机无法同时做两件以上的事，但它可以在两种任务之间快速切换，做一点这个任务的事，再做一点另一个任务的事。这种切换发生得非常快，你根本看不出其中的差别。

运行程序，TriBot沿着正方形轨迹移动，同时显示出机器人移动了多少距离。即使在TriBot走完了正方形的四个边时，程序也会继续显示电机B的位置。拿起机器人，转动电机，你将看到屏幕上的数字会继续刷新。

原版的程序AroundTheBlock在循环模块重复运行4次后结束，而程序中又没有其他的模块，因此机器人走完正方形轨迹后程序结束。当程序中有多个序列时，程序会继续运行，直到所有的序列都结束运行。显示电机位置的循环模块被设置为无限制，所以程序将继续运行直到你将它停止。

停止程序模块

拿起机器人、按下退出按钮停止程序的运行并不是很麻烦，但我们有更好的方式。在高级面板中的*停止程序模块*（图18-2）可以终止所有运行中的序列并结束程序。将这个模块放置在修改后的程序AroundTheBlock中上面的那个

● 图18-2 停止程序模块

序列的末端，如图18-3所示，TriBot完成按正方形轨迹移动后，程序结束运行。

在这个例子中，停止程序模块被放置在一个序列的末端。如果你想在特定条件下结束程序，也可以在切换模块中使用该模块。

避免忙等待

对于那些依靠传感器读数做出快速反应的程序来说，如程序LineFollower，添加第二个任务会产生不利的影响。图18-4显示了添加里程表代码后的程序LineFollower（第13章中）。

在添加第二个任务之前，我可以将移动转向模块的功率参数设置为50，程序运行效果良好。添加里程表部分的代码后，我最高只能将功率设置为35才能获得同样的效果。

显示电机位置的代码就是一个忙等待的例子，它尽可能快地重复着，因此占用了EV3很大一部分处理能力。这会导致巡线代码运行得更慢，所以机器人遇到曲线时不能做出快速反应。我们可以用减缓显示循环的运行速度来解决这个问题，让EV3把更多的时间投入到让机器人巡线上。在显示部分的循环模块中添加一个1秒的等待中断（图18-5），让显示数据每秒更新一次，而不是尽可能快地做出更新，这样我们就可以将功率参数再次设置为50了。即使电机位置的显示有所延迟，但其依然是足够准确的。

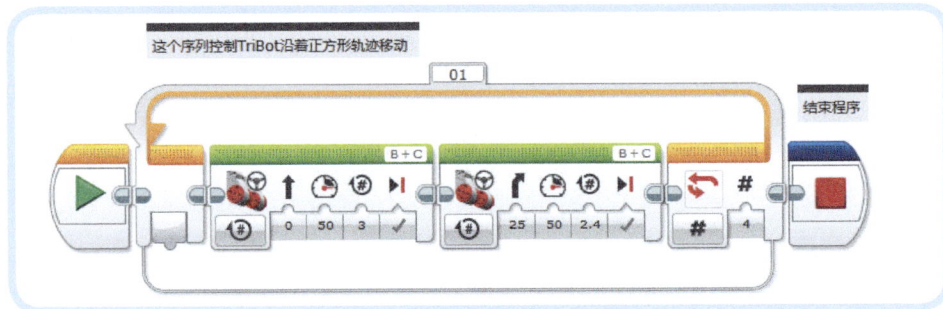

● 图18-3 在走完正方形后停止程序运行

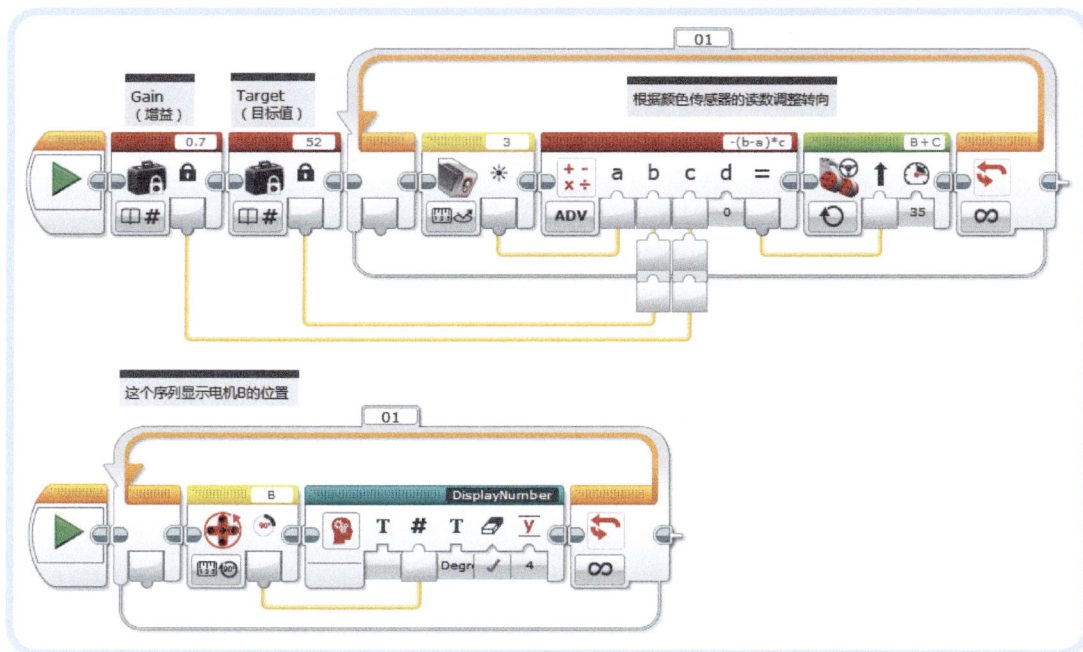

图18-4　添加了里程表的程序 LineFollower

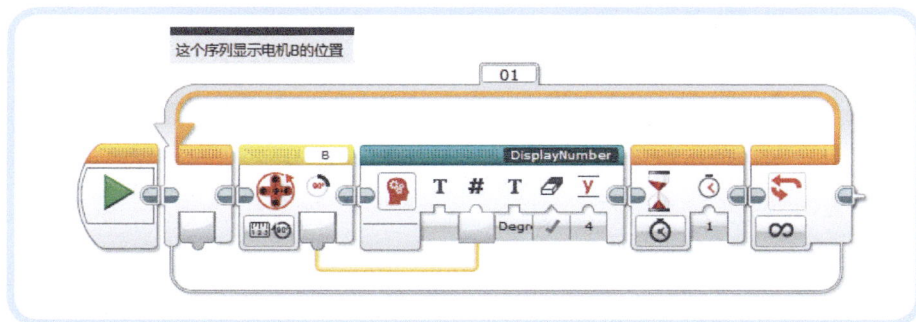

图18-5　减慢忙等待的速度

程序DoorChime（门铃）添加灯光

新的程序AroundTheBlock使用了2个开始模块运行程序中两个独立的任务。在这一节中，我们要在一个程序的中间放置多个序列。当你只想在程序的某个点上运行2个任务时，这种方法是有用的。

我们要修改第12章中的程序DoorChime（图18-6），在门铃响起时闪烁程序块的状态灯。因为灯光只在播放门铃时才会亮起，因此我们需要在播放门铃这一点添加第二个序列，而不是用开始模块创建一个全新的序列。

按照图18-7所示修改程序，该程序首先关闭程序块状态灯，然后进入循环，等待有人经过。在这一点上，我的模块Chime开始运行，同时另一个序列上的模块也开始

乐高机器人 EV3 程序设计艺术

运行。第二个序列上的模块点亮状态灯，三种颜色的灯光间隔0.25秒循环点亮。用循环索引值对3做取模运算用以设置状态灯的颜色，因此数值在0、1、2之间循环。播放门铃的时间为4秒，因此状态灯的闪烁时间也应该是4秒，循环模块被设置为重复运行4秒。循环模块退出后，状态灯被关闭。

程序中连接模块的灰色细线叫作*序列线*，它从模块右侧的序列插头出口连接到另一个模块左侧的序列插头入口，如图18-8所示。

添加新序列的简单方法就是在一个模块的序列插头出口和另一个模块的序列插头入口之间拖曳一条新的序列

挑战 18-1

简单地说，程序AroundTheBlock中的里程表是用电机旋转的角度值表示测量距离的，而不是用英寸或厘米来表示。确定将角度值转换为英寸或厘米的系数，添加数学模块将读数转换为更有用的测量值。

提示 如果你不知道如何将角度值转换为英寸或厘米，请看看第4章程序ThereAndBack的讨论。

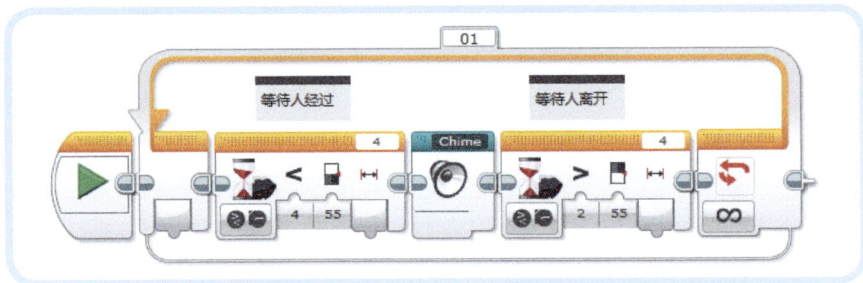

图18-6 第12章中的程序DoorChime

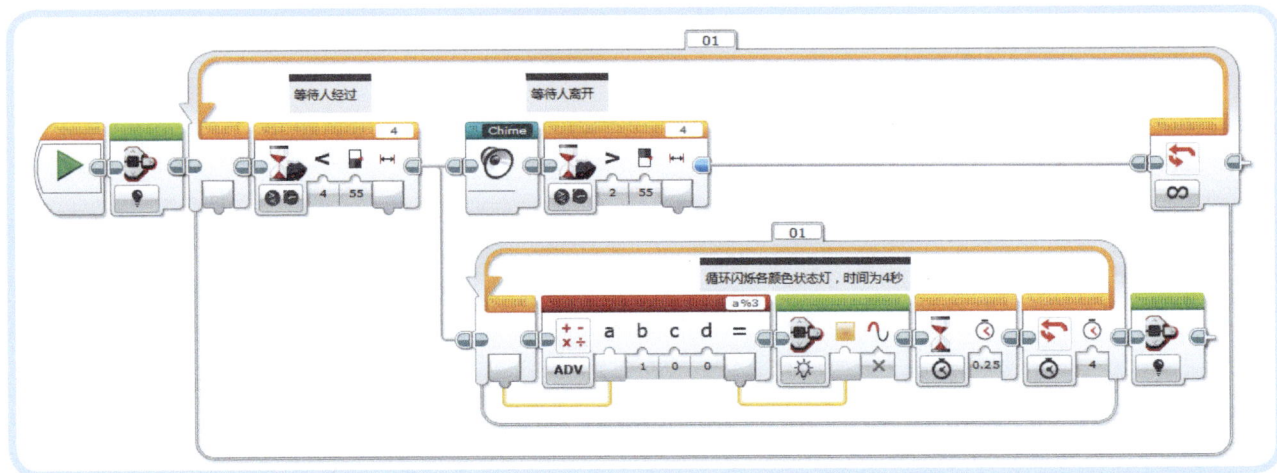

图18-7 播放门铃时，闪烁程序块状态灯

234

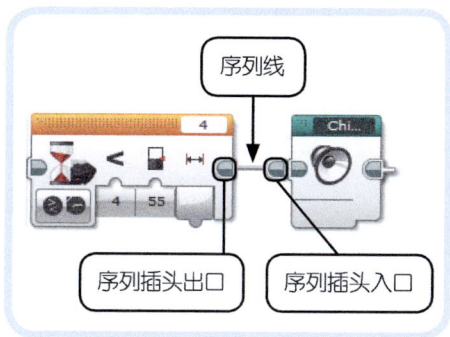

序列线

序列插头出口　　序列插头入口

图18-8　序列线和插头

线。按照以下步骤创建新的程序DoorChime。

1. 从项目Chapter12中将程序DoorChime复制到项目Chapter18。

2. 选中循环模块，拖曳底部中间的手柄，调整出足够添加模块的空间（图18-9）。

3. 向原有循环模块中拖曳一个循环模块，放置在我的模块Chime下面偏右一点的地方（图18-10）。因为新的模块还没有与程序连接，所以显示为虚的。

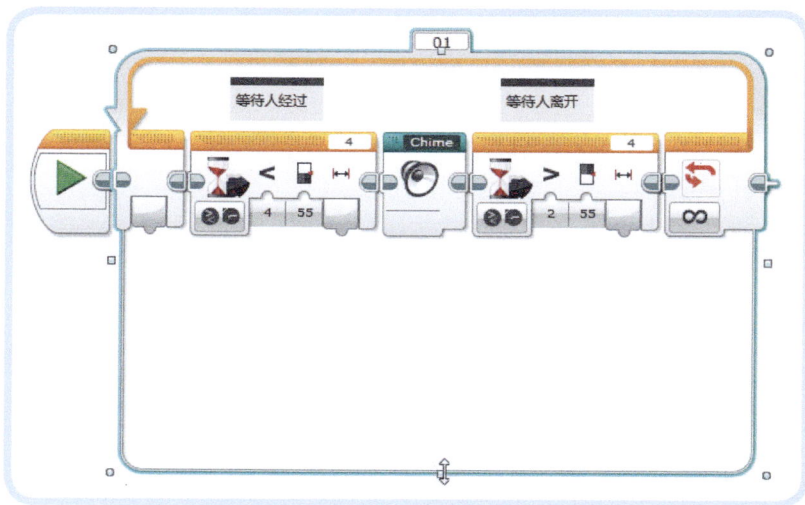

图18-9　为第二个序列留出空间

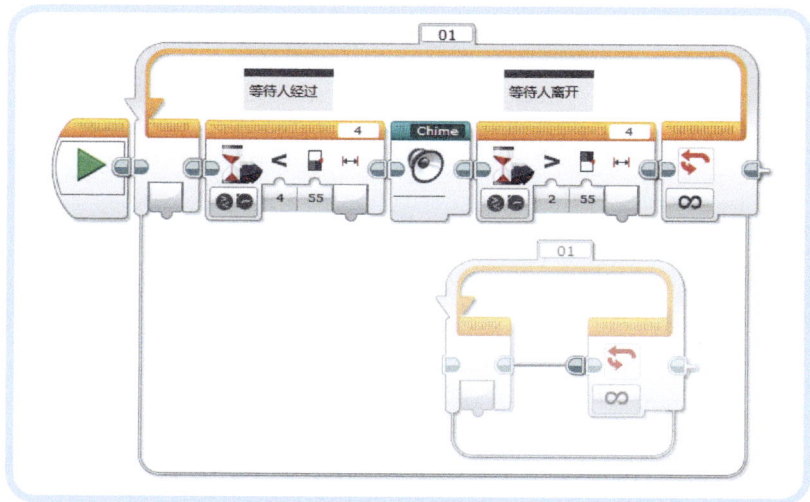

图18-10　添加一个新的循环模块

235

4. 点击并拖曳红外传感器模块右侧的序列插头出口，创建一条新的序列线（图18-11）。

5. 将序列线连接到新循环模块左侧的序列插头入口处。循环模块应该不再是虚的了（图18-12）。

6. 循环模块已放置好，并已连接到程序中，如图18-7所示添加其余的模块。

现在运行程序。当有人经过TriBot时，门铃响起，程序块状态灯以三种颜色循环闪烁。

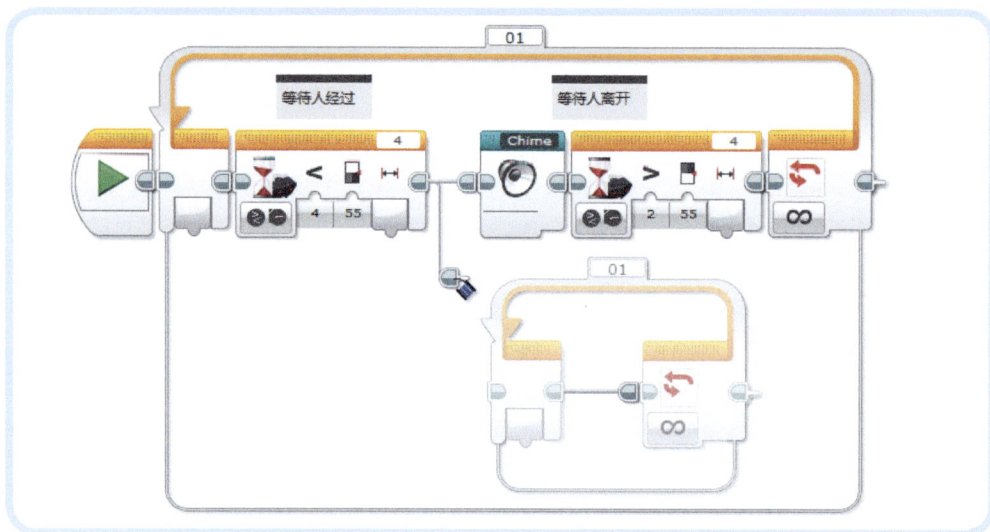

图18-11 拖曳序列线

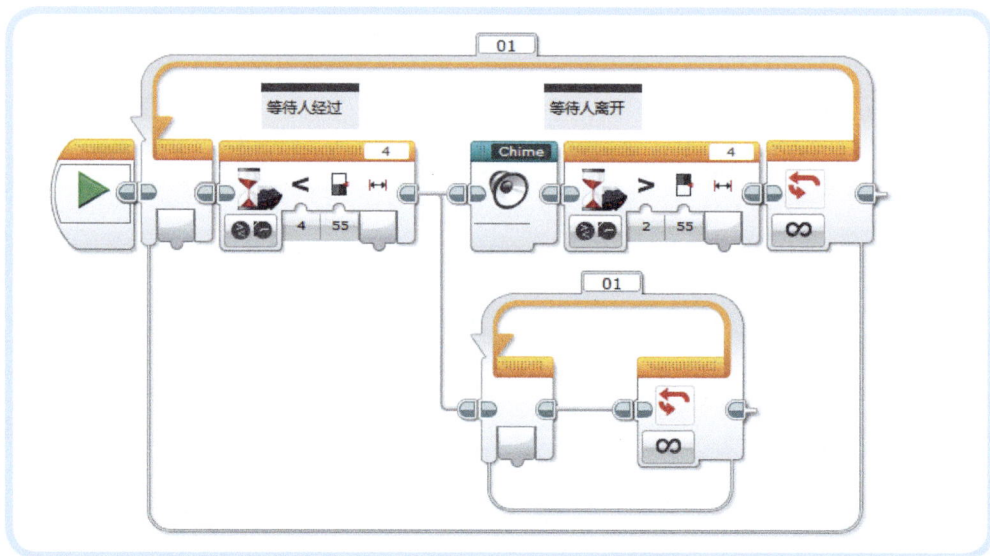

图18-12 连接新的循环模块

理解程序流程规则

使用多个序列在几个方面增加了程序的复杂性。例如，你已经看到了只有程序*所有*序列运行结束或使用了程序结束模块才能结束程序的运行。在本节中，我们将讨论其他使用多个序列的程序流程规则，并展示一些简单的程序以演示效果。

开始模块和数据线

只有连接在模块上的所有数据线中都有数据值之后，这个模块才能开始运行，如程序BlockStartTest（图18-13）所示。上面序列中的显示模块在屏幕上显示1，常量模块向数据线写入2，该数据线与下面序列的显示模块相连接。而下面的显示模块在常量模块将2放入数据线之后才会开始运行。当你运行这个程序时，屏幕上将显示"1"，1秒之后，"2"出现在屏幕上。

模块和数据线的正常流程是从左至右，但在不同序列的模块之间并没有从左至右的强制顺序要求。下面序列的显示模块位于常量模块的左侧，但在常量模块运行之后才会运行。你可以将这个显示模块移到右侧，这样能更直观地看出程序的运行方式，但要记住控制模块运行的是数据线，不是它的放置位置。你可以在自己的程序中按照能反映程序行为的方式排布模块和序列。

循环模块和切换模块也遵循着同样的规则，程序LoopStartTest（图18-14）对此做出了展示。尽管循环模块中的第二个显示模块才会用到数据线传递的数据值，但只有常量模块将数据值放到数据线上之后，循环模块才会启动运行。运行这个程序时，屏幕上显示"1"（上面序列中显示模块），然后中断1秒，常量模块将一个数据值放置到数据线上，循环模块开始运行，屏幕上显示出"2"，并在显示"3"以前等待特定的秒数。

程序BlockStartTest和LoopStartTest是特意设计出来的，目的是要表明数据线如何影响模块的运行顺序（并不是为了让机器做一些有趣的事）。虽然用数据线在序列之间传递数据值非常有用，但您在这么做的时候应该非常小心。多个序列各自独立执行任务是最为合适的。

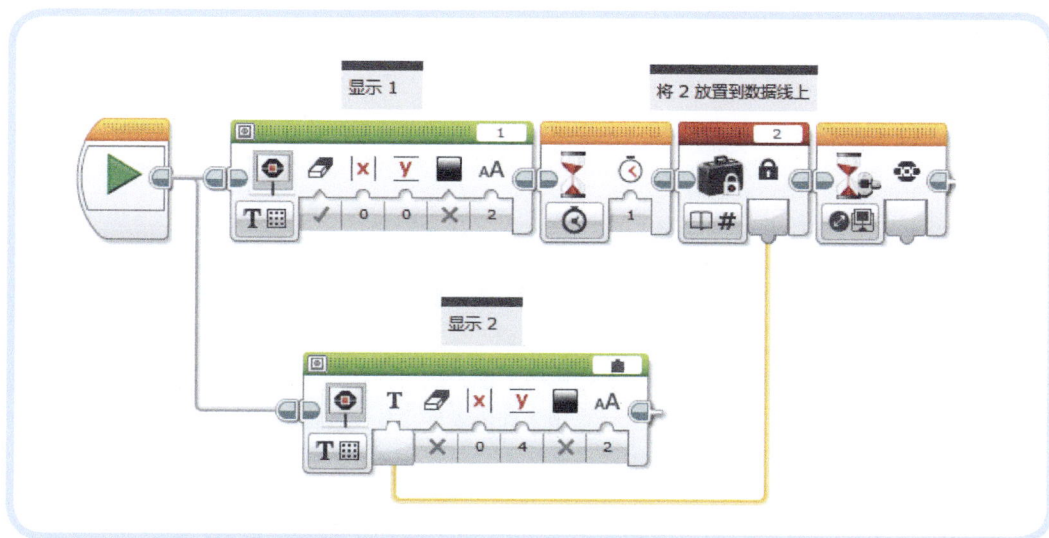

图18-13 程序 BlockStartTest

237

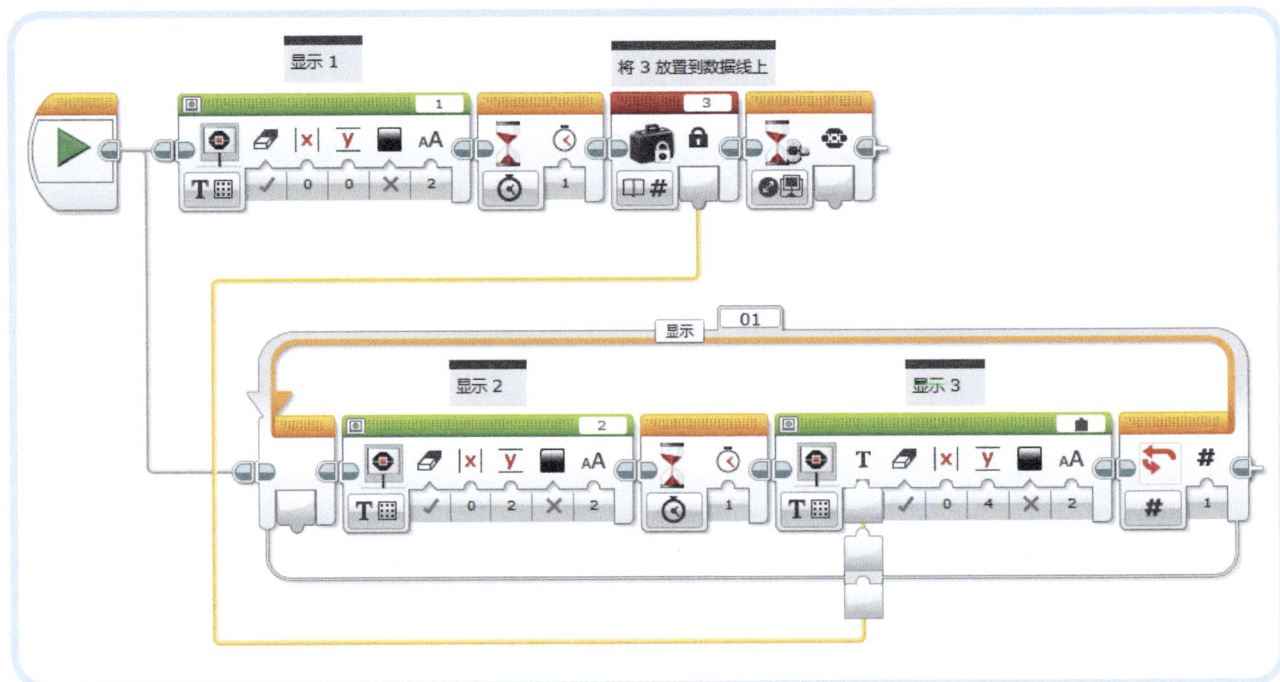

图18-14　程序LoopStartTest

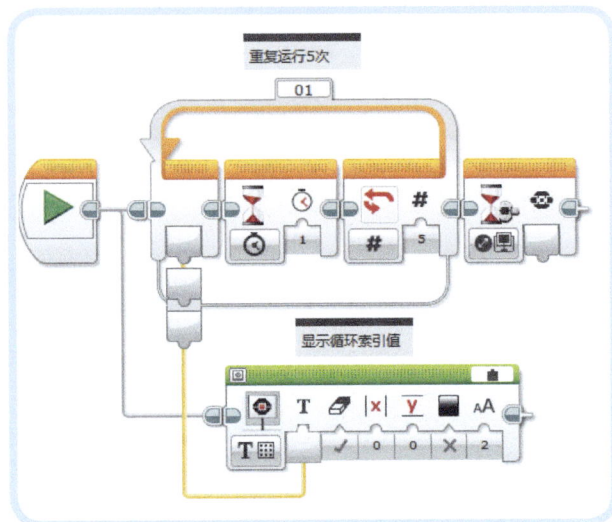

图18-15　程序LoopCountTest

使用来自循环和切换模块的数据值

　　如果一条数据线开始于循环模块内部并连接到循环模块外面的某个模块上，这条数据线上只有一个数据值，该数据值是循环模块运行结束时的那个值。图18-15中的程序LoopCountTest显示了这一规则。循环模块重复运行5次，中断运行的总时间为5秒。下面序列的显示模块将来自循环模块循环索引插头的数据值显示在屏幕上。因为显示模块位于循环模块的外面，因此只有在循环模块运行结束后，最后一个数据值（4）才被放到数据线上。运行这个程序时，程序中断5秒钟，然后显示"4"。这一规则同样适用于切换模块，从切换模块输出的数据线上也只有一个数据值，同样是切换模块运行结束后的数据值。

使用我的模块

对同样的"我的模块"来说，在同一时间内只能运行一个。我将用"我的模块"DisplayCount（图18-16）来展示这一规则。这个模块用行参数作为输入参数，以1秒的间隔显示0、1、2和3。

程序MyBlockTest（图18-17）使用了2个"我的模块"DisplayCount。运行这个程序时，在屏幕的0行或4行以1秒的时间间隔显示出"0"、"1"、"2"和"3"。然后在另一行显示出这4个数字。在我的测试中，这些数字总是首先显示在行4，当然这可能是一个巧合。在任何情况下，两个模块中的一个运行完成后再运行另外一个。

这一规则只适用于我的模块，所以如果你用含有显示模块的循环取代两个"我的模块"DisplayCount，这两组数字会同时显示在屏幕上。这一规则还只适用于完全相同的两个"我的模块"。两个"我的模块"DisplayCount不会同时运行，但一个"我的模块"DisplayCount和一个"我的模块"DisplayNumber可以同时运行。

> **注意**　如果你确实需要并行运行两个相同的"我的模块"，给这个模块创建一个副本并命名为不同的名字。这样你就能在同一时间运行原先的模块和改过名字的模块了。

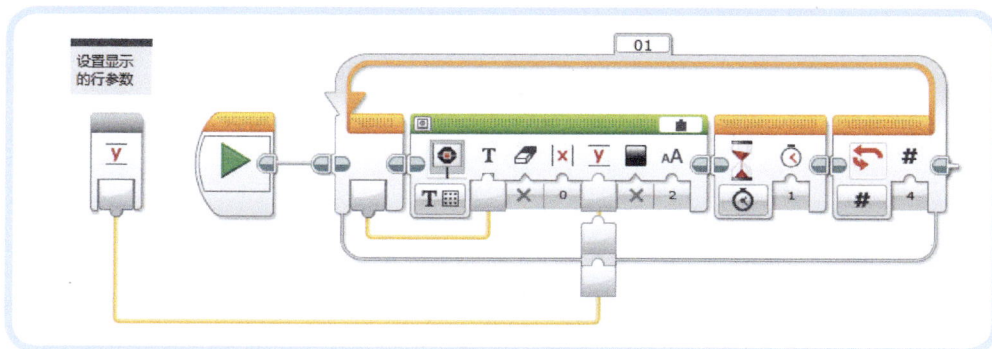

○ 图18-16　我的模块 DisplayCount

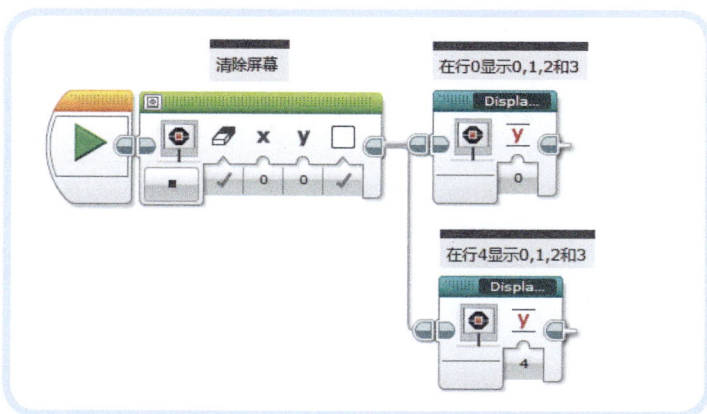

○ 图18-17　程序MyBlockTest

在"我的模块"等待某些事情发生时，这一规则限制就会变得很明显。对于大多数不需要等待某些事情发生的"我的模块"来说，开始运行和结束运行都很快，你来不及注意到这一规则的影响。例如，你可能不会注意到两个"我的模块"DisplayNumber不能同时运行。

同步两个序列

你可以用序列线的位置控制第二个序列何时开始运行。你还可以在一个序列上设置变量，用该变量读取另一个序列上数据，用这样的方式暂停一个序列上的任务，等待另一个序列上的任务完成。

例如，在程序DoorChime中，播放门铃和闪烁程序

块状态灯的循环都是持续4秒。但这个时间是取决于模块Chime中的声音模块是如何配置的。如何你添加了更多的模块Chime或更改了每个音符播放的时间，这两个任务就不可能一起完成。

图18-18显示了用一个命名为Done的逻辑变量解决这一问题的方法。在循环开始时，改变量被设置为"伪"。传感器检测到有人经过时，模块Chime和下面序列中循环模块开始运行。循环模块保持持续运行，在模块Chime运行结束后，紧接在它后面的变量模块将变量Done设置为"真"。当变量Done为"真"时，下一次读取这个变量时，循环退出。需要注意的是，变量被设置为"真"时，循环不会立即退出，只有在变量模块读取这个数据值并将它传递给循环模块后，循环才会退出。

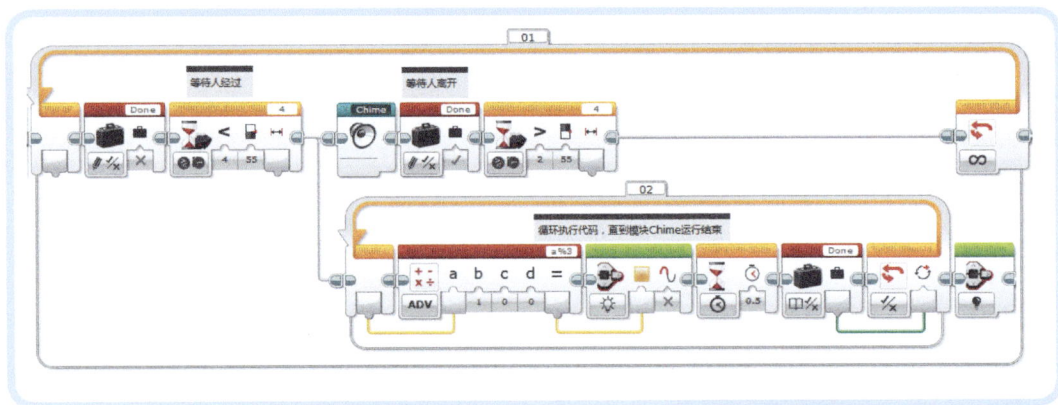

图18-18 在程序DoorChime中同步序列

可以用于这个程序的另一个替代方案是在上面序列中使用循环中断模块退出下面序列中的循环，如图18-19所示。你还要重新命名下面序列中的循环的名称，否则的话，循环中断模块会让主循环退出。

远离麻烦

使用多个序列几乎影响到了EV3编程的每一个方面，

包括变量、数据线、我的模块和程序流程。添加第二个序列能让你编写出一些令人难以置信的程序，但也增加了出错的可能性。以下是一些帮助你避免最常见问题的建议：

* 只有在确实必要时，才使用第二个序列

如果可能，找到只使用一个序列的解决方法。不要让你的程序比需要的更为复杂！

* 慢慢编辑程序。用EV3软件编写含有两个或两个以上序列的程序时，很容易混乱，尤其是在画数据线的时候。

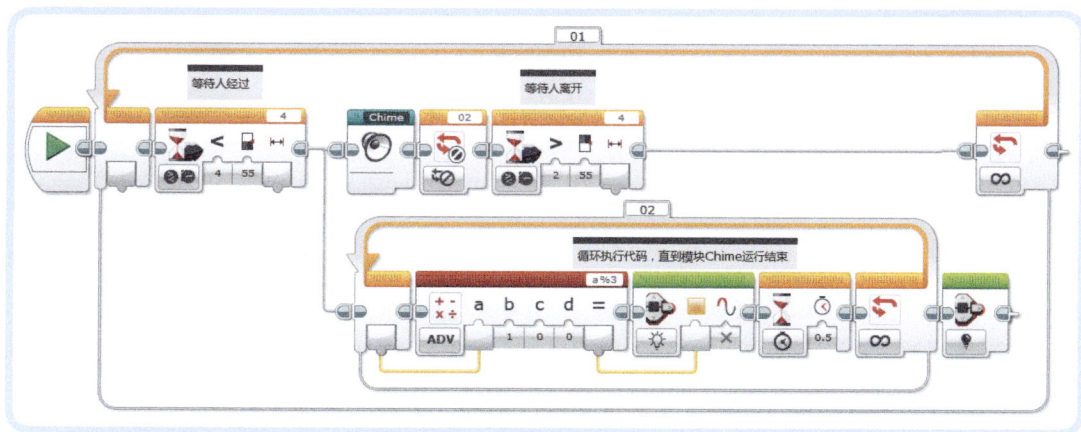

图18-19　用循环中断模块同步序列

* **避免从多个序列控制同一个电机或传感器。**从多个序列中使用任何资源（电机、传感器、定时器等），都是充满危险的，很难做到正确。如果你想让机器人依据不同的传感器数值做出不同的行为，可以考虑使用嵌套的切换模块，而不是用不同的序列进行控制。

* **用变量代替数据线来传递序列间的信息。**这往往使你的程序更容易理解。

* **使用数据线在循环模块和切换模块内外传递信息时，要特别小心。**如果你没明白这句话是什么意思，请再读读第237页的"理解程序流程规则"。

进一步探索

完成以下活动，更多了解并行序列的使用：

1. 循环中断模块将中断任何一个名称匹配的循环模块的运行，即使这个循环模块是在不同的序列上。编写一个程序证明这一点。如果循环的进程正处于运行移动转向模块中间的时候，会发生什么呢？

2. 将第10章的程序SpiralLineFinder重新修改为使用两个序列的程序，一个用于控制TriBot按螺旋轨迹移动，另一个用于检测线条。

3. 用红外遥控器为程序BumperBot添加远程速度控制。首先用一个变量保存控制TriBot向前移动的那个移动转向模块的功率参数，然后添加第二个序列，用遥控器上的按钮调整变量中的数据值。

4. 在程序MemoryGame接受和检查用户响应的那个部分，用一个新的序列为程序添加一个倒计时器。等待玩家给出响应时，在屏幕上显示剩余时间，如果时间到达0，则游戏结束。玩家必须给出正确响应的时间应该取决于列表中的项目数量，可以给每个项目1秒的时间。

结束语

使用多个序列可以让程序同时执行多个任务，这是多任务处理方式。在本章中更改的程序AroundTheBlock和DoorChime是说明了用第二个序列加强程序功能的两个简单方法。

尽管多任务处理是编程中一项非常有用的技术，但它也增加了程序的复杂性，你需要对程序流程的规则加以熟悉。正因如此，多任务处理最好采用小的、独立的工作方式。

第19章 使用 PID 控制器的巡线程序

19

编写程序控制机器人巡线是一项有趣的挑战，这个挑战可以有很多解决方案，可以相当简单、也可以高度复杂。你已经看过了简单的三状态控制器，它在慢速沿着柔和曲线巡线时效果不错；你也看过了复杂一点的比例控制器，可以控制机器人走得更快，并能急速转弯。在本章中，我们要用完整的比例–积分–微分（PID）控制算法来改善巡线程序。除了根据机器人当前离开线的距离来调整 TriBot 的转向（像我们的比例控制器一样）之外，这个程序还要计算一个微分值，对最近的测量值做出比较来判断机器人是沿着曲线行走还是沿着直线行走，另外这个程序还要计算一个积分值，用来检测机器人随时间推移产生的偏移量。

要完成本章中的程序，需要在 TriBot 的前面安装一个颜色传感器，如图19-1所示。

本章从讨论巡线和比例控制算法开始，深入理解第13章的程序 LineFollower（巡线）是如何（和为什么）工作

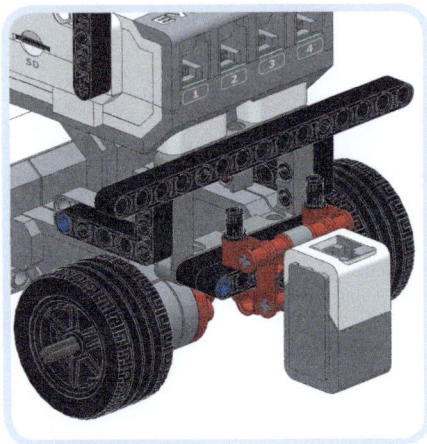

● 图19-1 为巡线而安装的颜色传感器

的。然后，我们对原来的程序做小的改进，让它可以使用文件，可以配置程序来收集和保存传感器的限值，可以用变量轻松调整程序设置。接着我将向你展示如何用更高级的 PID 控制策略来巡线。在本章的最后一个部分，你将有一个非常可靠的巡线程序，理解成熟 PID 控制算法背后的原理，而这一原理可以用来解决机器人的各种任务和挑战。

PID控制器

比例–积分–微分（PID）控制器是一种常见而有用的方法，能够控制包括机器人在内的所有机械类型。PID 控制器的想法已经有大约100年的历史了，人们用它来控制船舶航行、打印机甚至音乐乐器等。

与第13章介绍的比例控制器一样，PID 控制器用传感器读数来调整起到控制作用的变量，这个传感器读数被称为输入变量。对于我们的巡线程序来说，输入变量是颜色传感器的读数，起到控制作用的变量是移动转向模块的功率参数。控制器用输入变量与目标数值相比较，计算误差值，然后用误差值来决定如何改变起到控制作用的变量。

在比例控制器中，转向数值与误差值（颜色传感器读数与目标数值之间的差值）成正比。当 TriBot 靠近线的边缘时，转向数值会非常小；当它远离线的边缘时，转向数值会很大。与第9章三状态控制器版本的程序相比，比例控制器带来了明显的改进，三状态控制器利用颜色传感器的读数在三种可能的转向值（左转、右转、直行）中做出选择，而比例控制器在控制机器人巡线时使用了更多的信息，它用误差值的大小在更大范围的转向数值上做出反

应，这使得TriBot在巡线时做得更好。虽然比例控制器是经过改良的三状态控制器，但它仍然有一些明显的局限性。

比例控制器对传感器离开线边缘的距离做出了实时反应，但是它并不在意自己跟随的线条是如何变化的，也不在意机器人是否会向一个方向或另一个方向逐渐偏移。这是因为它只反应了某个时刻瞬间的误差值，并没有记住过去的误差值，因此比例控制器对线条的瞬间改变或累积误差反应可能会有问题。PID控制器在计算转向值的表达式中增加了两个消除这些因素的附加项：积分和微分。这两个项目使用了以前的误差值，让程序LineFollower走得更快、能够急转弯，沿着直线行走时更为顺畅。

PID控制器在自动控制系统中非常受欢迎，它是一个通用的解决方案，可以很容易地调整当前的特定问题。在本章中，我们要把PID控制器用于巡线程序，但程序的控制部分可以适用于各种各样的任务。例如，这个控制器可以使用红外或者超声波让TriBot跟随你并保持一定的距离，或者使用陀螺仪传感器让两轮机器人保持平衡。当你理解了PID控制器的工作原理和针对特定程序的调整方法，你就可以一次又一次地使用控制器代码。

比例控制

为巡线程序添加PID控制器之前，让我们先仔细看看机器人靠近和越过线时传感器读数是如何变化的，思考一下原来的比例控制程序对这些变化做出了怎样的反应。

图19-2所示的程序LightTest使用了第17章的数据记录技术，采集TriBot跨越线时的反射光强度读数。这个程序用一个简单的方法记录下传感器与线不同距离时的读数，稍后我们还会用一个类似的程序来检测和记录用于巡线程序的最小传感器读数和最大传感器读数。

这些数据存储在一个名为LightTestData的文件中。循环模块在电机B的旋转传感器读数大于一圈时退出，这可以让TriBot的移动距离足以收集到我们需要的数据。

将TriBot面向线摆放，颜色传感器距离线大约2英寸（10厘米），如图19-3所示。运行程序，机器人缓慢向前移动，并且在颜色传感器完全越过线后停止。线的位置应

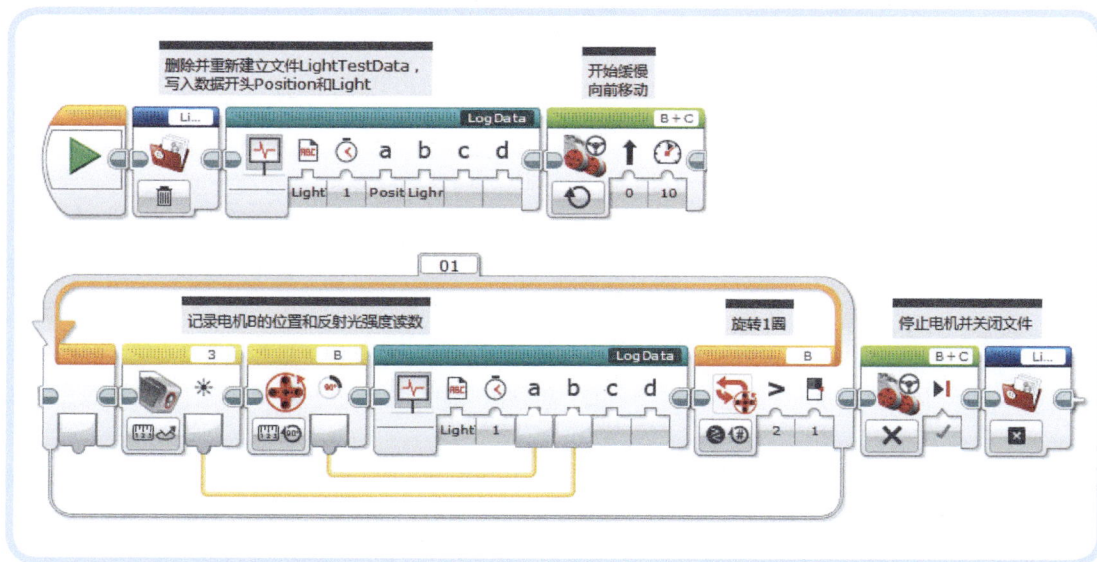

图19-2　程序 LightTest

243

在程序开始及结束时颜色传感器位置的中间。

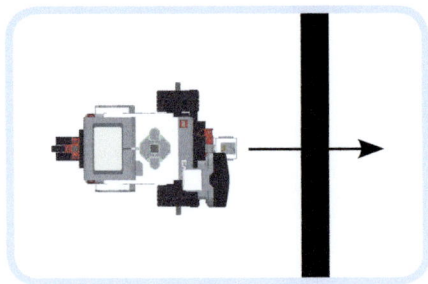

图19-3　程序LightTest的开始位置

原始数据

运行程序并上传文件LightTestData到计算机中，使用电子表格程序来创建数据图（图19-4）。为了清晰可见，我还叠加了线的位置。当程序开始运行时，传感器读数约为62，在机器人靠近线之前一直保持在60左右。在机器人刚刚到达线时，传感器读数开始下降，并以直线式持续下降，直到传感器完全在线上，此时的读数约为5。在传感器接近线的另一边缘之前，读数会保持在一个短短的距离上。然后读数开始直线式增加，直到传感器越过线的另一个边缘，这时读数再一次保持在60左右。在图的末端，读数爬升了一点，达到了65。

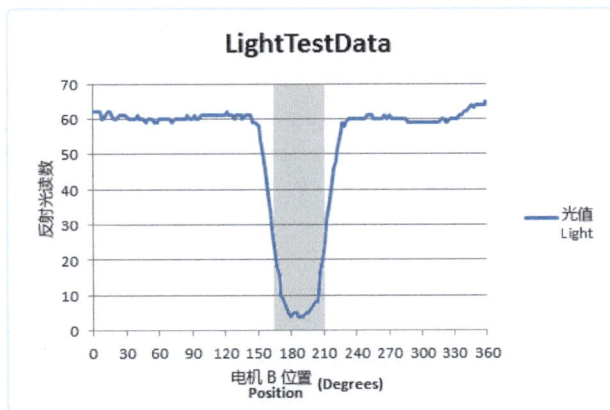

图19-4　当TriBot移动并越过线时的反射光读数

> **注意**　这里所显示的值和前面章节中使用的值是不同的，因为我用的测试线背景颜色更深一些。除了背景在视觉上的差异外，其他与第6章中使用的测试线相同：一个用黑色电工胶带粘贴在白色展板上的简单椭圆形。

从这个图中，我们可以得出结论，当TriBot没有到达线的边缘时，传感器读数大约为60，当它在线的上方时读数大约为5。当传感器在线的边缘时，读数介于60和5之间，我们可以使用读数来判断传感器离边缘有多远。读数从60到5所形成的漂亮直线告诉我们，读数正比例于离开边缘的距离，这就是我们可以用那些读数进行比例巡线的原因。

图形是对称的，左右两半呈镜像对称，这种对称就是为什么我们不试着让机器人沿着线的中心行走的原因。我们可以确定，如果传感器位于线的中心（或者接近中心），这个数值将非常接近5。在读数不接近5时，我们并不能告诉机器人用哪种方式移动才能更接近线。例如，如果传感器读数为20，我们不能告诉传感器是位于中心线的左侧还是右侧。

良好区域与不良区域

现在让我们仔细研究一下传感器靠近线时的读数，思考巡线程序应该怎样做。在第13章中，我们用传感器两个读数的中间值作为目标值，这两个读数是传感器在线外面的读数和传感器在线中间时的读数。我们可以从这里入手，用文件LightTestData中的最大值和最小值，分别是65和5，得到一个中间值35。图19-5显示了一个修改后的数据图，添加了一根传感器读数为35的绿色水平线。为了让下面的讨论更简单，我移动了X轴，将X轴原点设置在传感器读数为35的地方，并把单位调整为厘米。

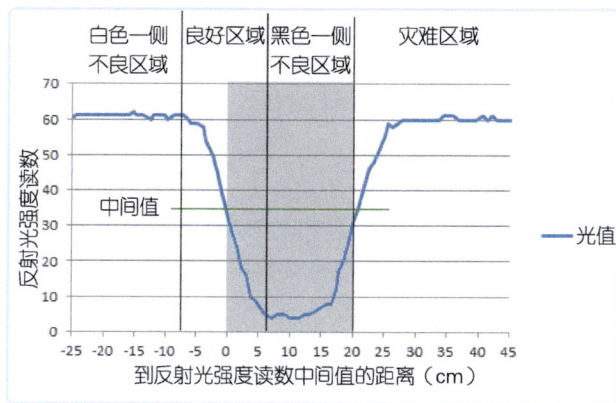

图19-5 靠近线边缘时的传感器读数

这个数据图以传感器对应于中间值的位置为基准，分成了四个区域。程序巡线运行的好坏取决于传感器位于哪一个区域。

良好区域

这个程序将中间值作为目标，保持传感器在数据图中0的位置上，让机器人处于良好区域的中间位置，在这个区域内传感器的读数与距离基本成比例。只要机器人处在距离线的边缘约7厘米的范围内，传感器的读数就能很好地指示出它离目标位置到底有多远，而比例控制器也能用这个读数引导机器人沿着线的边缘前进。

白色一侧的不良区域

在数据图的左侧，离中间值位置超过7厘米的区域是白色一侧的不良区域，这里远离线条，一旦机器人进入这个区域，传感器读数会告诉我们机器人在左侧离开太远了，不过它无法告诉我们到底有多远。不论机器人位于线的边缘外面10厘米还是20厘米，传感器读数本质上是相同的。

在三种情况下，机器人会进入白色一侧的不良区域，如图19-6所示。在这个图中，红色圆圈代表了传感器的位置，蓝色线路显示了机器人向前移动的路径。

* 当线条向左弯曲时［图19-6（a）］，传感器开始越过线条。如果程序使用的转向参数值太大而补偿过多，机器人会向左移动得太远。

* 当线条向右弯曲时［图19-6（b）］，传感器读数增大。如果程序响应太慢，使用转向参数值太小，那么在它恢复正常位置之前就已经远远离开了线条的左侧。

* 最后，如果机器人巡线时的增益太高，有太多的左右摆动的动作，称为振荡［图19-6（c）］；它同样会远离线条。

在良好区域工作得很好的比例控制器可能会使用非常大的转向参数值，而在不良区域内这个数值往往会造成机器人原地旋转。如果机器人能够再一次接近线条（在良好区域内），会恢复正常状态继续巡线。另一方面，如果机器人离开线条太远（例如，线条急剧向右转弯）那么机器人会无休止地原地旋转下去。

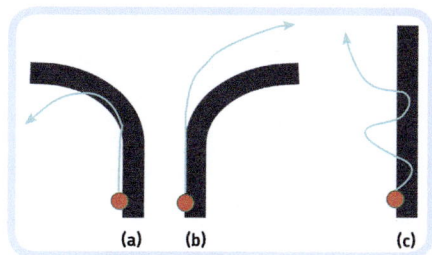

图19-6 移动到白色一侧的不良区域

黑色一侧的不良区域

良好区域的右侧是黑色一侧的不良区域，这里也是离开线条边缘太远的区域。这个区域分两个部分。与中间值那一点距离7到12厘米的部分，传感器读数基本上恒定。机器人在这个区域里与在白色一侧的不良区域里有相同的问题：我们不能告诉机器人离开线条的边缘到底有多远，程序的转向参数值可能导致机器人原地旋转。

当距离超过12厘米时，这种情况会变得更糟，因为传感器读数开始增加。这将使程序的行为看起来是接近边缘，但实际情况是离巡线的边缘越来越远。

图19-7显示了机器人机器人是如何进入这个区域的。当线条向右转弯［图19-7（a）］时，程序能够做出补偿；或者当线条向左转弯［图19-7（b）］时，程序没有做出充分的调整。机器人大幅振荡巡线时，同样能够让它进入这个区域［图19-7（c）］。

当机器人处于这个区域时，程序试图引导它回到线条的边缘，这个过程可能不会那么迅速。如果程序能够将机器人拉回到左侧，进入到良好区域，它能够恢复正常状态并继续巡线，如果机器人向右走得太远，它就进入了灾难区域。

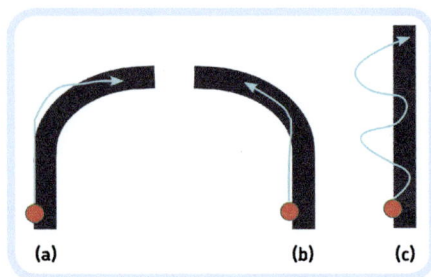

图19-7 移动到黑色一侧的不良区域

灾难区域

灾难区域是在线条巡线边缘的另一侧，是从传感器数值大于中间值的位置开始的。当机器人到达这一点时，程序开始向错误方向引导机器人，让机器人移动向右侧并努力使传感器读数下降。这时，机器人将无法恢复到正常状态：它会原地旋转，或者找到线条的另一侧，在相反方向上开始巡线（看到这一现象也很有趣！）。

这四个区域和它们对程序的影响都是特别针对巡线程序的。任意一个使用PID控制器的程序都有一组类似良好区域的传感器读数，这组读数与所控制的参数正比例。然而，良好区域之外事情就要取决于具体的程序了。例如，一个控制机器人跟随你行走的程序可以很容易地让机器人在距离为0时停止，或者在落后你太远时全速前进。因此这个程序只有一个良好区域和一个不良区域（当它距离太远

但又不知道到底有多远）。另一个例子，一个自平衡机器人有一个良好区域和两个处在良好区域两侧的灾难区域，因为无论提示位置太靠前还是太靠后，机器人都会摔倒。

选择目标值

现在你已经知道控制器的工作原理，这对我们选择目标值会有什么影响？取传感器读数的最大和最小值的中点是合理的，因为程序的这一设置将尝试让机器人保持在良好区域的中间，这时的程序会有很好的动作行为，不过也许我们能够做到更好。

稍微加大一点目标值，可以让程序变得更"强壮"（意思是它不会经常失败）。举个例子，如果我们将目标值确定为40而不是35，机器人将会沿着良好区域中心偏左（约2厘米，图19-5）向前行进。这个改变可能让机器人的移动离左侧太远，而不大可能离右侧太远。这是一个改进，是因为机器人处于白色一侧的不良区域时，比处于黑色一侧的不良区域和灾难区域更有可能恢复到良好巡线状态。机器人离开左侧太远是不好的，但离右侧太远更为糟糕，因此将传感器向左偏移一点点对程序是有意义的。

最佳的目标值取决于你的测试路径。当机器人必须向左和向右转弯时，用一个让机器人稍微偏向良好区域左侧的目标值会工作得更好。但如果路径是椭圆形的，机器人只向一个方向转弯，你可以调整目标值，让转向变得更可靠。

如果你让机器人沿着椭圆形线条的内侧前进，就像我的测试那样，当程序失败时，机器人会越过线条，并且向左转。在这种情况下，将目标值设置为良好区域中心位置略微偏左侧一些可能会工作得更好。

另一方面，如果你让机器人沿着椭圆形线条的外侧前进，那么经常会失败，这是由于机器人转动不够迅速，移动时会离开路径太远。在这种情况下，将目标值设置为良好区域中心稍微偏右一侧可能会工作得更好。

采集传感器读数的最小值和最大值

程序在不同的路线、传感器、机器人设计结构和照明条件下工作时，目标值可能需要做出改变，我们建立一个名为LineFollowerCal的校准程序，采集颜色传感器的最大读数和最小读数，并将两个数值保存到文件中。然后我们可以从这个文件中读取数值，计算目标值来改变巡线程序。

程序LineFollowerCal 与程序LightTest相类似，控制TriBot走过线条并监测颜色传感器的读数，但这个程序只追踪最大和最小读数而不是记录所有的读数。当机器人停止移动时，程序会显示两个数值，并让你选择接受或者拒绝它们。这个方法既可以让你了解到巡线程序能使用的极限值，又能让你避免因错误的运行（例如，将传感器插入错误的端口，或启动机器人时离线条太近或是太远）而造成的任何问题。

图19-8所示的程序，比较长但并不复杂。它首先初始化变量Min和Max，分别设置为100和0。接着，车轮开始缓慢移动，程序进入循环，用颜色传感器的测量–反射光线强度模式开始读数。如果新的读数大于当前的Max数值（最大值）或者小于当前的Min数值（最小值），相应变量将被更新。请注意第一次进入循环时，读数（几乎总是）小于100、大于0，因此两个变量都会被更新。

TriBot向前运行一圈后，循环退出，马达停止转动。两个DisplayNumber模块显示出新的Max数值（最大值）和Min数值（最小值），然后程序等待你按下一个按钮。如果数字看起来合理，按下中间按钮将删除旧的文件LightFollowerCal并将两个数值写入新的文件。如果数字看起来是错误的（例如，如果你没有把机器人放在接近线条的位置），则按下左边的按钮，程序将会结束且不保存这些数值（并没有模块位于切换模块左边按钮情况中）。

运行这个程序。如果一切正常，你应该看到它显示出最小和最大两个颜色传感器读数。按下中间的按钮将数值保存到文件中。你可以用内存浏览器确认文件的存在，并运行第16章的程序FileReader，确保你看到的两个数值已经被写入文件中了。

标准化传感器读数和目标值

程序LineFollowerCal采集颜色传感器读数的最小值和最大值，因此我们能够计算目标值。这能帮助程序LineFollowerCal适应不同的测试路线，但我们还可以让程序更具适应性。

这里有一个问题：比如说，在我的测试路线上运行程序得到最小值和最大值5和65，而在你的测试路线上运行程序得到15和55。中间值都是35，但是因为数值范围不同，程序应该对这两种路线有不同的反应。传感器读数55对于我的路线来说，意味着机器人位于线的左边，但仍在路线附近，而同样的读数对于你来说，机器人已经完全离开路线。对于这两条测试线路来说，程序中将机器人恢复到适当位置的转向参数值应该是完全不同的。

为了解决这个问题，我们要用到一个被称为数据标准化的过程，将我们看到的原始传感器读数转换到相同的数据范围内。对于我的路线来说，传感器读数介于5到65之间，而对于你的路线来说，传感器读数介于15到55之间，我们要将每一个读数转换为预期数值范围的百分比（换句话说，我们要将每一个传感器读数转换到0到100的范围内）。用原始数值和最小值、最大值计算标准化传感器读数的公式如下：

$$标准化读数 = \frac{100 \times （传感器读数-最小值）}{（最大值-最小值）}$$

图19-9显示如何使用颜色传感器模块和数学模块计算标准化传感器读数。数学模块的结果将会介于0到100之间，反映了相对于预期范围有多少光线被反射。在你的

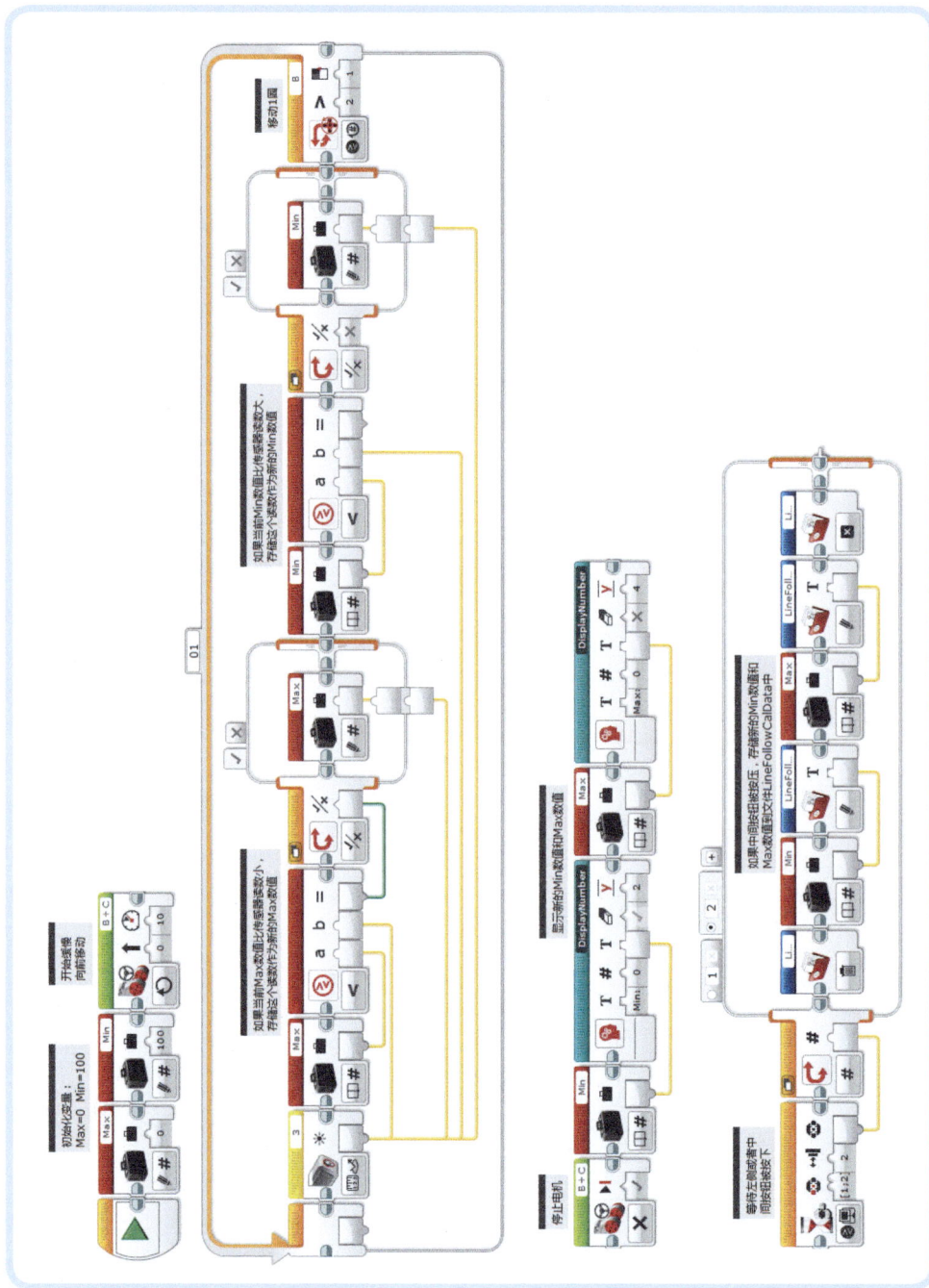

图19-8 程序LineFollowerCal

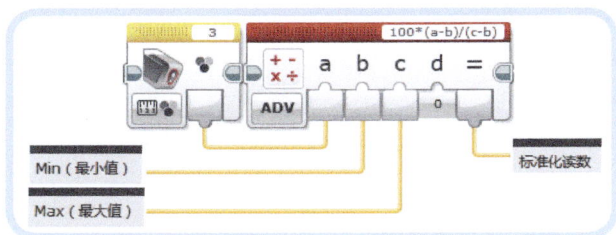

○ 图19-9　标准化传感器读数

测试线路和我的测试线路上，传感器读数35都将被标准化为50；但是在我的测试路线上，传感器读数55将被标准化为83，而在你的测试路线上将会是100。这就让程序LineFollower根据预期数值的范围做出适当反应，在你的测试路线上将会比我的路线有更明显的转向。

在我们编写程序LineFollower时，我们用图19-9中的模块对传感器读数进行标准化处理，这意味着我们也要用

同样的0到100的范围值来确定目标值，目标值50对应着最小值和最大值的中点。正如第246页中"选择目标值"的讨论一样，我们需要使用一个稍大的数值。在最小值和最大值分别为5和65时，原始数值40对应的标准化数值约为60。因此在程序LineFollower中，我将使用60作为目标值。

增强程序LineFollower的比例控制

有了前面的准备，我们现在可以为比例控制巡线程序（第13章中建立的版本）添加代码了，让它能够使用文件LineFollowerCalData中的数据并初始化传感器和目标值。

我做了一些其他的小改动，让程序更容易理解。在程序的开始部分设置4个变量，使得调整控制器更为简单。

颜色传感器校准模式

颜色传感器内置了对传感器读数标准化处理的功能，可以用颜色传感器校准模式（图19-12）完成这一功能。用校准-反射光线强度-最小值模式设置你期望看到的最小读数，用校准-反射光线强度-最大值模式设置你期望看到的最大读数，传感器会按照给定的范围对读数进行标准化。而校准-反射光线强度-重置模式会让颜色传感器返回正常工作模式。

在使用校准模式设置传感器的最大值和最小值时，EV3记住这些数值，即使在其他程序中也会继续使用它们。就算你关闭EV3再打开，这些限值也会被记住。必须运行颜色传感器模块的校准-反射光线强度-重置模式才能清除这些校准数值。因此，如果你在任何程序中使用了这一功能，然后感觉颜色传感器似乎停止了工作，尝试用重置模式看看是否可以解决问题。

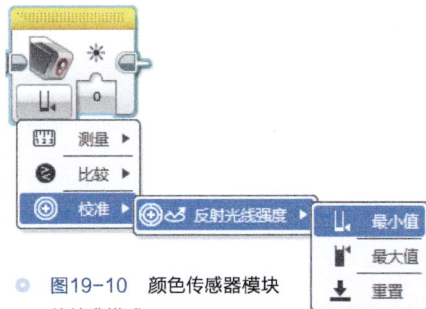

○ 图19-10　颜色传感器模块的校准模式

我选择在巡线程序中执行标准化步骤，而不是使用校准模式来完成这一步骤，是因为我喜欢传感器总是有相同的行为方式而不被其他程序的传感器校准所影响，哪怕这样做要在程序中添加额外的数学模块。另外，在程序中使用其他传感器时，显然还是需要执行这一步骤（其他传感器没有校准模式）。

* 变量Power用于控制机器人的速度。

* 变量Target保存标准化目标值。

* *Kp*是比例增益。

* Direction被设置为1或−1，取决于计算出的转向参数值是否需要改变符号。沿着路线的左侧前进时，这个数值应该被设置为−1。把这个数值放到变量中，可以使控制部分的代码更容易被重复使用。

在第13章的程序中，保存比例增益的变量被命名为*Gain*。在这个程序中，我将名字改为了*Kp*，这是因为我们最终会有三个增益，每个项目一个（比例、积分和微分）。字母*K*在公式中通常用于常量数值，而*p*则代表了这是比例增益。

程序的第一部分，初始化变量，读取校准文件，并启动机器人向前移动，如图19-11所示。

图19-12显示了程序的主循环，在主循环内读取传感器读数、调整转向值。请注意Error数值（误差值）被存储在变量中，而不是直接传递给数学模块——在程序变大时，这么做会使很多事情变得更容易。出于同样的原因，变量Direction也被应用于单独的数学模块。

测试程序，和在第13章中做的一样，调整增益值和功率参数。我发现增益值为0.7、功率参数为40比较合理。新的程序结合了程序LineFollowerCal的内容，更容易适应不同的路线和环境光条件，但程序的效果应该和前一个版本的程序一样，因为我们还没有改变控制算法。

实现PID控制

为了让程序更可靠，我们给计算转向值的公式添加两个新的项目，把它从比例控制器变为完整的PID控制器。首先我们要添加的导数项，它有助于巡线程序处理线路方向的突然变化。然后我们要添加积分项，它能解决恒定误差引起的问题。

完成这些以后，你将拥有一个强大的控制器，能够很好地完成巡线，并且很容易修改成其他使用传感器控制电机的程序。

添加微分项

比例控制器在机器人沿着直线路径巡线时，工作效果非常好，但如果机器人移动速度很快或者有急转弯时，机器人在转角处会非常"挣扎"。比例控制器使用的比例增

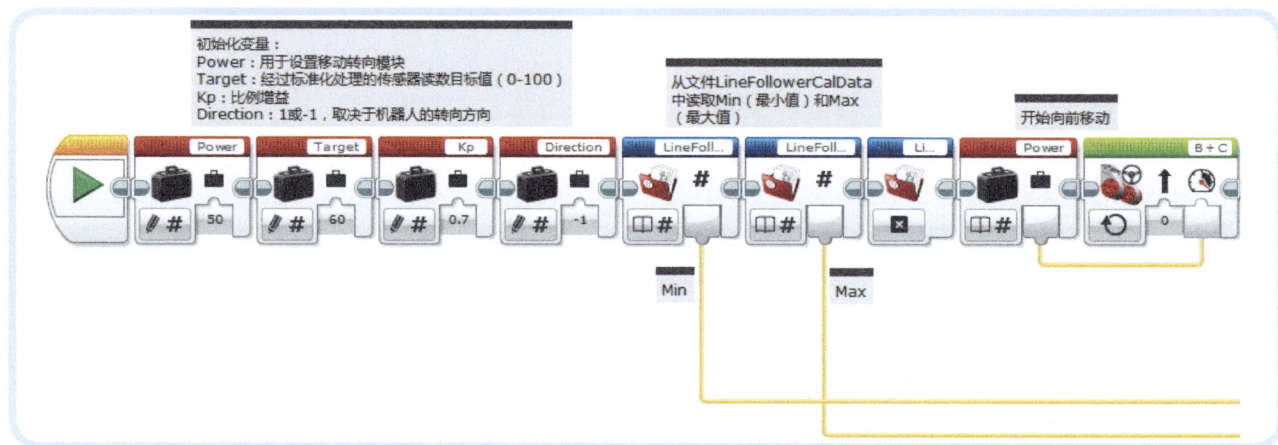

图19-11　使用比例控制的程序LineFollower，第一部分

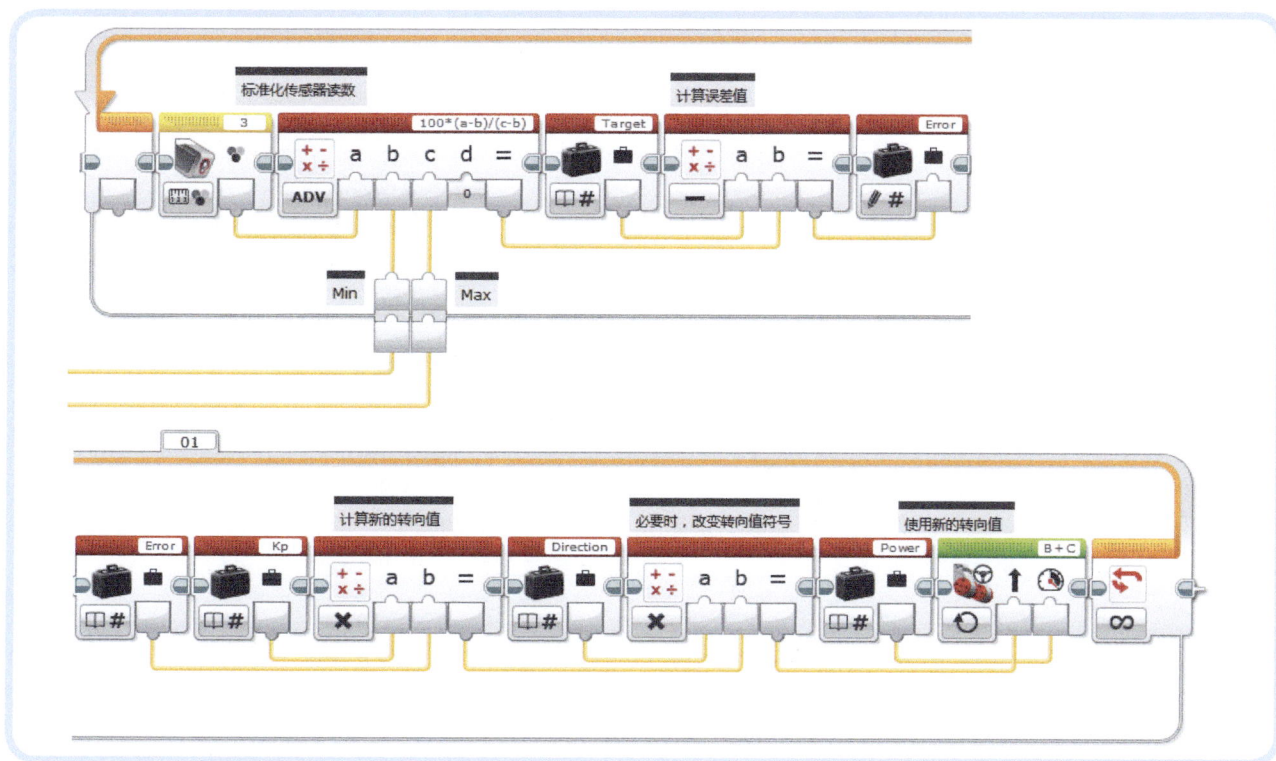

● 图19-12　使用比例控制的程序LineFollower，第二部分

益按照误差值的大小决定了转向值的变化量。沿着直线路径巡线时，能保证巡线状态良好的增益值很小，不足以处理急转弯，而能够处理急转弯的增益值又会在直线段引起很大的振荡。

　　从概念上说，我们希望程序在直线路径时变化很小，而在转弯路径变化很大。要做到这一点，我们需要在计算转向值的公式中添加另一个项目：微分项。微分测量的是误差值的变化。当巡线路径是直线的时候，因为传感器的读数变化很小，所以微分也很小。当机器人走到转角时，不管机器人离开了线条还是越过了线条，读数会突然变大。

　　有一个简单而有效的近似计算误差值微分的方法是用当前的误差值减去前一个误差值。在计算新的转向值时，

我们保留比例项（增益Kp乘以误差值），再加上微分乘以另外一个增益因子，这个增益因子被称为微分增益，通常表示为Kd。转向值的公式现在变成了如下的样子：

微分 = 误差 – 上一个误差

转向 = Kp × 误差 + Kd × 微分

　　当机器人沿着直线路径巡线前进时，连续的误差值之间不会有太大的差异，微分会很小或者是0，因此微分项对机器人的运动不会产生影响。当机器人走到转角时，连续误差值之间的差值增加，微分项给转向值添加了重要的变化。这一变化的效果就是在转角处给机器人一个更大的推动，把机器人推向正确的方向。这一推动的大小取决于微分增益。

为了在程序中加入微分项，我们要用到两个新的变量：Kd，保存微分增益；LastError，保存前一个误差值。在程序开始的部分，要把Kd初始化为你在实验后得到的数值，把LastError初始化为0。

图19-13显示了计算微分和保存LastError数值的程序代码。图19-14显示了把微分项加入转向值计算公式的程序代码。我们会在最后的程序中使用这些代码片段，现在我要介绍PID控制器的第三项：积分项。

添加积分项

到目前为止，我们使用的公式有一个缺点：它假定如果误差值为0则转向值也为0。误差值为0则表明TriBot处在正确的位置上，因此让移动转向模块向前直行是有道理的。但有些因素可能导致机器人在转向值为0时也没有完全笔直地移动（例如，机器人结构不平衡、车轮直径有小小的差异，或者发生侧滑），如果存在这样的情况，就需要对这个恒定的误差做出调整。

例如，我们让机器人在一个倾斜的表面上移动，这个倾斜的表面会让机器人在前进时向左侧偏移，如果要让机器人走出直线路径，就要把转向参数设置为2。机器人沿着直线巡线时，会慢慢漂移到左侧，误差值加大。误差值的变化很小，因此微分项无法对它做出修正。比例项会让转向值做出变化，轻轻地将机器人推回线的边缘。但随后机器人会再次左移，然后再被推回线的边缘。这种状况会永远继续下去，在线的边缘产生小的振荡，如图19-15所示。

要解决这一问题，我们需要给计算公式添加第三个项目：积分项。积分把程序运行中所有的误差累加起来。因为一些误差是正值，而另一些误差是负值，它们会互相抵消，因此如果二者平衡，那么误差值的总和应该为0。如果机器人像刚才的例子一样向一侧偏移，那么积分能够衡量出机器人偏移了多少，我们可以用积分来修正误差。

计算积分的一个方法是把所有的误差值相加。这种方法有一个问题，它对待很久以前的误差值和刚刚出现的误差值的态度是一样的。例如，当机器人走过转角时，因为

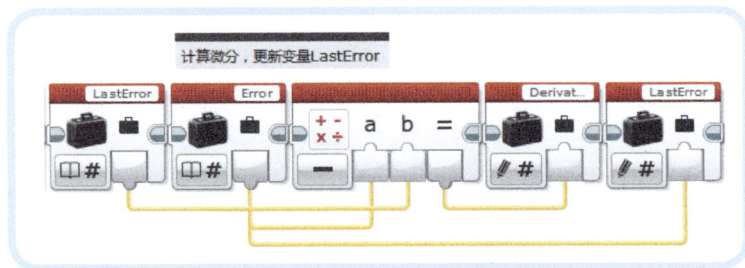

图19-13　计算微分

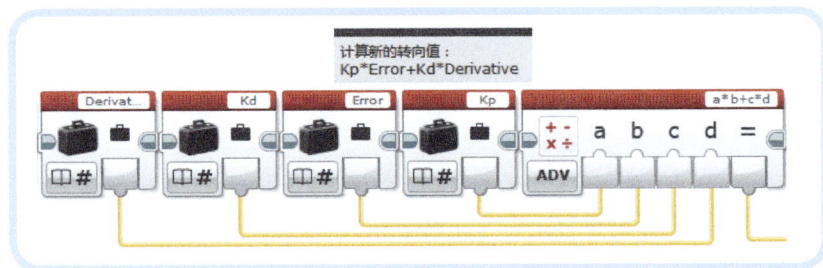

图19-14　向转向值计算添加微分项

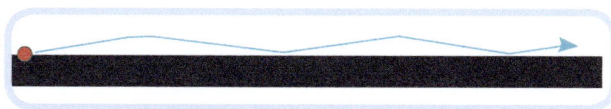

图19-15　由恒定误差引起的小振荡

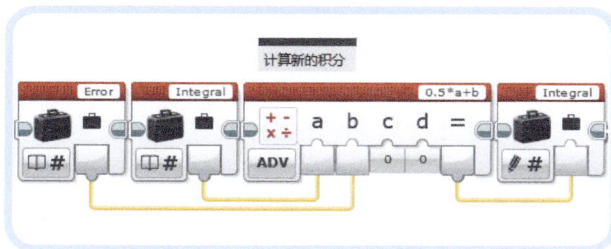

图19-16　计算积分

累加了一些较大的误差值，积分会变大。除非程序在另一个方向上累计了相同大小误差值，否则即使程序沿着误差值几乎为0的直线段巡线，也会保持很大的积分值。

我们解决这一问题的方法是，在每次进入循环累积新的误差值之前，先缩小积分值，用时间的推移消除过去误差值的影响。在程序LineFollower中，我们要按下面的公式用前一个积分和当前误差计算新的积分值：

新的积分 = 0.5 × 积分 + 误差

当误差值较大时，积分仍然会迅速增加，但当误差值持续接近0时，积分最终会变小。我们将用图19-16中的代码计算和存储新的积分值。

我们向程序中添加第三个增益值，Ki——积分增益，计算转向值的公式变成下面的样子：

转向值 = Kp × 误差 + Kd × 微分 + Ki × 积分

图19-17和图19-18显示了这个EV3程序，数学模块和数据线按照文本公式的描述排列起来。如果你用USB线连接了EV3和计算机，可以在机器人巡线时检测数据线上的数值，查看数值的变化、查找你在复制程序模块时可能产生的错误。当程序正常工作以后，你就可以整合一些数学模块缩短程序。

调整控制器

PID控制器有一个特点使其成为很多问题有吸引力的解决方案，这个特点就是它的算法，因此它在不同的条件、甚至于不同的应用下不需要更改程序代码。为特定的问题调整代码经常只需要微调控制器，即为三个增益值选择数值：Kp、Kd和Ki。设置增益值的目标是让程序停留在良好区域内，微分项和积分项不一定能帮助程序应付良好区域之外的问题，但如果这些项目调整得好，它们能帮助程序离开不良区域。

以下是用于调整巡线程序PID控制器的步骤：

1. 将Power（功率）设置为50。

2. 开始时先将Kd和Ki设置为0，将Kp设置为1。当目标值设置为60时，在0～100的标准化传感器读数范围内，转向值会在−60到40之间变化。

3. 先用直线线条进行测试。Kp设置为1似乎太大了，会引起明显的振荡。逐步减小Kp，每次减小0.05，直到机器人沿着线条边缘前进，并且没有明显的摆动或摆动很小。

4. 逐渐增加Ki，每次增加0.01，直到机器人沿着直线边缘巡线时没有振荡。如果机器人不会经常漂移到一边，你可以让Ki保持在0的数值上。要知道Ki的值过大（在0.05以上）会导致振荡变大。

5. 现在用曲线测试程序。提高功率参数，直到机器人无法完成转弯。

6. 逐步增加Kd，每次增加1，直到机器人能够完成全部路径的巡线。

在我的测试路径中，我最终可以将功率参数设置为80，此时Kp = 0.7，Kd = 12，Ki = 0.05。在你的测试路径中，数值可能会稍有不同。

对于其他程序来说，增益值可能有很大的不同，这主要取决于传感器读数与控制参数（通常情况下，不是转向

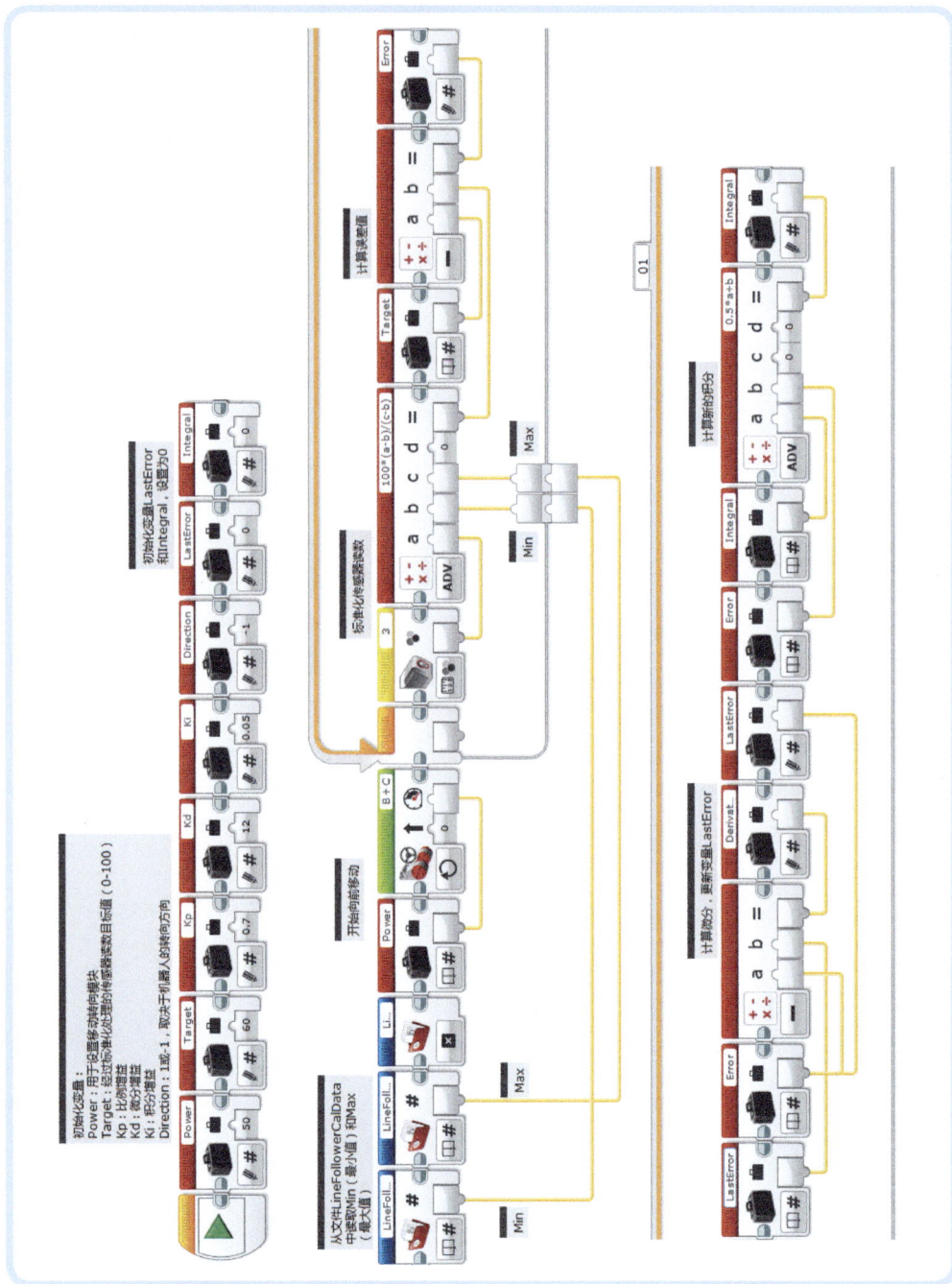

图19-17 使用PID控制器的巡线程序，第1部分

乐高机器人 EV3 程序设计艺术

254

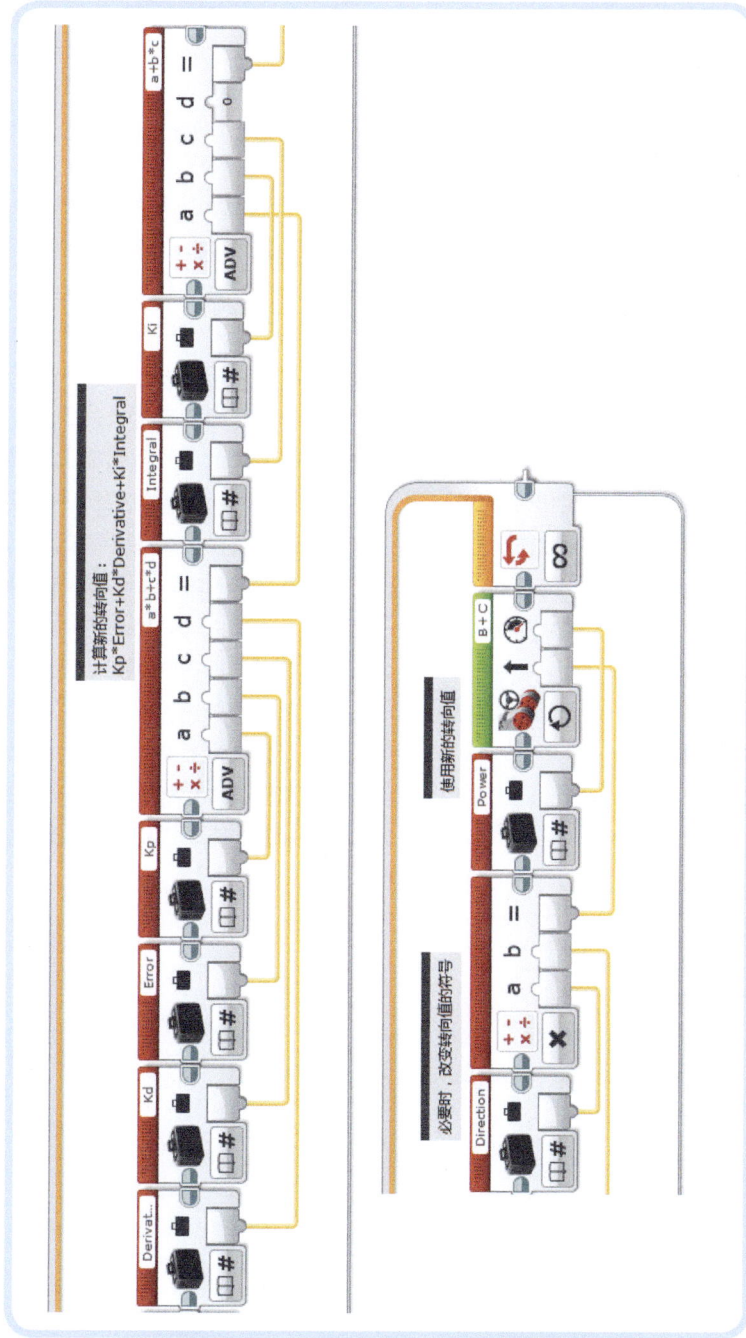

计算新的转向值:
Kp*Error+Kd*Derivative+Ki*Integral

使用新的转向值

必要时，改变转向值的符号

◇ 图19-18 使用PID控制器的巡线程序，第2部分

值就是功率值）之间的关系。而三个增益值之间的关系取决于误差值是如何变化的。对于我们的巡线程序来说，当跟随直线线条巡线时，我们期望误差值很小，因此Kp值也会很小。如果机器人不会向一侧有太多的漂移，则静态误差就很小或几乎为0，此时Ki数值也会很小或为0。转弯会造成很大的误差值，且误差变化很快，这就需要一个相对较大的Kd值让程序保持很好的巡线状态。

进一步探索

尝试以下活动，对巡线和PID控制器做更多的练习：

1. 在不同的路径和同一路径的不同方向上（例如，椭圆形轨迹的顺时针方向和逆时针方向）。看你是否能找到通用的参数设置，以及在每种情况下微调设置改进程序。

2. 创建一个PID控制的"我的模块"。用目标值、经过标准化的传感器读数、Kp、Ki、Kd和方向值作为输入参数，计算结果为输出参数。

3. 在程序WallFollower（贴墙行走）中使用PID控制器模块，替代原来的两状态控制器。

4. 创建程序RemoteFollower（跟踪信标），让TriBot跟随红外信标前进。用标头读数控制转向、用近程读数控制速度。提示：这需要用到两个PID控制器。

结束语

编写巡线程序是经典的机器人练习题目，在完成这个挑战的过程中，你能用到所有的EV3编程技巧。程序LineFollowerCal与第13章的程序LineFollower之间的不同变化，演示了如何用文件为程序保存设置。这能让你避免硬编码（在计算机程序或文本编辑中，硬编码是指将可变变量用一个固定值来代替的方法。用这种方法编译后，如果以后需要更改此变量就非常困难了。——译者注），使程序更加灵活。如果你的程序中有传感器目标值或其他参数设置需要改变，你都可以使用这项技术。

程序LineFollower的最终版本使用了PID控制算法来提高TriBot在路线变化上的响应能力。用颜色传感器读数和一些复杂的概念来决定机器人应该拐弯多少，能让机器人在迅速移动的同时更贴近巡线的线条。使用传感器读数控制机器人的电机是许多程序的基本组成部分，尝试不同的控制算法是一个相当不错的方法，这不仅可以拓展你的机器人知识，还可以提高你的编程能力。

附录 A　NXT 和 EV3 的兼容性

乐高做了一项令人钦佩的工作，他们做到了让EV3程序块和软件很好地使用NXT硬件。事实上，NXT电机和传感器可以与EV3套装一起使用。因此如果你拥有NXT套装，可以和EV3套装同时使用，尽可能地扩展你搭建的机器人。对于学校和FLL团队来说，这种向后的兼容性意味着你在NXT产品上的投资可以毫无损失地平移到EV3产品中。

在EV3程序块和软件中使用NXT电机和传感器非常简单；一切都能如你所期待的那样去使用。然而，在大多数情况下，你却不能反过来，EV3传感器并不能在NXT主机中使用（虽然EV3电机可以），NXT软件不能为EV3程序块编程。可以使用EV3软件为NXT主机编程，不过会有一些局限性。

电机

NXT电机和EV3大型电机非常相似，你可以在EV3或者NXT主机以及软件中使用任意一种电机。EV3中型电机也可以在NXT主机和软件中工作。

传感器

NXT传感器全部可以在EV3程序块以及软件中工作。EV3编程模块能够使任意系统下面的传感器工作；例如，颜色传感器模块可以同时工作于NXT和EV3颜色传感器。

EV3家庭版软件默认不支持超声波和声音传感器。如果你想使用这些传感器，你可以从http://www.lego.com/en-us/mindstorms/downloads/下载用于这些传感器的模块。下载模块后，选择菜单项中的**工具→模块导入向导**，

打开模块导入与导出向导窗口（图A-1）。使用**浏览**按钮选择下载模块所在的文件夹。然后从列表中选择模块并单击**导入**按钮。新传感器模块将会出现在传感器面板下，在等待、循环以及切换模块中也将包括此传感器选项。

图A-1　模块导入与导出窗口

NXT光线传感器可以在颜色传感器模块（和相关的等待、循环以及切换模式）的反射光或者环境光线强度模式下工作。然而，如果你为光线传感器选择了一种颜色模式，模块将会读取环境光线强度，你的程序将不能如预期那样工作。

我所知道的使用NXT传感器的唯一问题是，一些来自NXT1.0套件中老的触动传感器连接方式不同，不能与EV3程序块一起工作。你可以使用端口视图来确定你的触动传

感器是否可以工作。确保EV3已连接到软件，并连接了传感器。如果传感器显示在端口视图中，它就能正常工作。如果传感器没有出现在端口视图中，它就不能和EV3程序块一起工作。

正如前面提到的，你不能将EV3传感器用于NXT主机。

软件

你不能使用NXT软件为EV3程序块编程，但你能够注意下面提到的注意事项，你可以用EV3软件为NXT主机编程。虽然我认为在大多数情况下，使用NXT软件为NXT主机编程比使用EV3软件要简单，但在教室里需要同时使用NXT和EV3套装时就是例外了。下面介绍如何用EV3软件为NXT主机编程：

* 你必须使用USB电缆将NXT主机连接到你的计算机，无法使用蓝牙连接。

* NXT的屏幕比EV3的屏幕小（100×64与178×128），因此很多图像将无法正常显示；底部和右侧可能会被截断。如果NXT主机连接到软件，显示模块的预览将会显示被截取的图像（图A-2）。

图A-2 使用NXT主机时，大笑脸图像将被截断

使用EV3程序块，显示模块从左上角的像素开始编号，如图A-3所示。使用NXT主机，从左下角的像素开始编号，如图A-4所示。这意味着任何绘图代码在NXT上使用时都需要调整。

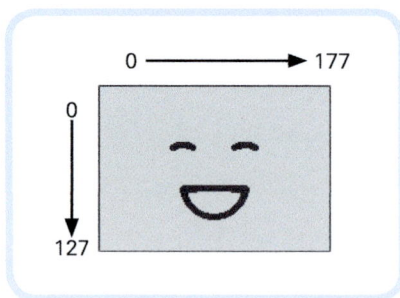

图A-3 EV3像素编号

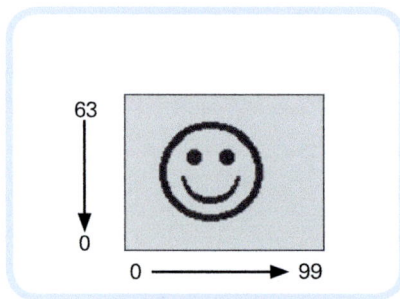

图A-4 NXT像素编号

* 显示模块不支持字体或颜色参数。

* 程序块状态灯、阵列运算、反转电机以及中型电机模块都不支持。如果你将NXT主机连接到软件，并使用这些模块中的任意一个时，你将会得到如图A-5那样的明确警示。

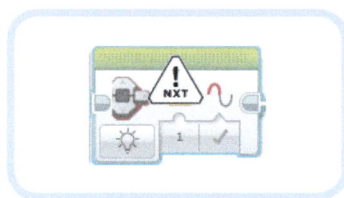

图A-5 NXT主机不支持程序块状态灯

* 数学模块的高级和指数模式不被支持。

* 蓝牙连接和消息传递模块不被支持。

* 颜色传感器模块及其模式不能让NXT光线传感器工作。这里有一个变通的方法可以解决问题：你需要使用声音传感器模块并选择测量dB模式测量反射光，使用dBa模式测量环境光。

附录 B　EV3 在线资源

这是一个网站列表，其中列出了对EV3编程有用的网站。这些网站还包含了许多你可能感兴趣的其他资源链接，比如EV3机器人的搭建指南以及更多的机器人主题。

http://mindstorms.lego.com/

乐高官方MINDSTORMS 网站，包含了最新的官方EV3新闻和支持信息。本网站还包括了大量由用户提供的项目。

http://www.thenxtstep.com/

NXT STEP博客，包括新闻和与EV3机器人有关的所有事情。

http://www.mindboards.net/

本网站的消息论坛提供了很多有用的信息，包括EV3用户遇到的常见问题的答案。这个网站是很多知识渊博的用户经常光顾的地方，他们毫不吝啬自己的时间，这个网站是你可以找到问题答案的好去处。

http://forums.usfirst.org/

这是为FIRST LEGO League（FLL）竞赛参与者提供论坛。编程论坛包含了大量丰富的信息，即便你（还）没有参加机器人比赛也是有用的。

http://www.legoengineering.com/

本网站是由Tufts大学工程教育及推广中心（CEEO）和乐高教育合作支持的。这个网站专注于让学生使用乐高MINDSTORMS作为工具参与到科学、技术、工程和数学（STEM）的研究中。

https://groups.google.com/forum/#!forum/legoengineering

这是谷歌集团的网站，致力于让学生在教室里使用包括EV3套装在内的机器人。

http://bricks.stackexchange.com/

这是一个为乐高爱好者提供提问与回答的网站，也是你寻找编程问题及答案的另一个很好的选择场所。